三井帝国在行动

——揭开日本财团的中国布局

白益民 著

中国经济出版社
CHINA ECONOMIC PUBLISHING HOUSE
北 京

图书在版编目（CIP）数据

三井帝国在行动：揭开日本财团的中国布局/白益民著．-北京：中国经济出版社，2008.9（2022.11重印）

ISBN 978-7-5017-8765-4

Ⅰ.三… Ⅱ.白… Ⅲ.企业管理—经验—日本 Ⅳ.F279.313.3

中国版本图书馆CIP数据核字（2008）第138694号

责任编辑：王振岭　李煜萍
责任印制：马小宾
封面设计：任燕飞
经　　销：各地新华书店
承　　印：北京艾普海德印刷有限公司
开　　本：787×1092mm　1/16　　**印张**：23　　**字数**：380千字
版　　次：2008年9月第1版　　**印次**：2022年11月第19次印刷
书　　号：ISBN 978-7-5017-8765-4/F·7734　　**定价**：45.00元

中国经济出版社 **网址** www.economyph.com **社址** 北京市东城区安定门外大街58号 **邮编** 100011
本版图书如存在印装质量问题，请与本社销售中心联系调换（联系电话：010-57512564）

——中国著名的国有企业上海宝钢怎么被日本财团称为他们的成员企业了呢？

—— 创建了新浪网的四通集团曾经“与巨人同行”，却被业界称为“引狼入室”，这个巨人和狼到底是谁呢？

—— 你知道谁曾经打造了索尼公司，又宣称将上海广电集团再打造成一个“中国的索尼”吗？

—— 东芝与索尼在蓝光 **DVD** 标准上的竞争不过是演给外人的一场戏，其实它们是一家人，谁又是它们的家长呢？

—— 日系手机真的全都败走中国，还是另有图谋？这是一盘没有下完的棋，你清楚这盘棋的对手是谁吗？

—— 为什么日本媒体把中国的“和谐号”列车称为“异乡的新干线”，这又与“台湾新干线”有什么联系呢？

—— 在中国航油集团输掉 **5.5** 亿美元的“赌局”中，谁是那个麻将桌上“**3** 对 **1**”的幕后庄家？

——“丰田汽车”真的是丰田家族创建和经营起来的，还是另有其人？暗中布局中国汽车产业链的又是谁？

—— 谁在背后为东芝撑腰，以 **42** 亿美元吞下了西屋电气，拿到了 **80** 亿美元的中国订单，又打响了“核大战”？

答案只有一个：三井

到了该研究日本的时候了！

梦系中国人自己的综合商社
倡导中国新经济的财团机制
促进国民企业的振兴与发展
捍卫国家经济的主权与安全

对外开放30年，进入中国的外资早已告别“散兵游勇”状态。由于缺乏有效的制约与制衡，以三井为代表的日本财团通过各种途径，越来越多、越来越深地介入中国的重大事务，并带来一系列复杂影响。然而，一些大型中资企业为了自身的短期利益，充当了日资的“铺路石”与“敲门砖”。

三井物产这样的综合商社以及其财团所属企业早就成为了日本经济的基石，也是日本微观经济的操盘手。日本政商双方都对综合商社这种商业形态的存在和发展具有高度共识。日本政府的重大国策多咨询于财团而非院校学者，财团领袖成为内阁高级顾问是常事。日本政商之间一直处于相互依存、相互支持的状态。

在经济全球化的背景下，一国的主权不仅体现在领海、领土的管辖与治理权，更重要的是集中在经济的自主决策权上。保持经济主权的独立是中国对外开放的前提，也是实现经济繁荣、国家富强、民族自决的重要保障。如何与三井这样政商一体的日本财团合作与博弈，将成为中国企业和政府相关经济主管部门的一个不容忽视的课题。

更让人忧虑的是，中国大学经济专业使用的教科书几乎都是清一色由美国经济学家撰写的，或者模仿美国经济学家撰写的，根本不提日本和韩国存在的被称为综合商社的企业组织。这些教科书不仅渗透到中国的院校，也渗透到中国政策制订者的思维之中，使个人自由主义、金融化、证券化成为一种近乎全国性的思潮。

自序

在经济领域，我们没有“日本通”，只知道隔海遥望日本发展的宏观数据、行业动态，而不搞清楚其具体的微观状态，是没意义的。必须从“细节”上，从“基因序列”上，把日本企业彻底搞个明白。

可是，对于日本这个强大的经济发展“榜样”和“对手”，我们却鲜有踏实、细致、认真、全面的研究者。日本企业的生产流程、技术研发、产品渗透等等，都需要我们做深入透彻的分析、跟踪。

我们的大学很少有关于日本历史、文化、经济的专业，这是很不正常的。这说明我们整个社会缺少研究日本民族、国家和社会的氛围。反观日本，各个领域的“中国通”比比皆是。

在目前日益激烈的经济竞争中，我们需要学习，不能浮躁，更不能漫无目的。你不研究日本，你怎能知道它的长处和短处？知道了日本企业的高明所在，那么我们的企业在竞争中才能够赢得主动。

1991年7月，我走出大学的校门，进入北京市第一轻工业总公司工作。仅仅一个月后，听到同事们都在谈论着一个话题：日本首相海部俊树于1991年8月10日开始对中国进行为期四天的正式访问。这次访问，意义非同一般，因为1989年6月北京发生了政治风波，以美国为首的西方国家对中国采取制裁措施。而日本在西方七国首脑会议上主张不应孤立中国，海部首相成为北京政治风波后第一位访问中国的七国首脑。

紧接着，在中日邦交正常化20周年之际，1992年10月

23日,日本明仁天皇开始对中国进行了正式访问。在当晚人民大会堂欢迎国宴上,明仁天皇谈到历史问题时说:“在两国关系悠久的历史上,曾经有过一段我国给中国人民带来深重苦难的不幸时期,我对此深感痛心。战争结束后,我国国民基于不再重演这种战争的深刻反省,下定决心,一定要走和平国家的道路,并开始了国家的复兴。”此时,中日关系处于非常友好的时期。

1993年12月底,经过北京市外企服务公司(FESCO)的推荐和一次简单的面试,我无意中进入了日本三井物产株式会社北京事务所[现三井物产(中国)有限公司]的粮油食品部工作。这时,我是一脸的茫然,不知三井物产是什么样的公司,只是想来外企挣点儿高工资而已。只记得当时面试我的部门总经理内田龙太郎先生对我说:“三井物产是日本最好的商学院,你是来学习的,需要做好长期在这里工作的准备。”

第二年,也就是1994年,美国《财富》杂志评选上一年度的世界500强企业,三井物产名列第一,紧随其后排在第二至第五位的是另外几家日本综合商社,印象中分别是三菱商事、住友商事、伊藤忠商事和丸红商事。此时,我才意识到我进入的这家公司在日本乃至世界经济中的重要地位。同年12月,国务院正式批准中国化工进出口总公司(现中化集团)作为首家综合商社试点企业。

20世纪90年代,在“走出去”战略影响下,学习日韩模式,做大做强中国企业曾成为一种主流趋势,其间出现了研究综合商社的高潮。这一时期出版的专著有辽宁大学出版社的《日本综合商社》(1995年)、天津大学出版社的《日本综合商社》(1996年)和经济管理出版社出版的《迈向二十一世纪的中国综合商社:理论·实践·借鉴》(1998年)等。以“综合商社”为关键词,查维普中国期刊库,1991—1997年间相关的论文有250篇之多。

然而,随着中国经济的急速发展,1994年的通货膨胀率达到21.7%。中国政府从1995年开始转向美国经济模式,通过宏观经济管理手段控制利率杠杆和货币政策对经济实施干预措施。存款利率一度涨到12%左右,五年期以上保值储蓄还可以得到12%左右的保值利息,也就是说长期存款的利率几乎达到25%,这种高利率在全世界恐怕也是少见的。一系列政策的结果是货币的回笼,通胀的消失,同时也造成经济发展的急速刹车。

中国宏观经济形势的异常变化并没有引起日本企业的高度重视,我所在的三井物产北京事务所还是一如既往地忙于接待准备到中国投资的日本企业。作为综合商社,三井物产的一项重要职能就是协助财团的关联企业进军海外市场。此时,由于中国市场没有真正开放,三井财团的众多企业正在大规模地向东南亚地区投资,但目标还是中国的市场。与此同时,三井物产已经带领日本企业在中国成立了一批合资公司。

1996年4月,我被派往三井物产东京总部研修和工作,主要学习日本、韩国、中国台湾地区的粮食贸易和美国的粮食期货操作,以及三井物产在日本国内粮食储运和物流体系等。学习这些业务知识让我受益匪浅,然而更加震动我的是三井物产总部的核心运作机制以及那里日本职员的精神风貌。记得教授业务的大江先生对我说:“如果没有综合商社,日本经济就会垮掉了。”更让我吃惊的是,他说:“日本走的是社会主义道路,没有贫富分化。”

在20世纪90年代,有一个词引起了上到国务院总理下到平民百姓的普遍关注,那就是“三角债”。1992年,以宝钢为龙头进行流动资金清欠试点,而后又在煤炭、电力、林业和有色金属四个行业清理了重点企业的“三角债”。然而,“三角债”到1996年达到了8000亿元。此时,“三角债”造成企业盲目扩大生产,形成产品过剩,孕育着经济危机。但是,“三角债”也有非常重要的积极面,就是形成了企业间的产业协作关系和命运共同体,从而维系了大生产的产业链条。

当时的很多大型国有企业采用西方会计制度后,暴露出的都是资不抵债,被不加区别地强行清理了“三角债”,最终导致大失血而纷纷倒闭,而且中国独立自主的产业体系由于企业间共生关系的破坏而不断瓦解。此时,宝钢这样的支柱型大企业在“三角债”被清理后,失去了来自众多国内企业的支撑,更与国内的外贸、海运、金融等企业形成了割裂关系,反而为三井物产(综合商社)这样的产业组织者带来机会。

然而,1997年在东南亚爆发的金融危机暂缓了三井财团在中国市场的战略部署。与此同时,在这种突然逆转的形势下,三井财团的企业在亚洲刚刚投入长期的、基础性的巨额资金面临了亏损局面。日本财团企业的投资向来都是长期性和前瞻性的,一旦经济出现大波动,短期收益(1—3年)就会出现损失。尽管如此,三井物产作为财团的领头羊还在时刻注视着全球的商机,为长远的目标而做着精心的准备。

1999年9月,三井物产社长上岛重二出现在中央电视台和上海电视台主办的《财富对话》节目中,他这样说道:“因为我们和亚洲的生意有很多,所以1997年以后受到金融危机的影响,要克服这样的困难,我们付出了很多的努力。近十年以来,商社每年都在进行重组,以公司的收益来对包袱进行消化。在即将跨入21世纪的时候,作为公司来说,我们已经恢复正常公司的形态,所以今后就是如何持续发展的问题了。”

当日本国内经济“哭穷”之时,三井物产等几家日本综合商社趁着全球经济低迷时期矿产资源价格低廉,悄悄收购海外石油、天然气、煤炭、金属矿产等上游资源,进而控制商机和国内外制造业生产的命脉。此时,中化、中粮、五矿等几家原本有海外拓展能力的中国外贸企业失去了财政支持,又没有金融资本支撑,被要求按照西方公司模式进行公司治理,转向了实体经营,错失了开疆拓土的良机,也造成了中国近年原料进口受制于人的局面。

在中国,矿产类的资源与金融绝对是分开的两个领域,而日本综合商社却将矿产资源与金融紧密联系在一起。事实上,三井物产并非简单的贸易公司,从本质上讲它是一家金融公司,综合商社历来就有"第二银行"之称。三井物产排名前10位的股东都是世界级的大金融机构,其中包括三井住友银行、中央三井信托、三井生命保险等。在中国人为抵御通胀抢购黄金的时候,三井物产早就把石油、天然气、煤、铁、铜、铝、镍、铀等当作真金白银而大肆收购了。

2002年12月17日,三井物产战略研究所在日本的《经济学人》周刊上发表了一篇题为"中国真的通货紧缩吗?"的文章,表现出对中国市场的关注。其中有这样一段话:"中国真正号称世界第一的产品中,多数是家电类的组装型产品。从零部件数量来看,多不超过数千件。而在汽车、工业机械、船舶等零部件数量在10万以上,在飞机、火箭等拥有30万以上零部件的产品领域,在笔记本电脑、数码相机等极为精密和附加值高的产品领域,中国所占的市场份额仍然很低,而且技术力量非常薄弱。"其实,三井物产在这里一方面暴露了中国产业的薄弱环节,同时又指出了日本财团企业在中国的商机。

与中国经济发展战略出自大学教授们的意见所不同,日本的经济决策更多依赖于综合商社的研究机构,如三井物产战略研究所、三菱综合研究所等,它们对日本的经济活动具有指导作用。正是从2002年开始,我所在的三井物产(中国)有限公司的办公室又开始热闹起来了,不少日本企业表示出来华投资的意愿,要求我们陪同拜访中方的客户,寻找合作伙伴。2004年3月24日,三井物产战略研究所在日本的《世界周报》上发表了题为"中国经济进入新的扩张期"的文章,从而正式吹响了日本企业大规模进军中国市场的号角。

2004年9月,我被聘为首都经贸大学经济学院的兼职教师,讲授"国际贸易实务"课程。2005年3月,我又参与了选拔应届大学毕业生进入三井物产(中国)有限公司工作的面试。令人非常惊讶的是,几乎所有在校的学生和面试者(包括日语专业的学生)都没有听说过三井物产。当我告诉学生们,丰田、东芝属于三井财团,而三井物产是三井财团的核心领导成员时,学生们的脸上露出疑惑的神情。此时,我才意识到中国的大学教育已经充斥了美国教材,几乎无人关注日本经济模式。

其实,当中国企业家们开始从美国经济学博士们那里听说投资银行、风险投资、私募基金等新鲜名词的时候,三井物产这家日本最早的综合商社从1876

年成立之初就一直在扮演这些角色了。当丰田、东芝、索尼等还是小作坊时，三井物产帮助这些小企业筹集资金、开拓市场、输入人才，使他们变为日本工业的脊梁，并最终成为世界级的企业。与美国金融资本追逐短期利益所不同，三井物产的投资是长期的，并用来维持财团企业间的协作。

当中国国有企业按照美国人设计的资本运作模式“抓大放小”，以至于将大企业与中小企业的分工协作关系生硬地分割开来之时，三井物产却在全球经营活动中“抓小放大”，努力培育新兴产业和新公司。在三井财团这个体系中，东芝、丰田等众多企业早已成长为巨人，并且都成了“综合性制造企业”（制造业的综合商社）。三井物产已经不再过多介入这些巨型综合厂家内部的具体事务，而更多精力放在将发展中国家的重要企业纳入三井财团中来，将它们捆绑到三井财团的这些综合企业的产业链上。

事实上，三井物产这家综合商社及三井财团的综合性企业在中国的发展，有着积极的意义。在中国经济的微观层面上，这些日本财团企业的投资与经营活动，将中国支离破碎的产业链和各自为政的企业联系了起来。但是，这些产业和企业的主导权却已经不在中方手中了，这是值得关注和深思的问题。难道中国的产业真的要永远依赖于日本综合商社的分工与组织吗？中国为什么不能有自己的综合商社来掌握自己的产业体系呢？

2005 年 10 月，看到中国经济中暴露出的很多问题，同时意识到当代的中国企业界和教育界对日本经济模式研究的极端缺失和漠视，我决心辞去在三井物产的工作，公开我的研究网站“超级主义者”（www.superist.com）。此时，曾在十二年前招聘我进入三井物产工作的内田龙太郎经理又调回北京工作，我正式向他递交了辞职报告。内田先生想挽留我在三井物产继续工作。我对他认真地说：“我已经在三井物产学习了十二年，请允许我毕业吧。”

离开三井物产之后的半年中，我将一些自己的研究文章传到互联网的几个论坛上，很多青年学生反应热烈，纷纷进入“超级主义者”网站来求知，并且进行互动学习。不久，在媒体工作的翟玉忠先生找到我，希望我将网站上文章整理成书，以便更好地让企业界和学术界了解以综合商社为代表的日本经济模式。这时的三井物产已经将很多重要部门独立出来形成新的产业公司，世界 500 强排名在 2005 年降到了的第 148 位，似乎是有意识地隐藏起来。

2006 年 6 月，《环球财经》的执行主编梁志坚突然打电话来，提出要采访我。此时，我正在专心创作第一本书《三井帝国启示录》。梁志坚解释说，他已经两次采访了三井物产驻中国的总代表，但是没有了解到关于三井物产经营方面任何有价值的信息，而且发现三井物产的中文网站也处于关闭状态。在网上查找资料时，他发现“超级主义者”网站提供了关于三井物产为代表的日本综合商社和财团的详细研究资料，由此提出对我进行采访。

通过这次采访，我又结识了《环球财经》的主力编辑邵振伟先生，在他的关心和支持下，我开始尝试写作财经类文章。从2006年11月开始，我的两位得力助手袁璐和张凌协助我不断收集和整理出大量资料，而且建立了财团经济研究室，由此暴露出日本财团（特别是三井财团）近年来在中国乃至全球的强力扩张活动。根据这些资料，我们陆续在《环球财经》《董事会》《中国财富》《经济》《商界评论》等杂志上发表了一系列有影响力的文章，而且被网络媒体广为转载和传播。

2006年11月的一天，我忽然接到《北大商业评论》的一位编辑打来的电话，邀请我去商谈合作撰写日本企业经营管理的文章。当时非常高兴，因为曾经听说该杂志在中国号称拥有如同《哈佛商业评论》的学术地位。然而，当我与这位编辑交谈后，发觉彼此之间存在着很大的交流障碍。随后，我们勉强商定以"三井物产国际化"为题，尝试完成一篇研究文章。交稿后，在编辑的要求下，经过8次面目全非的修改后，我实在无法接受学术权威们对日本综合商社的美国式描述，最终遗憾地放弃这项合作。

事实上，日本综合商社及其财团企业的经营哲学中无不渗透着中国古代思想家的"治国之道"。特别是有着悠久历史的三井和住友两大财团与中国传统文化有着割舍不断的联系。三井财团、住友财团的领导人分别以中国两部古籍《贞观政要》和《帝王学》为事业垂训。我在前一部书《三井帝国启示录》中考证了"三井"名称来自中国浙江天台山（温州、台州和宁波地区）的"三井潭"。而且，书中介绍了三井财团发源于日本近江国（今滋贺县），这里的住民是中国汉代最后一个皇帝刘协（献帝）的子孙。

也许正是由于三井和住友这两家财团有着共同历史背景和文化传承，这两家始终坚持东方式经营的财团，在面对经济全球化的大潮时，选择了彼此之间的相互靠拢。2001年4月，由三井财团的樱花银行和住友财团的住友银行合并而成三井住友银行，标志着三井财团和住友财团的金融机构统合为三井住友金融集团。作为三井—住友这个新财团体系中的核心组织，三井物产、住友商事这两家综合商社始终承担着多元化和国际化的重任。

2007年6月16—17日两天，我参加了由中国社会科学院日本研究所主办的"第八届全国日本经济学会年会"，并被推选为理事，而且遇到了来自全国各地从事日本经济研究的很多官方研究机构和著名高校的学者。从收集到的论文看，所有针对日本的研究似乎还只是停留在日本泡沫经济的教训上。人们的视点都集中在日本GDP（国内生产总值）的缓慢增长上，却对日本GNP（国民生产总值）超过两位数的增长视而不见。

在这次会议中，有一位十年前曾经专门研究日本综合商社和财团体制的大学教授疑惑地问了我两个问题："日本综合商社在做什么？日本企业之间的相互持股在减少吧？"其实，我明白他是想说"日本财团经历90年代初泡沫经济破灭和1997年亚洲金融危机后已经被拖垮了"。他的想法代表了整个中国经济界对当代日本综合商社和财团体制的模糊认识，表现出对日本经济体制的强烈质疑，由此激发出我写作本书的使命感和责任感。在袁璐和张凌这两位助手的协助下，2008年4月我终于完成了本书的初稿。

与《三井帝国启示录》着重梳理三井财团的历史、文化和经营理念有所不同，《三井帝国在行动》这本书主要通过一些实战案例，讲述了以三井物产为首的三井财团企业群是如何针对中国市场，彼此相互配合进行全球战略布局的。书中很多内容可能比较敏感，容易刺激中国人的神经，但这些都是正常的商战手段，希望读者能等闲对待，重要的是希望中国企业能从与日本财团（穿西装的军队）合作与博弈的故事中获得启示。

2007年12月27日晚，日本新任首相福田康夫飞抵北京，开始对中国进行4天的正式访问。第二天，福田康夫在北京大学发表了演讲，其中一段话非常耐人寻味，他说："我国被称为比社会主义还要社会主义的平等社会，但是随着全球化的进展，最近收入差距的问题也变得逐渐严重，今天温家宝总理告诉我，为了应对这些问题，中国目前在贯彻科学发展观，在这个过程当中，对实现和谐社会的目标抱有坚定的信心。"中日关系经过十多年来的波折，似乎正在步入平稳发展的轨道上。

过去30年的历史经验告诉我们，中国和日本这两个邻国必须相互真诚而坦率地对待对方，不再只存在友好的幻景，而更应建立一个新的合作框架。正像在全世界的普通双边关系中一样，竞争、分歧和摩擦将继续存在。然而，一旦友好的假象消除了，建立新的、更加注重实际的、健康的关系就将是可贵的。中日政治关系的发展，从一定意义上可以说是一个不断解决矛盾与摩擦、不断扩大共识和共同利益的过程。中日企业之间的关系也亦如此。

2008年5月12日

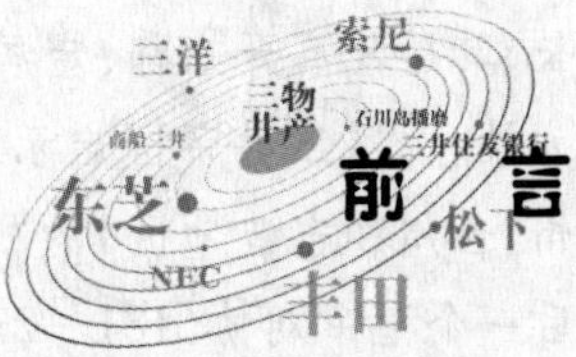

前言

三井的角色

三井物产(Mitsui)是世界上最大的综合商社,而且又是先驱者,有着悠久的历史。1993年,三井物产排名世界500强第一,在其后的10年间也都基本排名500强前10位。2003年以后,三井物产将能源部门等重要产业机构独立核算,并且在全球设立独立法人公司,使得自己在《财富》杂志的世界500强排名中的位置迅速下降,其真正的实力和活动被隐藏起来,不为外界所注意。

事实上,三井物产不是制造厂家,它最大的财产是人,其价值无法简单用西方式的财务报表来衡量。作为综合商社,三井物产并不直接拥有生产设备,整个企业活动所依赖的资本就是“人”。1979年,八寻俊郎就任三井物产社长,积极推进“RDS运动”,其主旨是把三井物产的经营原点恢复到“人”,比起纵向组织来,更加重视横向组织的力量,消除官僚主义,使公司重新成为能动的、充满活力的、以人为中心的经营组织,“人的三井”由此得名。

不少中国企业都在梦想跻身世界500强的行列中,然而,三井物产对500强排名从来都不屑一顾。三井物产作为三井财团的母体已经培育出众多世界级的企业,三井财团体系内的500强企业更是有一大把,其中就有丰田、东芝、索尼、三井住友银行、商船三井、三井造船、石川岛播磨重工、三越百货等知名企业。三井物产向来是一家“默默无闻”的企业,中国人对它知之甚少。三井物产到底是做什么的?这似乎是个全球性的谜。

历史沿革

三井家起源于平安时代(794—1192)的关白(辅佐天皇的丞相)藤原道长,其后代离开京都,定居于近江国(今滋贺县)“三井寺”地区,开始以“三井”为姓。据《三井帝国启示录》考证,“三井寺”得名于中国浙江天台山(位于温州、台州和宁波地区)的“三井潭”,而日本近江国的居民被认为是中国汉代最后一个皇帝刘协(181—234年)的后裔。近江国是日本出产商人的地方,这些商人在唐宋时期就与中国浙江商人密切交往,如出一家。

17世纪中叶,正是中国明朝后期的徽商从鼎盛走向衰落之时,三井家的后人三井高俊举家从近江国迁往伊势国的松板,放弃武士地位,成为酿酒商人。1673年,三井高俊的四子三井高利开设名为“三井越后屋”的吴服店(今三越百货)。之后,三井高利又在京都、江户(东京)、大阪、长崎等地开设名为“两替屋”的钱庄,从事兑换、放款等金融业务,即为现在三井住友银行的起源。三井高平继承家业后,在长崎开设吴服店的分店,宝永年间(1704—1711年)开始与外国交易,此为“三井物产”的远祖。

18世纪中叶至19世纪末,以太谷、祁县、平遥等晋中商人为代表的山西商业票号,曾“富甲华夏”,“汇通天下”,闻名于中华大地。然而,晋商最终随着突如其来的战乱在清朝末年时衰败了。此时,三井家族为倒幕势力提供巨额资金,是日本明治维新(1868年)的功臣,成为“政商三井”。由此,三井家族与明治政府发展出了一种互相支撑、互相利用的互惠关系,推动日本的经济与社会变革。1876年,三井家族开设了日本第一家私人银行“三井银行”,并成立了当时规模为日本第一的“三井物产公司”。

第二次世界大战结束后,美国占领当局认为日本的财阀是军国主义的根基,将包括三井、三菱、安田等在内的几大家族财阀解体,三井物产这家综合商社也被分割成170家小公司。1952年,由于政策上的缓和,加上日本政府强有力的商社培植措施,原三井物产系统的公司不断合并,于1959年完成合并后又成为日本规模最大的综合商社。此时,原三井财阀的众多企业重新聚拢起来,形成新的三井财团体系。

2001年4月2日,三井财团的樱花银行(原名三井银行)与住友财团的住友银行正式合并为三井住友银行。值得一提的是,住友商事是住友财团的综合商社,经营规模紧随三井物产和三菱商事之后。中国人熟知的NEC(日本电气)、松下、三洋这3家企业是住友财团的成员或重要关联企业。2002年12月,三井住友银行通过股份转移方式设立三井住友金融控股公司,标志着三井—住友大财团体系的进一步统合。

新家族经营主义

在很多中国人甚至欧美人看来，丰田汽车、东芝电气、松下电器等耳熟能详的产品及其企业才是日本竞争力的象征，很多企业管理书籍谈及的也是这些企业的管理经验。然而，国人全然不知日本大企业成长的幕后推手，以及主导日本经济的内在力量，其实真正来自三井物产等日本财团的综合商社。在中国翻译出版的美国经济学教科书，连提都不提有关财团的问题，只在日本和韩国存在的被称为综合商社的企业组织更没有介绍。

近十多年来，日本国内经济陷入低迷，加之中日关系出现裂痕，研究日本经济体制的中国学者几乎绝迹。中国企业家和经济学家普遍接受西方经济学和 MBA 教育，忽视了对日本经济的研究。美国企业背后的文化是个人主义，崇尚独立性，利润第一。当危机来临时，美国公司总是企图摆脱和剔除其陷入困境的产业和部门，而日本财团更加注重建立企业间的相互依赖关系，形成命运共同体，共度危机，共求发展，共同抵御外部侵略。

事实上，三井财团就是一个新型的家族企业，它不再依靠自然人的血缘关系界定家族成员，而是以企业法人之间的资本关系形成新型的命运共同体。三井财团企业实行的终身雇佣制、年功序列制、企业内工会在维系财团体制方面发挥了不可磨灭的作用。从另一角度来看，三井财团实际上是一个长期稳定、从事专业化分工与协作、相互紧密依赖、有共同文化理念的人群的集合体。

在这个新型的、现代化的家族式企业集团（财团）中，主办银行（或金融集团）扮演着父亲的角色，通常决定家庭成员的血缘关系和姓氏归属，是家庭成员稳定的经济来源。而综合商社自然扮演了母亲的角色，她负责生育儿女（众多制造业），照顾家庭成员的起居，对孩子的教育和成长施加影响，为子女长大后外出求学与发展谋划（获得情报），甚至为子女选择对象和操办婚嫁（创办合资企业）。

在一个传统的家庭中，子女是否能够健康成长，丈夫是否事业有成，更多取决于是否有一个贤妻良母对这个家庭成员投入无私的照顾和关怀。三井财团大家族中正是通过三井物产这个综合商社承担起妻子和母亲义务，维持着整个家庭的和谐与发展。当大哥哥姐姐们（成熟产业）有了充足的经济来源和积蓄后，他们会将这笔钱投入到父母新孕育出的小弟弟妹妹们（新兴产业）身上，或将手头富余的资金存入父母的钱箱中，供全家统筹。

当代的三井财团企业早已经不是传统意义上的私人家族企业，经过现代企业制度的改造已经成为真正的社会企业，被日本人称为“民有国营”的企业，或称“国民企业”。虽然三井财团的外在形式发生了变化，但内含的传统家族文化却得到了延续。三井财团的创始人三井高利(1622—1694年)整理父亲生前的文章,又总结一生的处世经营,完成了《三井氏家规》,至今保存在东京大学,成为日本工商管理的重要历史资料。

产业组织者

三井物产为日本的产业结构调整做出了巨大贡献,被认为是"产业组织者"。因而,产业组织者的角色决定了三井物产的经营特色。三井物产参与生产企业和科技开发,其目的在于获取生产企业的贸易代理权,而非为了取代生产企业自己办厂;三井物产为中小企业提供金融融资服务,主要是出于贸易流通业务的需要,而非为了取代银行成为金融机构。如今,那些当初的中小企业都已茁壮成长、分枝独立,在当前的三井财团中占据着举足轻重的地位。

三井物产创业一百余年以来,为适应时代要求,在粮食、机械、能源、纤维、物资、金融等广泛领域,培育了形形色色的产业资本。最典型的例子是丰田汽车,100年前,丰田是个制造纺织机械的小厂,是三井物产把他们带到欧美,了解了汽车制造技术;三井物产为丰田公司的快速发展提供了最急需的资金,为丰田公司首先提供了进入海外市场的通道,并派去人才帮助经营管理,成功地把丰田汽车打造成了世界上最赚钱的机器。

三井物产的发展史,就是其地区多样化、产品多样化尤其是功能多样化逐步展开,渐进推广,日益深入,综合运用,自如协调的历史,多样化经营是综合商社的永恒主题。其业务的基本定位是提供交易服务即做中介人,为出口商开发海外市场,为进口商寻找所需的原材料或产品。为了实施这些交易,三井物产为财团关联企业提供最有效的商业动态、市场行情等信息,监督贸易双方的商业信用,帮助筹措资金或安排易货贸易,甚至提供全球范围的运输服务,把触角尽可能地伸向全球经济生活中人们想得到甚至想不到的角落。

例如:三井物产与以铁矿石起家的巴西淡水河谷公司(CVRD)的关系,不仅限于资源开发,而是包括与海运公司的共同经营、货车和大型卡车等矿山机械的制造、矾土开发等一起,为三井物产内多个部门形成一个新的商机。由于巴西淡水河谷公司(CVRD)、上海宝钢、丰田汽车等同为三井物产的重要关联企业,为实现一元化管理和信息共享,三井物产在公司内设立顾客制度,目的是形成跨部门的事务处理机制。

要做产业组织者,三井物产是否投资某个项目的主要考虑因素不是追求短期利润,而是追求长远的产业发展空间。与财团所属企业共同投资,三井物产很少做大股东(对资源的投资除外)。三井物产在被投资企业所占的股份一般在5%~10%。三井物产并不直接参加生产活动,而让财团所属制造业企业控股，因为只有对口企业才是该行业的专家，这样确保了经营决策的科学性。

总之，三井物产是三井财团的核心公司，它有两个关键职能：第一是通过各种各样精心设计的服务促进客户的国际贸易活动；第二是全球性地调动信息、人力、财力等资源和客户共同努力，从而创建新的业务、新的公司，并进入新的产业。同时，他本身又在日本的国内外拥有上千家的关联企业群。这一千家企业编组的8万人体制，生龙活虎地开展着全球性营销活动，淋漓尽致地发挥了三井物产的综合力量。

资源与金融的统合

日本资源贫乏，几乎全部靠进口。三井物产作为日本代表性的综合商社，是日本资源战略的优秀执行者。为确保资源、能源安全地按期到货，三井物产从战后不久即开始将大量的资本、技术、设备投入到中东、印尼、澳大利亚、拉美、中国等地，大规模开采资源、能源，不仅确保了国内供应，还有余力出口创汇。因此，在推进"贸易立国"国策，保障能源、资源供给等方面，三井物产为日本的发展战略做出了完美诠释。

在日本经济高速发展时期，为给重化学工业提供稳定的原料来源，三井物产高度完善了原料供应渠道。1960年前后，三井物产在墨西哥、智利、加拿大、澳大利亚等国参与铜矿开发，并独立进行资源勘查，向矿业公司推荐优质矿源，并共同开发。三井物产在1973年的石油危机以前就以"能源是日本产业和国民生活不可缺少的资源"为信念，通过煤炭、液化天然气和管道天然气等多种能源的供应使供给方分散化，还对能源开发进行投资。

三井物产从单独买矿，经过签订长期合同、融资买矿（在为矿产开发、采掘筹措必要的资金基础上购买），最终直接参与矿产资源的开发。21世纪初，三井物产拥有开采权的天然气、原油/天然挥发油等的可开采蕴藏量达到12.74亿桶的规模。以当时的原油价格1桶25美元、汇率为1美元兑120日元计算，三井物产可开采量的时价为38 220亿日元，可谓是无与伦比的天文数字。时至2008年5月，国际原油价格已经突破了1桶132美元，翻了5倍。

然而，介入资源收购，如果没有巨大的筹融资能力，三井物产是很难做到这一点的。三井物产的成功，在很大程度上有赖于金融机构的贷款支持，而金融机构之所以能够源源不断地满足三井物产的融资需求，深层次的体制背景，则是其作为综合商社大股东的地位和相互持股关系、长期持续资金交易关系的存在。从三井物产的股份构成可以看出，三井物产的主要股东都是金融机构，包括三井住友银行、中央三井信托银行、三井生命保险等等。

作为三井财团的核心企业，三井物产不仅与财团内部金融企业交叉持股关系，而且还与外部大金融机构也存在交叉持股关系，例如，东京三菱银行持有三井物产3.19%的股份。由此，三井物产形成了集团内外企业相互参股、互派董事、互换市场信息、相互制约、规范发展的局面。然而，商社金融的本质要求是，不论采取什么金融形式，其核心只能是对综合商社和交易功能的补充、完善和确保商权的稳定扩大，从来不以获利为主要目的。

事实也是如此，三井物产虽然与大银行有千丝万缕的联系，但彼此间仍保持着相对独立的经济实体地位。三井物产作为综合商社虽然栖身于三井住友金融集团这个大体系，但并不必完全听命于某一家大银行，因为日本的《反垄断法》规定某一银行持有企业的股份不得超过总额的10%。也正是在这样一种雄厚且独立的商社金融支持下，三井物产得以在全球矿产资源领域扮演一个"跨境的供需组织者"角色。

制造业的"牵引车"

20世纪创新性的技术几乎都发源于美国，但是日本却常常在这些新技术领域上演着青出于蓝而胜于蓝的一幕。特别是二战结束后，日本仅仅用了不到30年的时间，迅速在钢铁、汽车、电子、数控机床等领域赶上，甚至超过欧美，靠的不是被动的技术引进。日本购入的欧美技术，并没有仅仅被直接使用，而是用来肥沃了日本原本贫瘠的技术创新土壤，显示了日本财团企业将技术商品化并进行高质量大规模生产的能力。

三井物产等综合商社将庞大的信息网络的触角，伸向世界的各个角落，始终扮演着中间人和牵线人的角色，活跃在大规模技术引进的舞台上。可以说，在当时凡属与重大技术、装备有关的引进，综合商社基本上都介入了。诸如对方提出苛刻的技术转让条件时的谈判，签订技术引进合同，进口先进的机械设备，直到机械设备的安装调试，综合商社作为日本财团的后勤和服务单位发挥了巨大作用。

日本技术创新实行的是"逆向工程"，即根据市场需求发现新功能、新产品的过程。这样的改进和创新多是市场拉动的产物，并以大规模市场应用为目的。这种市场导向的模式是以财团的综合商社为基础，同时强大的财团制造企业也促进了这种模式的发展。由于综合商社巨大的情报能力和产业协调能力，使得日本企业可以把来自各国的不同技术加以集成创新，最终成就日本制造业的辉煌，并且促成日本的技术引进政策系统化。

20世纪60年代末，正是日本经济从高速增长向"渐进式增长"的转折时期。震撼世界的石油危机促使以贸易立国的日本把经济向知识、技术密集型产业方向转化。在"知识是政策和战略之源"理念的指导下，三井物产于1967

年10月出资并聘请一大批金融技术、社会科学、技术情报等方面的专家组成了三井情报开发株式会社。1972年8月,又成立了工学研究所(即现在的综合研究所),1987年7月在美国成立了分公司。

三井情报开发株式会社综合研究所确立把"情报产业"作为发展宗旨以来,建立了一套适应公司特点的组织机构。它的研究领域有:(1)经济·产业领域方面;(2)社会·地区研究领域;(3)科学技术研究领域;(4)情报系统研究领域等。该所的所有业务都是以受委托方式进行的,并经常从大学中聘请研究者共同研究,还与地方以及海外的调查研究机关协同研究。由此,三井物产将市场、技术、政策等诸多因素综合起来指导企业的经营与发展。

如今,在三井—住友这个大财团体系之下,有一大批综合性制造企业都已经成长为大型跨国企业集团,在各自的产业领域发挥着综合商社的功能。如,丰田、东芝、索尼、NEC、松下、三洋这些三井—住友财团的成员,表面看是制造企业,实质上都是"专业综合商社"。通过财团内部的新的分工与协作,这些专业综合商社正在分别统合汽车、电气装备、消费电子、电信、家用电器等领域的资源,牵引全球制造业的发展。

惊人的网络力量

三井物产拥有子公司1 100多家,在日本国内拥有34个机构,在全球93个国家和地区设有事务所89个,当地法人91个。1980年,三井物产在北京设立了中国事务所,目前在中国有20多家分支机构,参与投资的企业有200家以上。三井物产凭借在物流领域、信息资源、统和能力等方面独特经验,以及在世界各地的触角,在与中国企业合作的同时,也强化了对中国企业的控制。中国企业的内部信息往往也成了三井财团企业群的共享情报。

始建于1971年的三井物产环球通信系统,通过其设在东京、纽约、伦敦、悉尼和巴林的5个电脑控制中心连接着驻海外的149个事务所,通信线路总长达44万公里,可环绕地球11圈。当时,三井物产每年用在电传、电话、传真、邮资、电脑运算等方面的费用,相当于公司工资总额的1/3。从1991年10月开始,三井物产已将情报调研部独立,升格为贸易经济研究所(现三井物产战略研究所),并进一步完善了各种职能。

市场情报的交换不仅仅限于三井物产的全球事务所之间,而且传递于三井物产子公司及三井财团成员企业之间。例如,三井物产旗下的三井石油公司股权结构中,三井物产占90%,其余10%股权分配于三井住友银行、中央三井信托银行、商船三井、三井造船、东丽、三井化学、三井住友海上保险、三井生命保险、三井住友建设、三井不动产。可见,三井物产通过持股关系将众多财团企业紧密地联系在了一起,从而使整个财团的情报共享成为现实。

与此同时,三井财团中的专业物流公司也是巨大网络的重要组成部分,与三井物产的网络形成交叉互补。例如,三井财团的商船三井公司旗下有一家名为"商船三井物流公司"的企业,其股东包括:商船三井、三井物产、住友商事、三井不动产、三井住友银行、中央三井信托银行、三井造船、东芝、住友仓库等等。商船三井物流公司目前在中国有14个基地,开展了海上运输、空运运输、内陆运输、仓库、货运代理等各项服务。

三井物产首先通过投资持股其他物流企业进一步扩张分销配送网络。在中国,三井物产持有香港保昌控股有限公司25%的股份,而香港保昌控股是亚洲地区主要的物流企业,在内地共有14个分支机构。此外,三井物产在新兴市场加快构筑高效的物流体系。在俄罗斯,三井物产持有东洋运输公司30%股份;在巴西,三井物产与巴西顶尖物流提供商LibraGroup合作提供仓储服务;在印度,三井物产投资物流的基础设施建设,并与当地企业建立合作联盟;在中东,三井物产将在迪拜的JebelAli自由贸易区内进行物流基础建设投资。

随着电子商务(EC)的发展,三井物产也积极是建构EC市场,并强化承包整个物流、货款支付、保险、审查等相关业务。三井物产的"E—SOKO"、三井物产与伊藤忠商事合资的"达康存货网络公司(Dot. com)"是最典型的EC市场的具体事例。此外,以三井物产、住友商事、三菱商事这三家公司为中心所设立的"物流联结日本(LogiLinkJapan)",包罗求货、求车、求库等信息系统。

事实上,无论在哪一个国家,无论涉足哪一个产业,三井物产几乎都遵循着这样一套"行动逻辑"——在一个由100多家子公司和上千家股权管理企业组成的全球交易网络和信息情报网络中,三井物产以金融资本、商业资本和产业资本结合的高效形式渗透到产业的上下游链条中。最终,三井物产通过强大的贸易能力和物流网络建设能力,将上下游资源流动起来,从而为整个财团创造高额的交易利润,并掌握商业机会的"制高点"。

作者

目 录
CONTENTS

自 序

前 言：三井的角色

第一章 钢铁是怎样炼成的

三井财团成功地将上海宝钢纳入自己的“利益共同体”中，并将其打造成一部“超级提款机”，从而在铁矿石涨价、海运费上升和钢材物流布局中享用着一道道美味大餐。在分享中国钢铁红利的同时，一个更庞大的战略正在酝酿，三井财团推进的“东亚钢铁共同体”开始逐步形成。

第一节 启动中国攻略 …… 5
第二节 向全方位和纵深发展 …… 9
第三节 占据上游制高点 …… 13
第四节 高明的玩家 …… 18
第五节 梳理中国钢铁产业链 …… 22
第六节 “东亚钢铁共同体” …… 27
第七节 谁来主导中国钢铁联盟 …… 30

第二章 踏上四通八达的跳板

著名的新浪网是由四通集团创立的，而四通的发展历程以及它辉煌一时的产品“四通打字机”却与三井财团密不可分。因为四通最初的贡献，富士通、松下电工、瑞萨、ALPS公司、Ferrotec公司等一批三井财团的关联企业如今已经在中国市场茁壮成长，枝繁叶茂了。

第一节 “慷慨”的帮助 …… 43
第二节 博弈、竞合、抛弃 …… 47
第三节 鸠占鹊巢，借壳生蛋 …… 51
第四节 大中国工程 …… 56
第五节 活跃在全球居民周围 …… 61
第六节 失去的十年 …… 65

第三章　种下一棵“摇钱树”

三井财团目标是将曾经制造出中国第一台彩电的上广电（SVA）打造成“中国的索尼”。在此过程中，索尼、东芝、松下、NEC等三井财团的重量级企业借助上广电这棵“摇钱树”，都参与到了对中国电视产业链的战略统合之中。时至收获季节，曾经种下的摇钱树开始哗哗作响了。

第一节　重复“引进—再引进”的老路 …………………………………… 75
第二节　种下一棵棵树苗 ……………………………………………… 79
第三节　不由自主的“龙头” ………………………………………… 83
第四节　暗中的统合 …………………………………………………… 87
第五节　日本领头“雁行模式” ……………………………………… 91
第六节　政府担当怎样的角色 ………………………………………… 96

第四章　隐藏的垄断与共谋

以三井财团的东芝和索尼为首组成的6C联盟和3C联盟，向中国DVD生产企业擎起了“知识产权保护”的利剑。此后，针对中国民间企业主导的EVD联盟的反抗，三井财团又通过“东芝HD—DVD阵营”和“索尼BD阵营”分别整合清华大学和中国华录集团的力量，实施“以华制华”的战略。

第一节　挥起专利大棒 ………………………………………………… 105
第二节　竞争背后的垄断 ……………………………………………… 110
第三节　红光PK蓝光 ………………………………………………… 114
第四节　相煎何太急 …………………………………………………… 119
第五节　内容为王的铁律 ……………………………………………… 123
第六节　中国需要怎样的产经体制 …………………………………… 128

第五章　大产业链上的棋局

三井财团曾经错误地估计中国3G手机牌照发放的时间，也低估了中国政府对国产标准的支持，造成了早期的市场战略被打乱。NEC、松下、东芝、三洋这些三井财团的企业在试水中国2G手机市场之后，采取“以退为进”战略，隐身中国3G市场。其中，NEC摆开了“3G，以中国为核心”的棋局。

第一节　目标中国，以退为进 ………………………………………… 137
第二节　布局中蕴含的野心 …………………………………………… 141
第三节　咄咄逼人的实力 ……………………………………………… 147
第四节　整合资源再发力 ……………………………………………… 150
第五节　3G产业的幕后推手 ………………………………………… 154
第六节　韩国带来的启示 ……………………………………………… 159

第七节 中国缺失“综合性企业” …… 162

第六章 无敌的商人道

人们熟知的丰田集团是三井财团的重要成员。深受三井商业文化影响的丰田集团向来以夺取商权为根本目标，其商业能力集中体现在丰田通商（隐藏的三井）身上。丰田通商与丰田汽车如影随形，在中国悄然投资了120多家企业，分布在汽车产业链的各个环节，并不断延伸到其他领域。

第一节 影子丰田在中国 …… 173
第二节 丰田汽车商社 …… 177
第三节 产业配套体系 …… 182
第四节 决胜流通领域 …… 186
第五节 价值综合者 …… 190
第六节 像商人一样思考 …… 195

第七章 商场如战场

中国燃料油垄断企业中航油，曾经被《求是》杂志盛赞为“中国企业走出去战略棋盘上的过河尖兵”，却浑然不知地掉进了三井财团的大网中，在石油期权交易中亏损5.5亿美元。随后，三井财团的期货公司和战略研究所在中国境内展开行动，对中国能源市场和政策施加影响。

第一节 巨亏背后有玄机 …… 211
第二节 “三对一”的庄家赌局 …… 215
第三节 事后现身的操盘手 …… 219
第四节 扼守咽喉，卡住物流 …… 225
第五节 情报力与战略视野 …… 229
第六节 学费不能白交 …… 234

第八章 “商人幕府”的真经

为争夺京沪高速铁路项目，日本财团组建了“中国高速铁路日本企业联合”，基本上是“台湾新干线日本企业联合”中的原班人马。有所不同的是，在台湾出面领头的是“三井”，而在大陆换成了“三菱”。以台湾的“市场换政治”和大陆的“市场换技术”为背景，日本财团两岸通吃，满载而归。

第一节 政治挂帅显神通 …… 245
第二节“三位一体”的攻势 …… 249
第三节 进军中国“大提速” …… 253

第四节　陨落的“中华之星” …… 259
第五节　韩国为什么能 …… 263
第六节　呼唤“中国产业军团” …… 267

第九章　谁在觊觎“核按钮”

根植中国电力市场多年后，三井财团的东芝公司以42亿美元收购了有“核电鼻祖”之称的美国西屋电气公司，从而顺利地从中国政府手上获得了80亿美元的核电设备合同。与此同时，三井财团还借助中科院和韩国企业的力量切入中国电力装备市场，并且在中亚地区与中国展开“核原料”的争夺。

第一节　悄然的渗透 …… 277
第二节　从三峡到2008奥运会 …… 281
第三节　抢占中国核电市场 …… 285
第四节　“一鱼多吃”的手法 …… 289
第五节　资源争夺引发“核大战” …… 293
第六节　日本是怎么赢的 …… 297

第十章　财团就是力量

以三井为代表的日本财团，围绕“全套完整产业链”而构造组织结构，以主办银行、综合商社和制造企业“三位一体”的方式在全球范围内争夺原料、技术和市场。这种财团体制充满着家族文化和商帮文化的浓厚色彩，而日本大学经济专业的参考书则直接称之为“日本型社会主义”。

第一节　对抗列强的坚定意志 …… 307
第二节　合纵连横，网状生存 …… 311
第三节　忠诚的经理人队伍 …… 315
第四节　争夺全球“商权” …… 319
第五节　金融战败的教训 …… 323
第六节　新的丰收季节 …… 326
第七节　从内看是社会主义 …… 331

后　记 …… 337

第一章

钢铁是怎样炼成的

三井物产、新日铁作为三井财团的主力，与中国钢铁相关的各个企业进行全方位的合资合作，涉及的范围包括生产、贸易、技术、资金等几乎所有方面，成功地将上海宝钢等中国钢铁产业的领军企业纳入财团的“利益共同体”中。

时至2004年，中国经济带动了整个世界钢铁行业、海运贸易等一同实现历史性的繁荣。此时，刚刚完成布局的三井物产和商船三井开始获得丰厚的红利。从最开始的铁矿石涨价，到后来的海运费上升，再到未来的钢材物流，三井财团享用着一道道美味大餐。

在分享中国钢铁红利的同时，三井财团并没有停下行动的脚步，一个更庞大的战略正在酝酿。作为中、日、韩三国钢铁行业的主导力量，上海宝钢、新日铁、浦项制铁的关系日益紧密，三井财团推进的“东亚钢铁共同体”雏形也越来越清晰。

——作者题注

【阅读提示】

“三井”告诉了我们什么(1)

钢铁行业是国家工业的基础,我国经过数十年的发展已取得三个钢铁“世界第一”:第一生产国、第一消费国和第一出口国。然而,对于我国钢铁企业来说,原料严重依赖进口就像戴上了紧箍一样,而海运费飙升也成为我国钢铁企业受上游盘剥的一道关卡。

日本钢铁企业30年来通过各种方式,直接或间接地参股了巴西、澳大利亚、加拿大、智利乃至印度的铁矿。在澳大利亚24个主要铁矿中,8家有日本公司作为重要股东,其余16家铁矿也都有日资参股。通过多年的努力,日本钢铁企业在很大程度上控制了上游资源产品走势,从而为挟制中国及其他亚洲国家钢铁企业创造了先决条件。

近年来,在钢铁行业井喷式发展中,中国企业都是独立作战,各占山头,追求本企业利润最大化。宝钢这些年因为中国经济发展获得大量收益,而其他中国企业从上海宝钢身上获得多少收益呢?然而,日本三井财团(三井物产、新日铁、商船三井、三井造船等)却从上海宝钢身上获得了巨大的利益。

此时,三井财团企业之间通过相互持股、共同投资等方式,协调内部利益,形成持久的共生关系,并在对外扩张中互相支持形成合力。在中国市场,三井物产不断地为传统盟友宝钢引入新合作伙伴,使宝钢产品不断多元化,双方在钢铁制品、半成品、钢铁原料、冶金设备、物流运输等所有钢铁相关领域开展合作。

日本财团经常通过牺牲某个或某些企业的利益,最终达到整个财团利益的最大化。铁矿石涨价可能会影响新日铁的收益,但却实现控制了矿山权益的三井物产的利益增加,同时又实现了商船三井的巨大利润,从而实现三井财团利益最大化,最终实现日本国家(“大日本株式会社”)利益最大化。

当宝钢与三井财团形成利益共同体时,大家看到的不是中国财团对等日本财团的合作,而是中国独立企业被日本财团统合的事实。中国现在需要清醒地认识到日本财团在全球钢铁产业已经占据从资源、技术和市场各方面的优势。中国企业必须在国家利益的层面寻找对策,最终建立能够进行海(商业)、陆(产业)、空(金融)三位一体的、实施全球协同作战的集团军。

2006年元旦过后，我收到了一封来自浙江物产公司战略部的邮件。邮件的大意是说，看到我的“超级主义者”网站后深受启发，希望邀请我到浙江物产公司去讲课。经过邮件来往，对方发来正式的邀请函，商定春节后确定具体讲课时间。此时我才注意到，原来中华大地上有浙江物产这样一家以三井物产为学习标杆的企业。据说，浙江物产集团董事长胡江潮于2004年曾亲自率考察团到日本三井物产总部拜访取经。

浙江物产的一项主营业务就是钢铁贸易，他们非常期待我能介绍三井物产在钢铁物流方面的操作经验，并对他们公司的经营战略提供建议和意见。与其像一些西方咨询公司那样指点企业应该怎样做，不如提供给浙江物产一个成熟的榜样，于是我想告诉他们三井物产是怎样做的。因此，我开始筹划组织一个业余的研究团队，从投奔“超级主义者”网站的有志青年中挑选研究人才，以“三井物产在华钢铁物流”为课题展开工作。

随着研究工作的深入，我们很快发现三井物产在中国钢铁产业的布局与上海宝钢有着密不可分的联系，其间还夹杂着新日铁、商船三井、巴西淡水河谷(CVRD)、浦项制铁等诸多三井财团的成员企业或关联企业。更多资料显示，上海宝钢已经与三井物产及其财团成员企业形成了一个有机的“利益共同体”。换句话说，上海宝钢是三井财团的成员企业(或称为“准成员”)，因为“利益共同体”正是日本财团的简单定义。

与美国企业采用资本比例决定企业归属的标准不同，日本财团更多通过相互持股、经理会、共同投资、内部贸易、情报交流、干部互派等多种不同方式建立起成员企业间的依存和共生关系。上海宝钢与三井物产于1992年签署综合合作协议，建立了定期干部交流机制。16年来，双方定期举行干部交流和各项专题业务交流。同时，互派骨干员工赴对方公司进行培训，迄今为止双方互相培训已达300多人次。

中国人通常认为上海宝钢的资本控制权、人事权、经营权都在中方手里，很难接受“上海宝钢是三井财团成员”的说法。然而,三井物产的前任社长上岛重二在1999年上海举办的财富论坛上是这样说的:“上海宝钢的现任总经理——谢企华女士,这是一位女企业家。她有很强的人格魅力,而且作为经营者也极为优秀,是我一个极为要好的老朋友。”接下来,主持人提问三井的成员或者说是下属企业有哪些时,上岛重二回答:“在中国我们的老朋友是宝钢。”

三井财团用于协调财团核心成员之间战略合作的组织是总经理会议,称为二木会。上海宝钢并非日本籍的企业,当然不可能是二木会成员。但是,上海宝钢与三井物产之间同样存在着类似总经理会议一样的定期交流和战略协调机制。例如,2005年5月24日的《宝钢日报》报道:“5月20日,日本三井物产(现任)社长枪田松莹、专务执行役员多田博率40余名干部来宝钢进行为期一天的干部交流。宝钢集团公司董事长谢企华、总经理徐乐江参加了交流会。”

宝钢所必需的铁矿石原料,大多由三井物产等日本企业参股控制。不仅如此,这些铁矿石还是由三井物产的成员企业商船三井运输到上海;而运输的大型矿砂船是由三井财团另一家成员企业三井造船制造的;三井物产与宝钢合作生产卷板,根据汽车、家电等日本在华企业(如三井财团的丰田公司)的需求,进行剪裁打孔等加工后销售。可以说,宝钢在资金、原材料、生产制造、运输、销售的每个环节都能看见三井的影子。

由于日本财团成员内部之间存在着资本纽带,企业之间必然具有可靠的信用关系,使得企业间的买卖和借贷更加活跃和高效。三井物产会和合作伙伴互惠互利,生意场上的互相照顾与信息共享,以保持长久的合作。中国企业一旦加入三井体系就不得不作为其成员服务于三井财团的全球战略。而上海宝钢借助三井财团的全方位支持获得了在中国市场上的领导地位,甚至过去几年与外方的铁矿石谈判,也都是由上海宝钢代表中国钢铁企业去完成。

第一节 启动中国攻略

建设宝钢，千载难逢的机会

1971 年，三井物产驻纽约的人员从美国总统尼克松访问中国的新闻受到启发，开始研究中国经济，发现中国的钢铁工业发展很快，大量地从英国和加拿大进口废铁，而英、加对废铁出口似乎有所限制。美国是世界上最大的废铁出口国，于是，三井物产就频繁与美国、中国方面进行谈判。当世界上大多数商家还在认为美中经济交易往来为时尚早的时候，三井物产竟令人难以置信地分别与美、中谈判成功，1972 年 3 月，大批废铁从美国运往中国。

5 年之后，发生了一件对后来中国钢铁行业影响深远的事情。1977 年 1 月下旬，冶金部明确在上海建设上海宝山钢铁厂（宝钢集团的前身），主要从日本新日本制铁株式会社（简称“新日铁”）引进技术装备。经过一年多的筹备、考察和谈判，1978 年 3 月 19 日，中技公司和新日铁在京签订《关于建设上海宝山钢铁总厂协议书》。宝钢建设之时，正逢日本企业在世界各地攻城略地、日本经济全面繁荣的时期。那时的中国，也正处在千方百计重振经济的状况。

1978 年 6 月 28 日，中技公司和日本的新日铁、朝阳贸易株式会社、三一企业株式会社签订《上海宝山钢铁总厂第二号技术协作合同——设备订购规格书、报价、评价、设计审查与审核》，标志着上海宝钢的建设进入实质性阶段。此时的三井物产因为与台湾有大量的贸易往来和政治联系，被中国政府认定为“非友好商社”，所以在上海宝钢的建设初期没有在中国大陆公开露面，而三井财团的骨干企业东芝和石川岛播磨重工则与新日铁合作成为宝钢的设备供应商。

宝钢项目对日本国民经济的拉动作用十分巨大。当时的经团联会长、三井财团东芝公司的社长土光敏夫曾估计，如果日本帮助中国建设像宝钢这样的钢铁联合企业，那么日本的钢铁工业、机械制造业和有关配套的行业都会带动起来，将可能使日本国民生产总值增长 2%。宝钢一期工程原料输入、炼焦、烧结、炼铁、炼钢、初轧的成套设备和技术，都是从日本新日铁引进的。

新日铁正是看准了中国钢铁生产大量高档产品必须进口的现实，以提供生产设备和技术为先导进入了中国的钢铁行业。纵观国内的大型钢厂，几乎都从新日铁引进过设备和技术。宝钢几乎全部的生产设备和技术都引进自新日铁；武钢王牌产品硅钢的生产设备和技术来自新日铁；山东莱钢的中型轧钢机工业设备和电气设备分别来自新日铁和东芝；太钢的1 549毫米热轧技术由新日铁提供……

然而，某些“意料之外”的麻烦，也为中国钢铁行业日后出现的困境埋下了伏笔。例如，日本先进的钢铁生产设备无法“消化”中国低品位的铁矿石，因此建成后的宝钢只能选择从澳大利亚和巴西进口高品位的铁矿石。为了满足大规模进口铁矿石的需要，上海宝钢建设的计划中也包括了可停泊十万吨以上矿砂船的港口和配套设施，三井财团的关联企业同样成为这些项目的受益者。

时至2007年11月5日，《宝钢日报》在一篇题为《宝钢与新日铁携手走过三十年》的文章中这样写道：“在宝钢一期和二期工程建设期间，宝钢引进了新日铁成套先进设备。新日铁社长三村明夫在与宝钢30年合作庆典仪式上说，新日铁在尽全力协助建设宝钢一期工程的过程中，加深了双方的信赖关系。宝钢集团董事长徐乐江则表示，宝钢与新日铁30年的友好合作，已成为两国经济界合作共赢的一个典范。因此，宝钢与新日铁的合作意义非凡，任重道远。”

谁在扶持宝钢快速成长

1992年，宝钢与三井物产签署了综合合作协议，建立定期干部交流机制。从那时起，双方定期举行干部交流和各项专题业务交流，尤其是在剪切加工中心领域拥有多项合作。同时，双方还互派骨干员工赴对方公司进行培训，迄今为止双方互相培训已达300多人次。为了巩固和深化三井财团与宝钢的合作关系，三井物产一直在进行着十分细致的协调工作，在总经理会议、干部互派、情报共享等方面与宝钢建立了牢固的联系。

2007年7月宝钢与三井物产签署新一轮综合合作协议

在新日铁和三井物产为宝钢提供技术、物流服务和人才培训的同时，三井财团又开始“帮助”宝钢进行新的产业“扩张”。1993年时，宝钢投资9 000万日元建立了自己的日本子公司宝和通商，主营宝钢所需的钢铁生产设备、零部件，以及钢铁产品的出口。除此之外，宝和通商还涉足集装箱贸易、港口投资等多个领域。在日本，宝和通商是中国主要集装箱生产商的代理商，经营规模达到了15 000TEU(标准箱)。

当然，想要在铁板一块的日本市场打开缺口，没有三井等日本大财团的默许，根本是不可能的。20世纪90年代，大型国有企业还没有摆脱计划经济体制的局限，宝钢却已经表现出领军企业的气质，这与三井财团的全力支持分不开。在帮助宝钢练好内功的同时，三井物产还积极扶持宝钢对外扩张，一方面帮助宝钢建立自己的商贸企业；另一方面与宝钢一道进行资本运作，以合资方式借助宝钢切入中国产业链的各个环节。

那么新日铁和三井物产的关系到底是怎样的呢？三井物产拥有新日铁商事（新日铁的商社）20.132%股权，而且拥有新日铁5%以上的股权。与此同时，新日铁又是三井物产的独立董事。在钢铁贸易方面，三井物产是新日铁最大的钢材代理贸易商，平均每年代理比例达到新日铁产量的35%以上。早在1988年12月，新日铁商事、三井物产、阪和兴业等日资企业与中国的合作者招商港务（深圳）在深圳特区内成立了一家名为“深圳深日钢材有限公司”的高级薄钢板加工中心。

新日铁虽然不是三井财团二木会（总经理会议）的成员，但实际上它与三井物产以及三井财团其他成员之间的相互持股、共同投资、贸易代理等的实质联系，已经形成了利益共生关系，这表明新日铁拥有三井财团“准成员”的地位。事实上，三井物产从来都是低调地说三井财团是松散的组织，但其合作的渗透能力极强，并直接进入所有微观经济领域。三井物产作为综合商社，充当财团成员之间的纽带作用，正是三井财团的真正核心。

三井财团与新日铁的密切程度从其他方面也暴露无遗。1999年，三井不动产作为三井财团的支柱企业之一取得了日本能源公司总部大楼新日铁大厦的经营权；2007年，新日铁住金与住友商事、新日铁商事组建新的合资公司；2008年初，新日铁与住友商事分别出资约6 300万美元，向三井住友银行收购三井矿山2 000万股优先股，使各自的持股均提升至21.7%。由于三井财团与住友财团的金融机构在2001年实现了合并，所以新日铁与三井—住友大财团体系内的企业通过相互持股和合作经营等方式形成了紧密的联系。

“软硬兼施”的布局

1994年4月20日，三井物产、宝钢集团、上海宝山区月浦镇工业公司以及意大利塞柯成套咨询工程公司合资组建了上海意达彩涂钢材制品有限公司，该公司总投资952万美元，其中宝钢（集团）公司投资额57%，1995年初建成投产，是当时国内最大的专业生产彩涂钢板制品的中外合资企业。公司全套引进意大利20世纪90年代设计制造的全液压自动控制的彩板门窗型材轧制生产线、钢制家具生产线等设备。

在与宝钢合作的同时，三井物产还不忘记带领更多日本企业一起进入中国市场。1994年12月，三井物产、新日铁、伊藤忠、丸红钢铁、香港北海集团、广州经济技术开发区工业发展集团、广州啤酒厂合资兴建的广州太平洋马口铁有限公司正式成立。该合资企业投资总额10 800万美元，注册资金3 600万美元，于1997年4月25日全面投产，年产16万吨高质马口铁，产品主要用于饮料罐、化工罐、食品罐等容器包装。事实上，新日铁公司长期以来一直是世界最大的马口铁生产企业。

1995年1月，三井物产、新日铁、宝钢集团、南通市投资管理中心合资13.85

亿元人民币，组建南通宝钢新日制钢有限公司（简称“南通宝新”），各方分别占有5%、20%、67.5%和7.5%的股份。南通宝新的产品主要销往上海、江苏、浙江等地，广泛用于国家重点标志性工程，如上海交银、中银大厦、APEC会议中心主会场、上海东海大桥、福州闽江大桥主塔、浙江舟山大桥、苏通大桥、上海地铁6号线、上海A30外环高速等重点工程。

1996年3月，宝钢集团、宝和通商（宝钢在日本的全资子公司）、香港明州发展有限公司、浙甬钢铁投资（宁波）有限公司共同出资成立了宁波宝甬特钢冷轧板有限公司。同年11月，香港明州发展有限公司、宝和通商将其在宁波宝甬特钢冷轧板有限公司的全部股份和股权退出，新增投资者为三井物产和新日铁。1998年7月，该合资公司更名为宁波宝新不锈钢有限公司（简称“宁波宝新”）。

宁波宝新目前由三井物产、日新制钢（新日铁的关联企业）、阪和兴业分别出资7%、21.9%、5.1%，宝钢集团出资54%，浙甬钢铁投资（宁波）有限公司出资12%，共5方合资组成，主营生产冷轧不锈钢薄板。合资企业前四期工程总投资73.5亿元人民币，设计年产量60万吨，单厂产量居世界第一。事实上，新日铁与日新制钢之间存在相互持股关系，且新日铁拥有日新制钢9.2%的股份，日新制铁象征性持有新日铁的0.54%的股份。

宝钢不仅在“硬件”上与新日铁合作，在“软件”上也不例外。1998年11月，宝山钢铁公司联合重组上海冶金控股公司和上海梅山公司，成立宝钢集团有限公司。时任新成立的上海宝钢集团公司总经理的谢企华开始进行重组后的统一规划、统一经营、统一管理，花费8 900万美元引进新日铁的管理软件。因此，宝钢对外宣传时，经常称自己将新日铁的管理经验与中国国情相结合，创新出了“集中一贯管理”模式。事实上，这也方便了新日铁更加深入地了解宝钢的一举一动。

多方渗透，蓄势待发

新日铁和三井物产相互配合，“帮助”宝钢不断扩张，只是他们“中国战略”的一部分。除了新日铁和三井物产这样的老面孔，三井财团的其他成员企业如丰田集团等也参与到了中国钢铁产业链中。另外值得一提的是，三井物产没忘记提携其他日本中小企业，共同在中国钢铁行业进行扩张。相对于为第一梯队提供的周到服务，三井物产对待第二梯队则更像一般的业务客户，钢铁生产设备和铁矿石贸易是进行最多的业务。

俗话说，不能把全部鸡蛋放在一个篮子里，三井财团在中国的合作伙伴自然不止宝钢一家，而且介入中国钢铁产业也并非开始于宝钢的建设。1974年，新中国第二次大规模成套技术设备引进开始，武汉钢铁公司（简称“武钢”）从新日铁引进冷轧硅钢生产成套设备，结束了中国不能生产冷轧硅钢片的历史。武钢项目的实际总投资达到创纪录的近27.7亿元，占整个第二次引进总投资的一成以上，仅次于用以解决穿衣问题的辽阳石油化纤项目。

时至1995年12月，三井物产作为三井财团的核心企业与武钢有了进一步合作，双方合资5 000万元人民币，建成主营钢材深加工的合资企业武汉兴井钢材加工有限公司（简称“武汉兴井”），其使用的大型纵剪机组、包装缠纸机组等主体设备均从日本引进，年加工能力5万吨。武汉兴井的主要产品是硅钢片，客户集中在电机、变压器、大型发电机以及家用电器等行业。其实，三井财团的新日铁和武钢历来就有硅钢生产的合作，武汉兴井的建立巩固了二者的关系。

首钢作为另一家中国大型钢铁企业与三井财团也有着合作关系。1994年12月13日，首钢总公司、电装（株）、丰田自动织机制作所和丰田通商合资29.5亿日元，在烟台建立了生产汽车空调的首钢电装有限公司。各方出资比例分别为50%、30%、15%和5%。电装（株）隶属于丰田集团，是与丰田汽车休戚与共的众多配套企业中的一员。而丰田从创立之初，就与三井物产有着非常密切的联系，并且是三井财团主要的成员企业之一。

为了延展钢铁产业链的长度，三井物产率领日本川田工业株式会社与上海船厂船舶有限公司（简称“上海船厂”）于1998年9月16日合资组建了上海上船川田钢结构有限公司，其中的上海船厂是中国船舶工业集团公司下属的五大造修船基地之一。川田工业株式会社是日本名列前茅的专业从事特大型钢桥、高层建筑钢结构的设计、施工的特大型企业，主要业务有桥梁、钢结构等构造物的设计、加工和施工；土木、建筑工程的设计、施工等。

1997年以后，受到亚洲金融危机的影响，三井财团的主办银行陷入了困境，以金融支持为背景的三井物产（综合商社）也暂缓了在钢铁领域的扩张势头。但是经过两年的调整后，在1999年中央电视台和上海电视台主办的世界500强公司“财富对话”中，三井物产的上岛重二社长用充满信心的语气说：“在即将跨入21世纪的时候，作为公司来说，我们已经恢复正常公司的形态，所以今后就是如何持续发展的问题了。”

第二节 向全方位和纵深发展

宝井系抢占钢铁物流

从2002年开始，中国成为“全球钢铁行业增长的火车头”。迅速增长的中国钢铁市场，反映出中国经济整体的大趋势。与此同时，日本对华出口钢材激增，

2002年对华出口钢材656万吨,相当于出口总量的18%、全国生产量的6%,比前一年增长41%。中国钢材消费量在2003年达到2.66亿吨,相当于排名第二的美国的2.5倍。受到持续旺盛的中国国内需求的带动,2003年钢铁原料相关商品的价格都有所上涨,其中废铁价格上涨30%。

2002年7月,上海宝钢与三井物产签订一项综合合作协议:双方以钢铁制品、半成品、钢铁原料、冶金设备、船舶运输及有关项目为主题,定期进行交流;在金融、信息、物流、中长期投融资及企业资本运作等领域进行技术交流与合作;努力开发可行性较大的项目。根据这项协议,上海宝钢国际经济贸易有限公司和三井物产合资成立上海宝井钢材加工配送有限公司,将成为中国最大的钢材加工配送企业。

事隔不到半年,上海宝井钢材加工配送有限公司于2002年12月2日在宝钢大厦隆重揭牌,宝钢董事长谢企华和三井物产社长枪田松莹为宝井公司揭牌。上海宝井注册资本金1 225万美元,三井物产和宝钢分别占有35%和65%的股份,公司主要从事金属材料的加工、配送及管理服务。自此,三井财团告别了单纯的成套设备和技术供应者的角色,以宝钢打头阵,以新日铁为主力,开始全方位地对中国钢铁行业进行渗透。

三井物产钢铁制品本部首席运营官渡边清贵对该项合资的解释是:"通过与宝钢的合作,三井得以实现在中国逐步建立覆盖全中国的钢铁加工物流网络,其中包括将中国国内的钢铁服务中心都纳入我们高效的系统中来。"三井物产的钢铁制品本部下属19个分公司,包括三井物产建筑材料有限公司、新津田株式会社、立臻亚洲有限公司等,与其有股权相关联的企业包括新日铁通商、上海宝井钢材加工配送有限公司等16家。

三井物产钢铁本部的产品通过这些子公司和关联公司的贸易网络,被广泛用于汽车、电子、运输、建筑以及能源领域。以立臻亚洲为例,2004年1月,三井物产将自己收购的丰隆亚洲的钢铁结构部门与立臻钢铁材料合并成为立臻亚洲,目前主要客户是新加坡、马来西亚、印度尼西亚、中国以及印度等国的海事与海外工程建筑商,因此三井物产收购立臻亚洲的主要目的就是满足亚洲市场对钢铁批发业务不断增长的需求。

在2003年度决算中,新日铁、JFE、神户制钢、住友金属工业等日本四大钢铁企业的经常性利润比上年同期扩大了2倍。其中在中国旺盛的需求中得益最大的新日铁和JFE增益情况更加明显,其经常性利润分别达到前年同期的5.4倍和3.5倍。中国这个巨大的"吸铁石"吸引了形形色色的外资企业,更加激发了三井财团逐鹿中国的决心和意志。在整个三井财团主导的利益共同体中,宝钢和三井物产合资的宝井系所扮演的角色是不可忽视的。

按照上海宝井的战略规划,在2005年之前将在全国主要钢材消费地建立加工中心体系，构筑一个能够向中国国内外用户提供迅速的钢材配送和高质量服务的物流体系，并达到年加工300万吨的目标。时至今日，上海宝井已经成长为钢铁物流市场的佼佼者，其下属的重庆宝井、广州宝井、福州宝井、杭州宝井、东森分部、无锡宝井以及青岛宝井分别在当地形成了稳固的影响力。

三井物产与宝钢合资成立的无锡宝井钢材加工配送有限公司

称雄中国汽车板市场

经过多年的发展，宝井系在中国汽车板材、家用电器用板材等高档钢材领域的号召力已经非常强大，基本控制了华东和华南地区的高档钢材市场。在宝井系兼并其他钢材加工企业的过程中，三井物产总是不离左右。宝井的成长伴随着三井物产势力的扩张。在广州宝井、福州宝井、杭州宝井和无锡宝井中，三井物产都拥有平均30%的股份。借助雄厚的资金技术实力，以及丰田汽车等三井财团关联企业对钢铁产品的需求，三井物产得以有效地掌控宝井系。

中国的汽车市场从2002年开始呈现出繁荣景象，汽车钢板的需求激增，然而，中国钢铁企业并没有生产这种钢材的能力。2002年4月，三井财团的丰田汽车决定在中国生产乘用车时会首先以较低廉的价格从宝钢采购车门用钢制部件，此后还考虑采购车身用的表面处理钢板。另外，丰田汽车表示，将从以往的主要依赖日本本土供应钢板，转向宝钢、武钢、鞍钢和邯钢四家钢企采购车用钢板。这些中国钢铁企业都与三井物产有不同程度的贸易与合作关系。

为了应对因中国汽车销量增长带来的钢板缺口，除了丰田以外，其他日本汽车制造商，如本田、日产也都不同程度表示将向中国本地钢企采购汽车板，以保证在中国的顺利发展。对于日本汽车三巨头的表示，宝钢予以积极回应，表示旗下的五钢公司已经与日本大同特殊钢株式会社签订策略合作协定。根据协定，从2005年至2007年五钢将替代大同特钢，为广州本田供应汽车用特殊钢。以此为契机，作为三井财团主力部队的新日铁开始与宝钢携手并进。

2004年7月30日，宝钢、新日铁和法国阿赛洛共同投资建立了宝钢新日铁汽车板有限公司（简称“宝新汽车板”），投资总额为65亿元人民币，宝钢出资50%，新日铁38%，阿赛洛12%，注册资本为30亿元人民币。合资公司年生产规模达到170万吨汽车板，主要生产设备及核心技术均来自新日铁，并采取新日铁的管理经验建立了多次检查制度,目标是要打造具有世界一流水平的高级汽车板,并成为专业汽车板供应商。

在生产汽车板的同时,与新日铁合资的宝新汽车板公司还成了宝钢汽车板产品的销售窗口,并涉及宝钢其他的高级钢板相关业务。三井财团的丰田汽车在当地的工厂便是以宝新汽车板公司的成立为契机,开始与宝钢在汽车板供应方面开展合作的。因为拥有20多家三井物产与宝钢合资的汽车板产品的加工点(宝井系),宝新汽车板公司的做法可以最大限度地避免价格竞争,该战略得到了宝钢和新日铁的共同认可。

借助三井物产和新日铁的帮助,宝钢在中国汽车板市场上所向披靡。2005年,宝钢的代表产品冷轧汽车板全年销售172.6万吨,其国内市场份额由2004年的47.3%提升到了51.6%。一汽的载重汽车、小红旗轿车、捷达轿车,上海大众桑塔纳以及神龙,广州本田,风神汽车等都整车或大批量采用宝钢汽车板。其间,全面繁荣的汽车板市场也给深入其中的三井物产带来了无限的商机,宝井钢材加工配送公司忙得不亦乐乎。

事实上,中国钢铁老大宝钢已经垄断了汽车钢板市场的半壁江山,与宝钢合作意味着新日铁在华销售业绩也有不俗的表现。新日铁从20世纪80年代开始进入中国市场,先后在北京、上海、广州、香港设立了事务所,并投资设立工厂近十家,包括南通、无锡、苏州、大连、广州、东莞、深圳等地域,其布局沿海区域的版图格局开始日益清晰,同时逐渐向内陆延伸。除宝钢之外,新日铁还与国内的鞍钢、武钢等企业进行"亲密接触",图谋更大的发展。

在汽车钢板市场独占鳌头的宝钢又能获得了多少利益呢?宝钢、新日铁和阿赛洛三家共同建成宝钢新日铁汽车板有限公司,主要生产设备及核心技术均来自新日铁,甚至部分钢板母材也一度从日本进口,宝钢也没有掌握多少话语权。事实上,宝钢只是日本财团全球产业在中国利益链的一个分子。通过与宝钢的合作,新日铁为其他日本企业构建了一个利润通道,从丰田等汽车企业,到三井物产这样的综合商社,都成为最大的得利方。

埋下铁矿石伏笔

汽车企业和钢企的协作,只是三井财团梳理钢铁产业链的一个典型的例子。把产业链组织起来,形成顺畅的利益链条,并不断加固强化这种联系,是日本财团在经营当中始终贯穿的基本思想。从三井财团在华钢铁行业合资企业的布局图中,可以很容易看出沿海地区,尤其是以上海为中心的长三角地区合资企业最为密集。除了三大经济圈,在武汉、长春这样的工业重镇,三井财团也建立了合资企业。由此,三井财团的一张隐形的大网已经悄然铺开。

此时,在钢铁产业链的另一头,由于有着三井财团的血统,商船三井公司

(MOL)也和宝钢建立了长期稳定的合作,双方铁矿石长期运输合约持续时间大多超过20年。和一个外国船公司签订如此长期的运输协议,在世界航运市场上也是非常罕见的。商船三井拥有各类海上运输船只500多艘,载运规模位居世界第一。为了满足来自宝钢的需求,商船三井大量订造船舶。利用宝钢的巨大需求和高昂的海运费,三井财团的商船三井近年来的发展顺风顺水。

2003年11月14日,商船三井和宝钢正式签订铁矿石委托协议,从2004年起的15年内,负责从西澳大利亚向上海每年运送500万吨铁矿石。这是宝钢第一次和非中国的船运公司签订的租船合约,并且15年的期限也是当时中国钢铁生产商签订的期限最长的合约。宝钢和商船三井表示双方要以此签约为契机,进一步建立长期稳定的战略合作关系。此后不久,2004年4月,商船三井又与宝钢签订了承运巴西进口矿石20年的长期运输协议,每年为宝钢承运巴西进口矿约130万吨。

时至2007年1月,商船三井与宝钢再次达成一项长期承运合约,为宝钢订造第5艘超大型矿砂运输船,预计2009年交付。这是双方签订的第五份长期租船协议,合同期超过22年。加上此前签订的3艘20万载重吨散货轮(2007年交船)和一艘30万载重吨矿石货轮(2009年上半年交船)协议,商船三井将投入5艘新造货轮服务于宝钢集团。届时,商船三井将为宝钢每年承运1 000万吨以上的铁矿石。

事实上,三井物产作为三井财团的核心组织者拥有铁矿石主要开采国巴西、澳大利亚、南非和印度铁矿的很多权益。三井物产(中国)贸易有限公司总经理田中光雄在谈到与宝钢的合作时表示:"宝钢需要长期稳定的铁矿石原料供应,三井物产在巴西有一个矿山的投资,差不多有十几亿美元。那么,我们与宝钢的合作关系,就建立在我们长期稳定地为宝钢提供铁矿石原料上;而宝钢则把它们产品的销售,委托给三井公司。"

第三节　占据上游制高点

资源的力量

在巴西国内,有一家被称为"皇冠上的宝石"和"亚马逊地区的引擎"的企业,它的名字叫淡水河谷(Companhia Vale do Rio Doce,简称CVRD),是世界第一大铁矿石生产和出口公司。淡水河谷拥有多项巴西第一甚至世界第一:世界第一大铁矿石生产和出口商、世界第一大镍金属生产商、巴西第一大物流服务供应商、巴西最大的能源供应商。2005 年的铁矿石风波中,巴西淡水河谷以其强硬的姿态闻名于世。

这家规模超级庞大的巴西企业,其实是一家私有企业。1997 年 5 月,淡水河谷完成私有化,身份从公共企业转型为向股东负责的私有企业。现在,淡水河谷保有铁矿储量约 40 亿吨,其主要矿山可维持开采近 400 年,铁矿石产量已经占到巴西全国总产量的 80% 以上。在物流领域,淡水河谷也同样处于强势地位,经营超过9 000公里的铁路和数十台机车,拥有 10 个港口。此外,淡水河谷还拥有 6 座水电站,总发电量超过 440 兆瓦。

在巴西国内乃至南美地区,淡水河谷的庞大影响力渗透到众多的产业领域。这家成立于 1942 年的公司,在最近短短十年间收购数家规模相近的大型企业,拥有了在业界呼风唤雨的实力。在 2000 年左右的收购高峰时期,淡水河谷的收购名单上都是曾在业界有着不俗影响力的公司:SOCOIMEX、SAMITRI、SAMARCO、FERTECO、CMM、INCO……其中,CMM 是世界第四大铁矿公司,而 INCO 是世界第一大镍金属生产商。

在解释大量收购的动机时,淡水河谷表示"满足股东对高回报的需要"是根本原因之一。在 2005 年颠覆世界铁矿石价格波动规律的行动中,淡水河谷同样表现出了对"股东需求"的高度重视。2005 年 1 月中旬,世界铁矿石年度合同谈判之初,铁矿石三巨头之一的澳大利亚力拓公司(Rio Tinto)曾提出 50% 的价格涨幅,但这一数字很快就被淡水河谷的公开表态所推翻,后者要求涨价 90%。淡水河谷表示,如果低于这一涨幅,将很难向他们的股东交代。

是谁有着如此巨大的影响力,能够左右淡水河谷的决策,并进而深刻地影响世界铁矿石贸易呢?这里所谓的"股东"指的又是谁呢?事实上,在淡水河谷的股东里,三井物产至今已经拥有 18% 的股份,并以其特有的方式施加着强大的影响。通过直接投资、业务往来以及多行业的全方位合作,三井财团和淡水河谷之间已建立了紧密的纽带。谁控制了资源,谁就能控制一切,三井物产充分诠释了这一点。

三井物产与 CVRD 走向联合

巴西淡水河谷(CVRD)不仅在 2000 年左右将巴西国内 SAMITRI、SOCOIMEX 和 SAMARCO 置于自己旗下,而且在 2001 年年初,又将原属德国克虏伯蒂森的巴西 FERTECO 公司一举购下。已经做到除 Caemi Mineracao e Metalurgia 公司(简称:CMM)以外,几乎所有巴西铁矿石公司都得到其有效控制。此时,CMM 成了淡水河谷志在必得的目标。三井物产和淡水河谷真正走向联合,正是从 2001 年三井物产帮助淡水河谷成功并购 CMM 公司开始的。

2001 年,三井物产开始介入淡水河谷对 CMM 公司的收购。首先,三井物产从

CMM 创始人的孙子 Frering 兄弟手中买进 CMM 公司 60% 具有表决权的股份。加上之前已经拥有的 40% 的股份，三井物产彻底并购了 CMM。之后，三井物产打算将一半的 CMM 股份卖给淡水河谷，以帮助后者成功控制 CMM。然而，三井物产和淡水河谷还没有来得及弹冠相庆，却惹恼了另一个世界铁矿石巨头澳大利亚的必和必拓公司（BHP Billiton）。

原来，必和必拓对 CMM 也是志在必得，并开出了 3.32 亿美元的高价收购其 60% 的股份，但不料被半路杀出的三井物产横刀夺爱。当时，三井物产动用自己对 CMM 股票的优先购买权，迫使必和必拓出局。由于有着深厚的欧美资本背景，必和必拓的遭遇得到了来自欧盟的支持。在三井物产向淡水河谷转让 50% 股份即将执行时，遭遇到欧盟的反垄断"狙击"。欧洲委员会在长达 1 个月的初步调查中发现，淡水河谷已经成为世界上第一大采矿和出口铁矿石公司，但仍然通过并购不断扩大规模。

尽管欧盟的调查措辞严厉，但仍然没有阻止三井物产和淡水河谷联手获得垄断优势的行为。2001 年 12 月，三井物产完成了与淡水河谷针对 CMM 的股权交易。此后，三井物产继续扩展和深化与淡水河谷的合作关系，双方于 2002 年 4 月签署了战略联盟协议，正式将双方的合作关系扩展到铁矿石业务之外，涉及的合作领域非常广泛，包括三井物产向淡水河谷出售采掘机械，提供运输铁矿石的铁路车厢，以及建立沿海集装箱运输和物流合资企业等。

在合作过程中，三井物产不仅向淡水河谷提供产品和技术，还积极给予金融援助，帮助后者扩展业务范围。在日常工作中，双方还有着非常密切的人员交流。例如，三井物产派人出任淡水河谷的客户经理，率领三井物产的客户管理团队常驻巴西，在现场推进与淡水河谷开展的各项业务。在日常工作中，双方不仅定期培训对方雇员，而且还建立了情报互换机制。这些制度一方面可以巩固双方的合作关系，另一方面还能有效帮助双方及时把握新的商机。

亲密无间的伙伴

2003 年 9 月，三井物产出资 8.30 亿美元收购了 Valepar 公司 1 960.7 万股的普通股，Valepar 公司是淡水河谷的控股公司。此次收购的股份相当于淡水河谷总股份的 5.05% 或普通股的 7.84%。由此，三井物产成为 Valepar 公司第三大股东。Valepar 的股份构成格局为：Littel（四家巴西养老基金）持股 58.0%，Bradespar（巴西发展银行的投资公司）持股 17.4%，三井物产持股 15.0%。三井物产派遣业务主管进入巴西淡水河谷的行政委员会，成为事实上的公司经营决策者。

三井物产在 2004 年自己的企业杂志《三井物产在行动》（*Mitsui In Action*）第 40 期上刊登了一篇题为《三井物产与 CVRD 的战略联盟》的文章，其中有这样的叙述："三井物产与巴西淡水河谷的战略联盟在未来的发展中具有巨大的潜力，而且

三井物产参股的CVRD是世界上最大的铁矿石供应商，图为其开采的卡拉加斯铁矿山

三井物产正在借助自身的综合实力，全力以赴地拓展业务范围和商机，使双方实现共赢。为巩固与CVRD的关系，三井物产正在努力超越日常业务活动，而以坚实的综合实力创造真正的伙伴关系，涉及广泛的领域，以及三井物产与CVRD强有力的人脉关系。”

为了强化与淡水河谷的战略联盟，三井物产动员了其全球各地在矿山机械、交通、物流等各方面的资源，其中包括：介绍CVRD从日本小松制作所订购了推土机、大型自卸车、液压挖掘机等大型设备；向CVRD提供日本普利司通和美国费尔斯通公司生产的超大型卡车用轮胎；参与CVRD的巴西内航集装箱运输业务；推动巴西国内铁路网络的建设，并促成中铁物资公司向CRVD提供铁矿石铁路货车；从CVRD下辖的CADAM公司获取高岭土的进口权，并参与了CVRD的氧化铝开发项目。

由于和三井财团有着如此密切的联系，巴西淡水河谷在世界性的铁矿石贸易中，总能与日方顺利达成一致。在2005年时，在淡水河谷的强力推动下，世界铁矿石年度合同价格历史性地上涨了71.5%。对于三井财团来说，一方面旗下的新日铁凭借产品的技术优势转移了上涨的成本，另一方面三井财团还通过参股的海外矿山获取了涨价带来的高额利润。当年，在淡水河谷宣布天价涨幅之后，印度的铁矿石供应商Sesa Goa也迅速跟进，而Sesa Goa最大的股东就是三井物产，其拥有的股份高达51%。

2006年1月23日，巴西淡水河谷公司宣布：接受淡水河谷高级管理层（实际上指的是三井物产）的建议，由控股公司Valepar的现有股东达成的一项协议，把CMM的非控权股东所拥有的CMM的优先股换成将发行的新的淡水河谷公司优先股。根据巴西的称作“股票合并”的公司法的程序，CMM由此成为淡水河谷的一间全资子公司。此前，三井物产已经拥有CMM的40%股权。

在铁矿石以外的多种矿产资源领域，淡水河谷和三井物产也是形影不离。2006年4月10日，在巴西产业发展部部长Furlan访问日本之际，三井物产、淡水河谷和巴西石油公司在东京签署了一份三方备忘录。备忘录的内容是三家公司将联合开展生物乙醇产业从生产到物流各环节的研发合作。巴西是世界上最大的生物乙醇供应国，占据全球35%以上的市场份额。三井物产和淡水河谷此举，充分说明了他们之间合作的密切程度。

提携新日铁，在巴西布局

作为三井财团的重要关联企业，新日铁也与淡水河谷有着密切的联系。2006年12月19日，新日铁和淡水河谷表示，双方正在考虑合作开发煤炭和铁矿石项目，双方也希望加强与合资企业 Nibrasco 和 Mineracoes Brasileiras Reunidas(MBR)的合作。Nibrasco 在巴西生产球团矿，新日铁和淡水河谷分别持有其25%和51%的股权；MBR 则是新日铁的铁矿石供应商，三井物产直接和间接持有 MBR 的大量股权。

当三井物产占据钢铁产业链上游的铁矿石这个制高点后，三井财团利用新日铁的技术优势和经营管理优势，开始占领当地钢铁生产和市场。2006年12月21日，新日铁宣布，通过相关法律已经将巴西米纳斯吉拉斯钢铁集团(Usiminas)收归麾下。这表明新日铁在借此扩大规模的同时，把通过进军汽车业密集的巴西市场作为其在新兴发展中国家开展松散型集团的战略部署。

作为日本同巴西进行经济合作的另一个重要环节，日本米纳斯吉拉斯（Nippon Usirninas)成立于1958年，由日本国际合作银行等共同出资组建而成。日本米纳斯吉拉斯作为巴西米纳斯吉拉斯的头号股东，拥有其21.6%的股权，而新日铁之前是日本米纳斯吉拉斯的第二大股东。现在，新日铁将其在日本米纳斯吉拉斯的股权从14.4%提高到了50.9%，并进行了子公司化。加上对巴西米纳斯吉拉斯直接入股1.7%，这次新日铁成为对巴西米纳斯吉拉斯持股21.6%的头号股东。

在既是铁矿石和焦煤等钢铁原料基地，同时又是汽车工业快速发展的重要钢铁市场的巴西，对巴西米纳斯吉拉斯的注资行动乃是新日铁寻求发展的最佳战略决策。巴西米纳斯吉拉斯钢铁集团2005年的粗钢产量为866万吨，在南美洲位居第三位。新日铁面对阿赛洛米塔尔规模为自身3倍的威胁，在与住友金属、神户制钢、韩国浦项、宝钢等企业结成松散的集团之后，现在又和已有50年协作历史的米纳斯吉拉斯形成在南美地区的松散联合体，以加强全球实力。

三井财团在巴西铁矿石资源和钢铁产业的经营活动只是其全球布局的一部分。目前，三井物产的钢铁/金属原材料本部在全球共有17个子公司，其中包括位于澳大利亚的三井铁矿石发展有限公司、印度的 Sesa Goa 有限公司、澳大利亚的三井伊藤忠铁矿有限公司、美国的原材料发展有限公司、巴西的三井物产金属销售株式会社，以及位于日本的三井物产原材料发展株式会社等。正是因为三井物产对上游原料资源的强力控制，新日铁和宝钢这样的制造企业才会被纳入三井财团这个“利益共同体”中。

同时，三井物产自身在澳大利亚、巴西以及印度、智利等国设立的三井贸易有限公司，以及其他分布在世界各地的12个相关联公司，已然构建起了一个钢铁原材料的全球交易网络。三井物产直接获利于这一流动的交易网络。该公司2007

年的年报披露，通过铁矿生产获得的直接利润为 1 723 亿日元(16.5 亿美元)，其他金属原料销售利润为 1 487 亿日元(13.8 亿美元)，而提供中介服务和价差获得的利润达到 267 亿日元(2.5 亿美元)。

第四节 高明的玩家

养兵千日，用兵一时

2005 年，全球 6.6 亿吨海运铁矿石贸易量的 68.2% 流向亚洲，其中中国钢铁企业进口铁矿石 2.75 亿吨，占全球铁矿石海运贸易量的 43% 左右。作为世界上最大的铁矿石进口国和钢铁生产国，中国却在每年的价格谈判中处处被动。而日本几乎不受铁矿石涨价的影响，甚至成为铁矿石涨价的受益者。在铁矿石的主要产地澳大利亚、巴西、加拿大、智利乃至印度，日本财团直接或间接拥有大量当地铁矿石企业的权益。

历史性涨价 71.5% 的幅度让铁矿石贸易成为 2005 年最引人注目的经济话题之一。宝钢作为中国钢铁行业的领导企业，在出众的业绩表现背后，隐藏的却是对外来资本的依赖和共生。利用中国开放的经济结构，三井财团以新日铁和宝钢为切入点，深入到中国钢铁产业的各个领域，对中国企业的成本和利润了如指掌。此时，如何提取中国钢铁业的巨大红利成为三井财团的主要课题。

在世界各地精耕细作的三井财团一贯低调谨慎，它们在中国的行动已经印证了这一点。从全球的角度来看，巴西淡水河谷公司、澳大利亚的力拓公司和必和必拓公司这样的铁矿石巨头企业也是以三井为首的日本财团的合作者，而且是战略伙伴。在这样的大背景下，经过整合的中国钢铁行业对于日本财团来说，所具有的意义就远远超越一般的经济利润。然而，三井财团的行动及其造成的影响，却并不为常人所熟悉。

2005 年 2 月 22 日，新日铁与巴西淡水河谷公司就 2005 年度铁矿石价格达成协议，上涨幅度达 71.5%。此次新日铁"先下手为强"，率先锁定矿价涨幅，在资源占有上"抢得先手"，又进一步巩固其亚洲价格谈判的"主导地位"。2 月 23 日，在宝钢集团董事长谢企华就新日铁率先提升铁矿石价格发表"不满"讲话之际，坐在听众中的三井物产的一位员工却开心地笑了。

不久，宝钢集团于 2005 年 2 月 28 日下午在其网站上正式发布信息，宣布其与巴西淡水河谷公司和澳大利亚力拓公司这两家世界上最主要的铁矿石生产商已就年度矿价达成了最后协议，价格涨幅为 71.5%，与此前新日铁率先"锁定"的价格涨幅完全一致。此时,三井物产一方面在中国以宝钢为前锋、新日铁为后援进行着雄心勃勃的“植根中国战略”;另一方面在全球范围投资铁矿石生产企业,大幅提升原料价格。

三年后,同样的一幕再次上演。2008 年 2 月 18 日,巴西淡水河谷在其官方网站公布了与日本新日铁、韩国浦项制铁达成的 2008 年度铁矿石基准价,巴西图巴朗粉矿、南部粉矿上涨 65%;高品位的卡拉加斯粉矿则涨了 71%。第二天,《东方早报》以“铁矿石谈判中国钢企再遭日本暗算”为标题对此事进行了报道,而《21 世纪经济报道》的标题是“宝钢称铁矿石涨价 65% 基本合理”。22 日,宝钢与巴西淡水河谷正式达成一致,接受 2008 年度铁矿石价格上涨 65%。

巴西铁矿石价格(离岸价)走势

年 度	2002	2003	2004	2005	2006	2007	2008
价格(美元/吨)	16.56	18.04	21.39	36.69	43.66	47.81	78.90
涨价幅度	0%	8.9%	18.6%	71.5%	19%	9.5%	65%

注:2003—2008 国际铁矿石价格连续第 6 年上涨,而在此前则是有涨有跌。

谁在分食涨价的美餐

正如前面提到的,巴西的铁矿石生产企业与三井物产有着非同一般的关系。自 1971 年开始,三井物产开始投资巴西第二大铁矿生产企业 Mineracoes Brasileiras Reunidas 公司(简称:MBR)。1997 年开始,三井物产拥有巴西 CMM40% 的股权,而 CMM 公司拥有 MBR 公司 84.8% 的股份。特别值得一提的是,三井物产拥有巴西(CVRD 的母公司)Valepar 公司 18.24% 的股权。

就在与巴西淡水河谷达成协议的第二天,即 2005 年 2 月 23 日这天,新日铁与澳大利亚力拓公司在谈判中也锁定了 71.5% 的矿石价格涨幅。事实上,三井物产在澳大投资经营铁矿山已经有很多年。1965 年,三井物产投资澳大利亚的罗布河(Robe River)铁矿山,1967 年继续投资澳大利亚的纽曼(Newman)铁矿山。目前,位于西澳大利亚纽曼西北 112 公里处的西安吉拉斯(West Angelas)铁矿山和潘纳旺尼卡(Pannawonica)的罗布河矿山由力拓公司、三井物产、新日铁、住友金属工业公司共同拥有和开采。

随着全球钢铁需求扩大,铁矿石的争夺日益激烈,三井物产、新日铁、住友金属工业三家公司计划确保自己专有的矿山权益,在与力拓公司联合运营的罗布河矿山开发新的矿区。权益分配率方面,力拓为 53%、三井物产为 33%、新日铁为 10.5%、住友金属为 3.5%,包括现有矿区在内,合计产量 2010 年达到每年 3 200 万吨,总产量的约四分之一由新日铁获得,一半将出售给中国的钢铁厂商。

2005 年 4 月 13 日,以上海宝钢为代表的 16 家钢铁企业又不得不与澳大利亚必和必拓达成矿石年度合同价格 71.5% 涨幅的协议。此时,澳大利亚必和必拓公司、三井物产、伊藤忠三家共同拥有距离黑德兰港(Port Hedland)以南353公里的Mining Area C铁矿、纽曼以东15公里的BHP—OB23/25铁矿、纽曼西北90公里处的BHP—Yandi铁矿、黑德兰港以东175公里处的高兹沃斯(Goldsworthy)铁矿,以及位于纽曼的瓦列拜克(Whaleback)铁矿。

三井物产与澳大利亚必和必拓公司的关系非同一般,双方在更多领域存在紧密的合作。例如,2006年11月,必和必拓向三井物产出售了其在纳米比亚油气田15%的利益。出售交易完成后,必和必拓持有勘测区75%的利益,三井大西洋能源公司(Mitsui Atlantic Energy BV)持有15%的利益,南非国有石油天然气公司PetroSA持有10%的利益。此宗交易也标志着日本公司首次参与纳米比亚的勘测许可。

通过宝钢这样一个庞大的建设项目,三井财团把在中国和澳大利亚、巴西三地的事业联结在一起。作为国际铁矿石的最大"买家",中国为铁矿石生产商输送了源源不断的巨额利润,同时也体尝到了铁矿石价格上涨的痛苦。受71.5%涨价幅度的影响,2005年中国钢铁企业多付出了300亿元的进口成本;与此同时,国际铁矿石巨头从中国捞到了30亿至40亿美元不等的利润大单。

就在上海宝钢代表中国钢铁企业接受71.5%铁矿石涨价后的一个月,三井物产社长枪田松莹、专务执行役员多田博于2005年5月20日率领40余名干部来宝钢进行为期一天的干部交流,宝钢集团公司董事长谢企华、总经理徐乐江参加了交流会。交流会上,宝钢向三井物产汇报了《宝钢的一体化改革和钢铁发展规划》,双方总结回顾了上届干部交流会以来合作的进展情况。此时,上海宝钢与三井物产在总经理会议、干部互派、情报共享等方面的合作已经是非同一般。

"首发定价权"是馅饼,还是陷阱?

与中国不同,几乎100%依赖进口铁矿的日本在2005年71.5%的涨价中几乎毫发无损,其主要原因是日本拥有海外大量的铁矿石资源。虽然涨价也使日本的钢铁企业利润受损,但上游铁矿石的利润却可以弥补钢铁企业的损失。

2006年5月15日,巴西淡水河谷与欧洲第二大钢铁公司德国蒂森-克虏伯达成协议,铁矿石粉矿价格在2005财年上涨71.5%的基础上再上涨19.0%;高炉球团矿价格下降3%。这是世界钢铁业从4月1日开始的2006年度第一个铁矿石价格协议。蒂森—克虏伯球团矿用量比例较大,铁精粉涨价的损失可以在球团矿的降价中得到弥补,平均成本实际只上升不到10%。尽管这个"面粉涨价,馒头降价"的一揽子价格协议确实充满戏剧性,但是这个协议的产生毕竟从外围打开了与中国铁矿石谈判的缺口。

在这次巴西淡水河谷与德国蒂森-克虏伯旷日持久的铁矿石谈判中,印度最大私营铁矿石出口商Sesa Goa公司表示,该公司将把供应给日本客户的铁矿石价格上调 19%，从而积极策应巴西淡水河谷的价格谈判。其实，三井物产拥有印度 Sesa Goa 公司 51% 的股份。印度 Sesa Goa 目前年产矿石量大约 900 万吨，其市场多元化，覆盖日本主要的钢铁厂及欧洲大的钢厂。中国大陆主要客户是宝钢、马钢、重钢、昆钢、南钢。

2006 年 12 月 21 日，宝钢在谈判的开始阶段就急忙与巴西淡水河谷公司在"2007 年度国际铁矿石基准价格"上达成了一致，接受上涨 9.5%，首度取得所谓的"定价权"。此前的两年，新日铁与巴西淡水河谷公司谈判，接受了 71.5% 的价格涨幅，获得 2005 年铁矿石首发定价权；德国蒂森-克虏伯达又接受了巴西淡水河谷公司 19% 的涨幅，而获得了 2006 年首发定价权。新日铁和蒂森克虏伯达都曾因为能从首发定价权中得到好处，更愿意在价格谈判中妥协。

铁矿石连涨了三年之后，也是在中国产业界对宝钢获得 2007 年度铁矿石的首发定价权大加赞赏之际，三井财团已然悄悄改变了策略。中国钢铁企业产能剧增，同时对于海外铁矿石的海运需求也高速增长。三井财团的利益点恰恰就在于"帮助"中国钢铁企业发展的同时，获得了对于钢铁产业链（以铁矿石为源头、以物流为纽带）的控制能力。于是，铁矿石连续 3 年涨价还未落幕，2007 年的海运价格就开始翻番。

矿石未平，海运又起

2007 年 9 月 5 日，作为国际海运价格指标的波罗的海干散货指数（BDI）已经到达 8090 点，创历史新高，但在 2003 年底之前，BDI 还没有突破过 2400 点。而当日的巴西、澳大利亚至中国平均铁矿石海运费也再次创下历史新高。巴西图巴朗港至北仑港、宝山港平均铁矿石海运费为 68.563 美元/吨，比 2006 年全年平均运费上涨 148.15%；澳大利亚西澳港至北仑、宝山港平均铁矿石海运费为 26.123 美元/吨，比 2006 年全年平均运费上涨 120.01%。

海运费的大幅提高，再次让中国钢铁企业陷入夹缝中，日本企业却很平静。日本钢铁企业多数与船运公司签订了长期协议，能拿到更便宜的海运价格。日本钢铁行业和海运行业的重要企业，甚至造船企业，都是互相交叉持股利益共同体，同属共同的财团成员，即使涨价也是钱从左手移到右手，对整体利益没多大影响。而且，日本有很完善的海运市场和中介服务体系，能通过对运输价格的期货买卖锁定涨价风险，甚至操纵特定领域的运价。

不仅如此，海运费的大幅提升还为三井财团的商船三井公司带来了巨额利润，为其扩充规模奠定了坚实的基础。2006 年 5 月 30 日，日本最大营运商商船三井宣布，该公司计划建造 43 艘铁矿石运输船，以满足预期中铁矿石运输长期增长的需要。这一大规模的投资将加强商船三井作为世界上最大的好望角型新船经营者的地位，使该公司至 2010 年从事铁矿石和炼焦煤运输的船队达 110 艘好望角型船和30艘巴拿马型船。

商船三井(中国)有限公司成立于1995年,为商船三井的全资附属子公司,总部设于上海,在中国有27个分公司/代表处,分布在沿海各重要口岸及城市。2002年,商船三井(中国)有限公司在公司内部成立了中国事务战略委员会和秘书处,专门研究、制定和实施在中国拓展业务的战略。商船三井作为全球最大的矿石运输企业,对中国和全球的海运市场了如指掌,显然有足够的能力对海运市场的价格施加影响。

在2003—2008年铁矿石和海运费价格大涨中,日本作为世界钢铁生产大国始终胸有成竹。这是因为,三井物产和商船三井等财团企业相互配合,始终把持着铁矿石资源和物流,又渗透到钢铁产业和贸易的个各环节,无论价格如何变化,都能化解价格波动的风险。另外,新日铁等日本钢铁企业凭借高端技术、高端产品优势还可以将资源价格上涨传递到全球市场上。日本的经验告诉我们,掌握主导权比争取定价权更为重要,没有产业主导权根本谈不上定价权。

2008年1月23日,国内各大网站转载了《商务周刊》的一篇题为《隐者三井》的文章,其中提到清华大学经济管理学院中国零售研究中心李飞教授的看法,他说:“三井物产的优势之一主要体现在它对商品价格的控制力度上,三井物产力求价格稳定,部分情况下甚至可以控制商品价格走势,从而挟制下游企业。”该文还评论说:“三井财团在全球范围内通过股份投资聚集大量连带企业,这种持股方式尽管不能完全控制对方,但也使得三井物产可以参与到更多企业的经营活动中去,从而利用自已在信息和网络上的优势来影响对方。”

第五节　梳理中国钢铁产业链

三井物产纳入新成员

经过三井物产的梳理,中国钢铁产业链有了很大的变化,不仅更加集中,而且各环节企业间的联系协作日益紧密。但是,从一开始三井物产就不准备将产业链的控制权真正交给中国企业。在生产技术和设备、钢材物流、客户管理、原料贸易和物流等方面,三井物产都不遗余力地确保自身的优势。三井物产、新日铁、丰田、商船三井、宝钢等三井财团的成员和关联企业,在财团的框架内积极协调,共同确保对中国钢铁行业的主导权。

虽然三井财团积极扶持宝钢,“帮助”宝钢确立了在中国钢铁及其相关的延伸产业链中的绝对主导地位。但是,对于整个三井财团来说,在中国仅有一个像宝钢这样"友好""可信赖"的利益伙伴是不够的。作为协调财团成员企业的综合商社，三井物产在中国积极奔走，与新日铁、宝钢，以及更多三井财团的关联企业一起向中国钢铁产业链的各环节进一步渗透，发挥着产业组织者的核心作用，正在将更多企业纳入整个三井财团的大经营体系中。

回溯到上海宝钢诞生时的1978年，就会发现有个名为"朝阳贸易株式会社"(简称"朝阳贸易")的日本企业曾经与中技公司、新日铁、三一企业一同签订了《上海宝山钢铁总厂第二号技术协作合同》，从而正式拉开上海宝钢建设的序幕。如今，打开朝阳贸易的官方中文网站，在"朝阳贸易的追求方向"一栏中，人们会惊异地发现这样的陈述："时刻以作为三井物产集团的一员而骄傲和自律、健全以行之有效的内部管理为基础的公司体制。"

原来，早在1998年5月，三井物产、新日铁和日新制钢就出资收购了朝阳贸易的部分股权。2004年11月，朝阳贸易又成为三井物产的控股子公司，三井物产持股79.2%，新日铁10.4%，日新制钢10.4%。从此，在这个新的起跑线上，朝阳贸易将多年培育起来的传统和业绩与三井物产的信誉及网络相融合，在显著发展的中国业务领域里发挥先锋的作用，并以钢铁、交通、物流等基础产业为中心及在充满发展潜力的各个领域积极开发和拓展。

朝阳贸易自1968年创业以来，参与了日中海底电缆的铺设、武汉钢铁公司的改造、上海宝山钢铁厂的建设，又作为日本向中国出口钢材的骨干商社参与了各年度的统一谈判。现在的朝阳贸易已成为三井物产钢铁产品本部对华贸易中坚团队中的一支生力军。为满足中国各地客户的需求，朝阳贸易除了积极销售新日铁、日新制钢等日本钢铁企业生产的各种钢材外，还将中国制造的托盘箱、台车、海陆运输用集装箱等商品出口到日本及其他国家。

统合中国汽车产业链

除了朝阳贸易的辅助，三井物产还联合关系紧密的住友商事共同争夺中国钢铁产业的商权，尤其是在汽车钢材物流领域。2003年6月21日，住友商事作为日本三井—住友财团联合体的另一家综合商社，悄悄进入中国汽车产业链中，与宝钢集团和中国一汽集团合资组建一汽宝友钢材加工配送有限公司(简称"一汽宝友")的协议在长春签署。2004年12月，投资额1.76亿的一汽宝友投产。为进一步推动战略合作，合资三方还签订了《冷轧钢板库实施仓储、加工、配送一体化管理合作协议》。

三井物产也借助中国一汽集团这个平台将鞍钢拉入到汽车产业的利益共同体中。2005年2月17日，鞍钢、一汽和三井物产签订合资合同，共同出资建设一汽鞍井钢材配送公司(简称"一汽鞍井")，其中鞍钢占注册资本的50%，一汽解放公司和三井物产各占25%。为汽车制造企业提供钢材加工配送"零距离"服务的一汽鞍井于2007年8月30日正式全面运营，从而延伸了鞍钢产业链，成为北方地区综合实力最强的钢材加工配送企业。

众所周知，中国一汽集团与丰田集团的关系非同一般，双方在汽车生产和流通领域有着深厚的合作基础。但是，很少有人知道，丰田集团是三井财团的重要成员之一。而丰田集团中的丰田通商是与三井物产相似的一家综合商社，在汽车产业上发挥着产业组织者的角色。时至2008年3月，一汽丰田新工厂选址最终确定在长春扩建一汽丰越工厂，该工厂由丰田汽车中国、丰田通商、一汽集团合资组建，分别持股45%、5%、50%，主要生产“兰德酷路泽”和“普锐斯”。

作为进入中国汽车产业链的重要战略组成部分，三井物产早在2003年9月29日，携手日本万株式会社与宝钢国际公司投资2.17亿元，合资兴建广州万宝井汽车部件有限公司，这是宝钢涉足汽车零部件产业以来建成的首个合资项目。该公司主要从事汽车用悬架系统部件的冲压、组装及关联部件的制造、销售，生产能力可以满足每年22万辆小轿车的配件需求，主要为丰田汽车、东风日产、本田汽车、长安铃木等厂家供应零配件。

此后，2006年2月20日，三井物产、新日铁与旭钢管工业株式会社合资建立的广州盛旭汽车配件公司在广州花都汽车城奠基。合资公司总投资6 000万元，注册资金3 500万元，三井物产出资30%，新日铁20%，旭钢管工业50%。该公司主要是采购机械构造用的电缝钢管及无缝钢管，生产汽车关键零部件，如自动变速箱、盘式制动器等用的零部件，以满足东风日产、风神、丰田、本田等日系汽车企业的需求。

与中国钢铁企业亲密接触

中国钢铁企业最头疼的问题是什么？当然是海外找矿。于是，三井物产再一次出马，为苦恼的中国钢铁企业提供体贴入微的关怀。2004年3月，马钢曾与三井物产控股的印度Sesa Goa签订5年矿石长期购销合同。这是马钢继前一年9月份与巴西淡水河谷公司签订10年合同后再次与矿石供应商联手。这之前，马钢与Sesa Goa合作已达8年之久。Sesa Goa是一家位于印度GOA地区的矿业公司，建于1954年，是一家完整的联合企业，拥有并控制着多家矿山、铁矿加工厂、内河驳船及装船设施。

与此同时，在海外找矿方面，三井物产还为其他中国钢铁巨头武钢等企业提供了“帮助”。2004年3月1日，武钢联合马钢、沙钢和唐钢共四家钢铁公司与三井物产、伊藤忠、澳大利亚必和必拓公司签约合资开发西澳。中方每家出资10%，四家共出资40%；三井物产4.2%、伊藤忠8%、必和必拓51%。在以后25年期间，必和必拓向中国四家钢铁公司出口纽曼矿山的铁矿石翻一番，每年铁矿石出口量达到1 200万吨。

在华中,除了与武钢的传统合作之外,三井物产还沿着钢铁产业链向下不断延伸。2007年6月14日,三井物产常务董事、新任中国总代表小川真二郎一行拜访武汉市长李宪生时表示,三井物产有兴趣参与武汉地铁、航空城等项目建设,并会尽快安排相关人员对下一步合作展开研究。早在1995年12月,武钢集团与三井物产合资兴建武汉兴井钢材加工有限公司,为日资企业进入武汉发展起到一定的示范作用。

针对首钢多以钢铁业为主,兼营采矿、机械、电子等多元化的特点,2004年2月10日,新日铁与首钢设计院合资成立了北京中日联合节能环保工程技术有限公司(简称"中日联环保"),主营干熄焦及冶金环保工程工艺与成套设备的设计、制造,并提供自产产品的安装、调试及售后服务等。新日铁与首钢分别占60%和40%的股份,合资公司总经理由日方派出。在中国焦化市场上,首钢设计院具有很强的实力,承接项目遍布大江南北。

中日联环保在成立的短短3年间,已经承接了多项干熄焦项目,客户包括武钢、包钢、济钢等企业。中日联环保的成立,一方面可以帮助首钢在国内环保市场上获益,另一方面则为三井财团开拓中国市场提供了极好的机会。在中国,各大日本财团都在努力获取对中国环保市场的控制。其中,三井财团的三井物产、石川岛播磨重工、新日铁在中国温室气体CDM减排等环保市场上,都表现得非常活跃。

在石家庄钢铁厂兴建节省能源钢厂的计划中,三井物产积极参与其中。2005年5月19日,三井物产、石家庄钢铁有限责任公司、神户制钢所、双日株式会社合作"快速铁"制造项目,总投资9 900万美元。石家庄钢铁厂持有该企业三分之二股权,其他3家日本合作企业则持有其余的三分之一。该项目采用神户制钢所的Fastmelt技术,由于这种技术并不用焦煤或烧结铁矿砂,与高炉相较,不但能降低营运成本约30%,还能减少污染。

随着时间的推移,这类"帮助"还将不断增加。2007年2月28日,新日铁与北京京诚嘉宇环境科技有限公司(简称"京诚嘉宇")就宁波钢铁有限公司(简称"宁钢")清洁发展机制(CDM)项目开发签订了技术服务合同。京诚嘉宇公司自2006年11月受宁钢委托,作为宁钢开发CDM项目的全权代理机构,最终选择新日铁作为减排交易购买方。在嘉宇公司的安排下,宁钢与新日铁双方经过谈判磋商,就宁钢CDM项目开发达成一致意见,双方也于2月28日签署了减排交易协议。

为"新的事业"谋篇布局

2007年8月7日,内蒙古鄂尔多斯集团举行新闻发布会,就所属鄂尔多斯电力冶金股份有限公司与三井物产成功进行战略合作向有关新闻媒体进行了通报。经国家商务部核准,同意三井物产持有鄂尔多斯电冶公司25%的股份,鄂尔多斯电冶公司变更成为中外合资股份制企业。三井物产株式会社社长兼首席执行官枪田松莹出席了新闻发布会，充分显示出这个项目对三井财团的重要意义。

目前，三井物产作为第三大股东已完成了对鄂尔多斯电冶公司项目投资188亿日元，这在三井物产投资中国700亿日元共计160个项目中是最大规模的单体投资项目。鄂尔多斯电冶公司于2003年初开始启动以来，经过4年多的建设和发展，已初步构筑起“煤炭开采—煤炭洗选—发电—供电—硅铁及其他硅系产品冶炼”的循环经济产业链条。到2010年，该公司将初步形成年产焦煤400万吨，发电110亿度，硅合金系列产品80万吨，电石60万吨的生产能力。

在鄂尔多斯项目中，虽然可以看到三井物产也参与生产、兴办企业，但作为综合商社，三井物产能正确处理对工业的关系，并不直接进行生产活动，而是通过提供良好周到的综合服务和少量投资参股，维持与生产企业的长期合作关系，从而取得原料和产品的贸易代理权，同时带领财团关联企业的共同投资。最终，三井物产将实现对鄂尔多斯电冶公司更深层次的统合与控制，从而打造出完整的产业链，再次演绎一个新的“宝钢式的企业”。

几乎与此同时，新首钢的建设也引起了三井物产的高度重视。2007年12月25日，三井物产访问团在其驻中国总代表小川真二郎的带领下，到曹妃甸工业区进行考察，并表示“非常希望能参与曹妃甸的开发和建设，希望双方加强合作，在环保、水务、电力等方面与曹妃甸分享他们的先进技术”。计划于2008年正式投产的新首钢就位于河北省唐山市南部沿海的曹妃甸岛上，正式名称是“首钢京唐钢铁有限公司”，由首钢和唐钢共同建设，总投资677.31亿元。

就在三井物产访问新首钢所在的曹妃甸工业区前一周，其重要关联企业巴西淡水河谷公司于2007年12月18日和首钢签订了一份《合作备忘录》，双方计划在海运方面展开合作，并在首钢曹妃甸项目中投资建设铁矿石混匀球团厂。通过与首钢加强海运合作，巴西淡水河谷计划发展一支运输铁矿石到中国的船队，在一定程度上是向中国钢厂做出保证铁矿石供应的承诺；而与首钢合资建厂表明它也意图分享中国钢铁工业高增长带来的收益。

值得关注的是，巴西淡水河谷和首钢签订合作备忘录的同日，即2007年12月18日这一天，又与三井财团的新日铁共同宣布，双方已签署战略协议，正在考虑合作开发煤炭和铁矿石项目，并有意加强在三井物产参股的巴西联合矿业公司（MBR）和Nibrasco项目上的合作。资料显示，MBR是新日铁的铁矿石供应商，而Nibrasco项目主要生产球团矿，新日铁和巴西淡水河谷分别持有其25.4%和51%的股权。显然，巴西淡水河谷正在替身三井物产的角色，左手首钢，右手新日铁，不经意间已经完成了后铁矿石谈判时代的战略布局。

此外，三井物产加紧在钢铁产业上部署的同时，也在为重化工业后的时代谋划更大的事业。三井物产前任中国总代表副岛利宏在2006年5月26日第九届北京科博会—中国循环经济高层论坛发表的题为“循环经济中三井物产的探索与创新”的讲话中透露出：三井物产、日本另一家公司和长春客车厂三家公司合作正在重庆建单轨项目；三井物产和清华大学下属企业，以及日本的松下电工公司一起合作，对办公楼节点、节能方面的管理，计划成立一个公司。

第六节 “东亚钢铁共同体”

日韩同盟，外加宝钢

新日铁三村社长在2006年国际钢铁协会第40届年会上讲到：“钢铁企业重组应该由钢铁业界而非对冲基金完成。”这体现了两点：1. 日本的产业组织者是实际的从业者而非金融资本；2. 新日铁希望自己成为世界钢铁产业的组织者，而非阿塞洛米塔尔这样的基金支持下的傀儡。新日铁作为联盟中的主导者，与宝钢和浦项制铁都有着非同一般的密切联系，而背后隐藏着一个“东亚钢铁共同体”的雏形却开始显现出来。

新日铁在公开宣传的资料中表示：东亚地区是全球钢铁行业巨头阿塞洛米塔尔公司唯一没有染指的地方，新日铁、浦项和宝钢是这一地区最大的钢铁企业，三者应该联合起来形成同盟，以应对并购威胁。浦项制铁以增加相互持股等行动积极回应新日铁的倡议，宝钢也表示了与新日铁相互持股的愿望。三村社长会见浦项制铁的社长时讲“没有日常业务合作就没有危机时的互相援助”，说明二者之间密切的关系。

2006年11月，为了应对来自阿塞洛米塔尔的并购威胁，新日铁社长三村明夫邀请韩国浦项制铁社长李龟泽赴日面谈。三村和李龟泽会谈的当晚，有日本媒体记者发现当时的宝钢董事长谢企华出现在东京，由于没有事先向媒体公开，可以肯定这是一次秘密会面。显然，利用新日铁、浦项制铁和宝钢在各自国家的影响力和控制力，三井财团统合东亚钢铁产业的能力日益增强。

以近年来的铁矿石涨价和世界性并购浪潮为契机，原本已经十分密切的三国钢铁企业同盟正在不断加固。从某种程度上说，新日铁和浦项制铁的交情，要比宝钢深得多。韩国浦项制铁和日本新日铁的合作可以上溯至上个世纪80年代甚至更早。1981年11月，新日铁联合浦项制铁，与澳大利亚铁矿石供应商力拓（Rio-Tinto）合资建立了Mt Thorley公司，从事煤炭的开采。在澳大利亚，浦项制铁与三井物产、伊藤忠商事和另一家铁矿供巨头必和必拓（BHP Billiton）等数家公司合资成立了Posmac公司。

浦项制铁真的姓韩吗

2000年,浦项制铁与新日铁签订了"5年战略联盟协议",协议的核心内容是交叉持股。双方自2000年开始合作以来,设立了以副社长级经营主管为联合主席的委员会,在该委员会领导下对各个领域合作的可能性进行了探索。已经实现的合作事例有,新日铁向浦项制铁的工程子公司——浦项制铁开发(POSCO E&C)提供技术,以及共同运作澳大利亚 Carborough Downs 煤矿等等。2005年双方续签了这一协议,交叉持股比例进一步上升,在2006年底已经达到5%左右。另外,新的5年战略联盟协议还包括互供板坯的内容。

在铁矿石谈判时,浦项制铁是第一个跟随新日铁,接受2005年度价格涨幅71.5%的钢铁企业。2006年底,浦项制铁和新日铁宣布联合起来与铁矿石供应商进行2007年度的铁矿石谈判。值得注意的是,在全球三大铁矿石巨头中,接受新日铁和浦项制铁联合谈判的,只有三井物产的重要关联企业巴西淡水河谷公司。2007年11月20日,新日铁宣称将与浦项制铁再次携手,联合进行2008年铁矿石价格谈判,新日铁声称双方将力争成为明2008年铁矿石基准价的确定者。

在物流业领域,浦项制铁与三井物产合资建立了 POSCO Terminal 钢铁生产原料物流公司,浦项制铁出资51%、三井物产49%。浦项制铁负责将铁矿石、煤炭、焦炭和铁合金等原料从澳大利亚和巴西等国家运输到韩国的原材料保管场地进行保管和仓储,然后根据亚洲国家和地区钢铁生产企业的需求,向它们提供上述原料。该公司的年原料运输处理量达到400多万吨,主要的目标客户之一就是中国钢铁企业。

在铁矿石运输方面,2006年9月,三井财团的商船三井与浦项制铁签订每年运输100万吨铁矿石的包运合同(COA),装运地为巴西,用17万载重吨好望角型船每年运输6次。这是浦项制铁自1999年向海外船公司开放门户以来最大数量的合同。此前,浦项制铁已经同意从巴西淡水河谷采购价值21亿美元的铁矿。根据计划,巴西的淡水河谷从2005年4月份开始到2015年止,向浦项制铁供应1亿吨铁矿。

2007年8月底,浦项制铁又与日产汽车子公司日产贸易公司签订了合作协议,双方合资在川崎市新建一座钢材加工生产中心,年生产规模为12万吨,浦项与日产贸易公司的投资比例分别为69.4%和30.6%。顺便提一下,日产汽车虽然是富士财团的成员,但与三井物产的关系也很密切,它在欧洲的物流体系实际上是由三井物产打造的。浦项制铁此前已经在日本建设了3座钢材加工服务中心,并且在日本的年钢材加工能力超过50万吨。

背靠大树好乘凉

除了与三井财团合作之外,浦项制铁与其他日本大财团的合作也很多。浦项制铁的主力产品汽车钢板最主要的客户之一就是三菱财团的三菱汽车，同时三菱商事还拥有浦项制铁1.4%的股份。2007年9月，浦项制铁宣布将与富士财团的日产汽车合资在日本新建汽车钢材加工中心，以便就近为后者供应高附加值汽车用钢。浦项制铁每年为日产汽车供应钢板超过20万吨，仅次于向韩国国内的现代汽车和通用大宇汽车的供货量。

韩国天然气进口市场曾经由公营企业韩国天然气公社垄断。但是，浦项制铁打破了这一垄断，成为韩国第一家直接从国外进口天然气的民营企业。浦项制铁从印度尼西亚进口的天然气的价格为远东地区天然气市场的最低交易价，按目前国际油价计算，每年可节省460亿韩元的资金。在这一投资过程中，“第一家直接进口商”和“最低交易价”最为引人注目。浦项制铁吃螃蟹的勇气何来？又如何能够拿到别人无法取得的低价呢？要回答这两个问题，只要了解了印尼东固气田的开发历史就不难理解了。

2001年7月，日本三菱商事（三菱财团的综合商社）与国际石油开发株式会社（INPEX Corporation）联合出资取得印度尼西亚东固（Tangguh）气田项目16.3%的上游权益，与作为经营者的英国石油（BP）公司一起成为该项目的推进主体。虽然在这个项目中没有看到三井物产的影子，但是三菱商事与三井物产在日本大部分海外油气项目中都是亲密伙伴。此外，由日本天然气公司（日商岩井与住友商事合资企业）持有的印度尼西亚天然气公司（Muturi）也是东固项目的股东。住友商事与三井物产同是三井住友金融集团统合下的两家综合商社。

2003年8月14日，浦项制铁在汉城（今首尔）与印度尼西亚东固天然气公司签订协议，从印度尼西亚直接进口天然气。浦项制铁与东固天然气公司签订协议后，双方还正式签订了天然气供货合同。浦项制铁计划从2005年起的20年内，每年从印度尼西亚进口55万吨天然气，通过在建的光阳天然气码头直接供应自营发电厂和钢铁厂。其实，东固气田项目只是韩国浦项制铁与日本财团众多合作之一，双方还有更为深入的合作。

割舍不断的日本情结

回过头来，再看宝钢这边。对日方高度依赖的宝钢，在前进的道路上与日方的步调始终保持着一致。如今，宝钢与新日铁及其背后的三井财团的联合，确实还存在着不断巩固和深化的趋势。2006年底，时任宝钢董事长的谢企华曾表示，宝钢正在考虑境外上市，将邀请新日铁和浦项制铁参股并实现交叉持股。当时新日铁方面就回应，交叉持股计划是否可行取决于宝钢在境外市场的上市以及双方公司业务联盟的发展情况。

在物流、航运、对外投资甚至相互持股方面，宝钢与三井财团呈现出全面结盟的可能。目前，宝钢计划在广东省新建1000万吨级（远期规划2000万吨产能）钢铁厂的“湛江工程”已经列入广东省政府“十一五”发展规划。而包括三井物产、新日铁、丰田汽车、日产汽车和JFE制铁在内的日本财团企业，早就已经在广东经营多年。其中，新日铁已经明确表示将参与湛江工程。在宝钢志在必得的情况下，三井财团与宝钢的进一步合作指日可待。

2007年4月26日的《宝钢日报》刊登出消息：“4月24日上午，宝钢集团公司董事长徐乐江在宝山宾馆热情会见了三井物产原驻中国总代表、专务执行役员副岛利宏及新任驻中国总代表、常务执行役员小川真二郎等一行。在轻松友好的氛围中，徐乐江向日本客人介绍了宝钢近期的发展情况，双方就各自感兴趣的话题进行了深入交流。宾主双方表示要继续加大合作力度，拓宽合作领域，在全球范围内实现业务的互利共赢。”

仅仅3个月后，2007年7月17日，三井物产的最高领导人枪田松莹社长率领30余名三井物产高层干部到宝钢进行例行的干部交流，双方就今后进一步拓宽合作领域、加深合作关系进行了深入探讨。在交流会上，宝钢作了《东南亚、南亚钢铁市场及潜在开发机会》和《中国剪切中心发展趋势和宝钢剪切中心发展情况》的主题发言，和盘托出了重要的市场情报和自身发展战略；而三井物产却避重就轻地介绍了印度投资经验、北美市场的钢铁事业等方面内容，只字不提自己在巴西和澳大利亚的行动。

2007年11月1日，上海宝钢集团董事长徐乐江率领的宝钢大型代表团抵达日本君津，和东道主新日铁共同举行双方友好合作30周年的系列纪念活动，双方宣布已在宝日汽车板公司增建第三条镀锌生产线（年产能45万吨）达成基本协议，以扩大高级汽车板的产能。同时，双方还决定在粉尘废弃物综合利用方面开展合资合作。新日铁社长三村明夫表示，希望与“可信任的钢铁厂家”（指宝钢）之间，在保持经营独立性的同时，把形成“软合作”作为继发展高级钢市场外的另一个核心，构筑比今天更加紧密和成熟的关系。

第七节　谁来主导中国钢铁联盟

翻开历史新的一页

如果仔细观察宝钢、新日铁和浦项制铁相互之间在对方国家投资与经营的状况，不难发现一个很有意思的事实：中国市场门户大开，而日本和韩国对宝钢的欢迎相当的有限。另外，更加重要的是，日韩两国的钢铁行业通过本国财团的整合，已经具备了与上下游行业牢固的利益联系和灵活有效的协作机制。以三井财团为例，其内部的三井物产、新日铁、商船三井、丰田汽车以及其他众多的成员企业，围绕着如何获取全球钢铁产业链的主导权而精耕细作。

身处并购与全球化竞争的大时代，中国钢铁究竟会走向何方呢？2005年的铁矿石暴涨，是一个非常明确的信号。71.5%的涨幅证明的不仅是国际贸易的变幻无常，更是中国钢铁乃至世界钢铁行业主导权的得失和争夺。与日本三井财团的默不作声相对应的是中国钢铁股的喧嚣和国际资本的动作。中国企业是成为钢铁产业链的上游和下游都没有控制力的国际粗加工基地，还是提高科技含量和市场控制力，完成产业结构的升级？谁将主导中国钢铁产业的未来？

2007年1月5日，宝钢集团董事长谢企华去职，由徐乐江接任

2007年1月15日，是一个不寻常的日子，意味着宝钢进入了一个新的发展时代——徐乐江时代。这天，谢企华卸任宝钢集团董事长一职，接替者为宝钢集团原总经理徐乐江。在此前的多个公开场合，徐乐江强调了技术和自主创新的重要性。而且，徐乐江接管宝钢集团前后的一年多时间里，先后与中冶集团、中钢集团、中远集团、中海集团以及其他中国大型钢企建立了长期的战略协作关系，显示出建立中国独立自主的钢铁产业集团军的雄心与魄力。

就在徐乐江正式接任宝钢集团董事长之职的20天前，即2006年12月25日，宝钢股份与中冶集团战略合作协议签署仪式在上海宝钢大厦举行。中冶集团决定将承担宝钢股份检修业务的二十冶、十三冶、五冶等三家检修大队，以增资扩股方式成建制并入上海宝钢冶金技术服务公司，并更名为中冶宝钢技术服务有限公司，实现中冶集团宝钢检修业务资源的重组。徐乐江在签约仪式上对中冶集团对宝钢建设的支持给予高度评价，他说，没有冶建单位的支撑，就没有现在的宝钢。徐乐江希望宝钢与中冶之间的合作更广更深，实现双赢目标。

随着中国钢铁工业的高速发展，对原料需求的不断增加，钢铁企业越发意识到掌握资源的重要性，不少的钢铁企业逐步开始在澳洲、美洲、东南亚等地区投资开发矿山。2007年5月23日，宝钢与首钢、武钢、鞍钢在北京签署合资协议，设立北京钢企联矿产资源投资有限责任公司（简称“钢企联”）。钢企联的成立或将改变目前国内钢铁企业在海外拓矿单打独斗的局面，开启我国钢铁企业联合境外投资、开发矿产资源的时代。

在国际海运费暴涨、中国钢铁工业进口原料面临极大成本考验的情况下，宝钢集团与中远集团作为钢铁领军企业和海运巨头实现了国内企业的首次合作。2007年8月7日，宝钢集团公司和中国远洋运输（集团）总公司在海南签订《进口煤炭运输3年合同》《沿海运输9年协议暨3年合同》《30万吨级巴西/中国铁矿石20年运输合同》。宝钢方面表示，此次合同的签订标志着双方战略合作关系提升到了更高层次，迈向了更广阔的发展领域。

不是缺乏行动，而是没有思考

2005年铁矿石价格上涨71.5%的巨变，给中国钢铁行业带来空前压力。经过铁矿石和海运费暴涨，三井财团给中国企业上了很好的一课，众多相关行业的中国企业应该从中领悟不少。2005年和2006年这两年，中国参加国际铁矿石谈判都是由宝钢出面谈判，平时16家国内大钢厂会组成智囊团与宝钢进行商议，共同组成谈判队伍，实际上中国谈判方的底牌无意中通过宝钢全部交给了日本三井财团。

就在2006年铁矿石谈判前两个月，当时任宝钢集团董事长的谢企华于2005年9月接替了前任会长吴溪淳出任新一任中国钢铁工业协会（简称"中钢协"）会长。由此，中钢协一改以往不插足企业经营的原则，开始"严控"谈判方宝钢的举动，要求"问题及时汇报"。谈判之前，中钢协已经对宝钢提前开过"通气会"，确定了一些重大的原则，而且谈判的进展和结果，宝钢都要请示中钢协。表面上看，这是中钢协在制约宝钢，而实际上是宝钢在主导着中钢协。

目前，中国进口的铁矿石价格存在两种定价机制，长期协议与贸易商两个定价体系左右中国市场的历史由来已久。中国钢铁工业协会领导的钢铁企业其上层机构是发改委，而五矿商会与下属的贸易企业的上层主管则是商务部。两个并行的定价机制造成了钢铁业的价格困局。2007年这一年，作为钢铁和铁矿石进口贸易商代表的五矿集团和中钢集团也申请加入谈判队伍，希望使中国的铁矿石谈判队伍的主体由钢厂转向到流通商。中钢集团、五矿集团作为流通商一直在资源等进口方面拥有一定的影响。

2007年8月29日，由国务院国资委、北京大学联合主办，中国五矿集团公司协办的"商贸类中央企业转型与发展研讨会"召开，其中中国五矿、中钢、中粮、华润等参加了本次研讨会。在座的商贸企业其实在20世纪90年代初就在尝试转型，当时转型的方向是想搞"综合商社"，中国五矿、中国化工两家进出口总公司作为国家的试点企业，但没有成功。因为，综合商社最需要金融支持，但我们国家的金融当时没有放开，转型根本就不可能成功。

中国五矿集团10年前就制定了"走出去"战略，并提出"以建立全球矿产资源保障体系、支持国民经济可持续发展为己任"的口号，但是它的商业模式基本上与过去垄断经营时期没有太多变化，而且在海外的行动始终进展缓慢。特别是在铁矿石领域，中国五矿仅仅与毛里塔尼亚国家矿业公司进行了一项成功合作，通过共同开发当地铁矿资源，获得每年大约150万吨的铁矿供应。虽然，中国五矿集团为中国市场每年供应总计约 1 300 万吨的铁矿砂，但主要是代理中国企业的采购，铁矿石供应商则分别是巴西淡水河谷和南非 PMC 等。

令人不解的是，中国五矿集团在钢铁产业上非但没有“走出去”，却很快将日本的综合商社“引进来”了。2005 年 10 月 18 日，五矿钢铁有限责任公司与日本美达王(Metal One)株式会社(三菱商事与双日合资的钢铁流通企业)合资成立了五矿钢铁(武汉)有限公司，经营范围涉及：钢铁制品在中国国内的批发、零售贸易；钢铁制品的进出口贸易；仓储、加工、配送服务等。随后，中国五矿与三菱商事于 11 月 9 日在北京签署建立战略性合作伙伴关系协议。

2007年12月5日，中国中钢集团公司与宝钢集团公司在北京签署战略合作协议

宝钢“回家”，任重道远

2007 年 12 月 5 日下午，宝钢与中钢集团在北京签署战略合作协议。双方特别强调在优势互补、互惠互利、共同发展的基础上结成长期稳定的战略合作伙伴关系，并将进一步加强在原料和资材备件供应、资源开发贸易和技术交流等领域的合作。值得关注的是，国务院国资委副主任邵宁，中国钢铁工业协会党委书记兼副会长刘振江，宝钢集团公司董事长徐乐江、前董事长谢企华，原宝钢集团董事长徐大铨等出席签约仪式。

中钢集团作为一家向钢铁生产企业提供综合配套、系统集成服务的集资源开发、贸易物流、工程科技、设备制造、专业服务为一体的大型跨国企业集团，似乎具备综合商社的某些雏形，但关键还是缺少金融的支持。像三井物产这样的综合商社的大股东都是财团的金融机构，包括银行、保险和信托等。在日本，综合商社被称为“第二银行”“幕后银行”或“影子银行”，具备投融资功能。

无论如何，令人感到欣慰的是，由于中钢集团的介入，宝钢的发展似乎正在回到中国自主的轨道上来，显示出中国企业正在大步走向联合。宝钢董事长徐乐江在致辞中指出：“当前，保障原料供应安全和提高装备技术水平将是宝钢应对市场变化、实现新一轮战略目标的重要手段。宝钢愿与中钢集团建立全面的战略合作伙伴关系，进一步增强彼此的竞争力，谋求双方更大的发展。”有媒体报道认为，此次中钢集团与宝钢双方建立战略合作伙伴关系，对促进中国钢铁工业的健康发展具有深远影响。

然而，不得不注意到这样一个事实：2006 年 7 月 1 日，中钢集团旗下的中钢贸易公司与印度 Sesa Goa、三井物产在北京华彬庄园签署 2006—2007 年度合同和长期合作意向书。三井物产控股的印度 Sesa Goa 公司是中钢集团在印度铁矿石业务上最早的合作伙伴之一，已有 15 年的合作历史。显然，中国钢铁企业始终难以摆脱三井物产的影子。中钢与宝钢的合作真能加强中国在钢铁产业链上的主导权吗,还是又一次成为被三井财团统合的对象?人们拭目以待。

三井物产正是通过所谓"互利共赢"的长期贸易协议,从上游对巴西淡水河谷以及澳大利亚和印度的资源控制,到下游钢铁分销的影响,实现了对中国钢铁企业的直接或间接控制,进而影响到中国整个钢铁体系。不仅如此,2008 年的新年致辞中,三井物产钢铁制品本部首席运营官渡边清隆提出,希望将在中国的这种模式(指与宝钢合作)在俄罗斯、印度以及巴西等新兴的经济体内复制。这样的新年寄语可谓意味深长。

中国已经连续十多年钢产量位居世界第一,并成为目前世界上最大的铁矿石进口国。国际贸易追求的最优化目标是实现双赢,如果在铁矿石贸易上中国总是处在为他人买单的位置上,那么就有必要进行深刻的反思。沉默坚硬的钢铁背后,是众多从业者的不懈努力和细致协作。没有中国人自己的综合商社作为产业组织者、没有中国企业自己的财团体制,中国钢铁只能沦落到产业分工的最下层,成为贡献资源和劳力的打工者。

三井如是说

三井物产一直在全球钢铁领域扮演一个"跨境的供需组织者"角色。三井物产的钢铁/金属原材料本部共有 17 个子公司,以及其他分布在世界各地的 12 个相关联公司。同时,三井物产的钢铁制品本部下属还有 19 个分公司,其中有立臻亚洲公司。2004 年 1 月,三井物产将自己收购的丰隆亚洲的钢铁结构部门与立臻钢铁材料合并成为立足于新加坡的立臻亚洲公司,目前主要客户是新加坡、马来西亚、印度尼西亚、中国以及印度等国家的海事与海外工程建筑商。

在控制核心流通企业的同时,三井物产还着力打通生产链条上的各个辅助环节,以保证自己对整个上游资源领域的驾驭。在与废钢、硅锰等其他钢铁原材料生产企业的合作过程中,三井物产仍然以少量持股的形式进行参与。其中,三井物产参与了美国的太平洋西海岸回收有限责任公司的废钢储存业务,这一废钢出口终端对于亚洲日益增长的钢铁需求非常重要,目前,该公司由三井物产麾下的原材料发展公司全资控股。

三井物产钢铁/金属原材料本部首席运营官饭岛彰已说:"作为一个中介,三井既知道供应方的条件,又知道需求方的需要。三井的目标就是成为全球资源发展的贸易中介。"而根据三井物产钢铁制品本部首席运营官渡边清贵的介绍,三井物产已经超越了仅仅提供分销服务的功能。例如,钢铁产品部在全球建立了很多钢铁服务中心、镀锌钢铁厂以及镀锡厂,以满足汽车、电器以及大型电子机械的需求;同时三井物产还提供各种附加服务,包括 IT 设备和系统的安装,以及供应链管理系统(SCM)的应用。

上岛重二,这位三井物产的前任社长曾经诠释过自己企业的定位,他说:"日本可以说是完全没有资源的国家,我觉得这就是日本综合商社得以发展的最根本的原因。正如大家所知,大约百年前日本以现代工业化国家为目标进行努力。在这一过程中,因为日本没有石油、天然气等能源资源,炼铁、炼钢所需的铁矿石和煤,可以说几乎完全没有。在这样一种情况下,日本必须依赖外国的资源,必须把外国的资源运到日本。出于日本没有资源这样一种情况,为从中起到应有的作用,我们创立了三井集团,这便是当时的初衷。"

在20世纪经济高速增长时期,日本钢铁企业的资金、人才都很缺乏。铁矿石价格谈妥后,钢厂即专注于生产,随之而来的各类事务一律交由十几家窗口商社来代理。这些商社进一步选出一家干事商社来提供信息、协调船舶配送计划、参与矿山开发。与此同时,综合商社在对矿山出资的过程中也扮演重要角色,一般采取少量入股方式,其余资金的来源由有政府背景的日本输出入银行作为干事银行,把各个城市商业银行组织起来,以协调融资团的方式出资。

近年来,三井物产的经营重点呈现加强"两端业务"特色。就钢铁产业而言,三井物产钢铁/金属原材料本部的功能是争夺全球的铁矿石资源,而三井物产钢铁制品本部的目标是掌控全球钢铁产品的物流体系,进而控制商机和国内外钢铁制造业的命脉。三井物产如今的核心功能定位在强化信息、服务等非价格竞争力。一是运用IT技术构筑电子商务平台,形成遍布全球的原材料采购及商品销售体系,并提供与之配套的物流、金融、保险以及法律服务;二是强化广域信息的收集分析功能,在日常商业经营活动中加以充分利用。

附录

日本钢铁联盟简介(日本钢铁情报中心)

社团法人日本铁钢联盟成立于1948年11月,2001年11月由日本钢铁业的3个团体合并,成立新的日本铁钢联盟。该联盟作为钢铁行业的全国性组织,会员(截至2004年4月1日,会员单位127家,6个团体)有生产钢铁的企业新日铁、JFE钢铁、住友金属、神户制钢、日新制钢等主要企业,钢铁流通行业的三井物产、美达王(三菱商事与双日合资)、住友商事、伊藤忠、丸红等贸易商社,以及日本全国的钢材加工中心工业组合等相关团体构成。

钢铁作为产业发展及提高国民生活不可或缺的基础材料,而且是日本的重要出口产品。该联盟从钢铁行业的整体立场出发,钢铁的生产、需求、物流等相关的统计、调查及分析,钢铁生产及钢铁制品的新技术开发和普及推广,环境问题的对策,劳动经营的合理化改进、推进标准化,推进公正的钢铁贸易等等,介入多种工作。

日本钢铁联盟目的及概要:

日本钢铁联盟是促进钢铁的健康生产、流通、消费及贸易,从而带动日本经济发展及提高国民生活水平。本联盟为达成以上目的,进行以下业务。

(1) 钢铁的生产、流通、贸易及消费方面的调查研究;

(2) 提高钢铁的技术开发及普及推广;

(3) 与钢铁相关的环境、安全方面的调查研究及对策的推广;

(4) 与钢铁相关的劳动、经营改善的合理化方面的调查研究;

(5) 与钢铁相关标准化的推进;

(6) 与钢铁交易相关的合理化的推进;

(7) 与钢铁的贸易振兴相关措施的推进;

(8) 收集、提供与钢铁相关信息;

(9) 向政府及相关机构表明钢铁方面的意见以及汇报或者答复;

(10) 除以上各条之外,为达到本联盟目的所必需的业务。

日本钢铁联盟北京事务所的介绍:

根据总部的机构重组,该事务所自2001年4月,由原来的日本铁钢输出组合北京事务所更名为社团法人日本铁钢联盟北京事务所继续开展工作。主要的业务有:

(1) 关于中国钢铁需求的统计、资料收集以及调查研究;

(2) 与中国钢铁工业协会的对话、交流活动;

(3) 中日钢铁对话等,与中国钢铁业及钢铁行政机关的联络窗口,等等。

参考文献及来源：

1. 宝山钢铁股份有限公司董事会. 宝山钢铁股份有限公司关于资产收购及关联交易的公告,2004－8－10.
2. 上海市地方志办公室.《宝钢志》.
3. 袁英,王晓君. 隐者三井[J]. 商务周刊,2008(2).
4. 张凌,邵振伟. 三井潜入[J]. 环球财经,2006(12).
5. 韩国飚. 宝钢签约三井找对策[N]. 华东新闻,2004－4－1.
6. 李富永. 铁矿石涨价没悬念 中国谈判无出日本阴影[N]. 中华工商时报,2005－10－27.
7. 王恒利. 铁矿石谈判中国钢企再遭日本暗算[N]. 东方早报,2008－02－19.
8. 徐炜旋,巢新蕊. 宝钢称铁矿石涨价65%基本合理[N]. 21世纪经济报道,2008－02－20.
9. 三井物产钢铁制品本部官方网站(日文):www. mitsui. co. jp/business/intro/product/index. html.
10. 三井物产金属资源本部官方网站(日文):www. mitsui. co. jp/business/intro/metal/index. html.
11. 商船三井官方网站(日文):www. mol. co. jp/.
12. 新日铁官方网站(日文):www. nsc. co. jp/.
13. 周凯. 新日铁"合纵连横"争铁矿石谈判首发价[N]. 新闻晨报,2006－12－20.
14. 巴西淡水河谷官方网站(葡文、英文):www. vale. com.
15. 新浪财经. 商贸类中央企业转型与发展研讨会实录,2007－09－10.
16. 张爱敬,李蘅. 浦项制铁社长姜昌五:韩中钢铁产业的合作方案. 人民网,2004－4－27.

第二章

踏上四通八达的跳板

新浪网的前身可以追溯至1996年4月29日北京四通利方信息技术有限公司的第一个正式中文网站的启动。这个四通利方公司是四通集团1993年创立的。四通公司于1984年诞生的时候，就与隔海相望的一个叫三井的日本财团联系在一起。

在三井物产的积极扶持下，“四通”打字机这个四通集团最辉煌的产品顺利诞生。在四通扩张的过程中，三井物产扮演着好帮手的角色，为四通引来了众多的日方合作伙伴。松下电工、富士通、乐天(LOTTE)、三菱电机等日本企业纷纷在三井物产的帮助下，与四通合资建厂。

四通在客观上成了三井财团带动日本企业进入中国的一块跳板，而“与巨人同行”的四通却没能跟上巨人的步伐，最终丧失了所有筹码。因为四通最初的贡献，富士通、松下电工、瑞萨、ALPS公司、Ferrotec公司等一批三井财团的关联企业如今在中国市场已经茁壮成长，枝繁叶茂。

——作者题注

【阅读提示】

“三井”告诉了我们什么(2)

我国目前经济繁荣的背后,存在着不少深层次的问题。放眼传统高新技术产业,“空芯化”绝非杞人忧天。这些年我们放弃了很多关系国计民生、国家经济安全的重大技术的积累和研发。过分相信国际合作,相信他人,过分轻视自己的研发能力,导致本来已经走到国际先进水平的产业和技术停滞不前。

四通的经历充分反映了中国经济改革思路和经济体制中的许多问题。从1997年的东南亚经济危机开始,四通在学者们对日本经济体制的一片批判声中,急速转向美国式经营,从而远离当初的“工程师文化”,投身资本运作。此时,银行从投放生产性贷款转向投放消费贷款,结果在民间金融缺失的情况下,四通的多元化扩张因为缺少本土资本的支持而成了空中楼阁。

而同样面对危机的日本制造企业在财团体制的保护下,为下一轮的扩张积蓄着力量。日本三井财团早已具备稳定的产业、商业和金融一体化的组织结构,通过三井物产(综合商社)20世纪80年代对四通的扶植,带领财团企业群逐步进入中国市场,并借助四通这个跳板深入到中国高新技术产业体系中。

很多像四通这样的中国企业都标榜自己是高新技术企业,享受着政府的各项优惠政策和资金支持,其实只是日本企业生产环节最末端的“封装工厂”。这类中国企业的工作只不过是将日本产品进行“软件汉化”的过程,并做些售后服务。

难怪在郎咸平眼中,国内著名的高科技企业如联想、方正都是反面案例,并认为“中国没有真正意义上的高新技术企业”。而在日本和德国等国家,大型电子电气公司的社会地位坚如磐石,成为本国经济支柱,政府和财团对它们给予全力支持,“工程师文化”得以代代传承。

进入21世纪,都是IT出身的“四方联”(四通、方正、联想)终于各奔前程。联想在多元化尝试不成功之后,收缩战线,力保电脑老大地位。方正依旧冲刺通讯、制造、金融乃至房地产业。四通则从2003年悄悄向生物健康产业转型,最终又不得不放弃。

本章导言

已经有十年的时间了，中国几乎再没有人去关注和研究日本经济模式的内核，似乎日本成了“泡沫经济”的代名词。而我在三井物产工作的12年经历，看到的日本经济实况却与外界报道大相径庭。2005年12月，我毅然辞去在三井物产(中国)有限公司工作后，没有到任何一家企业或机构任职，准备至少利用3年的时间将我对日本综合商社和财团体制的研究成果逐步整理出来。

为了避免受到各种浮躁的社会因素干扰，我选择了“坐家”的角色，自然也成了“家庭主夫”，关心起一日三餐、超市购物之类的家务事。每当我在超市收银台结款时，都会看到LOTTE木糖醇口香糖放在旁边显眼的位置，自然而然勾起我对三井物产与四通公司众多合资企业的记忆。很多人都知道，LOTTE木糖醇口香糖是乐天(中国)食品有限公司(简称“乐天公司”)的产品。可是，这个乐天公司的由来恐怕就没多少人知道了。

乐天(中国)食品有限公司的原名叫“乐天四通食品有限公司”。虽然，在这家公司的名字中始终也看不到“三井”的名字，但的确是因为三井物产的努力而产生的。1993年12月，当我刚刚进入三井物产北京事务所[现三井物产(中国)有限公司]的粮油食品部门工作时，其中参与的一项重要工作，就是积极筹划和推动日本乐天公司与四通集团合资在中国生产糕点、糖果、儿童食品等。

随后，1994年8月，三井物产借助与四通集团在汉字电子打字机业务上的成功合作，携手日本LOTTE、韩国LOTTE制果与四通集团共同投资2000万美元在北京建立了乐天四通食品有限公司。虽然三井物产在其中仅拥有不起眼的10%的股份，但在以后的日子中，正是因为有了这10%的股份，三井物产作为股东之一随时掌握合作公司的经营情报和各种需要，通过提供关键设备、部分原材料等贸易联系获得长期的经济收益。

我所在的三井物产北京事务所，曾经长期以来作为三井物产东京总部的派驻机构，从事国际贸易的业务活动。随着三井物产及其关联企业在中国投资的增加，为了加强三井物产的投资，并协调已有的投资企业，由三井物产株式会社(东京总部)全额出资的投资性公司三井物产(中国)有限公司于1995年10月在北京成立。显然,这种日本式的投资银行业务与贸易活动紧密相连,真实地存在于综合商社之中。

事实上,三井物产通过贸易实务和共同投资发挥着产业组织者的作用,将其财团成员企业或财团关联企业有机地联系起来。从某种意义上来讲,三井财团曾经将四通集团作为其成员企业来培植。在1999年上海举办的财富论坛上,三井物产的前任社长上岛重二谈到在中国的三井企业成员时,除了提到上海宝钢,再就是四通集团了。在20世纪90年代,四通集团公司是中国著名的民营科技企业,电子信息产业的一支重要力量。

美国公司对国外企业投资或并购时,通常以某些投资咨询公司为中介,或借助证券公司的投行业务。与此不同的是,日本企业寻找海外投资机会时,往往是从综合商社提供的贸易伙伴开始接触的,起初尝试着合资经营,随着市场渠道的拓展,逐步趋向于独资。三井物产与四通集团存在着多方面的日常业务联系,对它的经营实绩、资信情况、市场渠道、政府人脉等都有第一手情报,从而将四通集团纳为自己的紧密伙伴。

2005年2月27日,北京大学光华管理学院主办的"2005年的世界潮流及日本走向何方"讲演会上,三井物产战略研究所的寺岛实郎所长邀请了一为老朋友作为特约嘉宾,这个人正是四通集团总裁段永基。人们熟知段永基,是因为他是著名的新浪网创始人、前任新浪网联席董事长,曾经有过"中关村村长"的美誉。但是,一直以来,几乎没有人提起段永基曾经受到深谙多元化投资扩张之道的三井物产的启发,尝试发展中国的综合商社和财团体制的第一人。

然而,前四通集团总裁杨宏儒对《中国经营报》记者说过的一席话非常耐人寻味,他说:"那段时间中国理论界讲学南韩,搞多样化的企业集团,四通深受这个理论的影响,实际上这些经济学家本身就没有做过什么生意,他们懂什么搞企业,只会瞎说,他们的理论你别当真,当时没有这个认识水平,领导层又愿意看些理论,中国多数经济学家水平不高,这个能理解,大家都没交学费,怎么能认识到正确的真理呢?"

第一节 “慷慨”的帮助

初识日本商社

作为中国最早的高科技企业之一，四通集团以开拓者的身份走过了20多年的风风雨雨。在这20多年的时间里，它与三井物产一直有着不解之缘。四通集团的历史尽管纷繁复杂，但有一条线索却十分清晰。这条线索就是以三井物产为首的日本财团企业与四通合作的历史。三井与四通建立起的关系还要从开发“四通MS—2400”打字机谈起，王缉志（四通打字机主要研发人）在他的《开发四通打字机的故事》一文中透露了很多线索。

四通公司是1984年5月16日注册成立的，地点在中关村丁字路口原四季青自选市场的门市部，当时屋中只放了一张办公桌、几把折叠椅和一个保险柜。偶然的机会，王缉志在王府井新华书店门口碰到了老朋友王安时和沈国钧（两人都是四通创始人），听说他们正在筹建一个公司，叫四通公司，机制比较灵活。王缉志在1984年6月加入了初创的四通公司，11月辞去冶金部自动化研究所的工作。

其实，王缉志本人也并不一定知道，他与三井财团的缘分早在参加上海宝钢工程建设时就开始了。上海宝钢的技术和设备来自与三井财团的关联企业——新日铁。为此，王缉志曾在1979年底被冶金部自动化研究所派往日本学习计算机软硬件技术，并准备参加宝钢的计算机控制系统设计。因为计划调整，宝钢的二期工程被推迟，于是就从日本撤回了上海，不久又撤回到北京。当时我国刚开始进口微机（又称个人电脑、PC机），王缉志所在的小组也在考虑购买一台微机。

经同事介绍，王缉志认识了微机设计者、澳籍华人邝振琨先生，从他的DATAMAX公司购买了DATAMAX 8000主机。在王安时（曾任四通集团董事，香港四通公司总经理）的推荐下，王缉志买下了美国的TeleVideo终端。然后，从港商那里订购了日本伊藤忠商事（第一劝银财团的综合商社）推销的一种新型打印机，而且可以先拿去试用，不合适还可以随时退货，满意了再付款。

当时国内用的一般打印机都是字符打印机，只能打英文字母，而这台伊藤忠商事提供的打印机是图形打印机，可以打由点阵组成的图形。王缉志连夜编了一小段程序，在打印纸上居然打出了“冶金部自动化所”七个汉字。随后，王缉志动员他的研究小组，经过一个月钻研，做成了一套包括国标一级汉字的16×16点阵字库。不久，王缉志研究出了一个简单但实用的拼音输入法，解决了汉字录入问题。

由于王缉志用伊藤忠商事的打印机打出了中文，当时在华推销该打印机的田中先生到处拿着王缉志打印的样张去宣传伊藤忠的打印机。此时，王缉志意识到应该开发一种中文打印机，很想找伊藤忠商事合作来做这件事，为此他找田中先生谈过多次，但都没有结果。从与前面提到的几位商人的合作中，王缉志体会到，和国外公司合作可以很快得到很新的信息，所以那时凡是来华做电脑展览的外国厂商，王缉志都找过、谈过，但都没有什么进展。

以贸易带动投资

1984 年，王缉志进入四通公司后，马上就被任命为总工程师。此时，刚成立的四通公司主要业务是销售日本 Brother 公司的 2024 型打印机。那时，电子部官方进口的能打印汉字的 24 针打印机是三井财团东芝公司生产的 3070 型打印机，售价为 9 000 多元人民币。而四通为 Brother 公司的 24 针打印机配了汉字驱动软件，每台仅售 4 000 多元人民币，在市场上很受欢迎。其实，四通公司销售的 Brother 打印机是通过三井物产物资部进口的，这也是双方合作的开端。

四通公司选择了以做打印机为主兼营电脑的策略，这一正确的决策为刚成立的四通带来了良好的经济效益，公司第一年就取得了 300 万元的销售收入。1985 年初，四通公司又从日本伊藤忠商事引进了 1570 型彩色打印机，该打印机原来能打印日文的汉字，四通要做的工作是使它能打印中文汉字。这一年，四通公司以 1570 型彩色汉字打印机为主要产品推向市场，销售收入超过了 1 000 万元。

为了获得更高的收益和市场占有率，1985 年 3 月，四通公司总经理万润南和总工程师王缉志两人到三井物产北京事务所，与从东京来的三井物产物资部部长石田邦夫先生讨论合作问题。在会谈中，四通公司希望与三井物产共同开发中文文字处理机，由三井物产投入开发费。万润南分析市场后认为，产品开发成功后，将会有每年 10 万台的销量，而四通可从三井物产进口大批文字处理机的硬件。万润南还表示，如果开发失败，四通将以向三井物产采购其他产品的方式来弥补日方的损失。

三井物产这样的综合商社对市场有敏锐的嗅觉，不会放过这样大的商机。谈判仅花了两个小时，三井物产物资部部长石田邦夫当场决定出资 100 万美元支持四通公司开发“中文文字处理机”（后称“四通”打字机），双方签署了备忘录。因为四通是民办公司，按当时的规定，民办公司不能直接与外国公司签约，所以四通公司与三井物产的备忘录不是正式合同，只能是君子协议。这次三井物产的慷慨出资，对四通后来的发展产生了深远的影响。

如果四通公司以往没有与三井物产的贸易业务，双方的合作很难谈成。日本企业投资的理念从来都是采用贸易带动投资，而且基本上都是以三井物产这样的综合商社为领头羊。这次谈判，首先是因为四通已经从三井物产进口了相当数量的打印机,使得三井物产相信了四通的市场开拓能力,其次又有每年10万台的市场前景,使三井物产不能不心动。总之,四通和三井物产从单纯的买卖关系转为在资本和技术两方的实质合作。

贴牌生产的“四通”打字机

三井物产作为综合商社是投资者,自己本身并没有研究开发的力量,所以选择了一家日本公司做具体的产品开发工作。三井物产向四通公司提出了三类开发方式供选择:一类是索尼(SONY)这样的大公司,他们技术实力强,名气大,但开发费用也高;一类是小公司,他们费用低,但技术差;还有一类是被称为OEM(贴牌生产)的公司,他们为别人开发产品,不打自己公司的商标,技术力量介于前两者之间,费用也介于前两者之间。

在三井物产的安排下,四通公司技术人员到了一家从事OEM工作的ALPS电气株式会社(简称“ALPS电气”)参观。在中国,四通公司的人从未听说过ALPS电气,到了该公司后,看到公司规模很大。当时,它生产的电脑键盘产量是世界第一,占了当时世界总产量的16%,都是打别人的商标。ALPS电气开发和生产的激光唱机就是索尼(SONY)牌的,他们还为三洋(SANYO)等公司开发日文文字处理机。

现在看来,索尼、三洋、ALPS电气这三家公司实际上都是三井—住友这个大财团体系下的重要关联公司。索尼创业的初期,三井财团在索尼的融资和投资上起到了巨大的作用。三井银行积极地购买索尼的股票,为索尼公司日后的腾飞提供了充足的资金。因为三洋的创始人与松下关系密切的缘故,在三洋初创时期的多个关键时刻,都是住友银行提供了有力的金融支持。ALPS电气的大股东主要来自三井—住友财团的金融机构,这些金融机构也是三井物产的大股东。

四通打字机的开发工作从1985年的8月份开始,三井物产北京事务所为四通公司与ALPS电气双方联络提供了通信上的方便。那时候还没有传真机,一些重要的图纸文件通过三井物产的文件传递系统来往于北京和横滨之间。三井物产拿来了一台当时日本最好的东芝牌文字处理机供参考,并提供了一些文字处理机的说明书。产品的名称定为“四通MS—2400”,“M”代表三井(Mitsui),“S”代表四通(Stone),“24”是打印头的针数,“00”表示第一代。

1986年3月,四通MS—2400开发小组到日本横滨ALPS公司去进行最后调试工作,同去的还有三井物产北京事务所的雇员郗建民。开发小组的人员每天从早到晚不停地工作,16个小时,几乎每晚都是12点以后才睡觉,第二天仍然准时上班,星期天也不休息。终于到4月11日,机器的调试成功了。三井物产和ALPS电气的领导都来向开发小组祝贺,并且称赞王缉志率领的开发小组说:“从你们身上,看到了中国人的聪明才智和刻苦精神。”

两个月后,1986年5月16日,四通迎来了成立两周年的日子,公司在北京饭店宴会厅举行新闻发布会,推出中国打字机市场的经典之作——四通 MS—2400 打字机。MS—2400 推出后,当时的零售价是7 000元/台,第一年就销了7 000多台,社会效益和经济效益十分令人鼓舞。经过不断改进,到1987年5月16日四通公司成立三周年的时候,宣布四通 MS—2401 打字机正式推出。三井物产的评价是,MS—2401 的技术即使在日本的同类产品中,也是先进的。

然而,在一次会议上,四通集团总工程师王缉志听到三井物产的负责人是这样分析四通打字机成功的原因:“硬件解决原理问题,而软件解决文化问题,原理是全世界相通的,而文化因地域而不同,最终与使用者接触的主要是软件界面,因此只有中国人才能开发出适合中国市场的电脑产品。”从三井物产的话外音中,似乎听到这样的暗示:中国的高科技企业只应该从事软件开发。

市场网络才是真金白银

四通的官方网站上有一个栏目叫“四通的第一”,专门介绍四通光辉的历史。其中,除了“第一个真正民有民营的高科技企业”和“第一个推出自主知识产权、年产值超亿元的电子信息产品——四通打字机”之外,最引人注目的就是“第一个建立遍及全国的营销网络和技术服务系统”。就算是到了现在,有相当多四通旗下的企业仍然具有贸易职能,销售的产品大多数都是外国的进口产品,来自日本的产品更是占据绝对多数。

为了进一步利用国家的优惠政策,1987年,三井物产和四通公司合资在北京成立了以半散装件(SKD)方式生产打字机的公司——四通办公设备有限公司(SOTEC,索泰克),把四通 MS—2401 打字机的生产从日本移到中国。该合资公司总投资100万美元,四通占75%,三井物产占25%,其中四通的打字机技术占了25%的股份,在中外合资企业中,以中方的技术占有股份的情况可以说是四通开了先河。

由于段永基更会与政府官员打交道,被任命为合资公司的总经理,王缉志任副总经理兼总工程师。三井物产派东京总部的中入纯先生和北京事务所的郗建民任副总经理。从那时候起,四通 MS—2401 连同后来以 MS—2401 为原型开发的 MS—2411 一起,畅销了很多年,共售出了20万台以上,为四通公司带来了二十几亿元的销售收入和几亿元的利润。四通在全国范围内建立了庞大的多层次的销售体系,一时间在办公自动化领域确立了龙头的地位。

新浪网董事长段永基,1987年上任四通办公设备有限公司(与三井物产合资)总经理,开始步入自己事业的高峰

在三井物产这样的综合商社眼中,市场网络才是真金白银。1987年底到1988年期间,四通名下出现了24个二级法人单位。比较知名的有四通电

源、四通自动工程化、四通 PC 等公司。此后,四通陆续建立了包括 32 家分公司、100 多家培训中心、900 多家维修服务中心和 1280 家销售代理商在内的庞大销售服务网络。到 1992 年底为止,共销售四通打字机十多万台,占据了国内高达 80% 的市场份额。

不仅要有销售网络,更重要的是要有人脉网络。而对于三井物产来说,选择四通作为合作伙伴时,最为看重它的人脉。众所周知,经营企业离不开人脉的建立和维护。20 世纪 80 年代,中国经济体制变革的序幕才刚刚拉开,企业的产生和发展仍然受到很多政策体制和观念的制约。在这样的情况下,四通能够开创民营高科技企业的先河,除了创业者的个人素质之外,关键因素之一就是他们具有的独特身份和与政府等各方面的密切联系。

多方面的资料显示,四通创业的资金是从四季青乡借来的。而在这个过程中,时任北京市海淀区区委书记的贾春旺的居中协调起到了很大的作用。在四通初期,创业元老沈国钧和李文俊(四季青乡长李文元之弟)专门负责政府关系的协调,由此可见四通对政府资源的重视。在四通 1997 年、1998 年陷于严重财务危机时,有着深厚政府背景的四通总裁段永基被市政府请到北京中关村科技发展(控股)股份有限公司(简称"中关村科技")当了总裁。

第二节 博弈、竞合、抛弃

在与三井的斗争中打了败仗

在 1988 年,四通 MS—2401 打字机 SKD 散件的进口价格大约为 700 美元,四通和三井物产合资的四通办公设备有限公司在组装之后的出厂价约 8 800 多元人民币,出厂之后销给四通集团的办公自动化部(通称"OA 部"),OA 部加价之后以 11 000 元左右销给四通各地的分公司和经销商,卖给最终用户的价格为 13 500 元左右。此外,打字机中的有些元件如汉字字库等是通过香港四通公司进口的,进口时已经加了很高的利润。

四通并不满足于 MS—2401 打字机的旺销和眼前的利润。1988 年,四通的领导专程赴日本对打字机部件的成本进行调查,得知 MS—2401 的机芯产自富士通公司。四通假借其他公司的名义按每年数万台的订货量向富士通公司询价,获知这种机芯的价格在 150 美元左右,并计算得出 MS—2401 的全部材料成本合计仅 300 多美元。于是,四通要求三井物产对进口打字机散件进行分项报价,如果某项的报价高于四通调查得知的最低价格,就自行采购。

精明的三井物产拒绝了分项报价的要求,于是四通就向三井物产施加压力,甚至停止了从三井物产进口 MS—2401 打字机散件。由于没有了货源,市场上的四通打字机一度脱销,变成了紧俏商品。僵持进行了一段时间,三井物产终于做出了让步,同意分项报价,即四通可以自己根据情况从日本市场选购部件,但条件是,三井物产不再在进口前对从日本提供的散件进行质量检验和保证,散件的质量控制由四通办公设备有限公司自己解决。

四通公司接受了三井物产设下的条件后,三井物产的分项价格报了出来,富士通的打印机机芯为 300 美元/台。四通认为自己到富士通去采购打印机机芯,可以降低 150 美元的成本。但是,当四通再次向富士通询价时,该厂的报价是 300 美元而不是原先报的 150 美元,其他各部件生产厂的情况都与此类似。最后,打字机所有部件材料的价格成本之和,差不多仍然等于 700 多美元。其实,三井物产已经和所有的部件生产厂协商过了价格,统一了口径。

1989年4月7日,四通和三井的领导人在日本箱根开会

这时候,四通公司发现自己在与三井物产的斗争中打了败仗,于是向三井物产要求恢复过去的传统做法,三井物产的答复是,倒退已经不可能了。由于要自己进行部件的质检和筛选,四通办公设备有限公司的生产成本反而比以前提高了。这件事之后,四通的领导便决定完全靠自己的力量开发新一代的打字机,新产品的型号定为MS—2406。但是,直到 1991 年花了三年时间,MS—2406 才面世,各地的经销商都纷纷反映该机有质量问题。

本来 MS—2406 是为了取代 MS—2401 而推出的,但采用日本技术的 MS—2401 始终还占据着重要的地位,而且后来以 MS—2401 为原型机又推出了 MS—2411,四通对于三井物产的依赖程度并没有降低。即使四通公司自己研究开发的 MS—2406,也需要从香港大量进口打字机零部件,从而使得香港四通公司获得了实实在在的利益,而且在北京的四通办公设备有限公司(SOTEC)还将大量开发费转到香港四通公司,等于是被香港四通掏空了。

在此期间,由三井物产、四通集团公司、香港四通电子技术有限公司在深圳合资兴办了一家所谓高新技术企业深圳索泰克电子有限公司(现在的深圳四通电脑技术有限公司),三方分别占 25%、5%、70% 的股份。该合资公司注册时间是 1989 年 4 月 1 日,资本金 500 万元人民币,投资总额 700 万元人民币。截至 1993 年 12 月,创产值 7 亿多元人民币。显然,这家公司很少的投资却有如此高的产值,说明其实质上是贸易型的组装企业。

掉进合资的陷阱

尽管在四通打字机项目上，四通与三井物产、富士通因为分项报价曾经产生过不愉快，但三者的合作仍然继续了下去。1989 年 10 月份左右，在三井物产的大力协助和推动之下，富士通派遣人员到中国考察四通及其合作伙伴，研究是否可以在中国进行投资。在与四通合作的过程中，三井物产充分认识到了四通所具有的各方面的价值，这也是并不熟悉中国打印机市场的富士通最后决定与四通合作的一个重要原因。

1991 年 6 月，在北京四通办公设备有限公司特机部的基础上，四通、三井物产、富士通合资成立深圳深通打印设备有限公司（简称“深通打印”），从事打印设备的生产制造，公司注册资本 300 万美元。深通打印最早在国内掌握了打印头组装、检测及打印针焊接等关键技术，其生产的四通打字机核心部件——打印头、机架产品曾占全国市场的 80% 以上。在深通打印的历史上，主要的合作对象是第一劝银财团的富士通和富士财团的 OKI（冲电气株式会社），合作的方式都是以加工组装为主。

然而让四通恼火的是，在深通打印建立后不久，富士通就开始另立门户。深通打印总经理范为强的文章《三次股权转让深通彻底和日资拜拜》透露：“从 1991 年深通成立后不久，四通和日方股东的关系就产生了矛盾。因为富士通又跟南京 734 厂合资成立了他们占 60% 的股份打印机公司，并把其打印机放到这家公司生产。”深通打印也曾积极争取过生产富士通品牌的打印机，但被富士通拒绝了，理由是深通打印在为四通打字机提供配套，不能够生产打印机整机。

富士通给出的回答尽管刺耳，但这却是它对四通价值真正的定位。在富士通眼里，深通打印本来就是一个打工仔的角色。富士通这一不起眼的举动实际上相当重要，这意味着富士通和四通公司合资的定位大有文章。合资是为了赚钱，但背后还有更重要的目的，只不过是四通没有看到罢了。对于其他来自日本的合作者来说，情况也是一样的。在它们看来，四通可以算是合资伙伴，但实际上“作为进入中国的跳板”才是四通真正的价值。

1996 年，富士通就已经位居中国针式打印机市场三甲。同年，富士通极力拓展经销渠道，使得下属的经销商数量猛增到 93 家。另外，在广告投放上，富士通也走在了其他企业的前面。经过多年不懈的努力，富士通已经成为中国针式打印机市场上的领导者，以 DPK700 窄行票据打印机为代表，富士通凭借着完善的售后服务体系，以及绿色环保的优势，成为政府、金融、医疗等行业首选品牌。

当四通开始意识到自己被富士通控制之后，香港四通于 1998 年决心收购富士通在深通打印的全部股份。经过激烈的讨价还价，四通甚至还将深通打印做成大幅亏损,最终以16万美元的代价获得了富士通拥有的全部股份。借助深通打印,富士通实际上早就成功地获取了所需的渠道资源和客户信息。此外,富士通早已经通过技术、设备转让和零部件供应贸易等方法收回了投资。原本就精于开拓市场的富士通,在得到想要的东西后,放弃深通打印就成了必然的选择。

结局是为他人铺路搭桥

前来四通公司淘金的日本打印机企业不仅只有富士通一家,其传统竞争对手OKI也加入与四通合作的行列。2001年,日本OKI DATA公司(日本冲电气株式会社的打印机工厂)希望收购深通打印60%的股份。OKI希望通过投资深通打印以加大对中国市场份额的占领。他们组成了强大的收购工作班子,聘请了律师和会计师,摆出了一副势在必得的架子,甚至公司名字都起好了,叫"OKI DATA(中国)有限公司"。

也许是从与富士通的合资中吸取了教训,四通公司这次没有轻易答应OKI公司的合资要求。经过长达半年多的谈判,在经历了多次的瞪眼睛、拍桌子、摔资料之后,OKI公司终于丧失了对深通打印的信任。尽管双方在合资的大方向上没有分歧,但由于利益分配等具体问题未能达成一致,最终导致谈判的破裂。2001年9月12日,OKI公司单方面决定退出谈判,放弃收购深通打印的工作,而准备采用独资方式到深圳设厂。

在合资的过程中,四通公司的研发力量并没有得到真正的培养和锻炼,而经营管理团队的素质也没有得到有效的提升,最终彻底丧失了独立自主发展的契机,沦为一个干瘪的躯壳。作为四通与日方最早的合资企业,深通打印的经历充分表现了日本企业实用主义的作风。尽管借助四通打字机的辉煌,深通打印曾经风光过一段时间,但当三井财团发现深通已经没有利用的价值时,便果断地抛弃了四通这个合作伙伴。

曾经促成四通与富士通合资的三井物产分为两个阶段退出了深通打印。第一个阶段,是2002年深通打印的大股东深圳索泰克(SOTEC)电子公司到期清算。三井物产持有索泰克25%的股权,当索泰克经营期满转入清算的过程中,三井物产得以让出了自己间接持有的深通打印的股权。第二阶段,也是三井物产从深通打印完全撤出,那是深通打印停止组装四通OKI打印机的2004年。三井物产象征性地以不到五万美元的价格将自己持有的25%的股份转给了深通打印,最终完全退出了深通打印。

到此为止,四通公司圆满完成了作为三井物产综合商社协助富士通登陆中国专业打印机市场的任务。由此可见,实际上从一开始,四通公司就是一个壳,富士通正是通过四通公司才顺利地进入了中国。概括地讲,日本财团跳板战略的基本步骤就是:积极扶持—逐步控制—彻底抛弃。对于四通公司来说,在没有掌握核心技术的前提下，尽管获得了暂时的发展，但结局只能是为他人铺路搭桥。如今，富士通在中国市场上却已经是“大红大紫”了。

2007 年 12 月，南京富士通计算机设备有限公司的 DPK500 宽行通用打印机再次在众多竞争品牌中脱颖而出，中标中国银行总行打印机设备采购项目，签订了近 4 000 台量的大订单。在此次合作之前，南京富士通与中国银行还在窄行通用打印机方面有着紧密的合作。富士通 DPK300 窄行通用汉字打印机在中国银行总行上半年的采购项目中成功入围，目前仍被中国银行各省分行陆续的批量采购。

满怀收获喜悦的富士通，在其中文网站上写道：“富士通公司于 20 世纪 70 年代进入中国，在通信、计算机、软件开发、半导体以及高新技术的研究开发等领域与中国进行合作并取得了丰硕的成果。三十年来，富士通在中国的总投资金额超过 19 亿人民币，共设 37 家公司，员工 18 000 多人。1995 年 5 月成立的富士通(中国)有限公司，进一步加强了富士通在中国事业的统合和战略制定。”

第三节　鸠占鹊巢，借壳生蛋

“四通”成为孵化器

在新兴高科技产业之外，被外人视为最善于资本运作的四通集团领导人段永基很早就开始涉足金融业务，这是段永基在向三井物产咨询海外扩张思路时得到的答案。1987 年，段永基升任四通集团公司副总裁，成为企业发展的主要决策人之一。同年 12 月，四通就成立了作为企业金融服务体系的四通财务公司，注册资本人民币 5 000 万元。四通财务公司具备了筹资和融资的功能，类似日本财团主办银行的雏形，但是属于非银行金融机构。

1991 年，段永基就任集团公司总裁，全面接掌四通集团，推行“与巨人同行”的二次创业战略，进入了多元化的发展时期，这里所谓巨人首先就是三井物产。1991 年至 1996 年这段时期，四通、三井物产共同与富士通合资成立深圳深通打印设备有限公司；与日本松下电工成立四通松下电工器材有限公司；与日本 LOTTE 和韩国 LOTTE 制果合资建立乐天四通食品有限公司；与三菱电机合资成立三菱四通集成电路有限公司。

四通的创业者大多来自中国科学院系统，其拥有的人脉是普通的创业者所不具备的。作为高层次的知识分子，他们能够接触到政府、学术界、国有大型企业等等各个方面的人和资源。因此，作为三井财团核心组织的三井物产选择四通公司为孵化器，在中国本土培育出众多合资企业，作为进军中国市场的桥头堡。以合资为切入点，三井物产率领的日本财团企业群借助四通这个壳，得以把握各种网络资源，从而顺利登陆中国。

最典型的一个例子，住友财团的松下电工在三井物产的帮助下，1993 年 1 月 19 日与四通合作，在北京合资建立了北京四通松下电工有限公司（简称“北京四通松下”），从事照明、配线器具、电器产品的制造。因为有三井物产介入，合资公司获得了资金上的支持。在经营活动中，四通松下电工有限公司根据日本的银行运作政策，向日本银行信用贷款筹资 40 亿日元，无须担保，也无须抵押，年息仅 0.86%。

1992年12月26日，四通和三井物产、松下电工签署合资协议，成立北京四通松下电工有限公司

松下电工的历史，可追溯到 1918 年松下幸之助所创建的松下电气器具制作所，它们都起源于同一个母公司，互相之间是“兄弟公司”的关系。截至 1999 年，松下电工集团拥有日本国内关联子公司 64 个、海外关联子公司 40 个，以及符合“持分法”的公司 8 个，开展了照明、信息设备、电器、住宅设施建材、电子材料、控制设备等范围宽阔的业务活动，具有从研究开发、制造、销售、设计施工、直到维修服务的一条龙体制。

通过与四通的合作，使得松下电工获得了中国市场的第一手情报，也逐步与四通的经销商建立起直接的联系。由此，松下电工开始积极推进在中国的投资和营销战略，1997 年 9 月独资成立了北京松下照明光源有限公司（简称“北京松下照明”）。这是一家全部承担日本松下电工在华投资的投资性公司，注册资本 4 649 万美金，1998 年 7 月开展业务，自 1999 年 8 月开始经销在华合资公司生产的产品。2000 年 3 月，北京松下照明全面开始销售合资公司生产的产品，并以大连、北京、苏州、上海、福州、厦门、广州为生产基地，投资建厂 15 个。

北京松下照明的市场极其广泛，从办公楼、商业设施、工厂、住宅、公共设施到街道、城市景观，经销的产品涉及家用电器、照明灯具、信息装置、住宅设备、电子材料、控制装置等领域。北京松下照明在经营策略上采用代理公司加分销的渠道模式，提供优厚的售后服务，并建立了以北京、上海、广州、沈阳、大连、成都、深圳的七大地区为中心的营销网络。在松下电工的悉心培养下，松下品牌在全国各地的经销商中拥有了良好的口碑，并与欧司朗、GE 和飞利浦共同成为中国照明市场上的佼佼者。

侵占和接管网络资源

2000 年 10 月，松下电工开始改变在华投资的策略，从前期分散独立式的投资向后期的集中统合转变，并着手建立各合资公司间的网络联系。在松下电工（中国)有限公司的网站上,对此的描述如下:今后将继续集中各合资公司的总设机能,统扩财务、人事及法务部门业务,统一管理售货管理,支援各合资公司的高效运营。在这一过程中,正是因为有了利用四通等中国合资伙伴培养起来的销售渠道和制造企业,松下电工的转型才能够水到渠成。

在同一时期松下电工开始了针对经销渠道的“授权”行动。对于没有授权的经销商,松下电工采用严厉的措施,制止其经销松下电工的产品。与其说松下电工在“授权”,不如说是在“收权”。在强势的松下电工面前,分散的经销商根本就无力抵抗这样的清剿,于是纷纷投降。最终,四通与松下电工的合资企业北京四通松下的网络资源几乎被松下电工全部侵占和接管了。

如果打开松下电工(中国)有限公司的网页,查找经销商名单的话,你一定会有一种似曾相识的感觉。因为在这份名单中,有10家经销商的名字中带有“四通”二字。经过调查,这些经销商的身世原本的确与四通有关。个别企业的历史甚至能追溯到1984年,那时松下电工还没有在中国投资设厂。然而现在,这些企业已经被纳入到了松下电工的势力范围,和四通没有一点儿关系了。

此时,在松下电工积极的市场运作下,四通集团很快失去了松下产品的分销权。为此,香港四通电子开始积极拓展以四通为品牌的照明产品。但是,2002年9月25日公布的中期财报上,对于四通有这样不利的描述:“本集团于2001年推出‘四通’品牌的照明产品,于2002年6月30日止6个月期间的销售比2001年同期下跌,主要是由于在2001年上半年终止对北京四通松下电工有限公司‘松下’产品的分销权所致。”

注重营销的日本企业,尤其是三井物产这样以贸易为主业的综合商社,更是不可能低估四通网络的战略价值。如果仔细观察,四通俨然就是三井物产培育起的一个“小综合商社”,只不过它缺少中国本土大资本的支持,不得不依赖于日本财团谋求发展。一旦其渠道、人脉被松下电工所熟悉和掌握后,四通的价值也就不存在了。无论四通愿不愿意,它都会被日本财团边缘化,最后结局也就只能是将手中的股权廉价转让给日本财团企业,换得一些现金去投身新的资本运作。

2001年,四通集团将四通松下35%的股份转让给松下电工,仅剩象征性的5%的股份,获得约1.349亿元的现金。北京四通松下电工公司中的“四通”两字被抹去,在松下电工(中国)有限公司网站上也仅能见到这样的介绍:“北京松下电工有限公司创立于1993年1月19日,是由世界一流企业日本松下电工株式会社、三井物产株式会社、松下电工(中国)有限公司在北京经济技术开发区出资兴建的大型现代化企业。注册资本为4 000万美金,公司英文名称缩写为BJMEW。”

在收编北京四通松下之后,松下电工并没有收手。2006年,松下电工又聘任朱希铎为松下电工(中国)公司总裁。朱希铎有在四通工作的15年经历,曾经有3年是以四通常务副总裁身份出任四通松下电工公司的董事,曾经参与过四通跟三井物产、三菱电机、富士通、OKI、日立等的合作，并作为四通松下电工产品中国销售的总负责人，使松下电工的产品销售在中国市场从零起步，逐渐形成中国的著名品牌。因此，四通松下电工的照明产品和配线产品的市场做到了全国名列前茅，月销售额最高可达3 000多万元。

对于朱希铎的加盟，松下电工的解释是希望选择一个曾经与之有良好合作经历的人来做高管，这样彼此会相互信任。至此，松下电工利用四通进入中国的全过程得以结束。四通不仅丧失了企业的控制权，而且失去了最宝贵的财富——人，落得一个人财两失的境地。此时，松下电工已经在中国相继设立22家企业，其中包括16家制造厂。目前，整个集团在华从业人员约7 000名，2006年度中国地区的总销售额已超过45亿元。

谁是下一个“四通”

虽然四通的身影已经远去，但是关于三井物产和松下电工在中国的故事还远远没有结束。在中国寻找一个新的重量级伙伴，代替四通的角色，成为三井物产新的任务。2006年，中国政府就有关节能的10大重点项目，发布了照明、空调等方面的楼宇节能方针，并致力于楼宇能源管理系统的推广和普及。看到节能、环保正在成为中国政府和社会关心的经济热点，三井物产找到了一个像当初的四通那样期望“与巨人同行”的新伙伴。

2006年9月1日，三井物产、松下电工与泰豪科技股份有限公司（简称“泰豪科技”）正式签署合资协议，决定成立北京清华泰豪智能科技有限公司。泰豪科技是一家涉及智能建筑电气、智能发电机组、软件、军工等多个领域的中国高科技企业。泰豪科技此次携手三井物产和松下电工，被认为是泰豪科技在国际化进程中的重要战略举措。泰豪科技想借助日本财团企业，为其全力开拓中国建筑节能市场提供有力保障，也为投资方企业共同打造建筑节能产业的发展平台。

2006年9月1日，泰豪科技、三井物产和松下电工在北京正式签署合资协议，成立北京清华泰豪智能科技有限公司

这个被称作“清华之子”的泰豪科技的第一大股东是清华同方股份有限公司，有着深厚的人脉背景，从签字仪式到场的嘉宾中不难看出一二。在盛大的签约仪式上，信息产业部电子信息产品管理司丁文武副司长、日本驻华大使馆商务参赞堂之上先生、北京市发展与改革委员会节能中心刘前光副主任、北京经济技术开发区张伯旭主任出席会议，他们分别就目前我国在大力推广建筑节能工作的有关政策做了发言，并对公司的发展寄予了厚望。

再看三井物产和松下电工对合作伙伴泰豪科技有着多么高的期待。三井物产常务执行官、信息产业本部长小川真二郎、松下电工副社长野村淳二出席了签约仪式，并分别代表日本投资方介绍了各自公司的状况和产品，并针对此次签约进行发言。出席此次签约仪式的还有，三井物产驻中国总代表兼三井（中国）有限公司董事长的副岛宏利、日本新能源产业技术综合开发机构北京事务所的气贺泽所长等。

北京市发改委节能中心副主任刘前光在签字仪式上介绍，我国政府就有关节能的十大重点项目，发布了照明、空调等方面的楼宇节能方针，并致力于楼宇能源管理系统的推广和普及。且不说新建筑的设计、材料、节能电气和其他节能设施存在巨大的市场空间，仅仅我国400亿平方米的既有建筑，如果有三分之一需要进行节能改造，按照每平方米改造费用200元计算，就有26 000亿元的市场。

三井物产常务执行官、信息产业本部长小川真二郎发言时说："要实现这样一个目标，我们需要从产品本身，另外还有构成产品的零部件以及生产零部件所使用的原料，都要坚持符合节能的要求。生产这样的节能产品，需要有相应的技术给予强有力的支撑。此次组建合资公司，三井将引进国外先进节能技术，这有助于加快建设资源节约型社会。"显然，三井物产和松下电工的产品将会通过这个新成立的合资企业平台大批进入中国市场。

"此次组建完成的中日合资公司，将积极响应政府提出的'建设节约型社会'的指示，并依托泰豪在建筑电气节能设备和智能建筑系统集成领域的本土化优势、松下电工在节能技术领域的研发和生产能力、三井物产的资金优势和技术引进能力相结合，实现强强联合。从而为我国的建筑提供先进的节能控制系统，在解决我国建筑大能耗问题的同时，使合资公司在2010年成为我国建筑节能行业里的领头羊。"泰豪科技总裁李春生的这番话完完全全说到了三井物产的心坎里。

随后，泰豪科技对北京泰豪进行了增资重组，再由日方企业受让北京泰豪其他股东持有的部分股权。增资后，北京泰豪的注册资本从3 000万元人民币增加至1亿元人民币，三井物产株式会社、三井物产（中国）有限公司、松下电工株式会社分别受让泰豪集团有限公司持有的北京清华泰豪智能科技有限公司1 000万股、1 490万股、1 490万股，最终形成泰豪科技的出资比率为70.2%，松下电工和三井物产各为14.9%的股本结构。

为了培育中国建筑智能化与节能市场，泰豪科技作为新组建合资公司的控股方事前已经进入该领域多年，并依托清华大学的技术实力，成长为国内智能建筑电气的行业龙头之一，先后承担人民大会堂智能化改造、海南博鳌亚洲论坛、北京大学科技园等300余项项智能建筑与节能总包工程，又中标人民大会堂节能改造项目。在三井物产和松下电工的眼中，这个泰豪科技就是一个"当代的四通"。鸠占鹊巢、借壳生蛋的好戏又要重演了。

第四节 大中国工程

从“三菱四通”到“瑞萨四通”

段永基在1991年上任四通集团总裁，决定大规模扩张的时候，则是得到了深谙多元化投资扩张之道的三井物产的指点。而最终四通的多元化不过是个“自己说不清、别人也看不明白”的谜罢了。在“与巨人同行”的十多年里，更多反对者称之为“引狼入室”。像四通一样，中国企业中有如此这般经历的还有很多很多。这究竟是为什么？

如果要找另一个四通“与巨人同行”的典型例子，一定非三菱四通集成电路（北京）有限公司（简称“三菱四通”，MSSC）莫属。1996年，三菱四通在北京上地信息产业基地成立，是生产半导体集成电路的高技术工厂，投资方为三井物产、三菱电机和四通集团，分别拥有10%、60%和30%的股份，一期投资达到了1亿美元，设计年产0.5—0.35微米集成电路2.1亿块以上。

三菱四通半导体项目是集设计、前道芯片加工、后道封装测试为一体的综合性集成电路项目，整个项目分两期进行：一期为后道封装测试；二期为设计和前道芯片加工。当时，中国人期望着三菱四通能够实现大规模集成电路的国产化，重点是建立一个大规模集成电路设计中心。为此，2000年5月举行的北京高新技术国际周闭幕式上，四通集团与三菱电机、三井物产就合资兴建半导体设计中心签订了意向书。

三菱四通充分发挥出资方四通集团在中国的丰富经验和人力资源优势，顺利地完成了在中国市场的进入准备工作，同时还扩大经营了诸如混合信号、SRAM、单片机等的生产种类及规模。在国家各项优惠政策的支持下，在北京市政府各级领导的帮助下，三菱四通几年连续得到政府的多种荣誉，以及“十大名优品牌产品”证书，及几百万元奖金，并获得2002年北京市百强企业的第79位，是北京市百强纳税大户。

2003年4月，三菱财团的三菱电机、富士财团的日立将他们的半导体事业部联合，成立了瑞萨科技株式会社（简称“瑞萨”）。瑞萨的产品线包括移动通信、汽车电子、PC（个人电脑）/AV（音频和视频）半导体产品这三大部分。在半导体专业生产商中，瑞萨2003年以79.71亿美元的销售额成为继Intel、三星之后世界第三半导体厂商，在微控制器（MCU）市场以22%的市场占有率名列全球第一，在手机应用处理器、全球通（GSM）手机的高频IC、汽车导航MCU、电视用MCU和闪存内置 MCU 几个领域瑞萨都保持了全球市场第一的占有率。

此时,三菱四通也因此更名为瑞萨四通集成电路(北京)有限公司。2003 年 12 月 15 日,瑞萨四通一期扩建工程竣工典礼在北京上地信息产业基地举行,国务院发展研究中心副主任陈清泰、北京市副市长陆昊、四通集团董事长段永基和瑞萨科技的伊藤达社长以及来自三井物产、横河电机等日本企业负责人等参加了竣工仪式。2003 年,瑞萨四通销售额达到人民币 16 亿元以上,利润 3 000 万元。当年,瑞萨四通名列中国大陆前十大半导体封测厂商的第二名。

瑞萨半导体(北京)有限公司(原北京三菱四通公司)的工厂内部景象

2004 年 6 月 29 日,瑞萨在上海宣布设立全资子公司——瑞萨半导体管理(中国)有限公司,该公司于 7 月 1 日正式运营。通过此举,瑞萨将遍布在中国大陆、香港、台湾等地十几家分支机构统一纳入新公司的统一管理,瑞萨在大中国地区形成了投资、研发、生产以及销售的统一战略规划与部署。新成立的瑞萨中国综合管理公司涵盖产品设计、开发公司 1 家,制造厂商 2 家,市场销售企业 4 家,以及应用技术开发单位 2 家。

从 2004 年开始,瑞萨开始全力推进“大中国工程”(GCP)项目。该项目设有两个重要目标:一是以中国本地家电制造商为瑞萨产品的销售对象;二是将中国作为生产基地,面向进入中国的日本和欧美客户,向他们的生产基地销售半导体产品。瑞萨在 2004 年 10 月,继续增加苏州、成都、香港等 3 个销售点。此前,公司已经在中国建立香港、上海、北京、深圳等 6 处销售网点。

没有了四通的身影

四通当初选择了“与巨人同行”,但不幸的是,四通到最后也还是没能跟上巨人的步伐。在利用四通达到在中国投资建厂并打下坚实的营销网络基础之后,瑞萨便打算抛弃四通了。让四通放弃在瑞萨四通合资企业的股权,最好的方式也许就是让企业在微利下运营。相对于 1.5 亿美元投资,16 亿元年营业额的瑞萨四通,却只换来了 2003 年的区区 3 000 万元的利润,利润率不到 2%,这对于一个高科技企业来说确实是过于匪夷所思了。

早在与四通分手前的 2004 年,瑞萨就已经开始为实现转型积极创造条件。首先,瑞萨一改往日的低调风格,频繁在中国的展会活动中露面,甚至亲自组织举办大型的国际通信展。其次,与中国的电子行业开展广泛的合作,以扩大瑞萨的市场份额。闪联、e 家佳这样的中国网络家电标准组织,以及海尔、联想、清华同方、方正科技等本土的一流公司,都是瑞萨争取的目标。最后,瑞萨全面拓展各类在华机构,为日后的经营活动建立可靠的平台。

《互联网周刊》2004年第43期刊登了题为"瑞萨:追赶者的身影"的文章,其中提道:现在计算和通信的融合,以及3G融合已经成为业界公认的趋势,瑞萨在此时提出泛网概念。瑞萨(中国)有限公司董事长小仓节生就此认为:"中国的手机厂商和家电厂商将来会需要更多的芯片产品用于他们的产品,在这方面瑞萨应该可以发挥自己的优势。至于汽车电子,目前中国还缺乏这方面的设计厂商,今后瑞萨也会同时关注中国汽车电子业的进展情况。"

2005年10月15日,总部在日本的瑞萨科技株式会社宣布其在华后期工序生产企业——瑞萨四通已将四通集团持有的股份全部购入,瑞萨四通(RSSB)更名为瑞萨半导体(北京)有限公司(RSB),并形成了由日本财团企业独资主导经营的局面。瑞萨半导体(北京)有限公司的成立,标志着瑞萨在北京的分支机构包括销售代表处、设计公司、应用技术公司、管理公司等携手形成了专门制造适用于中国市场产品的生产体制。

按照瑞萨的具体规划,在技术服务方面,在公司目前已有的北京、香港、深圳、台北等4处服务基地的基础上,将继续加强在本地技术力量的培养;在研发设计方面,也将逐步加大在中国的研发力量。此外,瑞萨还通过与一些大学的合作,加强先行开发活动,并宣称"在中国国内独立完成具有中国特色的半导体设计和生产"。当初四通所梦想建立的半导体设计中心却正在由瑞萨变成现实。反观瑞萨在收购四通股份之前的所作所为,不难看出四通当初在不知不觉中成了瑞萨"大中国工程"的一个垫脚石。

此时,中国半导体制造业中再也没有了四通的身影。当初的三菱四通集成电路有限公司成为当今的瑞萨半导体(北京)有限公司,三井物产则依然藏身于此。2007年8月7日,瑞萨公开宣布扩大中国工厂的生产规模,并大举进军中国低端半导体市场。瑞萨(中国)董事长山村雅宏声称,中国本地事业的发展已经成为瑞萨的首要任务,2010财年瑞萨中国区的销售目标将达到1 200亿日元。显然,自从成功地从四通手中获得了合资企业的全部股份以后,瑞萨便开始在中国市场上突飞猛进了。

为进军中国市场铺路

正如前面提到的,瑞萨是三菱财团的三菱电机、富士财团的日立将他们的半导体事业部联合而成立的公司。三井物产继续持有瑞萨半导体(北京)有限公司的10%股份,意味着三井财团通过该公司与三菱财团和富士财团在中国半导体产业上存在着纽带关系,为日本企业间的更广泛协调和分工奠定了基础。当瑞萨公司在中国市场厉兵秣马之际,三井物产率领三井财团的主力企业东芝公司在中国半导体事业上也早已展开了拳脚。

2002 年 3 月 27 日，三井物产、东芝陶瓷株式会社（简称“东芝陶瓷”）与 Ferrotec 株式会社（日本磁性流体技术株式会社）联合宣布，投资 12 亿元人民币在上海宝山兴建单晶硅片生产厂，这是中国第一个由外商独资建设的硅片工厂，建成后成为中国最大的硅片生产厂。该项目由 Ferrotec（中国）集团的成员——上海申和热磁电子公司（简称“上海申和”）负责实施，东芝陶瓷负责提供技术和设备，三井物产负责整个项目的协调和引入工作。

作为 Ferrotec（中国）集团的重要组成部分，上海申和成立于 1995 年 5 月，公司投资总额 55 亿日元（约合 5 亿人民币），专业生产半导体热电材料、覆铜陶瓷基板、硅单晶棒、4～6 英寸的硅抛光片。Ferrotec（中国）集团的母公司是日本 Ferrotec 株式会社，于 1980 年 9 月 27 日在日本东京成立，是一家加斯达克（JASDAQ）上市公司，大股东是三井—住友财团的关联企业。加斯达克（JASDAQ）是日本模仿美国的纳斯达克（NASDAQ）建立的创业板市场。

Ferrotec（中国）集团始建于 1992 年，作为 Ferrotec 株式会社的全球重要组成部分，经过十多年的发展，在中国投资设立了上海申和热磁电子有限公司、杭州大和热磁电子有限公司、杭州日磁科技工业园产业开发有限公司、杭州菱日科技有限公司、上海博力导国际贸易有限公司及上海普林客国际贸易有限公司。Ferrotec（中国）总投资超过 100 亿日元，初步形成了以半导体制造及配套产品与服务、磁性流体技术与产品、精密制造为核心的高新产业布局，并向投资领域进军。

2003 年 10 月 21 日，由上海申和负责实施的上海宝山单晶硅片生产厂的一期工程正式投产。上海申和注册资本 4.8 亿日元，由 Ferrotec 株式会社的中国全资子公司杭州大和热磁电子公司持有 70% 的股份，而该项目投资人之一的东芝陶瓷是全球半导体业中最大的硅片供应商之一。可见，上海宝山的这个单晶硅片生产厂是三井财团在中国半导体市场的重要战略棋子。

在陶瓷领域，日本的东芝陶瓷一直站在世界的最高端。20 世纪 70 年代兴起的先进陶瓷新材料在半导体制造业创造出它最大的应用市场，它的制造技术几乎集中在日本，东芝陶瓷公司恰恰是这个产业的代表。东芝陶瓷社长铃木纮一在上海宝山单晶硅片生产厂的一期工程投产典礼上表示：“本次合作是日本硅片事业在中国首次扩展。中国正成为世界的工厂，也是屈指可数的大市场，因此将来这个项目将在东芝中长期发展战略中占据极为重要的地位。”

2005 年 7 月，东芝陶瓷在宣布人事调整结果时，却让很多人感到意外，破天荒第一次把一位中国人提到了企业最高管理层——开发研究所部长的职位，这位中国人就是国际陶瓷领域的技术专家辛平博士。此前，辛平博士在东芝陶瓷工作已整整 13 年，并成功促成了东芝陶瓷和中国清华大学的合作。东芝陶瓷在清华大学捐建了一个先进陶瓷材料展室，为今后进军中国市场铺路，而辛平博士也成为清华大学新型陶瓷与精细工艺国家重点实验室的兼职教授。

大中国工程初见成效

三井财团以东芝公司为中心,从2002年7月开始,加强了在中国半导体市场的攻势,并将1994年在中国成立的合资公司无锡华芝半导体有限公司收购为旗下全资子公司,更名为东芝半导体(无锡)有限公司。原无锡华芝半导体有限公司是东芝公司与我国半导体行业排名第一的中国华晶电子集团共同出资建立的。成立之初,无锡市政府为首的有关各界对这个中日业界强手联合的企业予以了极大的支持,使其顺利发展至今,此时却轻而易举被三井财团拿下。

此后,东芝半导体在无锡开始大规模投资,着眼于扩大其在中国的增长份额。东芝半导体(无锡)有限公司于2002年12月19日正式投产,无锡市委副书记、常务副市长毛小平前往祝贺。投产的一期工程,以开发、制造、销售各类民用大规模集成电路为主,2004年月产量达到4 000万块。东芝半导体(无锡)有限公司还逐步导入了分立器件等其他产品,努力使月产量逐步达到1.6亿块的规模。

2004年4月,由东芝半导体公司和东芝(中国)有限公司投资605万美元的东芝电子管理(中国)有限公司在上海宣告成立。作为东芝半导体事业在中国地区的总代表,新公司统一管理中国的上海、香港和台湾的销售公司及上海的技术研发公司以及无锡的半导体生产工厂,强化整个中国地区从开发、生产到销售的统一管理机能,通过增设营销点、扩充制造体制和强化技术援助以及开展行业学术协作等各项措施。

截至2004年3月31日止的财政年度,东芝半导体公司在包括中国大陆、香港和台湾的大中华地区的营收为1 500亿日元,显然是东芝公司半导体业务成长最快且最重要的市场,该地区在7年内占全球半导体需求的40%。东芝公司力争实现在2010年的中国半导体销售达到6 000亿日元(约56亿美元)的目标,努力使自己在中国大陆、台湾和香港的半导体销售达到目前的四倍,占东芝半导体总销售额30%。

经过几年的努力,东芝公司基本完成了在大中华区地区的战略布局与统合,大中国工程初见成效,获得了稳定的市场支撑。紧接着,2007年,东芝公司在动力半导体、NAND闪存、逻辑IC等半导体领域展开了怒涛般的投资。2007年9月,东芝在日本三重县四日市设立的半导体第四工厂竣工,取代三星,并跃居世界首位的局势已经非常明了。2007年10月,东芝的子公司加贺东芝半导体工厂正式竣工,目标是成为世界上最大的动力半导体厂家。

特别令人注目的是,2007年10月18日,同属三井财团的东芝与索尼达成了协议,东芝出资收购索尼的超高性能半导体制造设备。索尼的设备主要应用在超薄电视、数码相机、游戏机上使用的逻辑IC。东芝原本在国际市场上占有的位置不高,但收购索尼以后,东芝的市场占有率能达到7.9%,与居第一位的英特尔

(8.0%)仅有半步之遥。索尼是逻辑 IC 的大用户,东芝收购索尼设备后,产品主要还是提供给索尼,在销售上并不用去花太大的精力开拓市场。

此时,作为三井财团半导体产业的组织者,三井物产信息产业本部提出:“本公司在半导体商社的控股公司 Xionics(株)的旗下拥有由(株)物产 MICROELECTRONICS 和 TEKSEL(株),共同以世界的视野致力于新产品的进出口和技术开发,并旨在以集团的形式成为电子行业的服务性公司。为了能向进入了迅速发展期的中国市场的客户提供更加细致的服务,2004 年我们与亚洲第一的半导体公司——WPG(大联大)集团一起在香港设立了 TEKSEL WPG Ltd. 。”

第五节 活跃在全球居民周围

从不显山露水的 ALPS 电气

回过头来,不妨看看那家曾经由三井物产介绍而与四通合作生产四通打字机的 ALPS 电气株式会社(阿尔卑斯电气)。当初,三井物产不仅安排四通公司技术人员到 ALPS 电气参观,还在四通打字机的开发工作中为四通公司与 ALPS 电气双方联络提供了通信上的方便。

值得一提的是,三井物产 1993 年 1 月与四通合作成立北京四通松下电工有限公司不久,三井财团的 ALPS 电气就开始了在中国的投资扩张。ALPS 在中国大陆的注册中文名称是“阿尔卑斯”,投资的首家企业是宁波阿尔卑斯电子有限公司。自 1993 年创立以来,宁波阿尔卑斯不断扩大音频磁头与视频磁头的规模,并积极开发生产轻触开关以及硬盘的零部件 GMR 磁头等系列产品,已经成为华东地区电子零部件的重要的生产基地。

ALPS 电气于 1948 年 11 月 1 日在日本东京成立,原名片冈电气有限公司,是一家综合电子零部件制造厂家,目前向全世界约 2 000 家客户企业提供 40 000 多种电子零部件。ALPS 电气的所谓“尽善尽美的电子零部件”不仅包含着对技术力量的自信,还包括通过高度融合的核心技术和固有技术,创造先端功能的力量。在日常生活中,消费者一般很少直接看到 ALPS 电气的产品。但是,ALPS 电气的产品正活跃在全球居民的周围。

在汽车市场,ALPS 产品存在于汽车导航系统/车内立体音频、转向盘周围、车门周围,座席、空调、控制台、车内照明灯、外部界面都有 ALPS 公司的产品部件;在家用产品中,如 DVD、台式电脑、电视机、游戏机、白色家用电器(冰箱、洗衣机、微波炉),都会发现 ALPS 零部件;在移动信息终端市场,手机、PDA、笔记本电脑、数码相机、数码摄像机、手提音乐机器、小型游戏机中也有 ALPS 产品。

ALPS 电气株式会社各事业部的经营产品

电子元器件事业部	开关、TACT Switch™(Contact Sheet™及其他)、可变电阻器、编码器、传感器、连接器、小型设备
电磁器件事业部	高精度磁性传感器、Liqualloy™磁性板、用于液冷却的压电式薄形泵、热敏打印头
信息通信事业部	数字/模拟广播用 TV 调谐器、Bluetooth™用模块、无线 LAN 用模块、电压控制振动器、光学非球面透镜、光导通信模块、便携设备用摄像模块
外围设备事业部	照片打印机、GlidePoint™、Glide Sensor™、Forcereactor™、游戏遥控器、远程控制单元、前灯、触摸式面板、软盘驱动器
车用电子装备事业部	汽车覆盖件操作单元(Haptic Commander™及其他)、车门・座椅用操作模块、转向模块、无钥匙进入系统

ALPS 电气虽然是一家上市公司，但大股东主要来自三井—住友财团的金融机构。该公司排名前五为的股东是：日本 Master Trust 信托银行(6.04%)、日本 Trustee Services 信托银行(5.98%)、三井住友海上火灾保险(2.30%)、三井生命保险(1.98%)，日本生命保险(1.90%)。其中，日本 Trustee Services 信托银行是由中央三井信托和住友信托为控股股东的金融机构。其实，上述这几家金融机构也是三井物产的大股东。

截至 2007 年 3 月 31 日，ALPS 电气资本金达到了 236 亿日元(2.2 亿美元)，营业额 3 408 亿日元(约 32 亿美元)；整个 ALPS 集团联结决算的年营业额为 7 081 亿日元(约 66 亿美元)。ALPS 集团以提供电子零部件的 ALPS 电气为中心，同时拥有致力于移动媒体解决方案的 ALPINE(阿尔派)公司、开展电子零部件专门的综合物流服务的 ALPS 物流公司等 96 个集团下属企业，分布于世界各地。而 ALPS 公司自身以日本为核心，在美国、欧洲、东南亚、中国的 85 处成立了开发、生产、销售机构。

四处扩张，全面开花

宁波阿尔卑斯电子有限公司是 ALPS 电气在中国投资的第一家企业，1993 年 5 月，由 ALPS 电子香港有限公司、阿尔卑斯电子(中国)有限公司、宁波电子信息集团有限公司投资组建，投资总额 6 263 万美元，注册资金 2 306 万美元。时至 2001 年，ALPS 电气在宁波建立的电子元件生产基地启动运行。由此，宁波阿尔卑斯以硬盘驱动器磁头、轻触开关和音频、视频磁头为主打产品开拓市场，其中轻触开关月产 1 亿个，各类磁头月产 200 万个。

1993 年 12 月，ALPS 电气与辽宁电位器厂合资成立了大连阿尔卑斯电子有限公司，一至三期投资总额为 5 403 万美元，注册资本金为 1 836.2 万美元，其中日方投资额占 90%，中方投资额占 10%。该公司主要生产电位器、编码器等电子产品及汽车配套电子部件,目前是中国最大的电位器制造厂家之一,并作为全球性电子元器件、车载电装产品的生产基地,在 ALPS 电气海外发展战略中占有重要位置。

同样是 1993 年 12 月,由 ALPS 电气与上海金陵股份有限公司成立了上海阿尔卑斯电子有限公司,投资总额 1 553 万美元,注册资本 1 553 万美元,中日投资比例为 4∶6,主要在卫星接收、广播通信和计算机等高科技领域中寻求新的发展。在产品技术、质量、价格等方面,该合资企业建立了一定的竞争优势,并拥有一大批生产规模较大、信誉稳定的国内外客户,如摩托罗拉、索尼、松下、海尔、TCL。

1995 年 1 月,ALPS 电气在无锡新加坡工业园投资设立了一家全资子公司——无锡阿尔卑斯电子有限公司,总投资 5 600 万美元,生产电脑软硬盘驱动器磁头和各类电子及触摸式开关、手机摄像头。其中电脑硬盘磁头产量 1 500 万只/月,占世界产量近 50%,生产的电子元器件在全球同类产品中市场占有率达到 50% 以上,年出口额达 2 亿美元。目前,该公司生产的接触开关占整个 ALPS 电气生产总量的 70% 以上。

1995 年 6 月,ALPS 电气在中国斥资 3 000 万美元,在北京成立了投资统括公司——阿尔卑斯电气(中国)有限公司。通过该投资公司,ALPS 电气在中国先后又建立了多家企业,包括:天津阿尔卑斯电子有限公司、东莞长安日华电子厂、丹东阿尔卑斯电子有限公司、阿尔卑斯(上海)国际贸易有限公司、阿尔卑斯(上海)通信器件有限公司。目前,阿尔卑斯电气(中国)有限公司将在中国的合资公司全部统合在旗下进行管理,同时还在北京、上海、杭州、苏州、大连、长春、东莞、广州等地也开设了多家营业公司。

由于东南亚金融危机的拖累,三井财团的 ALPS 电气曾经在 1997 年后放缓了在中国的扩张速度。直到中国加入 WTO 的前夕,ALPS 电气在 2001 年 10 月成立了阿尔卑斯(上海)国际贸易有限公司,标志着该公司在中国市场重新恢复活力。阿尔卑斯(上海)国际贸易有限公司主营产品及服务包括:国际贸易、转口贸易、保税区企业间的贸易及贸易代理、保税区内商业性简单加工、保税区内商务咨询服务。

2002 年 6 月,ALPS 电气在上海投资创建了一家独资企业——阿尔卑斯通信器件技术(上海)有限公司,专业从事电视广播和无线通信器件的软件硬件设计和开发。该公司软件开发部主要从事无线局域网(802.11)和蓝牙(Bluetooth)模块的驱动软件,应用软件和其他工具软件的开发,其产品在笔记本电脑、智能手机、掌上型电脑之上得到广泛使用。该公司特别注重针对技术开发情况、产品信息等进行有效的市场情报收集。

对 ALPS 集团的再认识

在 ALPS 集团中,除了 ALPS 电气这家制造企业外,有一家成立于 1964 年名为

ALPS 物流的企业,在集团经营中扮演着"小综合商社"的角色,它的正式中文名称是阿尔卑斯物流。ALPS 物流是从事以电子产品为主的专业综合物流公司,TDK、ALPS 电气、ALPINE 均有股份参与其中。ALPS 物流在中国、马来西亚、新加坡、美国、欧洲及墨西哥设有分公司。

自 1995 年 7 月开始,ALPS 物流在天津投资中国本土首家物流公司——天津泰达国际仓储运输有限公司(后更名为天津泰达阿尔卑斯物流有限公司),而后该公司相继从北到南(大连、上海、无锡、太仓、苏州、杭州、宁波、东莞、香港)设立了分公司。此外,天津空港物流加工区分公司、阿尔卑斯物流(上海)有限公司、上海阿尔卑斯物流国际货运代理有限公司、大连泰达阿尔卑斯物流有限公司、广东阿尔卑斯物流有限公司、ALPS 物流香港有限公司、上海东软时代物流软件有限公司等公司相继成立。

以天津泰达阿尔卑斯物流有限公司为例,它是由 ALPS 物流(50%)、天津泰达投资控股有限公司(40%)、天津经济技术开发区进出口公司(10%)合作投资成立的国际物流企业,投资总额 800 万美元,注册资本 600 万美元。该公司在上海、大连、无锡、苏州、杭州设有分支机构,承办海运、空运进出口业务,与 20 多家三资企业建立了长期稳定的代理关系,主要客户有阿尔卑斯电子、摩托罗拉、三星、三洋等电子企业。

此外,ALPS 集团还有一家成立于 1967 年以生产汽车音响及汽车通信系统为主的企业——ALPINE(阿尔派)株式会社。该公司在全球十多个国家拥有三十多个海外企业。ALPINE 于 1994 年 12 月在北京设立了阿尔派电子(中国)有限公司,主要从事 ALPINE 在华汽车电子领域的投资、研发及销售,目前在中国的主要产品是汽车多媒体和汽车导航系统,在上海、广州、大连设有分公司,长春、沈阳及成都设有办事处,并在中国投资建立了 4 家独资及合资公司。

ALPS 集团的目标是成为一家向遍及全球的客户、股东、员工和地区社会提供巨大满足的企业,它始终将"以人为本"作为企业哲学的理念。在 ALPS 电气的官方中文网站上的"公司目标"一栏中制定的并非企业要实现产量、产值、利润等数字目标,首先看到的是"公司理念",具体这样写道:"对企业来说,最宝贵的资源莫过于人。开发产品和扩展业务的同时,还要通过企业的存在价值以及每一位员工的生存意义,不断地为社会创造和提供崭新的价值。"

对照 ALPS 的"公司理念",回想一下四通的历史(代表了中国科技企业产生和演变的历史)。王缉志跟随万润南,创建四通,一直是总工程师。然而,转折发生在 1991 年,在经历内部的复杂斗争后,段永基出任四通集团总裁。在 1991 年的"倒段风波"之后,王缉志在 1992 秋黯然离开四通集团。在四通工作 8 年,王缉志开发了为四通带来巨额利润的四通打字机,然而,离开之时,王缉志两手空空,没有专利费,没有股权。

第六节 失去的十年

中国第一例 MBO 成“悲剧”

在美国金融大鳄们的暗算下，1997 年东南亚爆发了金融危机，日本企业的全球扩张势头暂时受到遏制。此时，日本综合商社和财团体制被从美国归来的中国经济学家们当成了这场危机的罪魁。取而代之的是，美国风险投资家们涌进中关村，四通成为各种各样时髦的资本运作的实验田。按照美国企业的产权模式，段永基着手成立了“新四通”（四通投资有限公司），想通过新四通的发展，逐步把老四通的业务转移到新四通名下，最后老四通自然消失。

1999 年，已经与“中国民营高科技企业的一面旗帜”的定位名不符实的四通集团，凭借一个叫作 MBO（Management Buy-out，即经理层融资收购）的方案，与久违的“旗帜”感重逢——这一次是“民营科技企业体制创新”的“旗帜”。于是，当年 5 月 13 日，通过世界银行的相关智力支持，中国企业的 MBO 第一例终于完成，一家新的独立于四通集团的“产权清晰”的公司——四通投资有限公司（即“新四通”）成立。

在新的公司中，四通集团占 49% 的股份，而由 616 名四通集团职工出资 5 100 万元成立的职工持股会占 51%。在这 5 100 万中，当时的总裁段永基和董事长沈国钧各占 7%，14 个新老核心成员共占 50% 左右。当时，MBO 这种制度安排着实让理论界和企业界为之兴奋。但到 2000 年，新四通难以消化为数庞大的集团资产，不得不在随后数年分蘖出中关村软件、四通巨光等新公司，以便对四通集团乃至新四通的业务实行再度剥离，落实旨在清晰产权的 MBO 计划。

MBO 是一种在以美国为代表的西方国家被广为应用的制度安排，本质上体现着个人主义和自由主义的价值观，更适用于单一化经营的企业，并不符合向多元化发展的四通的实际情况。四通集团使用它时，主要是为了解决历史遗留的产权模糊问题，但却落入了资本运作的怪圈，重要的是破坏了集体主义文化的根基。事实上，日本企业多元化和国际化发展的成功是以企业法人相互持股的财团体制做保证的。

2001 年初，原四通集团常务副总裁张迪生取代杨宏儒成为四通投资新的总裁，而后者曾经被作为这次 MBO 的关键一环——四通投资的掌门人而被寄予厚望，他的离职被人看作是原四通老的“产权模糊的势力”最终盖过新的“产权明晰的势力”的一个标志。相对最初 MBO 的初衷，其失败几乎已经很明显。更为重要的是，当时人们对MBO的另一个期望——解决四通集团主业模糊的局面，为公司找到新的战略方向似乎也已经泡汤。

三年后，"原四通"管理层已经各奔东西。时至今日，人们依然不知道四通到底是做什么的，除了记得它曾经是打字机之王，以及近年来又似乎与保健品拉上关系，但这些并没有从实质上改善四通的持续增长问题。近年来四通投资有限公司（新四通）一直借助关联交易和多元化投资支撑业绩，营业额比之1997年的16亿多港元减少了一半，而盈利数字更长期为负。四通投资有限公司中较为可观的资产要数与三井财团合资兴建的多家企业，最终也都被大甩卖了，成为三井财团手中的香饽饽。

互联网等同于高科技？

在中国，绝大多数如四通类的企业都在过去十年中不断挣扎，许多制造企业进入内容产业，四通公司的创始人成了新浪网的董事。以内容为主的互联网产业最初可能是对主业有益的辅助，但是随着时间的推移，这些新兴的事业就会逐渐成为管理层和董事会的兴奋点，当然它们也是令股市产生亢奋的题材，使人们误将互联网产业等同于高科技产业。此时，日本到处宣称自己"失去的十年"，而其财团企业却在全球悄然布局。

新浪网的前身可以追溯至1996年4月29日北京四通利方信息技术有限公司的第一个正式站点中文网站的建设启动。四通利方公司是1993年王志东在四通集团的段永基资助下创立的，当时作为投资人的段永基（前任新浪联席董事长）持股70%，王志东（新浪网第一任CEO）和他的团队持股30%。然而时过境迁，在新浪已经成长为中国互联网的著名企业时，四通在过去的十年中却已经变得暗淡无光了。

1998年12月1日，四通利方宣布并购海外最大的华人网站公司华渊资讯网，成立全球最大的华人网站新浪网

在1997年以后的日子里，美国人的资本运作刺激着中国企业家的神经。四通积极加入了各种时髦产业的投资，对现金的需求大增。1998年，四通采用并购方式与华渊资讯成立国内最早的门户网站新浪。1999年，四通开始进行MBO的尝试。2000年，四通陆续成立中关村青年科技创投公司，入股有广电系统背景的中广有线，1.95亿参股中国光大银行。2001年，通过改造汕头证券，四通成立中关村证券。

显然，尽管从网络游戏到炒作地产都能聚集相当多的财富，但是，要累积起一个稳定的中产阶级、为和谐社会打下基础，这些投机性相当强的行业是无法胜任。在中国这样的发展中国家，在进一步电气化的时代，电子设备生产商仍然有巨大的发展空间，而这也是诞生有世界竞争力的民族工业集团的摇篮。这些基础行业的产出虽然不会戏剧性地暴涨，但却随着经济的持续发展而有稳定的增长。

中国大型上市公司的经理们，在MBA、投资银行和管理咨询公司们的协助下，常常很容易信服地进入资本运作这一更高层次的管理阶段，从而放弃“工程师文化”。而在日本和德国等国家，大型电子电气公司的社会地位仍然坚如磐石，本国政府和财团对它们仍相当支持，令其“工程师文化”得以保留。“原四通”类的工业集团应该是政府所鼓励的对象，在它们的发展道路上，如果有中国自己的财团和商社来扶持和服务，就可以避免“新四通”高级经理们热衷于资本运作，而就可以专心埋头生产可靠的技术设备了。

在经历了早期与日本三井物产合作四通打字机的短暂辉煌后，四通集团就没有远离过风波和变故，内乱外扰不止。加上四通式的多元化带来的麻烦和问题，使得四通从事业的顶峰迅速地下挫。中关村甚至流传过这样的笑谈：四通做什么都不灵，只有四通搬家公司还行！四通人也无奈，“四通搬家”不是四通的，而老百姓偏偏记住了它。很多早期远远落后于四通的许多企业，都已成长为实力不俗的新贵。

重新评价日本的财团模式

追溯到1992年初，时任四通集团总裁的段永基开始实施以股份化、集团化、产业化、国际化为中心的二次创业总战略，其产业化战略的主要内容是“与巨人同行”的多元化经营。在不到4年时间中，四通集团与三井物产带来的数家日本著名企业建立了合资公司。截至1996年7月，四通成立了金融集团，统管财务公司、证券、期货、信用社、房地产业务，并入股保险业，形成了类似日本财团体制的雏形。

然而，对于“四通财团”来说，结局却是一场悲剧。2005年1月19日是一个颇为值得玩味的日子。这一天，中关村标志之一的四通商标将被作价拍卖，以抵偿四通集团拖欠光大银行四年之久的上千万借款和利息。曾经辉煌一时，位列“四方联”（四通、方正、联想）之首的中关村元老——四通，居然走到了这样的境地，不禁让人感叹。好在四通集团和光大银行之间最终达成了和解，暂时走出了立刻倒闭的窘境。

在四通集团官方网站首页的位置至今还可以看到如此自我标榜：“四通集团公司是中国著名的民营科技企业，电子信息产业的一支重要力量。”可是，接下来的一段文字让四通露出了实况，“1986年，北京四通集团公司成立，注册资金1亿元，此金额一直保持至今”。显然，四通集团的资本金二十多年以来没有任何增加，没落的四通只是留在文章和书本中，让后来的人们去慢慢品味了。

中国的科技产业发展充满了坎坷，经历过死于安乐的产业保护时期，也经历过被动挨打的狼狈;经历过互联网泡沫破灭带来的打击,也经历过联想公司收购IBM个人电脑业务的兴奋。随着世界高科技产业一次次的变革和动荡,中国的高科技企业总是在调整着自己,不断适应世界潮流的变化。然而,面对强大的日本财团的整体布局,单兵作战的中国技术型企业很容易在资金、渠道和管理等方面遇到无法克服的困难。

从明治维新开始,日本企业很早就认识到团结起来对抗强大的欧美竞争对手的重要性,并且在上百年的时间里不断完善和改进自己的财团机制,才得以在如今的世界经济领域占据显赫的地位。为什么四通模仿日本的财团体制而以失败告终,韩国在认真学习日本财团机制的基础上却实现了经济发展的奇迹?著名的三星、LG、现代、SK等韩国财团都是这方面出色的学习者。这个问题需要中国的企业家们认真地思考。

以综合商社为核心的日本财团采用相互持股方式形成利益共同体,在海外扩张方面有着成熟的运作模式,在全球市场上都取得了巨大的成功,值得借鉴。如果中国的高技术企业能够得到来自中国自己财团的支持,他们就能够度过任何危机,继续发展下去。如何向日本学习,尤其是向三井物产之类的企业学习,应该是中国企业家们认真思考的一个问题。

四通还为中国企业提供了一个警示:如何避免成为外资企业拓展市场、升级产业结构的跳板,是中国企业应该首先注意的。如果还陶醉在“市场换技术”“双赢”之类的迷梦中的话,中国企业将永无出头之日。最根本的办法就是让中国企业团结起来,建立类似日本和韩国财团的组织机制,从而有效地抵御外资冲击,同时向海外扩展。

参考文献及来源：

1. 王宏亮．20年王朝背影：四通系变形路线图[N]．财经时报，2004(8)．
2. 张晋．欲做口香糖老大“乐天四通”变身“乐天中国”[N]．北京现代商报，2003－06－18．
3. 段永基．四通之魂．新浪网，2007－1－15．
4. 白益民，张凌．“三井”如何“四通”八达[J]．董事会，2007(7)．
5. 朱恒鹏．中国高新技术企业的产权演变——以四通、联想为例[C]．中国社会科学院经济研究所，2001－08－03．
6. 原四通总工程师王缉志博客：blog. focus. cn/myblog/1162575. html.
7. 沈城．中关村沦陷四通系“段式”投资风格[J]．新财富，2005(11)．
8. 张潮．泰豪携手日企涉足建筑节能[N]．上海证券报，2006－9－6．
9. 四通控股有限公司．四通控股有限公司披露出售瑞萨四通集成电路(北京)有限公司15.3% 股本权益的公告．香港证券交易所，2005－09－26．
10. 新浪网．瑞萨四通一期扩建工程竣工 总投资一亿美元，2003－12－19．
11. 姚钢．瑞萨完成全资拥有在华生产体制的整合[J]．半导体国际，2005(12)．
12. 孙毅蕾．东芝半导体变革之火烧到中国[N]．羊城晚报，2004－11－02．
13. 人民网．松下与松下电工的在华事业，2007－01－19．
14. 刘向东．中国高新技术企业的国际融资[J]．国际经济合作，1998(9)．
15. 刘向东．朱希铎：松下电工空降的本土总裁[J]．国际融资，2006(8)．
16. 四通集团官方网站：www. stone-group. com. cn/.
17. ALPS电气官方网站(日文)：www. alps. com/j/index. html.
18. 三井物产信息产业本部官方网站(日文)：www. mitsui. co. jp/business/intro/inform/index. html.

第三章

种下一棵“摇钱树”

1978年,上广电从日立公司引进彩电生产线。随后,上广电一直重复着“合资引进—落后—再引进—再落后”的循环。在此过程中,以三井为首的日本财团借助上广电这棵“摇钱树”,将大量的成员企业引入中国,并分散在上广电生产经营的各个环节。

与此相伴的是,日本财团对中国彩电行业进行大规模的战略渗透,一方面提供生产线和零部件,另一方面通过不断的产业升级促使中国彩电业按照日方既定的方向发展。按照上广电模式,三井财团培养的“树苗”还有很多,夭折的吉林彩晶、发达的台湾奇美也在其中。

当代彩电工业的基础材料是液晶面板,中国本土的三家液晶面板供应商——上广电、京东方和龙腾光电,无不与三井财团有着千丝万缕的关系。三井财团的三井物产、东芝、索尼,住友财团的NEC、松下,富士财团的丸红、日立,三和财团的夏普,都参与了对中国彩电行业的战略统合。

——作者题注

【阅读提示】

“三井”告诉了我们什么(3)

近年来,我国技术引进发展迅速。据统计,“十五”期间,全国共签订技术引进合同3.5万项,合同金额近730亿美元。然而,我国在核心技术与关键装备基本依赖国外引进,缺少自主知识产权,甚至形成了技术“引进一代,落后一代,再去引进”的怪圈。

由于我国至今没有培育起支持经济结构调整和产业技术升级的产业、商业和金融之间相互协调而有机结合的经济体制,中国不少企业对引进技术“消化不良”,使其难以离开引进国外技术的“奶瓶”,致使产业技术空心化的危机加重。

当中国企业每次花巨资获得日本的生产线时,必然是日本财团进行产业升级、推动新产品商品化的时候。原本中国企业预期的利润空间,等到引进的生产线投产时就被全球过剩的产能挤压没了。当中国企业还停留在用产品赚取利润的时候,日本财团企业早已经从设备出口中赚足了银子。

日本企业不像美国企业搞大笔的单一性投资,而是一个大家族(财团企业群)中每个成员根据自己的产业定位在产业链的各个环节四面开花。开始每个项目单笔的投资额并不大,等到产品的稳定市场和渠道形成之后,日本财团企业才会进行大规模投资。这些大笔的投资,也都是设备投资,而这些设备也是日本财团的关联企业生产的。

从表面看,东芝、索尼、松下、NEC等企业都生产液晶电视,在终端市场(各自品牌)有竞争关系,但是它们之间在整个产业链上往往是分工协作关系,这是因为存在三井物产的穿针引线,也在于三井财团的体制保证了企业间共同投资而分享收益的稳定性。

三井物产这样的综合商社扮演产业组织者的角色,通过在产业链上的共同投资将财团成员企业分布在不同的位置,在专用设备和原材料(核心零部件和消耗材料)上继续获得高额的垄断收益。所以,中国企业根本就察觉不到日本财团一环套一环的产业控制力,只是盲目引进—引进—再引进。这种局面何时休?

本章导言

2007年下半年时，有一则以“中国红”为主题的广告正在电视中频繁播出，在各电视台几乎都能看到。这则广告的主角是索尼打造的“BRAVIA”品牌液晶电视。正如广告中所展现的热烈的红色一样，索尼在过去的一年里，凭借着这个全新的子品牌，使得电视业务一路飘红。然而，大家是否知道还有个“SVA”品牌被三井物产称为“中国的索尼”，其液晶电视产品最早在中国市场上探路。“SVA”是上海广电信息产业股份有限公司(简称“上广电”)的注册商标。

上广电与索尼公司的关系非常紧密，成立了两家时间长达10多年的合资公司：上海索广电子有限公司(1993年)、上海索广映像有限公司(1995年)。事实上，上广电与索尼的合作源自它与东芝的合作，背后却显现出三井物产的身影。1987年，三井物产将东芝公司的彩色显像管生产线卖给了上广电，由此成立了上海永新彩色显像管公司。1993年，三井物产、东芝和上广电又合资成立了上海新芝电子有限公司。

实际上，三井财团从事国际化投资与经营的“商人道”集中体现在三井物产一贯采用的商业反控产业手段。近年来，中国企业因为完全抛弃日本经济模式而转向美国经济模式，在国际化的过程基本按照美国的经济理论采用资本运作的手段，尝到了不少苦果。而且，中国对日本企业的研究基本上也是按照美国人的视角，仅仅关注日本企业内部的生产过程，而没有察觉以综合商社为核心的财团体制对日本制造业提升竞争力所起到的关键作用。

三井物产这家综合商社确立的是一种紧密结合、柔性控制的纵向调控模式。具体讲就是，三井物产运用自身特有的各种功能，从生产原料的稳定提供到商品的市场销售，间接地统筹系列企业群内的产销经营活动。利用遍布全球的信息系统，三井物产及时捕捉市场信息，以此帮助生产企业调整产品结构，组织竞争产品及时销售到各地的需求市场。从三井物产将上广电打造成“中国的索尼”的过程中，就可以清晰地发现它的主要功能和手段。

三井物产在电子领域，拥有为数众多的经历丰厚的专业据点和人才，向半导体、液晶工厂和组装厂等广泛的客户群提供包括制造设备、材料以及半导体、机电装置在内的电子行业价值链上的全套解决方法。特别是针对成长迅速的大中华地区,三井物产很早就在上海、北京、苏州、台湾新竹设立了成套设备的销售、服务据点,面向客户开展着机电装置、基础设备、物料、二手设备的销售和金融服务的提供等广泛服务。

三井物产对生产企业的指导功能,不是简单地通过二者之间的横向联系实现,而是以投资和融资形式,通过纵向资金流,深入到生产企业的生产环节来完成。通过这种方式对大量生产企业直接或间接的渗透,三井物产这架庞大的商业机器有效地控制了商品和市场环节,提高了整个体系内各个企业的运行效率。在广泛存在以相互持股关系结成产销相对一体化企业集团的日本,三井物产这种模式具有完全的日本特色。

作为企业的一种经营组织形式,三井物产具有以下的基本特征:

(1)经营商品的综合性。经营的品种无所不包,业务范围几乎涉及所有的产业。

(2)经济的规模性。遵守社会化大生产的原则,建立独特的物流系统,发展规模经济。

(3)贸易活动的广泛性。贸易活动包括进出口贸易、国内贸易和转口贸易等。

(4)活动范围的全球性。拥有子公司 1100 多家,在全球 93 个国家和地区设有事务所 89 个,当地法人 91 个。

(5)职能的多重性。作为企业巨人,具有信息功能、资源开发功能、贸易功能、金融功能、协调组织功能和服务功能等。

对于诸多其羽翼庇护下的中小企业来说,无论在融资还是开发海外市场上都有着难以克服的障碍,三井物产的介入解决了它们实现扩张的难题。当东芝(明治维新时期)和索尼(二战结束初期)还是中小企业的时候,三井物产这样一种行之有效的操作带动了大量企业乃至整个日本经济的成功,也带动出数家像三井物产这样的综合商社的产生。在三井物产看来,以商业培育产业而又控制产业的手法如同种下一棵摇钱树,上广电就是一个很好的例证。

第一节 重复"引进—再引进"的老路

谁在打造"中国的索尼"

2006年5月30日,日本三井物产驻中国总代表副岛利宏在接受上海证券报采访时表示:"三井物产是一家贸易类公司,其与中国企业的合作多为负责'推销'。三井物产在全球贸易上的优势可以帮助更多的中国企业'走出去'。三井物产已与上海广电集团签订战略协议,目标是将它打造成中国的索尼。"20世纪60年代,索尼公司正是依靠包括东芝在内的三井财团企业群的支持,借助欧美市场发展壮大的一家日本消费电子类制造企业。

三井物产通过发达的商业网络时刻关注着全球信息产业的变化,为日本财团企业的扩张提供坚实的基础。仔细查看三井物产旗下的三井信息电子公司(原MBK Microtek公司)的80多位交易客户,就会发现很多熟悉的名字,其中包括:东芝、索尼、NEC、富士通、松下、三菱电机、佳能、三洋电机、夏普、日本IBM、富士胶片、中华映管(台)、三星(韩)、LG(韩)、上广电NEC(中)、京东方(中)、联想(中)、龙腾光电(中)、英特尔(美)、苹果(美)、德州仪器(美)、西门子。

追溯历史可以发现,在整个20世纪80年代,上广电和日本财团的合作都仅限于生产设备的引进。1978年,国家批准上海电视机厂(上广电的前身)从日本富士财团的日立公司引进全国第一条彩电生产线,1982年10月正式竣工投产,生产出第一台"金星牌"彩电。1987年,三井物产携手其财团旗下的东芝公司,帮助上广电成立了投资额达27亿元的上海永新彩色显像管公司,其设备全部从东芝公司引进,项目完成后成为1992年的上海市1号工程。

在当时,27亿元的投资是相当巨大的,但是三井财团没有参与投资,三井物产只是将东芝的设备卖给了中方。此后,上海永新彩色显像管公司由上海广电电子股份有限公司、永新彩管(香港)有限公司、上海上菱电器股份有限公司、上海久事公司和上海工业投资(集团)有限公司合资经营。但是,围绕上海永新彩色显像管公司这个"钱箱",许许多多的中外合资零部件企业相继发展起来,其中最典型的是中日合资的上海新芝电子有限公司。

1993年2月,上海新芝电子有限公司(简称"新芝电子")正式成立,由上海永新彩色显像管公司、三井物产、东芝公司、东芝(中国)有限公司合资经营,投资比例分别为65%、17.5%、15.75%、1.75%。合资公司一、二期总投资7 983万美元,注册资本3 159.9万美元,引进了东芝公司荫罩生产线成套设备及技术,采用先进

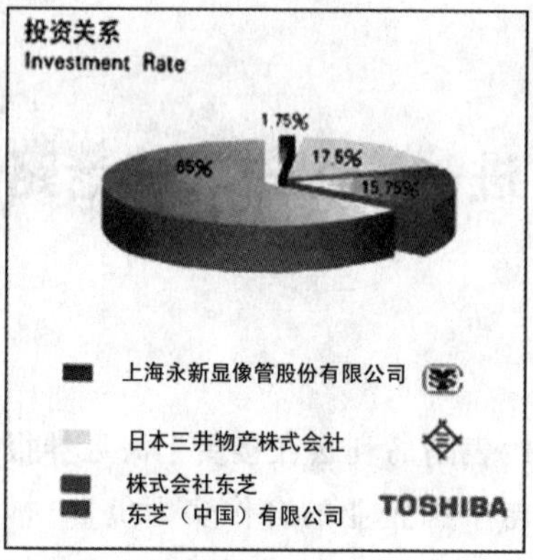

由三井物产东芝和上海永新(上广电前身)成立的上海新芝电子有限公司各股东投资比例

的光化刻蚀方法，主要生产和销售彩色显像管用平板荫罩。新芝电子生产的平板荫罩是彩色显像管的关键部件。

三井财团的一贯做法就是在这样的关键零部件企业中进行投资，可以用很少的资金投入渗透到产业链上下游的很多环节，同时建立起与当地众多相关制造企业的联系，及时把握市场的需求和变化。新芝品牌的荫罩在国内市场占有率达到三分之一，先后与咸阳彩虹、天津三星、上海永新、长沙 LG、东莞福地、深圳三星和深圳赛格日立等建立了良好的合作伙伴关系，与泰国、印度尼西亚、马来西亚、印度、德国等国建立了全新的销售渠道及供货关系。

除了新芝电子以外，上海永新彩色显像管公司还先后投资成立了另外几家配套企业，如上海永新爱奇电子有限公司、上海永新灵奇电子有限公司、上海新李园电子玻璃有限公司等，分别提供彩管用电子枪、金属零件和与显示器件相关的产品。其中，上海永新爱奇电子有限公司成立于 1998 年，为上海永新彩色显像管股份有限公司配套生产电子枪，有多条日本东芝、三菱和韩国 LG 的流水线。

紧跟三井财团的步伐

1993 年 9 月，索尼公司作为三井财团的重要关联企业，与上广电旗下的上海广电信息产业股份有限公司合资建立了上海索广电子有限公司(简称“索广电子”)，注册资金 1 000 万美元，总投资额 2 500 万美元。这也是索尼公司在华的首家合资工厂。目前，索广电子是以生产制造 8mm 摄录放一体机、DV 摄像机、数码相机、DVD、组合音响、Play Station(游戏机)用的光学拾音头和与此配套机芯等为主，同时导入组合音响等制造工作，又逐步向 DVD、DV 摄像机等数字化家庭影视系列产品拓展。

索尼数码摄像机 2002 年在中国的年销量约 15 万台，已占有中国市场约 50% 的份额。为此，索尼(中国)有限公司秘密制定了一个“长城计划”，其核心内容就是要通过数码摄像机的本地化生产，降低产品成本和售价，将专业摄录机产品向专业用途以外的消费者推广。然而，2002 年初时，索尼公司把由上海索广电子负责生产的 8mm 摄像机等产品，迁回日本国内的幸田制造厂和美浓加茂制造厂生产。有业内人士认为，此举是为防止相关核心技术被中方企业获取。

借助索广电子这家组装企业平台的支撑，索尼公司先后在中国成立了产业配套和产业延伸的几家企业。如，1994 年 4 月，索尼化学株式会社设立了独资企业索尼凯美高电子(苏州)有限公司,生产挠性印制线路板、扁平电缆、异向性导电膜等产品;1995 年 10 月,索尼与北京邮电学院、北京电子信息产业(集团)成立了北京索鸿电子有限公司,生产 GSM 数字移动电话、电视台用数字摄录放机、锂离子电池等;1995 年 11 月,索尼成立了独资企业索尼精密部件(惠州)有限公司,生产光学拾音头、机芯、马达等精密光学电子部件。

1995 年 12 月,索尼与上广电旗下的上海广电股份有限公司和上海真空电子器件股份有限公司(现上海广电电子股份有限公司)共同投资建立了视像产品合资企业上海索广映像有限公司(简称"索广映像")。合资公司总投资为 4.1 亿美元,注册资金 1 亿美元。投资比例为:中方投资 30%(其中上海广电股份有限公司出资 20%,上海真空电子器件股份有限公司出资 10%),日方索尼公司出资 70%。公司主要产品:彩色电视机、高分辨显示器、彩色显像管、高分辨显示管及相关的关键件。

索广映像是国内率先生产平板彩电,也是国内唯一一家同时生产彩色显像管和彩色电视机的制造商。1998 年以来,索广映像陆续推出了多种尺寸和款式的索尼贵翔平面特丽珑彩色电视机;2004 年以来,开始导入平板显示和高清电视产品。2007 年起,索广映像开始专业生产 BRAVIA 高清晰度液晶彩色电视机和数字液晶彩色背投电视机。此外,索广映像还从事专业用视像类产品的生产:液晶前投影机、网络摄像机、电视会议系统等。

人们通常认为,索尼与上广电在中国的合资企业是制造型企业,而实质上它们是组装企业。更确切地说,索广电子和索广映像这两家合资企业是日本索尼公司在中国的销售企业。在日方看来,合资公司的主要目的是借助合资伙伴的本土势力,并以本土品牌为壳,将日本产品推销到当地市场。这种合资企业的明显特征是原始投资额相对不大,而营业额却非常惊人。事实上,SVA(上广电品牌)和 BRAVIA(索尼品牌)都出自上海索广映像有限公司的组装线,主要零部件全部来自日本财团的关联企业群。

1996 年 11 月,紧随三井财团的东芝和索尼、富士财团的丸红商事、三菱财团的旭硝子(株)与上广电旗下的上海广电电子股份有限公司,以及上海久事公司四方投资建设的生产彩色阴极射线管用玻壳的大型企业上海旭电子玻璃有限公司建成开业。该合资公司总投资 31.54 亿元人民币,其中日方投资 65%(旭硝子 40%、丸红 25%)、中方上广电投资 35%,实行董事会领导下的总经理负责制(总经理由日方委派),引进日本全套设备和技术。

值得一提的是,在上海旭电子玻璃有限公司这家合资公司中投资的丸红商事是与三井物产类似的日本大型综合商社,属于富士财团。人们所熟悉的日产汽车(NISSAN)、日立制作所(HITACH)、佳能(CANON)与丸红商事一起都是富士财团的重要成员。其实,早在 1993 年 11 月,丸红商事、共荣商事、旭硝子与京东方科技集团股份有限公司(原北京东方电子集团股份有限)已经成立了北京旭硝子电子玻璃有限公司。

全力投入到“新事业”中

受到中国国内经济调整和东南亚金融危机的影响,日本财团在1997年后的5年间收敛了在中国市场的扩张势头。1999年10月14日,住友财团的住友银行和三井财团的樱花银行透露,双方正在考虑结盟。这一时期,住友财团的松下公司和上广电于2000年10月合资成立了一家上海松下等离子显示器有限公司,上广电与上海工业投资银行合计持股49%,松下持股51%。合资公司以等离子面板至整机的生产为主,成为拥有中国国内第一条等离子面板生产线的企业。

谁也想不到,如今的上广电还在重复着“引进—再引进”的老路,又开始在液晶显示屏产业上烧钱。2004年10月8日,投资总额达10亿美元,从日本引进的国内首条第5代薄膜液晶屏生产线在上广电与日本NEC合资的公司试验投产。实际上,液晶屏生产线的投资规模相当巨大,被业界人士戏称为“大钱坑”。作为高投入、高风险的大投入项目,液晶屏生产线只有不断扩大投入和规模,才能产生效益。此时,日本、韩国和中国台湾已经提高了中国大陆企业盈利的门槛。

回顾上广电的繁荣,离不开电子信息产业的两次大规模的引进。20世纪70年代末,当时的电子工业部斥资200多亿美元大规模引进和模仿日本的彩电工业,相比1980年时7亿美元的外汇储备,这样的举动堪称是倾全国之力。1987年,上广电从三井财团东芝公司引进彩色显像管生产线,成立上海永新彩色显像管公司。然而时至2005年,上海永新这家“中国最大彩管生产厂商”在彩管业务上一年亏损了5.2亿元,此时它已经花巨资引进了五条彩管生产线。

2005年11月27日,上海广电电子股份有限公司发出公告,决定转让控股子公司上海永新彩色显像管公司45%的股权和上广电电器分公司、管理分公司的全部资产给大股东上海广电集团(上广电),由此变相地将彩管亏损的包袱甩给了上海市政府,进而全力投入到液晶屏产业的“新事业”中。作为上广电的大股东,上海市国资委和上汽集团早在2005年1月对上广电进行了增资和股权结构调整,表现出全力支持的态度。

来到21世纪,在三井物产这家日本综合商社的带领下,上广电这一次又要走在了国内同行的前面。此时,长三角地区已经成为中国最大电子信息产业集群。在“信息化带动工业化”的经济发展战略指导下,上海作为长三角地区的龙头在电子信息产业上的投入越来越大,上广电又是作为这个区域的龙头,自然会当仁不让,成为这一战略实施的主要承担者和受益者。单就电子信息产业来说,上广电几乎就是长三角地区的代名词。

在三井物产信息产业本部官方网站的“显示器事业部”一栏中,人们可以清楚地看到上海广电液晶显示器有限公司、上海广电三井物贸有限公司被认定为三井物产的关联企业。其中,网站上有特别的说明:“上海广电三井物贸有限公司从事以显示器相关业务为中心的上海广电集团的产品的销售,以及显示器相关零件、材料的采购业务,兼顾上广电的电子产品的销售和集团内部的战略企划、实施功能。”

三井信息电子公司的显示器事业部明确提出:“我们的目标是,成为显示器领域的‘综合性商社’。在电子领域,该本部有优势,首先是顺延价值链的丰富的产品系列;其次是 SCM(供应链管理)可最大限度地运用 VMI(供应商管理的库存)、EMS(电子制造服务)等本公司物流、金融功能的服务能力;最后是整合上述内容后发挥纵向综合效能的规划开发能力和事业推进能力。”三井物产正是通过其子公司三井信息电子公司的统筹将上广电纳入日本财团在全球的液晶产业布局之中。

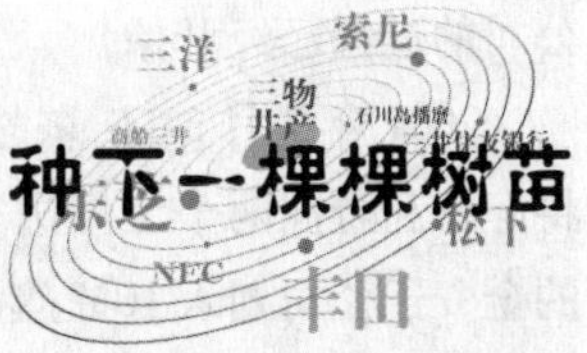

第二节　种下一棵棵树苗

从吉林彩晶到台湾奇美

三井物产的信息产业部早在 1985 年就成立了一家专门从半导体、光通信、液晶制造设备以及检查设备的贸易公司,名为 MBK Microtek 股份有限公司,MBK 是三井物产的英文简写。2005 年,MBK Microtek 公司被归入三井信息电子公司(Mitsui Electonics),该公司总部设在东京,在韩国、中国台湾和中国大陆有联络事务所和分公司,提供液晶产品关联的材料、电脑和外围设备的组装,零部件的采购及相关软件的配备等业务。

1998 年 11 月,计划投资 13.2 亿元的中国大陆第一家生产薄膜晶体管液晶显示屏和显示模块的中外合资企业吉林彩晶数码高科显示器有限公司(简称“吉林彩晶”)的先导工程竣工,这背后是引入的日本 DTI 公司成熟的大生产技术和设备。项目的合作方中有:三井物产、东芝、日本 IBM 公司,以及东芝与 IBM 的合资公司 DTI 公司、丸红商事和三洋电机公司,还聘任了多名液晶显示屏领域具有资深经历的日本技术设备开发人员。

液晶产业是一个资金密集型的产业,所以吉林彩晶成立后,面临最大问题无疑就是资金问题。2000 年 7 月 3 日,承载着圈钱使命的通海高科出现了,它手握国家“九五”重点项目——液晶显示器的“王牌”,头顶吉林电子企业龙头的光环,发行 1 亿股社会公众股。但证监会在接“内部人士”举报其非法集资后,发出通知暂停其上市，吉林彩晶几乎还没有正式投产就夭折了。

吉林彩晶项目的失利并没有阻挡住三井物产在中国液晶产业上布局的脚步。1999 年 11 月 18 日，在三井物产的组织下，上海广电液晶显示器有限公司（简称“广电液晶”）正式成立。这家合资公司由三井物产、上广电旗下的上海广电电子股份有限公司、日本神田工业株式会社共同投资 2 991 万美元，注册资金 1 794.6 万美元，其中三井物产 25%、上海广电电子 70%、神田工业 5%，主要从事中小尺寸平板显示器的制造和销售，适用于移动电话、寻呼机、PDA、手持终端、OA、掌上游戏机等。

三井物产本想携手财团旗下的东芝公司，通过吉林彩晶和广电液晶项目推动在中国大陆的液晶显示屏产业布局。但是，由于吉林彩晶在融资上的意外，三井财团不得不改变策略，通过培育台湾企业的方式，寻找进入中国大陆市场的一种新的途径。此时，台湾奇美电子公司（CMO）正在台湾当地大规模新建和扩建液晶显示屏工厂，并正在中国大陆建设液晶模块生产基地。由此，日本财团拆分 DTI 公司的进程已经开始。

2001 年 7 月 3 日，东芝与日本 IBM 解除了在液晶显示屏领域的合作关系，并将姬路和野洲两个工厂进行了分割，姬路工厂归东芝，野洲工厂则作为日本 IBM 的全资子公司划入 IBM 旗下。仅隔一天，日本 IBM 与中国台湾奇美电子发表了合作声明，双方合资成立新公司 International Display Technology（简称：IDTech），利用野洲工厂的设备，进行液晶显示屏的开发制造。日本 IBM 对新公司提供技术援助，中国台湾奇美电子公司由此获得了日本 IBM 的相关技术使用授权。

新成立的 IDTech 公司的目标是融合日本 DTI 公司的制造技术、日本 IBM 公司的设计开发能力以及中国台湾奇美电子公司的高效生产体制，提高产品的竞争力。由于双方已决定将日本 DTI 公司的职员、日本 IBM 的野洲事业所和大和事业所的大部分开发骨干划入新公司，所以 IDTech 公司的一个明显的优势就是全盘接收了 DTI 公司的优秀 TFT 面板技术——从人力资源到开发制造。对中国台湾奇美电子而言，此番合作使它获得了继富士通、NEC 之后的第三个强有力合作伙伴。

顺便提一下，中国台湾奇美集团旗下的奇美电子与日本企业如此密切的联系是与其发展背景和政治立场分不开的。中国台湾奇美于 1953 年由许文龙创办，与日本三菱财团的三菱油化和旭化成建立了合资公司。奇美集团除长期深耕石化业外，并涉足包括奇美电子、佳美贸易（商社）在内的不同产业。许文龙在台湾本土出生，从小受日本教育，被称为商界“独派”老大。许文龙多次为民进党及“独派”慷慨捐赠，帮助李登辉筹组李友会，力挺陈水扁在 2000 年和 2004 年竞选“总统”。

芝浦机电与三井信息双管齐下

2001 年 11 月，三井物产与日本芝浦机电株式会社（简称“芝浦机电”）共同出资组建了芝浦机电(上海)有限公司,面向全中国销售芝浦机电的产品,包括液晶生产设备、半导体生产设备、YAG 激光加工装置等,并提供完善的售后服务。芝浦机电(SHIBAURA)的前身是创建于 1939 年的重型电机制造企业芝浦制作所。通过事业构造改革,芝浦制作所在 1998 年从以马达为主的公司转变为信息机电设备制造厂商,并更名为芝浦机电株式会社。与此同时,芝浦机电整个事业的基轴确定为"数字信息时代的基础设备供应商"。

如果翻开三井财团旗下东芝公司的历史,就不难发现芝浦机电株式会社与东芝公司之间的联系。日本国内第一家电报设备制造公司是由田中久重于 1875 年创立的田中制作所,由于 1893 年经营发生困难而被三井财团收买,1904 年更名为芝浦制作所。在 1939 年,同属三井财团的东京电气与芝浦制作所正式合并为今日的东芝,称为东京芝浦电气株式会社。然而,一直到了 1984 年才正式开始使用简写的"东芝"这个新品牌名称。

目前,三井财团的东芝公司是芝浦机电的最大股东,占 36% 的股份,其他主要股东中包括三井财团的关联金融企业和三井物产这家综合商社。芝浦机电(上海)有限公司成为三井物产向包括上广电在内的中国液晶显示屏生产企业提供制造设备、相关原材料的一个通道。同时,芝浦机电(上海)有限公司也是将三井财团的三井物产、东芝和芝浦机电三家企业在中国市场联系起来的一条纽带。

在中国加入世贸组织的背景下,2002 年上半年,三井物产、住友商事、丸红商事三大日本综合商社在上海外高桥保税区分别成立了三井信息电子(上海)有限公司、住商电子(上海)有限公司和丸红信息技术(上海)有限公司等,业务范围涉及:国际贸易、转口贸易、保税区企业间的贸易及贸易代理;保税区内商业性简单加工及商务咨询服务;保税区内以半导体、显示器、计算机、移动通信器材等相关的电子设备,零部件,材料为主的仓储、展示、分拨、技术开发、技术培训、售后服务及咨询服务等。

2002 年 3 月,由三井物产信息产业本部出资在中国设立的全资子公司三井信息电子(上海)有限公司在上海正式成立,主要从事液晶显示屏及相关配件、半导体设备等相关产品的生产和技术服务,业务范围主要涉及液晶、半导体、计算机、移动通信设备等电子产品。事实上,三井物产早在一年前就将其下属的有关从事电子领域的部门合并成立了电子事业部。自该部门成立初期,三井物产就把中国作为优先考虑的市场,并通过创建三井信息电子(上海)有限公司作为重要据点而稳定地打入了中国市场。

在液晶设备方面,包括清洗设备、显影设备、湿刻蚀设备和抗蚀膜剥离设备等,相当一部分也掌握在日本厂商手中。以曝光设备为例,目前只有日本佳能与尼康可以为第 5 代线以上的液晶显示屏进行配套,而佳能又占据 70% 以上的份额。中国台湾奇美电子与韩国三星同一时间上马新一代液晶显示屏生产线,其中的曝光机就是由佳能支持。实际上，三井信息电子(上海)有限公司就是佳能液晶制造设备在中国大陆地区的总代理。

卡住物流命脉的“三井物贸”

2002年12月3日，三井物产与上广电签署了战略合作协议，标志着日本财团在中国市场新一轮扩张的开始。上广电希望借助三井物产对产业链、供应链、销售服务链进行全面疏通和整合，并通过与三井物产在信息互通、资源共享、人员交流等诸方面的协作，全面提升上广电在物流、销售、品牌管理等关键节点上的竞争能力，最终对现有的经营服务方式乃至整个市场反应机制进行深刻变革。

2002年12月3日，三井物产与上广电达成了面对全球市场的战略合作协议

作为战略合作的第一步，双方计划于2003年春季合资建立物贸公司，上广电集团持60%股份，三井物产占40%股份，总裁由三井物产派遣。该合资公司不仅承担销售任务，而且还要致力于销售战略的制定和上广电集团SVA品牌的树立。三井物产在商业计划、实施、管理等方面对SVA的商业和销售战略为上广电提供帮助，同时分享上广电在中国国内外IT和电子领域的销售、采购、物流、系统构筑等方面的资源。

三井物产与上广电合作协议的具体条款如下：

1. 合资建立“物贸公司”；
2. 在上广电的商业合作上，三井物产拥有优先权；
3. 促进双方在人力资源方面的交流来增加合作纽带。

根据双方的战略合作协议，合资成立的物贸公司应该最终成为电子信息领域内全面解决方案的供应商，并且是三井物产与上广电合作的基石。此时，上广电乐观地表示：通过依托三井物产在全球850多家分公司和遍布94个国家224家办事处，可以获取来自世界不同地区、不同市场的反馈信息，及时调整上广电的销售策略，从而为上广电产品全面走向世界和实现近、远期战略目标装上强劲的“引擎”。

2003年11月3日，上海广电三井物贸公司宣布正式营业，注册资金2 000万美元，其中中方出资60%，主要从事与上广电产品相关的国内外贸易、资材和物流服务、信息等服务。与此同时，上海广电计算机公司收回旗下6家直营店转给合作伙伴经营，原隶属上海广电计算机公司的液晶屏(LCD)销售业务，也已于当年下半年改由上海广电三井物贸有限公司销售，上海广电计算机公司仅负责供货。

上海广电三井物贸公司是中国本土第一家具有外资成分的国内贸易企业，得到了商务部的“特批”，并取得了在中国国内代理销售其他国内外产品的权利。此时，三井物产希望将更多的日本电子产品引入中国，在这方面，上广电在国内的成熟销售渠道，为其提供了便利。然而，上广电的想法似乎很简单，集中精力投入技术研发、产品规划，市场推广交由合作伙伴（分销商）承担，这也正是三井物产所期望的。

上海广电三井物贸公司的成立终于使三井财团在中国构建完成“制造业—物贸—金融”三位一体的财团经济体系，这种体系的威力会慢慢体现出来。三井物产的市场开拓能力和产业培育能力十分强大，作为日本综合商社必将把上广电的产业组织规划发挥得淋漓尽致。在完成了对中国物流和贸易体系的渗透之后，按照惯例，三井物产将不断地帮助日本财团企业登陆中国，不断地在中国的各个行业中培育日本的力量。

第三节　不由自主的“龙头”

上广电液晶背后的真正大佬

经过近数十年的演化，上海的彩电产业不断集中。1995 年，在原上海电视机一厂基础上成立了上海上广电集团，这标志着这种集中达到了一个前所未有的高度。根据上广电的官方网站，其全球雇员超过 25 000 人，2004 年销售收入达 423 亿元，利润 16 亿元，出口 25 亿美元。除了主业电视机，上广电还生产包括白色家电、数码产品、网络设备等在内的类型众多的电子产品。这样的规模和实力，使得上广电连续数年名列中国电子信息十强企业前茅。

2003 年 10 月 24 日，上海市委领导主持召开专题会议，听取上广电薄膜晶体管液晶显示屏项目情况汇报。徐为熄董事长对上广电建立新型平板显示产业新高地的总体规划及一期项目实施情况作了汇报。市委领导充分肯定了上广电液晶显示屏项目对发展上海高新技术、建立“躯干”产业、“科教兴市”的重要作用，表示将研究制定相关优惠政策来支持扶植上广电在这一产业上的发展，并对上广电下一轮发展工作提出了新的要求。

然而，从某种意义上说，上广电是日本三井财团培育起来的，这并非言过其实。在上广电发展的过程中，三井财团提供了无微不至的“帮助”，缺什么给什么。在没有技术又背负巨额债务的情况下，想要生存就必须跟上产业扩产升级的步伐，就必须购买昂贵的设备，也就只能一次次地跟在日本的设备供应商的后面亦步亦趋。在不知不觉中，上广电早已经失去了在中国电子信息产业中的自主地位。在这个产业链上，三井财团才是背后真正的大佬。

2003年12月10日下午，正值上广电与三井物产长期战略协议签约一周年之际，三井物产和三井物产战略研究所在东京举办了"走进中国，走进上海"大型战略研讨会。日本通产省等政府部门、金融证券、电子信息企业、新闻媒体等社会各界250余名代表出席了会议。上海市政府副秘书长李良园，市外经贸委、市外资委副主任徐逸波，广电集团董事长徐为煸，广电三井物贸公司总经理土屋哲雄等出席了会议。此次研讨会在日本相关业界引起很大反响。

此后不久，2003年12月28日，由NEC公司（25%股权）与上广电（75%股权）合资的上海广电NEC液晶显示器有限公司（简称"上广电NEC"）宣告成立。由此，总投资80亿元的国内第一条第5代液晶显示屏生产线在上海正式开工建设。该合资公司运用NEC公司的第5代液晶显示屏生产技术和研究技术，专业从事液晶显示屏、笔记本电脑、液晶电视等的显示屏及模块的设计、开发、制造、销售及售后服务。

住友财团旗下的NEC公司与三井财团打造的上广电建立合资企业实际上是顺理成章的事。早在2001年4月2日，三井财团的樱花银行与住友财团的住友银行正式宣布合并为三井住友银行。总资产达100万亿日元的三井住友银行成为三井财团和住友财团的核心企业。2002年12月，三井住友银行通过股份转移方式设立三井住友金融控股公司，从而增强了三井和住友财团所属企业的进一步统合。

按照上广电的规划，上广电NEC的大股东——上广电光电子有限公司主要负责中游产品液晶面板产品的投资以及参与一部分上游企业的投资；上广电的关联公司，参与上游控股合资企业的投资，以及其他等离子显示屏（PDP）、有机发光显示屏（OLED）产品的投资；另一关联公司广电信息则具体负责下游产品的制造和营销。然而，对于上游的关键零部件和原材料，上广电不得不依赖NEC公司先前与日本材料供应商的关系，在日本进行采购。

以关键材料和部件强化控制

合作伙伴的选择直接影响公司在材料采购上的成本。上广电NEC的第5代薄膜晶体管液晶显示屏的生产技术及专利全部都从住友财团的NEC公司引进，这些技术与专利并不属于上广电，技术上对日籍工程师依赖程度非常高。上广电NEC的技术量产部门大多由日本工程师组成，只是在日常管理和业务部门上由中国人担纲。上广电NEC在自己的上游关键零组件配套上也主要是与日本三井—住友财团企业的产业相配套。

为了充分掌握对合资企业的主导权并最大限度地提取利润，日本财团通过掌握关键原材料和零部件对合资企业的供应，来强化实际控制。2004年5月，住友财团的住友金属工业公司和上海广电电子股份有限公司合资成立了上海广电住金微电子有限公司,从事平板显示器和电视、笔记本电脑、手机及其他电器用印刷电路板模块的设计、开发、制造和销售,项目总投资2 700万美元。上广电在这个关键的合资项目中仅拥有30%的少量股权。

不仅在中国大陆如此,韩国与中国台湾虽然占据全球绝大部分液晶显示屏市场份额,但他们相当一部分上游关键原材料和设备采购都掌握在日本厂商手中。而那些为液晶显示屏做配套的韩国、中国台湾厂商材料厂商的背后也往往都是日本厂商的技术支持。韩国信息业的拳头产品半导体器件和液晶屏的出口近年来不断增长,然而上述产品出口得越多,相应地从日本进口的相关制造设备和零部件也越多。据韩国产业资源部统计,2004年韩国的对日本贸易赤字由2003年的47亿美元增加到237.2亿美元,此后几年还在不断增加。

虽然韩国、中国台湾许多厂商都能够自主生产彩色滤光片(CF),但专业滤光片厂仍然以日本凸版印刷、大日本印刷为主。此外,占液晶显示屏成本高达23%~38%的背光模组,其本身组成成分就非常复杂,关键材料如CCFL灯管、增亮膜、导光板等,绝大部分都掌控在日本厂商手中,如80%的导光板市场由日本旭化成、三菱螺荣、住友化学分担。液晶显示屏成本的12%~15%偏光片的主要供应商也是以日东电工、三立、住友化学等大厂商为主。

日本财团在中国的材料和零部件生产厂家通常是控股企业或独资企业,借助"整合型"的技术优势,控制关键设备、部件、材料的生产,使中国企业空芯化。在Made in China的外壳之下,是Made By Japan的内核。中国企业始终处于最下端的组装环节,而利润丰厚的设备、零部件、材料基本上掌控在日方手里。日本企业利用与中方合资企业的销售网络扩大销售,并向合资企业提供先进的基干部件和技术协作。

值得一提的是,住化电子材料科技(无锡)有限公司是由住友财团的住友化学株式会社投资设立的全资子公司,成立于2004年7月26日,总投资额3.2亿美元,主要生产偏光膜、导光板、扩散板等液晶显示产品所需的关键材料和零部件,向中国国内客户以及日本、韩国等国客户提供各种高品质信息电子部材。该合资公司正在逐步导入研发中心及物流中心,把这家在无锡的公司培育成为住友化学在信息电子方面的中国战略基地。

在东亚地区,2005年11月4日,住友化学全部收购了东元电机公司在液晶彩色滤镜产销公司新STI Technology公司(简称"新STI"),使其变为住友化学的全资子公司。12月,住友化学又将位于韩国的彩色滤镜产销公司东友STI(出资比例:住友化学为60%,新STI为35%)并入住友化学的全资子公司东友Fine-chem。由此,住友化学目光不仅放在韩国的国内需求上,而且还锁定了对中国大陆地区的出口。

2006年5月,住友商事带领住友财团的电气硝子株式会社和上海广电光电子有限公司合资成立了电气硝子玻璃(上海)广电有限公司,专门从事液晶用玻璃基板的生产、研发和销售。合资公司注册资本为1 550万美元,总投资4 550万美元,其中电气硝子、上海广电光电子、住友商事、住友商事(中国)分别持有65%、20%、12.5%、2.5%的股份。电气硝子是全球三大液晶显示屏玻璃基板厂之一。

被"三井—住友"牢牢绑定的上广电

2006年6月9日,日本大和证券SMBC株式会社宣布向上广电NEC有限公司注资2 500万美元。完成增资之后,大和证券SMBC成为上广电NEC的新股东,上广电NEC的注册资金达到714.8亿日元,其中上广电旗下的广电光电子出资75%,NEC出资21.36%,大和证券SMBC占有3.64%的股份。大和证券SMBC此时入局,显然身负二职:不仅要为广电光电子在资本市场进行私募,同时也需要为其第二条薄膜晶体管液晶显示屏生产线筹集资金。

在合资之外,大和证券SMBC担任了上广电集团的财务顾问,为上广电的经营战略、财务战略的策划和实施提供全面的支持性服务。仅仅在大和证券SMBC注资上广电NEC的三天前,即2006年6月6日,以中国银行上海市分行为牵头行的7家银行筹组了包含人民币、日元两个币种,境内外投资方担保和设备抵押的贷款担保方式相结合,构架相当复杂的TFT—LCD项目银团贷款,为上海广电NEC公司的第五代液晶显示屏增资扩产项目提供总额为220亿日元(约合15.68亿元人民币)的银团贷款。这次融资成功与大和证券SMBC的努力分不开。

大和证券SMBC是三井住友金融集团与大和证券集团合资组建的日本顶级投资银行。在证券金融业务方面,自1984年中国首次在海外公开发行债券起,大和证券一直致力于参与中国政府、金融机构及企业进行海外融资,曾参加过90%以上的中国海外债券发行业务,并在其中担任过21次主承销商(约占16%)。2004年5月,大和证券SMBC株式会社获得中国证券监督管理委员会批准,取得了合格境外机构投资者(QFII)资格,成功加入A股市场。

此时,其他日本企业借助三井—住友财团搭建好的这个上广电的平台开始登陆中国。2006年8月,上广电和富士胶片合资成立上海广电富士光电材料有限公司,生产大尺寸液晶显示屏彩色滤光片(CF)。该项目主要是为了满足上广电NEC第5代TFT—LCD生产线70%以上的彩色滤光膜配套需求,并为中国国内笔记本电脑、液晶显示器及电视等液晶显示屏的生产配套。

综览上广电的合资企业,不难发现,在生产加工、配套产业链、物贸、金融和咨询诸多方面,上广电实际上已经被牢牢绑定。只要是上广电还想要从政府圈钱,就不得不按照日方定好的路线前进。上广电已经成为长三角地区举足轻重的支柱性企业,该区域的任何国民经济活动都必须考虑和照顾到它的利益。利用这一点,日本财团就可以通过上广电对长三角的区域经济施加深入、广泛和持久的影响。

上海市政府把上广电 NEC 为核心的平板显示基地确定为“十一五”单产投资最大和产出最大的支柱产业。该基地计划吸引国内外平板显示产业上下游企业集聚，预计年销售额逾千亿元。目前，苏州、南京为主的长三角地区已经成为全球液晶显示屏后工序模块的重要生产基地和配套产业聚集区，年生产能力达到 3 200 万台。三井—住友财团牵住上广电这个“龙头”，把长江三角洲组织起来为日本企业打工，这样的战略得以实现，不能不说是一个奇迹。

第四节 暗中的统合

“京东方”背后的三井与丸红

2004 年初，为满足北京地区和上海地区重点用户的需求，三井物产旗下的三井信息电子（上海）有限公司与中国电子进出口国际电子服务有限公司（CIES）合作，由 CIES 为其在北京亦庄经济开发区和上海张江地区建立寄售型保税仓库。其中，北京保税仓库位于北京海关中电亦庄保税中心，面积约为 250 平方米；而上海保税库位于上海张江中电保税中心，主要功能为储备零备件，提供备件借用及其他相关的维修寄售服务。

紧接着，2004 年 8 月，三井信息电子（上海）有限公司、芝浦机电（上海）有限公司分别与位于北京市经济技术开发区的北工大软件园签署了正式入园协议，在园区设立技术支持及售后培训中心。由此，三井财团已经将上海和北京两地的液晶平板电视业务联系起来。值得注意的是，三井信息电子（上海）有限公司主要从事液晶显示屏及相关配件、半导体设备等相关产品的生产和技术服务，是京东方液晶显示屏项目的主要生产设备供应服务商。

京东方液晶显示屏项目于 2003 年 9 月 26 日破土动工，是北京东方科技集团（简称“京东方”）投资额高达 12.5 亿美元的第 5 代液晶显示屏生产线。京东方共花费自有资金 10.87 亿元、信贷资金 33.34 亿元，合计 44.21 亿元，完成了对液晶显示屏技术、销售服务体系的整合。京东方第 5 代生产线 2005 年一季度投产，原材料和辅料都是依靠进口。由于生产成本太高，面板市场价格快速下滑，同时产业升级换代迅速，国外同业竞争加剧，京东方从开工就一直亏损。

2005 年 3 月 2 日，丸红商事出资 1.6 亿元人民币，通过购买京东方母公司——北京京东方投资发展有限公司 10% 股份的方式成为京东方的战略投资者，并派出一名董事参与京东方的管理。丸红与京东方在 20 世纪 90 年代初在彩色显像管

(CRT)的零部件方面就开始了合作,参与成立北京旭硝子电子玻璃有限公司(1993年)。丸红一直密切关注着京东方的液晶显示屏事业,为此曾组成工作小组,对京东方进行了长期追踪考察。

丸红在参股京东方投资发展有限公司的同一天,与京东方签署了《战略合作协议》。根据协议内容,丸红为京东方介绍生产液晶显示屏所需原材料和零部件信息,并根据需要为京东方的液晶显示屏工厂提供稳定的、具有市场竞争力的原材料及零部件供应服务,协助吸引海外液晶显示屏零部件材料厂商投资,进行本地化配套等。为此,京东方轻易地就把原料采购权交给了丸红。

2005年3月2日，丸红出资1.6亿元人民币，成为京东方战略投资者

由丸红商事、丸红(上海)有限公司共同出资,早在2002年7月组建了丸红信息技术(上海)有限公司,以电子材料国内外贸易为主营业务。该公司集中经营显像管、液晶半导体、IT电子元器件等相关电子材料,并通过供应链平台模式将产品分销至中国国内各地乃至世界各地。丸红信息技术(上海)有限公司依靠商社强大的资金后盾和网络系统优势,在中国飞速发展的电子材料市场中扮演重要的角色。

随着中国国内显示器产业的不断发展,为适应市场需求,丸红信息技术(上海)有限公司充分利用丸红商事的商务平台及全球化资源管理体系,销售从日本、韩国、中国台湾等进口的显像管、液晶屏、等离子屏等相关材料(玻璃、荫罩、彩膜、FILM、化工品等)以及显像管、液晶屏模组等显示器件。特别是在液晶领域,丸红以投资京东方为契机占据重要领域,在上下游一体化的产业链中广泛开展业务。

丸红商事与三井物产分别是富士财团和三井财团的综合商社,在很多领域既有竞争又有合作。日产汽车、日立、佳能属于富士财团,而丰田汽车、东芝、索尼属于三井财团,也经常可以看到富士财团和三井财团在汽车产业等装备制造领域展开争夺。然而,他们之间在对外竞争中也经常通过经团联和日本商会的组织进行统一协调与合作。

上广电 NEC 拥抱龙腾光电

2005年1月,索尼与中国台湾奇美电子公司旗下的IDTech公司液晶面板制造部门达成协议:IDTech公司把面板制造业务作为一家新公司于2005年3月底独立出来,而索尼则采取以185亿日元(约14亿元人民币)的价格收购新公司全部股票。其实,IDTech公司就是当初参与吉林彩晶的由三井财团东芝公司部分持股的DTI公司,经过中国台湾奇美电子之手又转回到三井财团索尼公司的手上。此举的意义在于,向海外转移液晶平板制造生产能力的同时,其核心技术的升级能力被牢牢控制在了三井财团的手中。

奇美电子出售IDTech公司液晶面板制造部门给索尼后，担任奇美电子技术顾问的桥本孝久便率领IDTech公司的部分团队组建了国际显示器科技公司(NVTech)，专门向液晶面板厂提供技术咨询顾问服务，公司的技术工程师也大都为原IDTech和奇美电子的员工。由于NVTech公司有许多日籍技术人员，与被索尼收购的IDTech公司有长期的人脉联系，其技术团队被业界认为是进入中国内地最有建厂实力和经验的团队。

2005年7月，昆山龙腾光电有限公司(简称"龙腾光电")第5代液晶显示屏生产线项目落户昆山的消息终于得到昆山经济技术开发区的承认。这是继上广电、京东方后国内第3条量产的第5代液晶显示屏生产线。从索尼IDTech公司分离出的NVTech公司负责龙腾光电先期的建厂、无尘室与设备采购等关键工作，并以技术投资的形式参股。不久，上广电光电子公司总经理施岳志(台湾地区人)在一份2005年9月29日写给上广电董事长徐为煸董事长的报告中提道："龙腾因聘请大量的日本、中国台湾人，因此没有技术转移，无须负担技术转移费。"

施岳志在报告中还透露龙腾光电当时的人力资源配置如下：龙腾光电有25个日本人、130个中国台湾人(其中30人负责建厂)、500个中国大陆人；NV Tech有30个日本人(负责面板开发)；View Sill 10个人(负责人是韩国华人，拿台湾执照，美国留学)。此外，该报告还提到"增资的350M(3.5亿)美金来自目前的投资方及新加入的战略投资者。此战略投资者为一家日本大型企业，销售涵盖欧美，目前从友达、奇美拿面板，对面板尺寸的需求为低于17英寸及大于32英寸"。

龙腾光电的主要投资方是中国台湾宝成集团以及中国台湾中强集团等，注册总资本为2.99亿美元，一期生产线项目总投资为6.99亿美元。宝成集团这个名字第一次出现在国内显示器市场是在NESO诞生的时候，当初宝成集团联合精英集团、太平洋光电以及英群企业几家台湾赫赫有名的IT企业创办的NESO，并以"索尼特丽珑显像管第二品牌"的姿态出现在市场上，显然与三井财团的索尼公司有密切关系。事实上，宝成集团目前组织架构以鞋业为主，采用维持鞋业与电子事业双轨策略。液晶显示器相关产业主要是以代工为主。

2006年6月22日，上海广电光电子有限公司与台湾宝成集团的全资子公司Mindtech签署协议，双方在上海平板显示产业基地内合资成立一家专业生产液晶显示屏模块的工厂——上海广电元盛电子有限公司。同时，上广电光电子对宝成集团子公司在昆山独资的模块工厂——元盛电子(昆山)有限公司增资入股。这两家模块工厂的总投资均为9 500万美元，上广电光电子均占股60%。这两家工厂主要为中国大陆各液晶电视整机企业以及华东地区的OEM/ODM代工厂提供模块产品。

此外，为在上海与昆山之间打通一条液晶显示屏完整的模块生产线，上海广电集团一口气与中国台湾宝成集团签下了三份协议,分别是:上海广电元盛电子有限公司和广电元盛电子(昆山)有限公司合资合同、章程;上海广电光电子有限公司和昆山龙腾光电有限公司战略合作意向书;上广电NEC、龙腾光电、上广电光电子、Mindtech四方Cell买卖基本合同确认书。

上广电与台湾宝成集团全新合资设立的上海广电元盛电子有限公司,为同在上海平板显示产业基地内的上广电NEC做上下游配套;而广电元盛电子(昆山)有限公司,则使上广电光电子成为龙腾光电的上下游配套。与此同时,上广电与台湾宝成集团在龙腾光电上的战略合作意向,将龙腾光电建设的一条第五代液晶显示屏面板生产线纳入上广电液晶产业的阵营内,使上广电液晶阵营的产能迅速提升。

日本财团的大会师

三井—住友财团通过相互协作,利用统合战略将上广电纳入自己的控制范围,来谋取在中国市场的长期战略利益。而且,意志坚定、行动周密、精于部署的三井—住友财团借助上广电不断向中国信息产业的更深和更广的方向延伸。在众多的业界联盟中都能看到上广电的身影。从行业协会到3C标准联盟,从中彩联到AVS联盟,上广电无处不在。中国电子信息产业的每一个环节,几乎都可以感受到来自上广电的巨大影响。

上广电参与的部分行业联盟(合作)列表

时间	参与联盟(合作)的厂家	合作内容
2004年7月	上广电、海尔、中国网通、春兰、上海贝岭等	e家佳产业联盟
2005年5月	上广电、TCL、海信、长虹、海尔等22家	AVS产业联盟
2005年5月	上广电、长虹、康佳、创维、海信、海尔、厦华、熊猫、TCL	技术标准、知识产权和市场协调委员会
2006年3月	上广电、华为、中兴、UT斯达康、上海贝尔阿尔卡特、长虹、TCL、海信、烽火	为我国的IPTV主要设备供应商
2006年9月	上广电、长虹、康佳、海信、海尔、创维、TCL、厦华、熊猫、西湖、新科、夏新、万利达	联合发布申明批驳"CRT电视退市"论
2006年10月	上广电、新科、创维、中影集团、中国国际电视总公司等40家	EVD产业联盟
2007年4月	上广电、TCL、长虹、康佳、创维、海信、厦华、海尔、新科、夏新	中彩联科技有限公司

面对日本财团扶植起来的韩国和中国台湾液晶产业的激烈竞争,以及无法实现技术突破的难题和已经付出了10亿美元的代价,位于上海的上广电已然势同骑虎。

这种“被套牢”的局面,使得上广电 NEC 从投产开始就处于严重亏损状态,主要是因为从日本进口昂贵的设备折旧造成的。此时,位于北京的另一家拥有第5代液晶显示屏生产线的京东方正陷入巨额亏损之中,截至2006年三季度债务总额高达126.27亿元。

上广电原本以为借助三井—住友财团的支持可以获得平板产业的优势地位,但遗憾的是到最后才发现自己已经变成了日方在中国的大型配套加工厂。面对中国液晶产业发展的困境,2006年12月,上广电、龙腾光电和京东方三家宣布将各自旗下的第5代液晶显示屏生产线剥离出来,合并成立合资公司统一运营,重组的新公司名称暂定为中国光电显示总公司。显然,这是一次中国液晶产业的大洗牌。

然而,本是三家中国本土企业在液晶显示屏产业上的联合,却感觉是三井、住友、丸红、NEC、索尼等日本财团企业的大会师。2007年9月28日晚,上广电旗下的上海广电电子股份有限公司发布公告称,就国内薄膜晶体管显示屏整合事宜,上广电、京东方、龙腾光电三方已就整合总体方案达成一致意见。三方拟以各方拥有的液晶显示屏业务,共同组建新的或选择目前已存在的公司为专业化公司,并成为各方之液晶显示屏业务的统一平台。

此时,三井财团通过中国台湾奇美电子已经在中国成功开辟了第二条战线。有深厚东芝和索尼技术背景的中国台湾奇美电子于2007年10月11日宣布,其在中国大陆海南省建立的液晶面板工厂即将投入正式生产,这是奇美电子继宁波工厂后在国内投产的第二个工厂。2007年底,奇美电子海南工厂就能实现单月20万块的产量,而到2008年,月产量将提升到100万块,全年的总产量将能突破1 000万块,从而有望成为奇美电子在亚洲产值最大的液晶模块生产基地。

不妨再来看一下三井物产旗下的三井信息电子公司在中国大陆和台湾的业务成果,主要客户:上海广电 NEC 液晶显示器公司、北京京东方光电科技公司、昆山龙腾光电公司、联想集团公司、华新/东先进电子(台)、中华映管(台)、奇美电子(台)、瀚宇彩晶(台)、广辉(台)。三井信息电子公司经营的液晶设备和材料种类包括:冲洗设备、UV 照射/改质设备、清洁烧制炉、网版印刷机、离子注入设备、激光加工系统、玻璃衬底检查设备、曝光设备、滤色片、光掩膜。

第五节　日本领头的“雁行模式”

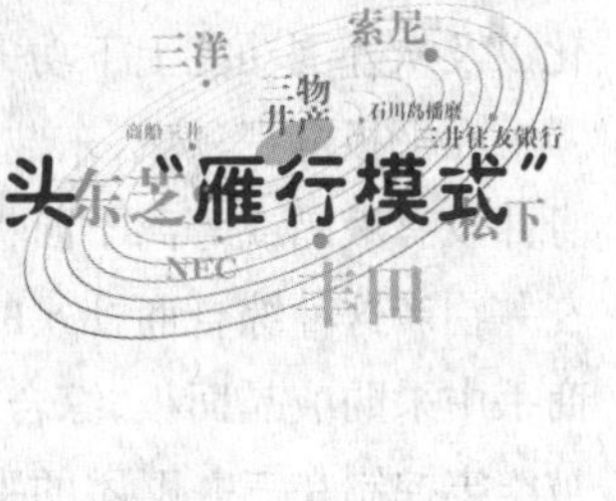

掀起升级扩产的浪潮

薄膜晶体管液晶显示屏技术最早源于美国,但将这个技术产业化的是日本。2001年以后,随着韩国和中国台湾厂商在台式个人电脑和笔记本电脑制造业的发展,日本厂商将液晶显示屏技术和生产线转移到这些地区,但仍掌握关键的技术及设备。一些高端不容易被制造的液晶面板所需关键材料、化学用品和电子材料主要掌握在日本厂商手中。而且,包括韩国、中国台湾的许多厂商每年都要向日本厂商交纳价格不菲的专利费。

2005年年中开始,日本液晶面板制造商掀起了一次又一次的升级扩产浪潮。在对外宣传的时候,它们强调的是市场需求。用扩产、升级来威慑和掌控上广电才是三井—住友财团的真正目的。在上广电确立了液晶第5代线的绝对优势地位的过程中,三井—住友财团也在一刻不停地为上广电的未来积极筹划着。积极扩产、全线降价和技术口水仗逐一登场,在热闹的背后,是国内的平板市场一次次地向着有利于三井—住友财团的方向演变。

以日本为首的外资品牌彩电采取了让国产品牌先预热市场,然后凭借上游优势通过大规模降价等方式来抢夺市场份额,这中间国产品牌的角色相当被动。2005年年底,中国本土企业品牌在国内平板电视(液晶电视和等离子电视)市场的份额占到80%,索尼、三星等日韩品牌的份额只有20%。然而不久之后,日韩品牌的份额在上海、广州等一级城市开始超越国产品牌。接着,索尼开始通过大规模降价来推广其最新的大屏幕液晶电视(BRAVIA品牌)。

2006年春节前后,以三井财团索尼公司为代表的日系平板电视全线降价,降价的幅度又是似曾相识的10%。这样的降价,对于液晶面板占据绝对成本份额的平板电视制造商来说,无疑是致命的。面对降价,中国本土的制造商只有再一次寻找廉价面板的供应商。这个时候,由三井—住友财团全力打造的上广电NEC适时抛出了上马第6代线和7代线的消息,希望再一次巩固自己在中国平板产业链上的绝对优势地位。

紧接着,2006年中开始,三井财团东芝公司通过自己的精密布局和产品价格策略,在液晶电视中国市场取得了不俗的战绩。2007年调查报告指出,东芝液晶电视在中国国内的销售额度排到外资品牌第二。拥有如此骄人的成绩,东芝是如何做到的?这就不得不提到它的两大核心技术——Meta Brain数字新头脑和极光瞬影。东芝由于拥有这两大技术,即使没有自己的液晶面板,但通过数字电路优化以及从外围功能上下功夫而突出自己的优势。

在平板电视领域,东芝公司是众多日系厂商中比较有个性的一个厂家,他本身并没有液晶或等离子面板的生产能力,却有着雄厚的电视机制造经验。东芝把三井物产这种综合商社式的经营模式运用于制造业,选择了直接从上游面板供应商手中采购液晶面板,综合各种资源来做电视的方法。正是由于核心技术和商权被牢牢控制在三井财团的手中,东芝公司可以不用自己大把投钱去制造液晶显示屏,也可以不断生产出高端的彩电。

事实上,液晶电视产业的发展在相当长的时间内是可以用“雁行模式”来概括的。毫无疑问，雁阵中的"头雁"正是日本，韩国和中国台湾居中，中国大陆排在最后。基于"雁行模式"的实际存在，日本在液晶电视领域缔造了一个隐性的"东亚共同体"。不可否认，包括中国在内的东亚地区在一定时期内受惠于日本产业升级导致的向海外的产业转移。但是从长期看，中国彩电企业始终难以摆脱被日本财团锁定在"雁尾"的命运。

聚龙光电股东们的日本伙伴

经过长期的准备，三井—住友财团已经能够通过上广电对中国的液晶产业方向施加重大影响。2006 年 3 月底，上广电集团总裁顾培柱公开表示，上海广电光电子有限公司正与中国大陆以外的 3 家公司（其中一家为 NEC 公司），就共同投资约 20 亿美元建立第二条液晶屏生产线进行谈判。上广电倾向于采用第 6 代技术，计划 2006 年下半年与其中一家签署协议，2008 年正式投产。这一举动刺激了号称"国内唯一拥有第 5 代液晶面板生产线自主知识产权"的京东方的神经。

在上广电的压力下，京东方急忙入主深圳聚龙光电有限公司。2006 年 4 月 25 日，京东方对外发布公告表示，公司董事会同意向聚龙光电投资 800 万元，投资完成之后，京东方将持有聚龙光电 40% 的股权，成为其第一大股东。在聚龙光电成立之初，TCL、创维、长虹、康佳曾宣布与深圳国资委的深超公司各投资 200 万元，占 20% 的股权，京东方入主之后，上述四家公司的股权被稀释，变为各占 10% 的股权。

聚龙光电发言人透露说，聚龙光电下一步发展的重点项目是第 6 代液晶屏的生产。按照京东方的规划，未来将会以聚龙光电为主体，联合国外企业，总共投资达 30 亿美元，因此，聚龙光电下一步还会有比较大的动作。这里提到的国外企业，其实就是指前面提到的那些日本财团企业。事实上，除了京东方已经被富士财团的丸红纳入其全球战略体系中以外，聚龙光电的其他几家股东长虹、创维、TCL、康佳也都分别有了自己的日本靠山。

TCL、创维、康佳、长虹与深圳市深超科技投资公司宣布成立深圳聚龙光电有限公司

从长虹走过的道路，人们不难发现日本财团的很多企业：松下、东芝、索尼、日立、三洋。不仅在彩电主业，在空调、电池等产业上长虹和松下、东芝等也有颇多合作。1998 年，三井财团的东芝向长虹提供碱性电池的生产设备和技术；同年，东芝与长虹建立技术开发战略联盟；1999 年，东芝与长虹合作生产"大清快"空调；同期，三井财团的索尼公司向长虹提供 VCD 机芯；此外，三井物产也与长虹签订了长期的出口代理协议。从平板电视到网络家电，再到 3C 融合，长虹一步步走向日本财团已经规划好的产业路径。

TCL 与三井—住友财团近几年来不断加深彼此的合作关系。2002 年 4 月，

TCL和住友财团的松下公司就“关键零部件的采购,松下利用TCL渠道在中国市场销售产品,TCL集团吸收松下技术,在电视机等家电领域的全面合作”交换了合作意向书。2003年1月,松下球面管彩电转包TCL生产。2004年11月,TCL与三井财团的东芝公司签约共同投资5 000万美元成立两家合资公司,产销电冰箱和洗衣机。2005年3月,住友商事(住友财团的综合商社)和TCL签署了合作协议,注资到TCL显示科技(惠州)有限公司,占股25%。

再看创维与日本企业的关系也不一般。1998年,创维与日本住友财团的松下公司合作,共同开发数码芯片。2003年2月,原中国松下映像产业有限公司总经理池内宏造进入创维光电科技有限公司,负责创维背投项目的研发工作。2001年7月,创维与日本三菱财团的三菱电机公司签署战略联盟协议,两年向三菱电机供货100万台电视机。2002年9月,创维接手三菱电机100万台的彩电生产线,并与其签订OEM合同。2004年9月,创维与日本富士财团的精工爱普生株式会社签署战略联盟协议,合力拓展3LCD(三片式液晶背投)光显电视市场。

康佳也不落后,与日本船井电机公司于2004年9月达成合资意向。船井电机主要生产喷墨打印机、CRT彩电、等离子电视、液晶电视、DVD录像机、机顶盒、印刷设备等,实际上是一家日本的OEM企业。船井电机与三菱电机之间有长期的资本合作关系,双方于1999年成立了生产DVD播放机的合资公司。2004年12月,康佳又与富士财团的精工爱普生株式会社签署了合作协议,宣布双方在液晶背投领域进行技术合作。此外,康佳代理日本电视品牌在中国的销售,除负责对方的销售渠道外,还涉及部分代工业务。

回过头来看,上述聚龙光电的各位股东身后都有日本财团企业的身影,而这些日本财团企业在对外合作中往往通过综合商社来协调利益关系和投资行动。台湾高铁项目是个典型例子,由日本重量级企业,包括东芝、三菱重工、川崎重工等3家制造商以及住友商事、三井物产、三菱商事、丸红等4家综合商社公司一起出资组成台湾新干线株式会社。事实上,在液晶产业上的行动上也存在着这种联盟,只不过是一种外界所看不到的隐形联盟。

形成坚固的攻守同盟

就在京东方准备推动聚龙光电项目时,日本三和财团的夏普公司在2006年6月开始与广东省信息产业厅接触,并提出在广东建设一条7.5代液晶屏生产线的计划。夏普的介入吸引了当地政府和聚龙光电的其他4家彩电企业的目光,京东方却被晾在了一边。在这种情况下,深超公司(代表深圳市政府)、广东省信息产业厅与夏普进入了漫长的谈判期。夏普希望在控股的情况下才能转让技术,最终中方与夏普的项目谈判没有任何结果。

事实上,京东方早在进入液晶屏领域之初的谈判对象是住友财团的松下公司，虽然双方在此前的彩管合资项目上运行顺利，但是松下依然拒绝了技术转让的方案。随后，京东方开始与同样属于住友财团的三洋谈判收购其在日本的4.5代线，但三洋却表示不可能完全转让核心技术，即使转让也不会派出技术人员。显然，日本财团的这些制造企业一直很忌讳向中国企业转让核心技术，他们之间存在着坚固的攻守同盟。

2007年12月21日，三井财团的东芝与三和财团的夏普联合发表声明，表示两家公司已经结成合作联盟关系，共同进行液晶屏和半导体的研发。夏普将在液晶屏生产中采用东芝开发的LSI处理系统，而东芝将在液晶电视中采用夏普提供的32英寸及以上的液晶模组。通过这个合作，在2010年夏普将有50%以上的LSI处理系统是从东芝采购，而东芝将有40%的液晶模组来自夏普提供。此前，三井财团的索尼同韩国三星财团的三星电子于2004年合资成立了S—LCD股份有限公司，在液晶显示屏产业上结成同盟。

2007年12月21日，夏普和东芝表示双方已经结成合作联盟关系，共同进行液晶和半导体的研发。

其实，日本经产省（相当于中国的商务部）早在2004年就曾动用搁置多年的直接干预企业行为的“产业政策”，亲自督导三井财团的东芝、富士财团的日立等结成“集团军”，拼抢液晶产业的市场份额。例如，2005年1月1日，日立、东芝、松下共同投资的液晶屏生产企业——IPS Alpha Technology，Ltd. 成立，资本额640亿日元（6.2亿美元），其中日立投资50%，松下、东芝各投资150亿日元，日本官方的金融机构日本政策投资银行则投资20亿日元。

2007年12月25日，住友财团的松下与富士财团的日立和佳能在东京联合宣布，将联手进行液晶显示屏的生产和开发。按照协议，2008年3月底之前，日立将向松下和佳能分别转让其全资子公司——日立显示器公司24.9%的股份。合作的另一项重要内容是松下提高在IPS Alpha Technology公司的出资比例，该公司主要生产大尺寸液晶面板，由日立显示器公司、松下及东芝共同出资成立。今后，松下将买入东芝所持有的全部股份，达到持股过半。

日本液晶显示屏产业有“索尼—三星联盟”和“东芝—夏普”组合，这次松下、日立和佳能三大家电巨头联手，使日本财团在全球市场形成又一股强有力的竞争力量。如果仔细分析这三个联盟中的每个企业联系，就会发现索尼、东芝、松下这三家企业分属不同联盟却都是三井—住友财团这个大体系下的成员。换句话说，三井—住友财团正努力将日本液晶产业的高端企业统合在一起，谋求在全球竞争中获得优势地位。

不仅如此，三井—住友财团采用与其他财团之间形成相互交叉的共同投资方式，将更多的企业纳入它的势力范围内。2008 年 2 月 26 日，三井财团的索尼和三和财团的夏普宣布，双方就共同生产超薄电视液晶面板达成共识。夏普和索尼的出资比例分别为 66% 和 34%，而索尼投资额达到 1 000 亿日元(合 9.25 亿美元)。这项交易将使得索尼、夏普和韩国三星财团的三星电子之间建立起了更大范围的合作关系。

第六节　政府担当怎样的角色

政府出钱养肥了谁

20 世纪 70 年代末，中国电子工业开始了巨大的变革，其中最重要内容之一就是全面模仿学习日本的彩电工业。在上海这个集科教经济优势于一身的大都市，诞生了中国第一个彩电制造商上海电视机厂(上广电的前身)和第一个最畅销彩电品牌“金星”。改革开放的 30 年间，中国取得的诸多经济成绩中，最显眼的恐怕就要数电子信息产业了。而作为电子行业中的佼佼者，上广电堪称是该行业中的支柱性企业。

上广电拥有多项“中国第一”的头衔：中国第一个彩电制造商、中国第一届电子信息工业百强企业、中国第一条第五代液晶显示屏生产线等等。这些“中国第一”显示了上广电领先中国同行的巨大实力。历经多年的积累，上广电在国内电子信息行业中，可以用风光无限来形容。如今，上广电已从一个电视机制造商，扩充到标准竞争、芯片研发、整机生产，贯穿整个 IT 业上下游，并逐步向电信运营领域挺进。

2005 年，上广电(集团)的营业额达到 401.96 亿元，位列 2006 年中国电子企业营业收入百强第八位，其三大高端产品液晶彩电(LCD)、等离子彩电(PDP)和高清光学背投彩电(DLP)在全国市场占有率均位居前三，数字机顶盒产能国内第一。在这些成就的背后，是无数的鲜花和掌声：“上海工业百强”“上海知名品牌”“上海市高新技术企业”。更值得一提的是，在国内“电子工业百强榜”上，上广电长期名列前茅。

作为电子工业部“大公司战略”的六家部级直接扶持的企业之一，上广电的发展更是直接影响到中国电子工业的兴衰。但是，成绩和荣誉并不能掩盖上广电已经被日本财团“套牢”这一现实。作为中国电子工业支柱企业之一的上广电，并没有成为真正的中国民族产业的支柱，而越来越成为日本财团的“摇钱树”。更确切地说，它已经被成功地纳入日本的财团体系之中，成为其在中国的得力代言人，尽管这并不是上广电的初衷。

2005 年 4 月，上海市政府出台了《上海优先发展先进制造业行动方案》，其中将薄膜晶体管液晶显示屏列为“十一五”期间最有希望成长为千亿元级的大产业，预备在 2007 年上半年前再建一条五代或以上液晶显示屏生产线；2010 年前再建两条 7 代或以上生产线；此外还将建设液晶显示屏关键零组件产业。液晶显示屏项目总投资约 105 亿美元，到 2010 年，整个液晶显示屏产业链将实现 2 000 亿元的年产值。作为长三角地区最为著名的电子信息企业，这个政策几乎就是为上广电量身定做的。

投资六十亿美元建新产业群 抢占世界先进制造业高地

上海平板显示产业基地成立

陈良宇出席仪式表示祝贺，蒋以任参加

2005年11月8日，上海平板显示基地成立，上海市委领导出席仪式表示祝贺

政府的大力支持，尤其是来自地方政府的产业和金融支持，给了上广电巨大的推动力。2003 年 12 月，工商银行、建设银行和中国银行的上海分行共同为上广电 NEC 的第 5 代液晶显示屏项目提供总额为等值 646 亿日元（约 45 亿元人民币）的银团贷款，大都用于从日本采购昂贵的生产线。

2006 年 6 月 6 日，以中国银行上海市分行为牵头行，建行上海市分行、浦发银行上海分行为副牵头行的 7 家银行为上广电 NEC 公司的第 5 代液晶显示屏增资扩产项目提供总额为 220 亿日元（约 16 亿元人民币）的银团贷款。本次追加的投资总额为 440 亿日元（约 31 亿元人民币），其中追加注册资本为 220 亿日元。通过本次扩产，上广电 NEC 总投资达到 1 586 亿日元（约 112 亿元人民币）。仅仅三天后，看到近在眼前的这块肥肉，三井—住友银行持股的大和证券 SMB 宣布向上广电 NEC 注资 2 500 万美元，用于上广电 NEC 生产线的扩产。

“综合商社”并非简单的企业组织

2006 年 12 月 28 日，国内最大三家液晶面板生产集团——上广电、京东方和龙腾光电于对外宣布了进行联合的意向。此时，日本财团的众多设备制造企业和原材料企业似乎看到了一棵更大的摇钱树（中国液晶显示屏生产联合体）。三大液晶面板商宣称整合之后要与国外的同行抗衡，还需持续投资建设 6 代、7 代甚至更大尺寸液晶面板生产线，并争取获得国家资本支持。投资建设一条 6 代线需要 20 多亿美元，光是进口的生产线设备就过 10 亿美元。

半年之后，2007 年 6 月 19 日，《上海证券报》报道称：中国电子信息产业集团（CEC，简称“中国电子”）有意投资或并购国内三大液晶显示器面板厂商——京东方、上广电 NEC 与龙腾光电，完全整合国内面板行业，三方合资公司名称暂定为中国光电显示总公司。这个合资公司股份占比也已经敲定，分别为上广电 30%、京东方 27%、昆山龙腾 7%；中国电子将在合资公司中处于相对控股地位，拥有剩余的 36% 股权。

国务院国资委、国家信产部自然希望通过三家公司的合并将液晶面板产业做大做强,但三家公司拓展液晶面板生产线存在巨大的资金缺口,这就可能需要政府来扶持和解决。于是,中国电子的出现为合资公司资金问题的解决提供了可能。在这里,政府其实扮演着财团的角色,而中国电子更像是一个"综合商社式"的产业组织者。有消息称,中国电子、上广电、京东方、龙腾光电未来将以控股公司模式运作,由政府方面统筹管理、分配产能,日常运营仍由各公司负责。

然而,与中国的产业组织者不同的是,日本的综合商社具有一项更加重要的功能,就是凭借其在全球发达的贸易网络获取商业情报,这种对制造业的支持几乎是政府无法替代的。以综合商社为核心,日本财团在世界各地所涉足的行业中广泛地搜集商业情报,涉及的范围不仅有市场情报,甚至还包括技术和政策情报。所谓"知己知彼,百战不殆",有了综合商社的帮助,制造企业在面对竞争对手时就会洞若观火,在竞争中获取先机和主动。

三井物产(综合商社)的信息产业部这样描述自己的定位:"运用遍布世界的网络,迅捷地传递最尖端的产品。为了适应速度惊人发展的电子科技行业,要求我们拥有丰富的信息收集能力和经验技术之上的快速决策力。我们依靠三井物产集团值得夸耀的网络体系,收集着最先进的技术信息。并且,利用专家所具备的才智和机动力,提供先于客户需求的产品,从部件材料到制造惯性到检查设备的一贯性服务。"

事实上,综合商社是建立在政府与企业之间的一种社会经济组织,并非简单的企业组织。例如,韩国作为一个后起的出口国,通过向日本学习,在短短十来年的时间里培养起一批具有国际竞争力的综合商社,被公认为一起成功的范例。他们的做法是:首先以立法的形式规定成为综合商社的必要条件;凡经审查符合上述"要件"者,一律授予综合商社的称号并给予信贷、税收、向国外派驻人员等的优惠待遇。

不过,在韩国的综合商社制度下,企业并不能一劳永逸地永久保持综合商社的称号。政府有关部门每年年初都要对已有企业过去一年中的表现是否符合"要件"的要求进行检查,连续两年不合格者,就要从综合商社名单中除名,同时优惠也随之取消。从1975年开始综合商社试验至1997年的20多年中有3家综合商社被除名或破产。目前,综合商社都已经是三星、现代、LG、SK、大宇等各大财团的核心成员。

形成共生关系的财团体制

培育企业和种树类似,没有好的生长环境,就不可能成长出好的企业。东芝、松下、索尼和NEC之所以能成长为影响业界气候的巨头,最重要的原因就是得到了日本财团的全方位的支持。一方面,日本财团通过综合商社把那些已经成熟的企业组织起来,协调相互之间的利益,以达成长远的战略目标。另一方面,日本财团的主办银行持续不断地为成长中的企业提供必需的资金支持,并通过持股关系建立共生体制。

2007年9月21日，在上海，由信息产业部经济运行司牵头，上广电、京东方及龙腾光电三方相关负责人围绕着"三合一"重组事宜，再次进行了研究。2007年9月28日晚，上广电和京东方正式宣布整合总体方案达成一致。不可否认，这次被喻为"中国液晶托拉斯工程"的上广电、京东方、龙腾光电三大液晶巨头最终的整合协议达成，以国家开发银行为代表的资本推动功不可没。

在这里，我们似乎看到国家开发银行发挥类似于主办银行的输血作用。但是，日本财团的主办银行在与企业进行融资业务往来时，进行的是投资而非简单的借贷。不到万不得已，主办银行绝对不会抽出在企业中的资金。当然，由于受到反垄断法的限制，日本每家主办银行在企业的持股比例不得超过10%。而日本财团通过多种金融机构（银行、保险、信托等）的持股，实质上回避了法律限制，同时也分散了风险，加强了多方监督。

日本的主办银行与企业都有综合业务往来，除贷款外，还提供清算汇兑、咨询等服务。此外自1993年起，主办银行可以承销企业债券，同时它也是债券的主要持有者之一。在企业财务危机时，主办银行往往会单方面放弃偿付权利，以帮助企业渡过难关。主办银行的存在，在一定程度上保证了企业不会因暂时的困难陷于破产。与此同时，在日本以间接金融为主的经济格局下，主办银行代替资本市场的外在压力，防止了敌意收购。

事实上，代表国家资本的国家开发银行和中国电子最终成功介入上广电、京东方及龙腾光电三方在液晶面板产业上合并，并不意味着中国企业就有能力自主地决定产业发展的未来方向。在可以预见的未来，上广电和日本财团正在逐步形成牢固的共生关系。换句话说，上广电将成为日本财团在中国的一个"新索尼"。但毫无疑问的是，被抽离了脊梁的上广电，永远是中国电子信息产业和区域经济的一大隐痛。

对比之下，中国企业在价值观念和协作手段上与日本财团企业都有很大的不同。当前的中国主流企业文化深受美国影响，以股市圈钱、风险投资和私募基金为特征的资本运作大行其道，表现为唯利是图、好勇斗狠、目光短浅、人员频繁流动，严重阻碍了中国企业之间达成长期稳定的组织与协作关系。但这还不是问题的关键，离开国家微观经济体制的完善而仅凭企业努力是无法解决中国产业散乱的局面。在社会经济活动中，政府到底应该扮演怎样的角色呢？

日本学者所著《东亚经济发展中政府作用的新诠释：市场增进论》这样阐述："政府政策的职能在于促进或补充民间部门的功能。"它所强调的是这样一种机制，通过这种机制，政府政策的目标，被定位于改善民间部门解决协调问题和克服其他市场缺陷的能力。然而由于理解上的这种偏颇，在中国的实际经济生活中，学习东亚新兴工业化经济和发挥政府的作用往往变成保留旧的计划经济体制和行政干预手段的遁词。换句话说，中国市场经济体制至今还没有形成民间与政府之间的有效联系，更没有日本和韩国这样的财团组织。

参考文献及来源:

1. 2005年中国平板电视及高端电视产业研究报告. 慧典市场研究报告网.
2. 等离子电视零部件成本分析. 慧聪网,2005-8-3.
3. 韩丹,林玉,刘云. 国产液晶电视80%零部件靠进口?[N]. 经济参考报,2006-11-24.
4. 郑迪. 京东方融资45亿元扩张液晶面板 迎战上广电[N].21世纪经济报道,2006-07-22.
5. 李小兵. 上广电、龙腾光电战略结盟[N]. 上海证券报,2006-06-23.
6. 杨云高. 上广电走出去:参差三条腿的平衡术[J]. 董事会,2005(7).
7. 张凌,白益民. 上广电:日本财团的摇钱树?[J]. 中国财富,2007(8).
8. 黄燕,尚进. 谁在遥控中国新电视经济[J]. 三联生活周刊,2006-05-15.
9. 李亮. 中国企业进入液晶冒险之旅 话语权仍在日方[N]. IT经理世界,2006-05-09.
10. 李小兵. 大和证券2亿入股上广电NEC[N]. 上海证券报,2006-06-09.
11. 顾建兵. 麦肯锡4份建议书:上广电铁心转型TFT[N].21世纪经济报道,2006-01-03.
12. 陶俊杰. 没有出口的高速路[J],新财经,2005(8).
13. 刘斌. 打造合资家电新旗舰 上广电结盟NEC[N]. 南方都市报,2002-04-24.
14. 顾建兵. 合资电气硝子 上广电打通液晶"任督二脉"[N].21世纪经济报道,2006-05-30.
15. 戴远程. 上广电结盟富士强化面板布局[N]. 南方日报,2006-08-29.
16. 杨云高. 上广电合资三井物产 能否借力令人生疑. 网易商业报道,2003-11-04.
17. 徐昊. 结盟丸红 京东方一箭双雕[J]. 数字商业时代,2005(4).
18. 三井物产信息产业本部官方网站(日文):/www. mitsui. co. jp/business/intro/inform/index. html.
19. 上海索广电子有限公司官方网站(中文):www. sva. com. cn/cn/gm/gm_04_show. asp? id=32.
20. 张艳. 索尼22项专利费棒打彩电企业 离间9巨头联盟[N]. 京华时报,2005-07-26.
21. 李俊毅. 由台、韩、日经验,看中国液晶显示屏5代线之发展[C]. 台湾拓墣产业研究所焦点报告·大陆光电(4).
22. Nikkei Microdevices. 日本IBM与中国台湾奇美合作的意义. 日经BP社,2001-07-16.
23. 芝浦机电(上海)有限公司官方网站(中文):www. shibaura. com. cn/.

第四章

隐藏的垄断与共谋

中国在1999年一跃成为DVD的生产大国和最大市场，同时还成为DVD出口大国。随后，以三井财团的东芝和索尼为首组成的6C联盟和3C联盟，开始向中国DVD生产企业擎起“知识产权保护”的利剑。为了应对挑战，国内影碟机企业联合成立了EVD产业联盟。

谁会想到EVD产业联盟的主导者“阜国数字”的第一大股东正是三井财团精心打造出的、被称之为“中国索尼”的上广电。与此同时，三井财团的东芝早已经借助清华大学的力量，把HD—DVD引进中国。随后，三井财团的索尼于2007年8月将中国华录集团纳入自己主导的BD阵营。

虽然在HD—DVD和BD两个标准下，同属三井—住友财团体系下的东芝、索尼、松下、NEC、三洋、JVC等企业分属在这两个阵营，但日本财团采用自己“左手”与“右手”掰腕的手法，让产业链上的全球企业不知不觉中被牢牢地控制在双掌之中。

——作者题注

【阅读提示】

“三井”告诉了我们什么(4)

在各大网站搜索栏里输入“自主知识产权”这个词,就会发现与之相关的新闻数以千计,用“铺天盖地”来形容也毫不为过。中国拥有完全“自主知识产权”的EVD闪亮登场……“自主知识产权”这几个字还出现在党的十六大报告中。应该说“自主知识产权”已经成为2007年出现频率最高的词语之一。

获得自主知识产权的最快捷方式就是花钱去购买海外技术专利或收购拥有专利的外国公司。这些买来的技术实际上还是掌握在外国研发人员的手中,中国企业自己却没有稳定的技术团队,所以无法消化和升级这些技术。其实,没有控制力,仍然谈不上“自主知识产权”。

“自主知识产权”并不是严格意义上的法律概念,仅有一两项专利就能宣称拥有“自主知识产权”吗?我们的DVD生产厂家不是没有自己的专利,而是因为有几十项核心专利被国外的所谓“6C”“3C”们所掌握,避不开,绕不过去,要想继续生产,就得交费没商量。

在当前恶性竞争的中国市场上,中国民间企业为了自身的生存和利益也在尝试着联合之路,如EVD联盟。但是,这种联盟没有通过资本和渠道控制形成一种稳定的财团体制,而只是以单一的技术和产品将很多企业联系起来。这就如同众多木帆船用铁链连接起来能够暂时抵挡风浪,但是却挡不住铁甲舰队(三井财团)的强力冲击。

在中国民间企业与三井财团对抗的过程中,中国国有资本的上广电、清华大学、中国华录集团究竟扮演了怎样的角色?几乎没有人认真地审视和评价这些国有企业(单位)在中国经济中的作用,他们是外国资本进入中国市场、控制中国产业的助手呢,还是应该成为维护国家经济和产业安全的主力军呢?

由于受美国经济理论以及中国市场现实环境的影响,你死我活的竞争意识和本能已经成为中国经济的主旋律。如果中国的国有企业都被按照美国企业标准来追求短期的赢利目标,而放弃他们的社会责任,一味地花政府的钱引进现成的国外技术和装备,与外资形成利益共同体,压缩民族产业的市场空间,那么这样的国有企业需要反思了。

本章导言

2006年5月初，我在北京街头的公交站等车时，随处都能看到美国影片《达·芬奇密码》的广告，影片出品方是美国哥伦比亚电影公司。据说，这部影片是第59届戛纳电影节的开幕片、当年在中国首部和全球同步上映的分账大片，而且中国成为全球最早放映这部影片的国家。禁不住如此诱人的宣传，我迫不及待地带着家人一同观赏了这部美国大片。此时，我的意识中并没有将美国哥伦比亚电影公司与日本索尼公司联系起来。

同年的8月，戴尔笔记本的电池出现数起过热起火事件，在此之后戴尔公司决定召回410万块由索尼公司制造的电池。因为笔记本"电池事件"造成巨大损失，索尼一下子成为众多中国财经媒体的重要关注对象。随后，我接到了《环球财经》记者陈涤的电话，邀请我对索尼的经营现状提供一些评论。此时，我和助手袁璐正在着手进行"索尼PK东芝"的研究，这才注意到美国大片《达·芬奇密码》真正的后台老板是日本的索尼公司。

早在2005年3月7日，索尼公司举行临时董事会，决定由霍华德·斯金格取代出井伸之担任该公司新董事长兼首席执行官(CEO)。而1988年索尼花了20亿美元买下美国哥伦比亚唱片公司(CBS)时，霍华德·斯金格曾被任命为CBS总裁。索尼这次高层换血，是由8名公司外董事决定的，他们来自三井住友银行、富日产汽车、富士胶卷、JFE钢铁等公司。其中，三井住友银行的冈田明重董事长担任索尼薪酬委员会主席，三井住友银行的山内悦嗣(董事)担任索尼监察委员会主席。显然，霍华德·斯金格是日本财团选拔的一名非日本籍经理人。

索尼在20世纪80年代末吞并了哥伦比亚唱片公司和哥伦比亚电影公司，对美国电影娱乐业的一系列并购，大大加强了索尼在影视、音乐、音像和游戏等相关产业的实力。时隔20年之后，2005年4月8日，以索尼公司为首的国际财团出资48亿美元收购美国好莱坞老牌电影公司米高梅正式宣告完成。这次合并不仅仅只是改变了美国电影领域以往那群雄割据的格局，而且一个由索尼领导的垄断全美音像传播业30%左右进账的"托拉斯"，也已经急匆匆地浮出水面。

更重要的是,索尼的收购行动为以三井财团为核心的更多日本企业在美国娱乐产业的扩张奠定了坚实的基础。索尼从表面看是一家制造业企业和娱乐企业,而实际上却扮演着综合商社的角色,发挥着“产业开拓者”和“产业组织者”的作用。通常人们很难理解索尼为什么冒险进行大手笔收购,然而对于日本财团来说,企业利益要符合集团利益的需要,实现整个财团利益最大化才是终极目标,甚至不惜牺牲企业的短期利益。

由于索尼短暂的发展历史,所以不像东芝那样是三井财团二木会(总经理会议)的成员,但从业务往来、人脉关系、共同投资等方面都能发现它与三井财团的联系。20世纪50年代中后期,索尼公司还是很难筹措资金,不得不寻求财团的力量。而给索尼提供帮助的正是三井财团,在索尼创业初期内部有个顾问委员会,这个顾问委员会在索尼的融资和投资上起到了巨大的作用。1953年至1959年,该委员会的主席是万代顺四郎,也是索尼的董事长。

二战以前,万代顺四郎是三井银行的董事长,虽然他在二战后被美国占领当局清理出了三井银行,但是他在三井银行内部拥有巨大的影响力。在他的帮助下,三井银行积极地购买索尼的股票,为索尼公司日后的腾飞提供了充足的资金。此时,在索尼的顾问委员会推荐的候选总经理中有石板泰三,正是他后来重建了东芝。三井财团的重组完成在1961年10月,在财团重组的前后,以东芝为代表的三井系企业和银行对索尼的发展提供极大的帮助。

索尼作为三井财团的准成员,在三井这个利益共同体中扮演着重要角色。如果将索尼和东芝的产业结构对比来看,我们会发现他们经营方向有很大的不同,而电子产业是他们之间的一个契合点。东芝是传统的日本财团体系内发展起来的“基础电子+综合电机”的企业,而索尼是在美国市场成长起来的一个重心向影视、娱乐转变的“综合电子+娱乐产业”的企业。在三井财团内部看来,东芝与索尼显然在产业链上形成很强的互补关系。

通常人们只孤立地观察到索尼近年来在电子制造业的衰落,而没有从整个日本财团的角度理解索尼产业调整与其他日本财团企业之间的联系。现在的三井财团与住友财团通过金融整合从而将各自的制造企业更加紧密联系起来,并形成各自在优势领域的分工。住友财团的NEC、松下等电子制造企业的投资与经营活动事实上与三井财团的东芝、索尼之间也存在着不断加深分工与协作的关系。

第一节 挥起专利大棒

游戏规则变了！

在1999年DVD第一次走进中国后，中国一跃成为DVD生产大国和世界最大的DVD市场，而且还成为DVD出口大国，1999年，DVD影碟机出口105万台。与此同时，以三井财团东芝公司为首的6C联盟于1999年6月向全球发表了关于“DVD专利联合许可”的联合声明，规定DVD厂家应将DVD视频播放机、DVD－ROM播放器净售价的4%或每台4美元以及解码器净售价的4%或每台1美元缴纳给6C联盟的企业。DVD光盘的专利费为每碟7.5美分。

2002年1月10日，中国电子音响工业协会(CAIA)与6C联盟就DVD专利联合许可的多次谈判破裂。春节刚过，欧盟成员国海关扣押了中国12 000多台DVD产品。而此次扣押事件是由三井财团索尼公司为首的3C联盟发起，由其成员飞利浦公司执行的，针对包括中国在内的全球未缴纳专利费的DVD产品。以日本财团为首的跨国公司由此开始向中国DVD生产企业擎起“知识产权保护”这把“达摩克利斯之剑”。

索尼、先锋和飞利浦组成的3C联盟，以及由日立、松下、东芝、JVC、三菱、时代华纳组成的6C联盟

索尼(中国)有限公司董事长正田紘在2002年2月28日接受《京华时报》记者采访时，就中国DVD被扣事件发表了自己的观点：“发生这样的事我也很遗憾，DVD专利技术关系到国际知识产权和法律方面的问题，所有人都应尊重知识产权，中国也不应该是例外。每一个国家都应遵守国际规则，这是很正常的事情，特别是中国已经加入了WTO，各方面都应遵守游戏规则。”此时，中国2001年全年的DVD出口达到了1 000万台。

6C和3C联盟在此时提出向中国DVD厂商征收专利费的目的是为日本财团将推向市场的新型专利产品“蓝光DVD”扫清市场障碍。蓝光DVD主攻的方向将是欧美地区市场，但是当时普通DVD是占据该市场的主流产品，而其中产自中国的DVD产品已拥有近5成的市场份额。日本财团当然不会同意中国的DVD在欧美市场“自由”销售。其实，日本财团早就知道他们的DVD专利在中国遭到了侵权，居然等到今天才突然“翻脸”，答案恐怕在于中国已经加入了世贸组织，游戏规则变了！

以前早期的光碟视频和音频压缩格式 MPEG—1、H. 261 和 H. 263 等标准虽然吸纳了专利技术，当时由专利持有人各自负责自己的专利授权，成本很高。而后来，一个名叫 Baryn Futa 的人于 1996 年出资 300 万美元在美国成立了美国 MPEG 专利技术管理公司（简称“MPEG LA 公司”），负责管理由索尼、富士通、三菱、飞利浦、科学亚特兰大、通用仪器公司和哥伦比亚大学联合组建的 MPEG—2 专利池。

1997 年 10 月 20 日，以三井财团东芝公司为首，还包括日立、松下、三菱、JVC、时代华纳，共 6 家企业组成 6C 联盟。自 1999 年 6 月开始，对 6 家成员公司所拥有的用于视频播放器、刻录机、驱动器、视频光盘、可刻录光盘等 DVD 规格核心专利，6C 联盟在全世界范围内以“一站式购买的方式”进行联合许可。2002 年，IBM 加入 6C 联盟，成为第七位成员。2005 年 4 月，三洋电机和夏普作为许可方成员公司，也正式加入 6C 联盟。

6C 联盟成立的第二年，即 1998 年，三井财团索尼公司联合飞利浦、先锋成立了 3C 联盟，全称为 3C DVD 专利使用权联盟。值得注意的是，3C 联盟把专利池许可协议拿到美国司法部备案时，美国司法部同时申述了 3C 联盟必须遵循的 3 个基本原则：专利联合许可价格要在产品生产成本中占较小比例、不得无端拒绝许可，以及专利池只能包含必要专利等。2003 年 8 月，LG 电子加入了 3C 联盟，在 10 年内可以分享 3C 联盟征收的专利特许使用收入。

面对“最后通牒”的无奈与妥协

由于中国 DVD 产品的价格优势，对以日本财团企业为主的 6C 联盟和 3C 联盟专利权人的 DVD 产品造成一定的冲击。所以，6C 联盟等专利权人急不可耐地向中国企业索要专利费，一方面可获得高额收入，另一方面以此来打压中国企业在国际市场上的竞争力。多数国内厂家承认专利费收取的合理性，但是对于专利费用过高表示无法接受，希望每台 DVD 收取专利费 2 美元至 3 美元，最多不超过 5 美元至 6 美元，但这与 6C 联盟要求的 20 美元相差太远。

然而，2002 年 3 月 8 日，以东芝为首的 6C 联盟急不可耐地向中国电子音响工业协会（CAIA）的 100 多家中国 DVD 企业发出最后通牒：中国厂家务必在 3 月 31 日前就专利使用费与 6C 联盟达成协议，否则 6C 联盟将向法院提出诉讼。6C 联盟开出的条件是专利使用费按产品单价的 20% 收取，每台约 20 美元。显然，若将 20 美元的专利成本计入出口海外市场的产品供货价格中，中国产的 DVD 也就肯定失尽了产品的价格竞争优势。

由于中国企业 DVD 核心技术的专利占有率几乎为零，关键的零部件均为国外直接进口，中国企业仅提供诸如电阻、电容、遥控器、普通电路板以及包装等边缘性生产，对专利直接使用率几乎为零。因此，有部分中国企业认为，中国进口相应的核心零部件时已经向国外企业支付相关产品的费用，专利使用费不应再向终端用户收取,否则整机企业将会出现对专利两次付费的情况。中国企业希望由官方背景的中国电子音响工业协会(CAIA)来坚持这一立场,争取应有的权益。

但是,中国电子音响工业协会迫于来自入世后的国际压力,与6C联盟在最后通牒日(2002年3月31日)作出了妥协,表示承认6C联盟收取专利费的合理性,尊重DVD专利权人的利益,在以后的生产中,把专利费用纳入产品成本核算中。从2003年年初开始,中国国产DVD每出口一台,都必须向6C和3C联盟分别交纳4美元和5美元的专利费用,而此时出口价格只有60美元到80美元;另外,内销DVD也被要求交纳专利费用。

其实,6C、3C联盟的建立,向中国企业征讨DVD专利费等行动只是三井财团带头推进日本知识产权立国战略的重要一步。2002年10月4日,三井物产(三井财团的综合商社)成立了主要负责纳米业务知识产权的战略制定、管理与评估以及对外合作的子公司——INRI公司。INRI公司录用的职员主要是精通知识产权的原研究人员,在业务方面还与专利事务所等外部机构的专家合作,到2003年4月扩编至大约100人的规模。

就在三井物产成立知识产权战略公司不到两周,2002年10月16日,日本政府正式发表了旨在保护发明者专利和著作者权利的知识产权基本法案,并计划提交临时国会讨论通过后于当年内付诸实施,这标志着日本在全面推进知识产权方面已迈出重要一步。保护知识产权正在变成日本全社会的行动,三井物产知识产权战略公司的成立表明日本保护知识产权在法律化、制度化和体系化的同时,社会化程度也很高。

这次"最后通牒"引起的风波给中国DVD行业和生产企业敲响警钟,自主研发DVD核心技术,拥有自己的知识产权才是从根本上解决问题的办法。不掌握核心技术,成了DVD的致命伤。中国加入WTO以后,在国际贸易中,熟悉各国法律和国际规则已迫在眉睫,政府和相关行业也亟待对企业进行国际法方面的培训。鉴于中国已经加入世贸组织,政府必须信守保护国外专利的承诺,DVD专利费事件显然让国家行业主管部门为难。

变本加厉,层层盘剥

继2002年向DVD整机企业收取专利费告捷后,东芝为首的6C联盟一年后又将专利大棒转向更大规模的DVD、PC产业。2003年9月5日,6C联盟通过其代理律师事务所宣布,自9月1日起开始对DVD音频及可刻录DVD产品的核心专利实施全球许可,并从2004年1月起开始征收专利费。6C联盟此次收费范围再次扩大,不仅面向中国国内PC厂商而且包括中国国内整个碟机产业,这是6C联盟继2002年向中国DVD厂商专利费后的进一步升级。

2004年4月,在第95届广交会上,6C联盟向中国机电产品进出口商会和大会投诉站提供了一份包括30余家被指侵犯其专利权的中国企业名单，给本已遭受重创的中国产DVD出口形势又是一阵刺痛。这些跨国公司追溯性的收费要求一次就收取27亿元人民币。而接下来的日子里，在国内每卖掉一台DVD，中国的DVD生产商就要向专利权人6C联盟、3C联盟、MPEG LA等交纳13美元的专利费，如果是出口，要交纳21.3美元。

为了继续扩大战果，日本财团不断统合新的力量对中国DVD企业实施更大规模的暗中“围剿”。2005年4月15日，住友财团三洋电机和三和财团的夏普这2家公司正式被东芝为首的6C联盟列为新的成员单位，该机构成员单位扩大为9家。作为在中国收取DVD专利许可费用的众联盟之一，三洋电机和夏普的加入，为6C增加了更多可许可的专利，可能原先并非专利的技术获得了专利认可，中国DVD制造企业早晚得为之付费。

正当中国DVD企业为生存而被6C和3C联盟压迫得喘不过气来之时，日本财团企业又借助美国MPEG专利技术管理公司（MPEG LA公司）这个壳再次成功获得了更大利益。在2006年中国知识产权周期间，MPEG LA公司于2006年4月26日与中国电子音响工业协会（CAIA）和中国机电产品进出口商会（CCCME）签署了知识产权谅解备忘录。商务部经济运行司的官员作为受邀贵宾也出席了本次谅解备忘录签署仪式。

按照谅解备忘录，中国电子音响协会60多家中方会员公司2006年7月1日之后生产的DVD，每台要向美国MPEG专业技术管理公司交纳2.5美元的知识产权费。之前生产的DVD有三种追缴方式选择：一次性付清；厂家从生产第一台DVD起累计至2005年7月1日，按照实际的生产规模，每台收4美元，分期付款；按照2006年7月1日之后的生产规模，每台增加0.5美元，3年交清，或者每台增加0.25美元，5年交清。

中国的众多新闻媒体称：“随着MPEG LA公司与中国电子音响工业协会签署了‘MPEG—2专利联合许可’谅解备忘录，中美专利之争结束。”然而，实质上这是一场“中日之争”。目前，MPEG LA专利收费公司代表着24个授权者，包括：索尼、东芝、JVC、富士通、松下、三菱、三洋电机、日立、KDD株式会社、日本电报电话公司、三星电子、哥伦比亚大学托管人、法国电讯、通用仪器、飞利浦、亚特兰大科学有限公司等，主要是以日本财团企业为主。

中国知识产权欠缺反垄断规制

面对6C联盟、3C联盟、MPEG LA公司，汤姆逊、杜比等与中方达成专利授权使用许可的专利权人或专利权人委托代表，每台中国产的DVD需要支出的专利费，从刚开始的每台5美元涨到了20多美元，征收专利费用的企业也由当初的一家变成了数十家。针对这种现状，许多国内传统DVD企业纷纷贴牌出口国产

DVD,由外方缴纳专利费。贴上国外品牌的同时,中方丢了市场渠道权,大把的利润也放进拥有专利的外资企业腰包。

饱受国外企业专利费压榨的中国企业,最终不得不自己行动起来进行了一次有限的反击。2004 年 6 月,一家名为无锡多媒体的民营企业,正式在美国圣地亚哥市的加州南方地区法院递交起诉书,状告以三井财团索尼公司为首的 3C 联盟,指控其针对中国 DVD 企业的征收专利费行为违反美国的《谢尔曼法》以及加州垄断法等法律。2004 年 12 月,无锡东强数码科技有限公司(简称"无锡东强")也在美国加州南方地区法院以同样的诉讼理由状告 3C 专利联盟。

在两家无锡 DVD 生产商在美国起诉由索尼、先锋、飞利浦组成的 3C 联盟之后,终于看到了敲山震虎的功效。2005 年 3 月 10 日,以三井财团东芝公司为首的 6C 联盟突然表示近期将降低中国 DVD 专利费。在 6C 联盟的这份降价声明当中,中国 DVD 制造企业有选择对包括 DVD 视频播放器、DVD 刻录机等产品获取组合许可的权利。而这一点恰恰是 3C 被起诉的原因之一:对很多非必要专利进行捆绑授权,造成不公平竞争。

2005 年 12 月 6 日,多位知识产权法和反垄断法专家相聚北京大学,以"DVD 专利案的历史启示与法律思考——3C 专利池的许可政策及中国产业的应对"为题进行研讨。主持会议的北大知识产权学院教授张平对 DVD 领域以索尼为首的 3C 联盟在华专利的有效性、收取高额许可费的合理性提出质疑。此前,德国法院已经在 2005 年 6 月做出一审判决,认定 3C 联盟中的飞利浦公司的专利在德国无效。

张平教授认为,中国 DVD 企业在知识产权方面遭遇的困境,一是由于发达国家在国际贸易中充分利用知识产权壁垒,束缚了中国产业发展,二是由于中国企业对知识产权制度认识和利用不足,三是因为中国知识产权反垄断规制欠缺。她说,知识产权制度的运行本来就与反垄断规制相伴相随,美国 1995 年即颁布《知识产权许可反垄断审查指南》,欧盟也早有对知识产权的竞争规制。

技术许可证交易往往会受到欧洲和美国反垄断机构的关注,审查它们是否使一个竞争者获得了对另一个竞争者的不公平优势,或者是否阻止新厂家进入市场。索尼和东芝在开发下一代 DVD 标准格式(BD 和 HD—DVD)的竞争,就引来欧盟委员会反垄断监管机构的注意。该机构 2006 年 7 月 26 日表示,已对索尼和东芝这两家公司着手进行初步调查,查清是否与使用其产品的公司签订排他性合同,以妨碍公平竞争。

第二节　竞争背后的垄断

东芝对索尼的支持并非偶然

日本财团向来采用让自己“左手”与“右手”掰腕的手法，让产业链上的全球企业不知不觉中被牢牢地控制在他的双掌之中。从渊源已久的录像机制式“ BetaMax 对 VHS”大战，到数字时代 DVD 规格的主导权之争，三井财团的东芝和索尼始终都是这些“争斗”的主角。在各种猜测和博弈中，似乎人们很难把握谁是最后的赢家，但是在这迷雾背后却隐藏着三井财团的布局，无论是何种标准最终取得了胜利，三井财团始终是赢家。

早在 20 世纪 70 年代初期，索尼公司晋级世界级品牌，开始专注设计家用电视录像系统。索尼的传奇创始人盛田昭夫一直想要的是，一盒能装得进大衣口袋的录像带。索尼和包括竞争对手在内的许多公司共享了诸多 BetaMax（录像机制式）的技术专利。根据早先的商业协定，松下电器公司的下属企业 JVC 公司亦是其中的受益者之一。然而此后，就在索尼即将占有全球整个家用录像市场的时候，JVC 公司突然宣布了研制家用录像机的消息。

这一时期，索尼借助特丽珑彩色电视机、Walkman 等划时代的产品奠定了在消费电子产品行业霸主的地位。当时美国 RCA 公司非常看好录像机市场，想让依靠 Walkman 和彩色电视机迅速走红的索尼为其生产录像机，当然这巨大商机是要付出代价的，其条件是所有产品采用 RCA 商标。作为三井财团重要关联企业的索尼公司断然拒绝了此要求，于是 RCA 这个美国视听器材第一大品牌转而向另一家日本住友财团的松下公司进行合作。

20 世纪 70 年代中期，三井财团索尼公司支持的 BetaMax 标准和住友财团 JVC 公司（松下的子公司）支持的 VHS 标准在这两家日本企业之间上演了家庭录像带格式的大战。这场专门演给外人看的“战争”一直持续十多年。实际上，这是第一次 AV（视听）标准同盟的日本财团之间的竞赛，住友财团的松下公司全力扶持旗下 JVC 公司发展 VHS 标准，而三井财团的东芝公司是索尼 BetaMax 技术的坚定支持者。

其实东芝对索尼的支持并非偶然，索尼发展初期曾经得到了三井财团大力帮助。索尼创业初期内部有个顾问委员会，这个顾问委员会在索尼的融资和投资上起到了巨大的作用。在索尼的顾问委员会推荐的投资实业家中有石板泰三，正是他重建了三井财团的东芝公司，而且在后来还担任了日本经团联的主席。三井财团的重组完成在1961年10月,以东芝为代表的三井财团企业和银行对索尼的发展提供极大的帮助。在盛田昭夫(索尼创始人)时代,索尼与东芝等企业在业务发展中走得非常近。

然而,索尼对自己倡导的技术过于自信,试图取得更大的垄断,在20世纪80年代后期曾经出现游离于三井财团之外而选择独立发展的倾向。由此,索尼公司不断出现营销策略的失误,而且同盟力量越来越薄弱。在此情况下,索尼公司对自己BetaMax标准固执的坚持一直到90年代。最终,由于住友财团JVC公司的VHS格式本身更小型化、录制时间更长、更能满足用户的需求,索尼的BetaMax标准最终退出了历史舞台。

表面的分歧,暗中的合作

当前的DVD标准在产生的过程中也曾经出现过"分歧"。1994年12月16日,索尼公司和飞利浦公司率先发表了"高密度多媒体CD的格式与技术指标",可以说这是第一个提出来的DVD技术规格。紧接着,在1995年1月24日,东芝公司就发布了另一个DVD规格——超密度光盘系统(SD)。最终在IT界与娱乐界的参与下,索尼接受了SD标准,与东芝于1995年9月15日达成了统一标准,这便是索尼和东芝的第二次合作。

东芝在获得了DVD标准的主导后,不仅升任DVD论坛技术委员会主席,而且也在光存储界异军突起。在2002年初,东芝和NEC开始抢先发力,成为最先提出下一代DVD的厂商。2002年1月在美国举行的"2002国际消费电子产品展"上,东芝率先展出了使用蓝色激光器(又称蓝紫色)将单面单层的存储容量提高到30GB的新一代光盘系统(HD—DVD),这一容量可以录制3小时左右的高清数字电视(HDTV)节目图像。

索尼公司也没有闲着,早在1998年,索尼与飞利浦就率先发表了下一代DVD光盘的技术论文,并联合松下公司,也在开发着单面单层实现23GB~25GB的技术方案。2002年2月19日,以索尼、先锋、飞利浦组成的3C联盟为核心,联合日立、三星、LG、夏普和汤姆逊共同发布了0.9版的蓝光DVD(Blue-ray Disc,简称:BD)技术标准,形成与东芝主导的HD—DVD的对阵局势。

很少有人注意到这样一个事实,虽然索尼和东芝分别是BD和HD—DVD两个标准的主导者,可他们在电子信息产业领域的合作不胜枚举。2004年2月,东芝和索尼就曾宣布合作开发45纳米大规模集成电路系统处理技术,并在位于日本横滨的东芝先进微电子中心进行研发,其研发成果被广泛报道并得到业界认可。东芝和索尼共同投资了数十亿美元进行纳米技术上的战略合作,突显出他们之间所谓的竞争更像是一种共谋。

其实,DVD标准的争夺并非真正意义上的技术之争,而更多成分是市场之争、商权之争。作为电子信息技术的基础,纳米级的半导体芯片技术才是包括DVD在内的众多电子产品的核心部分。在2003年纳米技术研讨大会上,除了三井财团的东芝和索尼外,富士财团的日立公司也向外界展示了其最新的超高密度DVD碟片和相应的读取技术。日立使用一种直径只有50—70纳米的蓝紫色激光束,该技术可以有效地使DVD存储密度提升至3倍。

无论主导BD标准的索尼,还是主导HD—DVD的东芝事实上都归属于三井财团这个体系。他们之间的竞争也好,合作也好都是为了追求利益最大化,将更多外国竞争者不断边缘化,或是逐步统合到这个体系之中。其实除了物理结构以外,BD与HD—DVD几乎没什么差别。确切地说,BD和HD—DVD两大阵营在技术上是一家人,都属于蓝光技术范畴,所谓的标准同盟也不过是三井财团瓜分垄断利润的博弈。

从合作走向垄断

三井和住友两大财团的主办银行、金融、保险企业于2002年统合为三井住友金融集团,该集团包括三井住友银行、三井住友海上火灾保险集团、三井住友租赁、三井住友信用卡公司等一系列金融企业。因此,两大财团的下属企业和关联企业联系更加紧密。虽然在BD和HD—DVD标准两个标准下,同属三井—住友体系下的东芝、索尼、松下、NEC、三洋、JVC分属在两个阵营,但彼此之间通过多方位的共同投资不断加强分工与合作。

2005年11月,住友财团的松下电器公司采取一项战略性行动,从130纳米工艺跳跃到65纳米,开始批量生产65纳米芯片。三井财团的索尼和东芝等消费IC制造商也曾宣布开发65纳米工艺技术,但此时尚未开始批量生产。松下的首批65纳米LSI芯片就是用于DVD产品。除了自己使用以外,松下还计划对外出售。松下通过工艺升级不断减少系统所需要的芯片数量,2000年采用0.25微米(250纳米)工艺时需要17个芯片,2006年使用65纳米工艺时只需1个芯片。

接下来,三井财团的东芝和住友财团的NEC电子公司在2005年11月宣布双方达成协议,联合开发45纳米处理技术,具体工作全面展开。此后不到3个月,东芝、索尼、NEC三方于2006年2月签署协议联合开发利用45纳米的工艺生产系统芯片的技术,分担高昂的开发成本,合同期为一年。通过整合三方的研发资源,东芝、索尼和NEC提高了开发效率、加速了研发进程,可以更快地实现基于45纳米工艺的大规模集成电路系统处理技术。

2006年4月3日,三井财团的索尼和住友财团的NEC把光存储部门进行了合并,成立新的合资公司,名称是Sony NEC Optiarc公司。在新公司中,索尼出资55%并派遣社长,NEC出资45%并派遣副社长。值得注意的是,这次合资的双方在下一代DVD的标准中分属两个阵营,索尼是BD标准的主导者,而NEC是HD—DVD的主要支持者。业内有评论认为这是双方在为下一代DVD标准之争提前买的“保险”,更有媒体撰文声称索尼通过与NEC合资获得了生产HD—DVD的秘诀。

其实在光存储业界,索尼与NEC的合资并非首家。在2003年,与三井—住友财团关系极其密切的韩国三星电子就与东芝公司共同组建东芝三星存储技术公司,这两家公司的情形与索尼、NEC也很相似,都分属BD与HD—DVD两个阵营。下一代DVD标准之争实质上就是三井—住友财团体系中的一场设计好的“内战”。同过这样的内部竞争,全球的资源都会调动起来,投入到三井—住友财团所控制的产业链中来,由此形成暗中的垄断。

围绕索尼和东芝的标准之争,其他日本财团企业也开始整合资源,适应新的竞争形式。例如,夏普公司和日本先锋公司在2001年就曾宣布将在数码AV视听产品的开发方面进行技术合作,二者在2003年还曾联手开发DVD录像机产品。2007年9月20日,先锋公司宣布:夏普公司正式成为先锋的大股东。通过以3.57亿美元和自己1 000万股股份为条件购得先锋3 000万股股份,夏普成为持有先锋14.28%股份的第一大股东。

至2008年初,通过对液晶电视屏市场的统合,三井—住友财团分别以东芝、索尼和松下为主导,组建了“东芝—夏普—先锋”“松下—日立—佳能”“索尼—三星”三个军团,也从而加强这些企业在DVD产业上的彼此协作关系。2008年1月6日,东芝、松下和夏普在美国的法人公司联合成立了一家名为MRM的废旧家电回收公司,而MRM已与日立、JVC、先锋、三洋电机、三菱电机和荷兰皇家飞利浦电子达成了合作协议。这些企业实际上都是6C和3C联盟的成员,也分别属于BD阵营和HD—DVD阵营。

激烈较量的背后是共谋

为了争夺高清晰DVD市场,索尼推出的BD和东芝倡导的HD—DVD标准目前在市场上形成了分庭抗礼(相对垄断)的局面,而表面上的激烈竞争引起了欧盟监管部门的警惕。2006年8月10日,据布鲁塞尔奥斯丁法律公司Sidley透露,欧盟开始调查索尼和东芝是否存在“强制性将DVD格式,灌输给电影制造商和电脑制造商的行为”。不过欧盟发言人暗示,在正式调查之前,需要完成许多“铺垫工作”,信息和证据搜集就是所谓的铺垫工作。

此时,三井财团加快了对旗下的东芝和索尼各自分工与协作的步伐。在框架协议条款下,双方计划建立一个合资公司制造高性能半导体产品。不过索尼公司后来宣布,准备把半导体制造业务和生产线转让给东芝公司。2007年10月18日,索尼表示,为了集中力量强化核心业务,与东芝签署了框架协议,同意把强大的计算机Cell芯片(中央处理器,CPU)生产线出售给东芝公司。索尼未来将逐渐退出半导体行业,全力聚焦消费电子业务。

时隔仅4天，索尼公司于2007年10月22日宣布了两份独立签署的最新合作协议，目的是增强索尼集团的PlayStation（游戏机）业务规模。根据协议内容，IBM和索尼将双方之间现有的生产合作关系拓展到45纳米绝缘硅（SOI）业务中，以批量生产Cell宽带引擎（Cell/B.E）处理器。此外，作为另外一份独立协议的内容，索尼将拓展与东芝之间的联盟关系，以通过45纳米批量处理技术来生产高性能LSI（大规模集成电路）。

2007年12月18日，东芝公司宣布，将加入IBM领军的集团，共同研发32纳米半导体制造工艺。IBM领导的这个联盟囊括了多个半导体巨头，其中有美国AMD公司、韩国三星电子公司、新加坡特许半导体公司、德国英飞凌公司和美国飞思卡尔半导体公司。这七家公司将会一直合作到2010年，联合研发采用32纳米设计、生产芯片的技术。由此，三井财团通过东芝公司又与IBM公司增强了多年来就有的密切合作关系。

三井财团对下一代DVD产业的谋篇布局时日已久，完成“收官”工作的时间到了。2008年2月16日，日本NHK电视台的头条新闻中报道了一则消息：东芝宣布放弃HD—DVD格式。与此同时，路透社东京分社也刊发了“东芝放弃HD—DVD，终结格式战争”的消息。在此前后，作为原东芝HD—DVD阵营中的华纳公司、派拉蒙公司改为发行采用索尼BD格式的碟片。微软和三星电子也表示转为生产BD格式的产品。无论怎样变化，最终他们都无非是从三井财团的左手换到了右手中。

总之，日本企业和世界其他国家的企业有一个很大的不同，他们在竞争中伴随着大量的合作，甚至很多时候合作是主旋律。日本企业巨头们为了获得市场的主导权不停地在博弈，在看似激烈较量的后面也存在共谋，这种共谋其实就是技术上的排他性。与传统的市场垄断不一样，技术垄断在各种资源的投入上相对要少，而且竞争与合作的转变相对比较容易，转变的机会成本也相对较低。因此现在世界各国更重视在知识产权和技术标准的竞争。

第三节　红光 PK 蓝光

EVD是中国自主的吗

为了让中国DVD制造商掌握自有知识产权的核心技术，2005年2月信息产业部批准EVD为中国的国家标准。EVD（Enhanced Versatile Disc，增强型多功能光盘）被视为中国自主开发的可播放高清视频的光盘标准，属于红光技术标准。虽然EVD能不能成为国际标准很难说，但问题的关键在于在新的光盘系统国际标准还没有制定之前,中国已经先行开口说话,扭转了以前的被动局面。

早在1999年,在原中国国家经贸委和信息产业部的组织下,国内影碟机产业的骨干企业联合成立了中国数字光盘联合体这一产业联盟,联合起来进行核心和共性技术的开发,北京阜国数字有限公司(简称"阜国数字")是主导力量。历经4年,终于越过了技术体系开发、核心芯片研制生产、整机产业化规模生产等多道难关,一种采用美国On2公司特许的VP5和VP6视频压缩技术、被称作EVD标准的影碟机于2003年开始投放市场。

首批生产EVD影碟机的阜国数字公司的第一大股东是上海广电集团,它通过下属的上海广电信息产业股份有限公司和上海广电数码科技有限公司两家公司累积持有阜国数字49.89%的股权;中国电子科技集团通过下属的3家公司累积持有16.42%的股权,名列第二大股东;身为第三大股东的北京火马微电子技术有限公司持有5.63%的股权。另外,新科电子、夏新电子、广东步步高、先科电子等厂家分别持有4%或更少的股权。

正如前文所述,作为阜国数字第一大股东的上广电被三井物产称为"中国的索尼",是三井—住友财团体系中的重要关联企业,与三井—住友财团的索尼、东芝、松下和NEC有多家合资公司。1987年三井物产就携手东芝公司,共同为上广电提供彩色显像管,帮助其成立上海永新彩色显像管公司,1993年又合资成立上海新芝电子有限公司。2002年12月,三井物产与上广电签署战略合作协议,开始对其产业链、供应链、销售服务链进行全面疏通 和整合。

2003年11月,国家知识产权局局长王景川在接受中央电视台采访时说:"阜国模式是知识产权与标准战略的成功范例。"

上广电与三井—住友财团合资企业一览表

合作项目	日本股东	归属财团
上海广电三井物贸有限公司	三井物产	三井财团
上海索广映像有限公司	索尼	三井财团
上海索广电子有限公司	索尼	三井财团
上海新芝电子有限公司简介	东芝	三井财团
上海松下等离子显示器有限公司	松下	住友财团
上海松下电子应用机器有限公司	松下	住友财团
上海松下微波炉有限公司	松下	住友财团
上海广电NEC液晶显示器有限公司	NEC/大和证券	住友财团
电气硝子玻璃(上海)广电有限公司	住友商事/电气硝子	住友财团
上海广电住金微电子有限公司	住友金属	住友财团

根据美国On2公司(EVD技术提供者)和阜国数字公司的协议,On2将因特许

其使用 VP5 和 VP6 代码获得 100 万美元，每生产一台 EVD 播放机还将获得 2 美元。不过，这比国内公司当时每生产一台 DVD 播放机至少需要支付 13.8 美元的专利费比起来，似乎要便宜不少。这样看来，即便是中国标准，EVD 的标准中也或多或少集成了国外的专利技术，专利费仍然是一分钱都逃不掉，只不过是多少问题。

实际上，EVD 的量产需要分为两个阶段，第一个阶段在 2003 年底，产品只能播放 EVD，主要适用于发烧友以及机关单位；第二阶段在 2004 年上半年，民用 EVD 兼容 DVD、VCD 和 CD，解决片源问题。在片源可能不足的情况下，EVD 不得不先靠兼容 DVD 等功能来拉拢用户。而一旦 EVD 开始兼容 DVD、VCD 等功能，那么 DVD 的 6C 联盟、3C 联盟等各项专利费仍然是各厂商怎么甩都甩不掉的。

为了圈钱，可以抛弃一切

上广电作为 EVD 技术的最大支持者本身就是最大的不稳定因素，在短短的十几年间，在几乎没有任何技术研发积累的基础上，上广电能够发展到如今的规模离开外资的扶持恐怕只能是黄粱一梦。如上所述，在与上广电合资的外国企业中，日本的企业数量最多，合资的规模也最大。三井—住友财团的东芝、索尼、松下、NEC 等都是世界顶尖的电子企业，这些重量级的合作伙伴令上广电名声大噪，同时也使其形成了对日本财团的技术和市场的依赖。

为了能够尽快从政府手中圈到钱，上广电作为阜国数字的大股东、EVD 联盟的后台老板，急忙走到前台，高举起“中国自主知识产权”的大旗。2003 年 10 月 23 日，上广电的总工程师在接受《中国经济时报》记者采访时透露：“上广电集团已经独家生产出了数万件用于 EVD 的集成电路和数千套 EVD 产品，EVD 盘片的制作也已开始启动，已然得到了好莱坞的大力支持，获授权制作高清晰度盘片，到明年，国内十余家企业将推动 EVD 大规模上市。”

其实，上广电所谓的“独家生产的 EVD 集成电路、产品、盘片”不过是来自它与索尼的合资企业。在索尼公司的中文网站上可以看到这样的介绍：“上海索广电子有限公司成立于 1993 年 9 月，由索尼公司和上海广电信息产业股份有限公司共同投资。公司是以生产制造 8mm 摄录放一体机、DV 摄像机、数码相机、DVD、组合音响、Play Station 用的光学拾音头和与此配套机芯等尖端技术产品为主的高新技术企业。”另外，索尼控制了好莱坞的大部分片源，上广电所谓“好莱坞的大力支持”实质就是索尼的背后支持。

正当中国人在欢欢喜喜庆祝中国 EVD 影碟机诞生之时，国外的家电和专利巨头们会怎么看待 EVD 呢？2003 年 11 月 28 日，飞利浦（中国）有限公司总裁张钥对媒体表示，任何新产品都需要软件的支持，绕不开光存储技术等领域的很多专利。张钥认为，国内 9 厂商推出的 EVD 只是一个框架，而没有具体的标准文件，从另一角度说，EVD 则应向下兼容 VCD、SVCD、DVD 等碟片，因此还需要获得国际家电业巨头们在技术和专利上的支持。

为了获得境外资本的支持，2005 年 12 月 1 日，EVD 技术持有企业阜国数字表示：阜国数字已经成功与英国新媒介公司（New Medium Enterprises Inc.，简称“NME 公司”）达成战略合作。阜国数字获得 NME 公司 850 万美元的现金投资，并获得 NME 公司 40% 的股份，同时，作为交换条件，阜国数字出让公司 69.09% 的股权给 NME 公司。英国 NME 公司开发出的是一种通用多层光盘（VMD），属于红光技术范畴。阜国数字总裁郝杰表示，采用英国 NME 公司的 VMD 技术的新一代 EVD 光盘已经在爱尔兰实现量产。

NME 公司成立于 1999 年，在美国场外柜台交易系统（OTC Bulletin Board，简称“OTCBB”）上以 NMEN 的代号公开上市交易。2004 年 1 月 13 号，NME 公司从伦敦的 MultiDisc 公司和比利时的 TriGm 公司获得了所有多层光盘（VMD）的知识产权。NME 公司 2006 年 2 月 23 日挂牌价只有 14 美分，业内一直有颇多争议，因为 OTCBB 上有3 300多家挂牌企业，股价不到 1 美元的“壳”公司有近 1 200 多家。这些公司并不是上市公司，而是挂牌后的柜台交易，它由十几个造市商互相交易，也称“店头市场。”

此时，阜国数字融资外国企业受到了媒体的极大关注，这与外资将在阜国数字中控股不无关系。2005 年 2 月，信息产业部将 EVD 标准颁布为中国电子行业推荐标准，然而，业界对 EVD 标准今后的身份比较疑惑。对此，有“圈钱高手”之称的阜国数字总裁郝杰（来自上广电）在 2005 年 12 月 2 日面对天极网的记者时，终于坦白了实话：“阜国只是持有 EVD 里的部分技术和知识产权，诸如 EVD 中的 MEPG2 技术都是国外的专利。”

扳倒上广电，组建“新 EVD 联盟”

2006 年 2 月 22 日，阜国数字在第一大股东上海广电集团的组织下，召开了股东大会，阜国数字由英企 NME 控股之事得以最终敲定。除了先科电子之外，14 家股东代表全都参加了股东大会。虽然不少股东对于股权交换协议持反对意见，但由于上广电、中国电子科技集团、新科电子等累积持有北京阜国 2/3 以上股权的 3 家股东都齐声表示“同意”，所以，股权交换协议还是得以通过。

“这个股东大会就是走走形式，逼我们非当场表决不可。其实，整个会议过程中都是上广电表达意见，而引资之事根本不靠谱。”一名参会的股东代表对此表示强烈质疑。由于阜国数字大股东上广电同意引资英国 NME 公司，EVD 国家标准面临着由外资掌控的尴尬境地。阜国数字第三大股东——北京火马微电子公司发出强烈质疑：“作为一家上市公司，上广电本该更看中控股权而不是区区 2 000 万元。上广电最终还是把阜国数字的经营权拱手让于国外资本。这究竟是为了什么呢?”

其实从日本财团的角度分析,NME公司和上广电完成交叉持股后,就形成了利益共同体,NME公司也就自然地被纳入到了三井—住友财团大体系之中。一方面,上广电与东芝、索尼等成立的合资企业获得了廉价的EVD技术标准;另一方面,日本财团企业又打开了通往中国和欧洲市场的一条新通道。只要上广电依赖三井—住友财团合资企业的生产线、核心材料和零部件以及销售渠道,无论股权变化还是采用哪家的技术标准都显得并不重要了。

然而,有民族责任感的一家中国民营企业向上广电控制的阜国数字发起了挑战。2005年12月,张宝全领导的今典集团向法院提起民事诉讼,状告阜国数字职务侵占。由于执法机关在调查中发现了更多的问题,此案件由民事诉讼转为刑事诉讼,所以执法部门采取了必要行动。2006年1月1日,阜国数字总裁郝杰因职务侵占罪被北京市海淀公安分局拘捕。1月15日,阜国数字的大股东上广电对《东方早报》记者证实了郝杰被拘捕的消息。

世事难料,NME公司入主阜国数字后,因为“郝杰案”发现其前途未卜,于是迟迟不兑现“投入850万美元”的承诺。无奈之下,阜国数字只能另觅新的投资方,意图咸鱼翻身。2006年9月21日,阜国数字向媒体透露出,其与英国NME签署的股权交换协议已经搁浅,双方密切协商解约事宜。而此时,上海国旅联合投资管理有限公司(简称“国旅联合”)计划斥资数千万元人民币对北京阜国进行增资控股,准备成为北京阜国的第一大股东。

此时,拥有阜国数字EVD 9项专利的两家公司,都是国旅联合的下属公司。国旅联合比较看好EVD未来前景,决定以“质押权益”折算为阜国数字的一定股份,另外再斥资数千万元现金对阜国数字进行增资控股。这样一来,其他15家股东所持阜国数字的股权比例都相应缩减。由此,国旅联合则成为阜国数字的第一大股东,上广电则退居为第二大股东。人们似乎又开始沉浸在EVD控制权回归到中国人手上的喜悦之中。

2006年10月15日,新科、上广电、TCL、创维、万利达等十几家国内影碟机厂和中影集团、中国国际电视总公司、中凯文化等内容商以及以国美电器为首的渠道商共40多家企业,在北京成立中国EVD产业联盟筹委会。显然,拥有技术背景的阜国数字公司慢慢退出了前台,取而代之的是国美电器、国旅联合、今典集团等商业和资本型企业。作为国内家电渠道商的领头羊,国美电器打算积极配合中国EVD产业联盟的下一步行动。

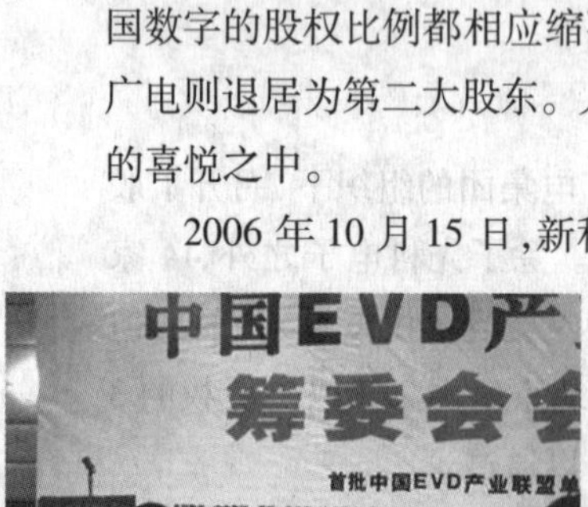

2006年10月15日,为对抗东芝HD-DVD和索尼BD,中国的EVD阵营成立了中国EVD产业联盟筹委会

中国EVD产业联盟的宗旨是共同对抗东芝

HD—DVD 和索尼 BD 影碟机标准。和以前联盟不同的是，此次 EVD 联盟聚集了国内 40 多家 EVD 影碟机硬件商、内容商、渠道商，而且该联盟筹委会主席由国美总裁黄光裕担任，EVD 最大投资人张宝全仅担任了联盟秘书长一职。新科销售中心副总经理樊文建、万利达董事长吴惠天以及钟培峰、顾培德 4 人当选为副秘书长。这个由民间企业成立的联盟倒是有一点儿像产业、商业、金融三位一体的日本财团组织结构了。

第四节 相煎何太急

理想与现实的差距如此之大

CD 光盘在 1980 年问世，接替它的 DVD 则是在 1995 年统一规格，两者相差了 15 年，而仅隔 7 年之后的 2002 年，DVD 的接班人就已经浮出水面。2007 年，下一代 DVD 标准之争如火如荼地进行着，国际上是以索尼为首的 BD 标准和以东芝为首的 HD—DVD 标准上演着两强争霸。在中国，国产 EVD 红光标准和两个日本标准进行着三国演义。无论下一代 DVD 标准的制定，还是历次 AV（音频和视频）设备领域的规格制定，三井—住友财团的企业一直都是主角。

日本企业很多都是蓝光 DVD 阵营（BD 阵营和 HD—DVD 阵营）的重要成员，而且大都在三井—住友财团体系的版图下。无论从技术还是产业链或者是商业资本的介入上来看，国产 EVD 红光标准同日本企业的两种蓝光 DVD 标准（BD 和 HD—DVD）相比都不具备任何竞争优势，唯一也是最大的优势在于价格的低廉。随着消费者品位的提高，高清数字电视的普及以及 BD、HD—DVD 价格不断下降，EVD 的价格优势也将被逐步淡化。国产 EVD 标准究竟该何去何从？

从整体来看，EVD 的产业链条趋于完善，但是这样一个产业链敌不过蓝光替换红光技术的大势所趋，红光光盘容量的限制很难突破，这里就存在一个技术寿命的问题。事实上，EVD 标准诞生之初就有明显的先天不足，EVD 基于红光 DVD 技术，就先进性而言落后于蓝光技术，对索尼和东芝主导的蓝光技术构不成威胁，反而可以成为日本财团企业占领低端消费市场的有用工具。

与此同时，阜国数字主导的 EVD 标准始终在专利方面受制于国外厂商，只是 EVD 标准较大降低了专利费用的缴纳。EVD 光盘容量小，其单面双层刻录的容量为 8.5GB，一直被质疑“达不到高清标准”，而东芝的 HD—DVD 单面双层光盘容量为 30GB，索尼的 SD 的双层刻录容量可达到 50GB。毫无疑问，日本财团握有的蓝光 DVD 技术的知识产权将会获得更加长远的经济收益。

EVD整个产业链围绕着阜国数字公司这样一家在2000年才注册成立的小公司而形成,靠着EVD这样唯一的一种技术存在的公司要担当起整个未来AV(音频和视频)联盟核心的重任,这种产业格局本身就是极其不合理的。对比BD和HD—DVD技术标准联盟里的企业,哪一家不是拥有巨大技术背景的跨国巨头,它们在视听技术的积累从20世纪70年代开始,历经30年的不断创新和提高,终于有了今天的技术实力。

而且,一个事实不容忽视,DVD产业技术标准始终是为内容服务的,DVD产业与其说是高科技产业还不如说是娱乐行业。随着现代都市人工作压力的增加和家庭影院的普及,大多数人选择在家观看DVD而不是去影院欣赏电影。DVD的普及,只是最近几年才开始的新潮流。现在,美国家庭的DVD播放机拥有量已经超过5 000万台。而索尼先后购入了美国哥伦比亚公司和米高梅这两家电影公司,使日本生产DVD播放机和其他便携式播放设备的公司不再因为没有内容资源而担忧了。

虽然中国EVD联盟陆续宣布过,已经与中影集团、中国国际电视总公司、中凯文化以及后来加入的华人传媒、纸老虎、滚石音像等达成合作,并将开通EVD碟片专卖网,但是在好莱坞横扫全球影视的环境下,得不到七大电影巨头哥伦比亚、派拉蒙、20世纪福克斯、华纳兄弟、环球影业、米高梅、迪斯尼的支持,难以满足消费者需要,是EVD的一大软肋。“内容为王”在音像视频产业上是条铁律,而EVD片源短缺非常明显。

尽管中国产业界对EVD寄予了很高的期望,但还是遭遇了市场冷遇。2007年7月26日,今典集团董事长、EVD联盟领军人物张宝全向《南方都市报》记者表示:“去年联盟的一系列动作后,EVD销售刚开始不错,但随后却因片源问题遭遇市场阻力。”2007年1—5月,EVD的市场份额仅为0.5%,在卖场也发现EVD摆放出来的样机少之又少,部分品牌已经停售,而询问者也是寥寥无几。有EVD部分成员已经转到索尼BD阵营,EVD联盟事实上已经名存实亡。

东芝与清华合作抛出“中国版HD—DVD”

阜国数字经过今典集团董事长张宝全的斗争,虽然保住了中国公司的身份,但是经过这几年的变故,到底有多少核心技术人员保留下来?虽然在创业初期获得国家包括财政拨款等一系列支持,并成功开发了18项专利和拥有3项著作权,但是时至今日又有多少科研能力呢?EVD标准虽然作为国家推荐标准,但是各种先天和后天的影响,让中国产业界丧失了信心。随着三井—住友财团在中国信息产业上的不断渗透,中国新一代DVD技术标准似乎不得不向日本靠拢。

2005年9月26日,中国影碟机行业排名前三的夏新和彩电巨头长虹同时宣布:在全球两大下一代DVD标准中,加盟东芝率领的HD—DVD阵营,即将向市场投放支持 HD—DVD 标准的高清晰度影碟机。长虹数码科技公司负责人表示 HD—DVD 标准对中国企业来说，更经济、更开放。长虹和夏新因而成为首批接受日本 DVD 标准的中国企业，此举也意味着 EVD 标准未能阻挡国际下一代 DVD 标准冲进中国。

就在这个事件的两个月前，清华大学中国光盘国家工程研究中心（简称“清华中国光盘中心”）和中国电子科技集团（阜国数字的大股东之一）向国际 DVD 论坛蓝光工作组（简称“DVD 论坛”）提交建议，希望能基于 HD—DVD 标准开发一种只面向中国的 DVD 专用格式的可能性，获得了小组通过。2005 年 9 月 14 日，在韩国济州岛举行的最高级指导委员会议上，DVD 论坛管理委员会通过了这一计划，并且还专门成立了一个名为“中国小组委员会”的特别工作小组。

值得注意的是，这个编号为 H—019 的“中国小组委员会”的组长单位，恰恰是东芝 HD—DVD 阵营的大力支持者——住友财团的 NEC 公司。此时，清华中国光盘中心和台湾工业研究院共同出任副组长。事实上，担任 DVD 论坛技术委员会主席的就是HD—DVD 的发起者——三井财团的东芝公司。日本财团主导的这个 DVD 论坛之所以会同意设立一个中国版的 HD—DVD，其最大的用意是间接利用中国厂商的生产能力，用“以华制华”的策略占领中国市场。

为此，2005 年 10 月 20 日《国际金融报》的一篇《张宝全“炮轰”清华光盘研究中心》文章中引用今典集团董事长张宝全的话说：“我就是要炮轰清华大学光盘国家工程研究中心，他们打着国家标准的旗号，把日本 HD—DVD 引进中国，对外说是研究开发‘中国标准’，实际就是日本 HD - DVD 中国区版本，还要申请国家科研经费。”然而，张保全忽略了一个事实，在他的 EVD 联盟阵营中，也还存在着上广电这样一个日本因素。

中国高清光盘产业联盟由清华大学光盘国家工程研究中心牵头成立，成员包括微软、东芝、NEC、时代华纳、中国唱片等31家厂商

清华大学光盘国家工程研究中心是按照国家计委关于国家工程研究中心产业化、企业化转制的方针，由清华大学、清华同方股份有限公司（简称“清华同方”）作为主发起人，与北京电影学院、北京印刷学院、中国音像协会共同发起成立清华同方光盘股份有限公司，于 1999 年 7 月 8 日正式注册。换句话说，清华同方光盘股份有限公司实质上是清华大学光盘国家工程研究中心的转型企业，是技工贸一体的清华同方股份有限公司的子公司。

其实，三井财团的东芝公司和清华大学、清华同方的合作关系一直都很密切。在 2001 年，东芝在清华大学设立了“清华东芝奖学金”。2003 年 1 月，清华同方与东芝、东芝（中国）共同出资成立了名为北京同方清芝商用机器有限公司的合资公司；另外，与东芝医疗系统公司在软件外包方面成立了清华同方东芝软件开发中心。从2001到2005年的5年间,东芝公司共向清华大学捐款超过130万元。2005年12月13日,东芝公司首席技术官受聘为清华大学的顾问教授。

与此同时,三井物产作为三井财团的综合商社也正在积极启动与清华大学在环保、节能等更多领域的商业活动,施加更大影响。2006年9月1日,由三井物产、松下电工与泰豪科技公司(清华同方的控股子公司)共同投资组建了北京清华泰豪智能科技有限公司,公司注册资本1亿人民币。随后,泰豪科技公司增持清华同方人工环境的股权至51%,进一步帮助三井物产密切了与清华同方的关系。此外,中央三井信托银行这家三井财团的金融企业也和清华大学中国金融研究中心有大型合作项目。

东芝HD—DVD和索尼BD齐头并进

2006年10月,东芝主导的国际DVD论坛在东京发布了针对中国版的HD—DVD初步格式规范,11月底,HD—DVD中国版技术通过日本DVD论坛审查,DVD论坛为此成立特别小组来进行HD—DVD区码限制技术开发。2007年2月28日,DVD论坛指导委员会批准通过了CH—DVD(中国版HD—DVD,中文名称:中国高清只读光盘)的物理规范,版本号为10.0,该规范仅针对中国大陆地区。对此,有关专家表示,清华大学的上述举动是为中国争取在蓝光时代技术话语权所做出的努力。

清华大学光盘国家研究中心认为,与EVD、HVD等其他自主规格一样,在BD、HD—DVD等国际规格存在的情况下推出CH—DVD,是出于"要使中国厂商拥有价格竞争力,就必须拥有自主知识产权"的想法。实际上,CH—DVD的物理层以东芝主导的HD—DVD为基础,采用现有规格时,可以使用面向BD、HD—DVD的编辑环境,但需要缴纳与HD—DVD影碟机相同的授权费,成本是不是会低于HD—DVD影碟机关键在于中方的谈判实力。

2007年第一季度,EVD惨淡的销售与2006年底EVD联盟高调亮相时火热场面形成鲜明对比。EVD售价高出普通DVD碟机2—3倍,更为严重的是来自EVD的片源短缺,很多好莱坞的大片没有EVD版本,使得消费者买回去碟机后无片可看。对此,EVD联盟秘书长张宝全表示:"销售的确出现了阻力,但主要原因并非技术,而在于片源的短缺,EVD在产业上已经具备了优势,但是现在的情况是有了军队和武器,却没有子弹(指片源),怎么进攻?"

销售的下滑不仅打击了渠道的信心,EVD联盟内生产企业的态度也发生了变化。媒体记者采访多家企业获悉,步步高年内并没有再推出EVD新品的计划,而万利达的主要精力还在于常规碟机。仅新科表示大概"十一"以后还要出新品,但是新科内部人士也无奈地表示,EVD联盟内仅少数企业对EVD产品进行推动,力度显然不足。EVD联盟内已经有部分成员计划和索尼合作生产蓝光(BD)碟机。

事实上，当上广电失去EVD联盟的领导权时，索尼就从EVD联盟幕后支持者转为了EVD联盟的暗中对手。

在2007年7月的中国国际消费电子博览会上，索尼的BD阵营首次在国内集体亮相，并和东芝的HD—DVD阵营竞相展示各自新品。面对上千亿元容量的中国高清市场，东芝HD—DVD和索尼BD两大阵营在中国的产业化竞争“显得异常激烈”，正在竞相拉拢中国本土家电、IT企业加入其阵营。2007年8月底，中国最大的音视频内容和服务提供商——中国华录集团有限公司正式加入索尼BD阵营。

2007年9月7日，中国高清光盘产业联盟在北京正式成立，该联盟由清华大学光盘国家工程研究中心作为牵头人，包括TCL、海尔、步步高、清华同方等19家中国发起参与者，以及微软、东芝、美国华纳等十二家外方发起参与者。该联盟的成立旨在将中国版HD—DVD的基础研究、产品设计、生产制造、技术支持等方面都快速实现产业化、规模化，并实现全面国产化。

中国光盘中心负责人表示，中国高清光盘产业联盟对国际上的HD—DVD标准进行了三项改动：采用了中国自主知识产权的调制解调码，采用简化的导航系统，采用中国自主知识产权的音视频压缩标准AVS。通过这三项改动得以推出的中国版HD—DVD，今后能够使得中国制造企业向国际HD—DVD授权组织缴纳的专利费明显减少。此外，中国本土企业在HD—DVD上游由东芝垄断的激光头产业也有了实质性的专利突破。

然而，EVD联盟秘书长张宝全在2007年9月11日面对《北京商报》记者时称：“高唱具有自主知识产权的中国版HD—DVD样机是东芝产HD—DVD碟机换了一个外壳。”张宝全认为，之所以会造成这种现象，完全是东芝HD—DVD和索尼BD争夺市场的结果。此外，张宝全还表示，由于CH—DVD碟机的前端还没有实现芯片化，最后的解码芯片也没有确定，所以CH—DVD碟机不可能2008年3月在国内批量上市。

第五节　内容为王的铁律

索尼进军影视市场

争夺上游资源和控制“商权”是三井物产这样的综合商社的惯用手法，而索尼掌控电影片源的做法俨然是“在全球影视娱乐业中扮演综合商社的角色”。索尼并购好莱坞的哥伦比亚和米高梅这两大电影公司以后，以其自身的技术优势和这两家公司所拥有的庞大的影片资料库，迅速抢占了全球电影市场，并且在游戏产业继续保持垄断优势，索尼正以强大的整合实力从传统制造业全力转向了以知识为基础的全球文化产业，为三井财团关联企业群创造出无限的商机。

索尼公司创始人盛田昭夫在80年代索尼事业最鼎盛的时期就意识到：未来的商业争霸战中，影视、娱乐和游戏产业拥有知识产权、民众情感汇集、创造性世界发源地、信息产业带头羊和软件资源库等极具战略意义的优势。这种“增效和趋同”战略让索尼公司的产品比比皆是，照相机、手机、唱片、DVD、图书、电影、游戏……索尼不仅仅成为半导体收音机、特丽珑、随身听的故乡，现在还是蜘蛛侠、PS游戏机等数码产品、在线娱乐的故乡。

1968年，索尼与当时世界上最大的唱片公司哥伦比亚广播公司(CBS)建立了日本第一家合资唱片公司——CBS/SONY公司，迈出了进军音乐娱乐业的第一步。索尼创始人之一的盛田昭夫从决定与CBS合资之际开始，就将“软件”业务与“硬件”业务一同定位为索尼集团的核心业务，认为“硬件和软件是索尼集团的两个车轮，必须使之同时运转”。1988年，盛田昭夫在CBS/SONY二十周年的庆典上雄心勃勃地说：“由于软件的发展，新的硬件才会发挥作用。我想，不仅是音乐，还包括电影在内，索尼要确立更大、更广的软件业务。”

1988年1月，索尼收购了CBS/SONY诞生时的合资伙伴CBS公司属下的CBS唱片公司。现任索尼公司CEO霍华德·斯金格成为当时的CBS总裁。第二年的9月25日，索尼宣布斥资32亿美元，外加日本五家大银行——三井、东京、富士、三菱和兴业银行向索尼公司提供的15.5亿美元贷款，对美国哥伦比亚电影公司、美国哥伦比亚图文电视公司、美国三星电影公司和它在全国的180个地方的820家电影院进行并购，同时拥有了3 500多部电影。索尼通过这两宗兼并，终于在美国电影、音乐两个领域拥有了大量软件资产以及全球性的经营基础。

索尼早在1989年就以近50亿美元并购了美国好莱坞著名的哥伦比亚电影公司

时隔15年后的2004年9月14日，索尼公司为首的国际财团又以48亿美元的价格成功并购了美国米高梅公司。米高梅公司历史上的辉煌成就留下了世界上最大的电影片源宝库，其中蕴藏着大量在电影史和票房上占有重要地位的“大片”：007系列、《与狼共舞》《毕业生》《沉默的羔羊》等。至此，索尼电影库拥有近8 000部电影版权，占了至今所有好莱坞电影产量的40%、全世界目前可供电影片目的17%，绝对是当今世界最大的电影片源。

2005年3月7日这天，索尼举行临时董事会，决定并宣布由霍华德·斯金格取代出井伸之担任该公司新董事长兼首席执行官。鲜为人知的是：索尼这次高层换血，并非公司内董事主导，而是由公司外董事们决定的。索尼公司的8名公司外董事，为来自三井财团的三井住友银行、富士财团的日产汽车和富士胶卷、第一劝银财团的JFE钢铁等公司、三菱财团的UFJ综合研究所的总裁等人员。其中，三井住友银行的冈田明重（董事长）担任索尼公司薪酬委员会主席，三井住友银行的山内悦嗣（董事）担任索尼公司监察委员会主席。

索尼早年入主美国哥伦比亚公司之后，哥伦比亚公司就以最快的动作介入到了中国音像制作以及电影市场。由北京索尼影视国际电视公司和中国电影集团华龙电影数字制作有限公司共同组建的华索影视数字制作有限公司，于2004年7月14日获得国家广电总局和商务部等管理机构的批准后，顺利办理完全部的公司注册和开办手续，11月25日宣告成立，中影集团控股51%，索尼占49%，董事局中的六个董事双方各有三名成员。

华索影视的成立标志着索尼公司进军中国影视市场迈出了坚实的一步。而在2005年4月收获了米高梅公司之后，索尼正在把这盘棋不断扩展到中国的地盘上。与在美国大手笔收购的方式不同，索尼、东芝和上广电这几家三井财团的成员企业或关联企业在中国音像产业上的活动更加隐蔽。在喧闹不止的BD、HD—DVD、EVD、CH—DVD标准之争的背后，日本财团企业利用影片库这一资源不断获得市场垄断的优势，将更多的中国企业列为新的统合目标。

将好莱坞分而治之

通过资本运作整合了好莱坞资源后的索尼电影公司凯歌高奏，在2006年上半年推出的14部影片中，有9部在上映首周票房收入超过2 000万美元，其中8部成为当周票房冠军。2006年暑期，索尼公司在票房上一直与迪斯尼和20世纪福克斯公司不分伯仲，而《王牌飙风》的上映则打破了这一局面，使索尼坐上了好莱坞的头把交椅。2007年5月1日起，索尼的《蜘蛛侠3》在全球各地陆续上映后，6天的全球总票房收入已高达3.75亿美元，创造了新的票房奇迹。

在游戏产业上的优势也让索尼公司充满自信。2007年4月，索尼电影娱乐公司欧洲执行副总裁马特·布朗（Matt Brown）暗示，如果PS3游戏机（Play Station 3）能够帮助索尼阵营的BD标准战胜东芝阵营的HD—DVD标准，那么索尼宁愿亏本销售PS3。每部索尼PS3游戏机的成本为805.85美元，按照499美元的零售价计算，索尼每卖出一部PS3要亏损306.85美元。截至2007年3月索尼已售出180万台PS3，即180万台蓝光DVD播放器。

PS3游戏机还将刺激HDTV（高清晰数字电视）市场，索尼的各部门都会合作推广PS3。索尼电影公司会提供片源，索尼电子会提供高清晰电视，索尼电脑娱乐公司（SCE）保证它们协作良好。全世界各国的首都都会设有展示厅，供公众体验三者合作的高清享受（PS3游戏机 + HDTV电视 + BD影碟机）。此外，索尼还把目光投向了手机电子游戏，以及它和爱立信合资生产的手机当中。而通过互联网来观看电影的便携式电视也正是索尼开发的下一代产品。

据专业调研机构 Nielsen Video Scan 所提供的数据显示，截至 2007 年 2 月 18 日的统计数据中，索尼阵营的 BD 影碟机市场份额占到了 65%，而东芝阵营的 HD—DVD 影碟机占有 35%。比较两个阵营，双方的核心企业在品牌实力上存在差距。BD 阵营除索尼和松下外，还有韩国三星电子和荷兰飞利浦等海外著名家电厂商参与，来自电脑厂商方面则有戴尔等公司的加盟，总计聚集了 13 家公司，而 HD—DVD 阵营当初则只有东芝和 NEC 等 4 家公司。

尽管如此，一位东芝高层曾表示："好莱坞电影公司一定会加入 HD—DVD 阵营。"究其原因，在 DVD 激光头领域占整个全球市场约四成的三洋电机 2004 年 8 月加入了东芝的 HD—DVD 阵营，此举产生了一定的影响。与此同时，在索尼巨大竞争压力下，美国梦工场动画公司、美国派拉蒙影业、美国环球影城及美国华纳兄弟等电影公司，均纷纷支持东芝的 HD—DVD 标准。在游戏产业受到索尼 PS 系列产品打压的微软公司也加入东芝阵营，双方的力量因此趋于平衡。

早在 1995 年时，除去索尼拥有的哥伦比亚公司（1989 年被索尼收购），其他的好莱坞制片商无一例外地支持东芝的 SD 格式。新一代 DVD 光盘格式要想普及，就要看有多少支持它的厂商，内容提供商就是最大的砝码，这里可以分成视频节目（电影/电视）和软件（游戏）提供商。由于电影/电视更具普遍性，所以每次光盘格式大战无不是电影制片公司最后说了算，在这方面，索尼的 BD 和东芝的 HD—DVD 目前可谓平分秋色，而这也意味着好莱坞的分裂。

12 年后的今天，人们看到的是好莱坞围绕索尼和东芝两个阵营而分裂开来。华纳兄弟、派拉蒙、环球影业支持 HD—DVD，迪斯尼、20 世纪福克斯、狮门影业再加上索尼影业（下属哥伦比亚、米高梅）支持 BD。双方的选择也体现出了不同的经营理念。支持 HD—DVD 的三家公司看重的是 HD—DVD 的成本优势和其与 DVD 产业的良好兼容性。支持 BD 的厂商则更关心更大的容量以提供更多额外的附加内容，还有所谓的更好的版权保护。

东芝的 HD—DVD 阵营显然更加务实，它们看到了 HDTV 的迅速普及，预感到高清晰光盘的普及速度要比当时的 DVD 更快，而索尼的 BD 阵营则看重的是几年之后的发展潜力。就下一代 DVD 而言，只要标准制定下来，哪家日本企业生产的都一样，并不会有本质的区别。因为这个特殊性，所以到最后购买时，HD—DVD 与 BD 在技术指标上的差异都将是次要的。总之，无论是索尼还是东芝，好莱坞最终接受的总是三井财团为核心的日本企业的技术标准。

谁在力挺中国华录

随着索尼 BD 和东芝 HD—DVD 两大派系战略重点向低端产品的普及加速，中国 EVD 联盟成员的琵琶别抱无疑使这个联盟更加松散。EVD 联盟正在为解决片源和版权保护问题努力，希望在2007年下半年形势能够得以好转。眼下的EVD联盟早已风雨飘摇，而片源紧缺与厂商观望也是由东芝支持、清华大学主导的中国CH—DVD联盟亟待解决的问题。唯有中国华录集团傍上了拥有巨大影片资源库的索尼公司，似乎有了代替上广电统合中国下一代DVD产业的资本。

华录集团加入索尼BD阵营，从而加速推动了索尼产品在中国市场的布局。2007年8月30日，国际蓝光光盘联盟（索尼BD阵营）在德国柏林宣布，中国华录集团成为其“有贡献级会员”。中国华录集团的前身是1992年6月引进日本松下公司生产线、在大连兴建的国家级录像机关键件生产基地。中国华录拥有27家子公司，形成了由视听电子、IT、文化和服务四大产业板块组成的产业集团。

事实上，华录集团与松下电器公司（BD阵营主力成员）共同出资240亿日元成立的中国华录松下是华录集团主要的生产制造基地和最大的子公司。1998年，松下支持中国华录松下公司大力发展以DVD为主的数字化产品，并将DVD核心技术及其新产品陆续转移到中国华录松下公司。到1999年10月，该合资公司建成了从DVD激光头、机芯到DVD整机的现代化生产线，成为松下在中国的重要据点。

然而，中国华录集团2006年上半年的主打产品DVD的销售量和销售收入大幅度下滑，利润总额更是下降了一半以上。辽宁省知识产权局局长胡权林分析说：“华录集团利润空间越来越小的一个主要原因，就是企业创新能力不足，缺乏核心技术。DVD的核心技术是国外的，人家要收取你的专利费，二十几美金的销售收入要交3.5美金到9美金的专利费用，就一台机器要给人家拿这么多钱。”

为了将中国的影片资源纳入BD阵营，2007年9月24日，在松下电子承诺提供技术支持的背景下，中国华录集团和中国电影集团公司联合宣布在国内建立BD制作中心，该中心在初期的工作重心是本土内容的发行。中国华录集团主席陈润生说：“中国电影集团公司拥有巨大的影片库，同时在海外商提供商中拥有强势的市场地位，中国华录集团对于以BD格式，为消费者带来世界级的高清电影非常自信。BD格式的潜在市场是我们做出该决定的主要因素。”

作为BD阵营捆绑华录集团，进而入主中国市场的新步骤，2007年9月28日，蓝光光盘协会宣布在联合技术委员会下成立中国音视频编码评估特别工作组，评估中国华录集团递交的“DRA音频编码标准”和“AVS视频编码标准”提案。如果DRA和AVS两个中国标准获准加入BD阵营后，以前是中国企业生产BD产品要向BD联盟成员支付专利费，而今后国外厂商也需向中国的这两个标准拥有者支付专利费。面对如此的诱惑，中国华录集团会不会因为这点“小利”和“荣誉”而贡献出中国巨大的市场呢？

第六节 中国需要怎样的产经体制

“义和团”能战胜“八国联军”吗

今天，中国民间企业组成的 EVD 联盟和日本三井—住友财团企业群的较量，不禁让人们想起了“义和团大战八国联军”的一幕。“义和团”虽然可以阻击部分侵略，但是在“政府军”不抵抗却与“八国联军”共谋的大背景下，自身又没有稳固的组织体系，就无法改变最终被击溃的命运。在知识产权和技术标准的竞争中，还会有多少“义和团”(EVD 联盟)与“八国联军”(6C、3C 联盟)的故事？中国企业如果不能像日本财团那样形成官民共举的有效体制，这样的故事还会不断上演。

2006年12月，中国EVD产业联盟筹委会在京召开了中外新闻发布会，誓言“2008年EVD替代DVD”

音视频编解码技术标准本身对技术含量要求很高，对产业链要求也很高。但是中国 EVD 产业联盟形成后，他的服务提供商(碟片和影院)和技术提供商的控制权分别是来自于房地产业和旅游业等资本方临时搭建的松散体制。各大生产厂家在很长的时间内一直处于观望中，直到商业资本(国美)的介入，EVD 产量联盟才算形成一个可以有效协调的框架。但是，这个产业联盟的稳定性和技术开发的持续性却不容乐观。

日本音视频的标准联盟多是财团企业组成，在综合商社和财团主办银行协调下形成了长期稳定的合作关系，并且每个制造业企业都有自己核心技术，在产业链的各个层面都有财团布下的棋子。事实上，音视频编解码技术标准并不是孤立存在的，和它有关的包括光碟、光碟机、高清晰电视机(包含显示屏等一系列产品)、音频设备等。从三井—住友财团的企业群布局上广电的事例，就不难看出日本企业对打通整个产业链的良苦用心。

2003 年到 2005 年是 EVD 发展的最好时期，当时索尼 BD 技术还在研发中，东芝 HD—DVD 的前景也尚未明朗，然而国内厂商却并未抓住机会发展起来。从 2003 年开始，涉及 EVD 标准的各方一直内耗不断，直到 2006 年 10 月民间资本主导的 EVD 产业联盟成立，这种内耗的局面才结束。如今，随着索尼 BD 和东芝 HD—DVD 对中国市场步步紧逼，虽然 EVD 已经成为国家行业推荐标准，产业联盟也已经成立，但中国 EVD 产业显然面临越来越大的竞争压力。

长期以来三井—住友财团的企业对中国的 EVD 标准不重视，认为无非是买来的升级版DVD技术,跟下一代DVD标准根本不沾边。直到由中国的大型产品厂商、内容供应商和大型家电商场等约40家企业组成的EVD产业联盟成立后,以东芝和索尼为代表的三井—住友财团企业才开始重视到中国EVD标准。但是表面声势浩大的EVD联盟起到的作用可能只是加速日本两大蓝光标准融合和加快基于中国市场价格的产品的推出,因为谁都不想放弃中国这个巨大市场。

EVD联盟越强大,越可以让日本财团更加支持和接受由清华大学中国光盘国家工程研究中心研发中国版HD—DVD,这种变相降低专利使用费的手段可以有效瓦解EVD联盟。另外,三井—住友财团手上还有上广电这样一张王牌,如果真正EVD联盟运作良好,也可以由上广电重新夺回阜国数字的经营权。当然,再把中国华录集团纳入BD阵营,就更加完美了。最终,在中国市场会出现由三井—住友财团统合的高端BD、中端CH—DVD和低端EVD这三种标准并存的局面。

财团主导型的市场经济

由于数字技术的飞速发展,影像、信息、通信设备及系统领域中发生了革命性的变化。伴随着IT基础设施的发展,在广播、通信、网络等广阔的领域里,新融合、新商务及新市场、新产业不断孕育产生。为了促进日本信息产业和数字技术的发展,每年10月初都要在日本举行最尖端名为CEATEC JAPAN的IT·电子综合展会,2007年是第八届。这种展会并不是政府组织的,而是相关财团企业定期交流技术、加强市场情报沟通的必要活动项目。

日本所奉行的市场经济体制是一种有计划的市场经济模式,因此总体来讲,日本市场经济中财团主导型的成分或因素更为浓重。在这种市场经济体制下,自然会产生要求政府、财团必须采用某种合适的方式途径,扶植与这种市场经济架构相适应的健全、发达、组织严密的行会、商会组织,日本习惯于将其称之为行业协会。日本的行业协会的会长一般都由财团大企业的总裁轮流担任,行业的发展具有较强的协调性。

日本高明的地方,在于它懂得社会经济首先要"放水养鱼",然后才有资源供政府计划所用。市场经济使民间经济发达繁荣,于是才有政府的计划引导,诱导每个企业向符合政府产业政策的方向集中力量,从而完成政府所要办的"大事"。另外,日本的计划也十分明智,它是通过民间组织的中介作用,而对每个企业进行诱导调节的,而不是向企业发布具有强制性质的指令或者指导。因此,日本的计划经济是在市场经济基础上所实行的计划经济。

日本的经济模式,又被称为社团市场经济。尽管日本政府内设有经济计划部门,但日本是以民间经济为主体的,政府不直接参与社会经济活动,而是全力扶持民间企业的协作与联合。日本DVD产业属于信息产业的范畴,它的行业协会叫社团法人电子信息技术产业协会(JEITA),该协会与社团法人信息通信网络产业协会(CIAJ)、社团法人日本电脑软件协会(JPSA)作为三驾马车共同推动着日本信息产业的发展。

例如,2006年日本信息产业这三大协会会长分别是:富士通代表董事会长秋草直之,任JEITA会长;东芝董事长西田厚聪,任CIAJ会长;OBC代表董事社长和田成史,任JPSA会长。到2007年时,这三大协会会长依次调整为:夏普代表董事会长町田胜彦、NEC代表董事执行社长矢野薰、OBC代表董事社长和田成史。这些大企业、大财团主导的行业协会和产业联盟让产业化发展更具目的性和方向性。

日本的行业协会积极开展技术、信息、融资等服务,制定团体规约或行业规范,规制本组织成员的经营活动;另一方面收集并反映组织成员的意见和要求,通过参加政府审议会等途径影响政府决策。而一旦政府的政策下达后,协会又帮助政府进行宣传,体现到本行业团体的决议中,协助政府做好贯彻落实工作,从而承担了政府的大量外围工作,真正起到了自我服务、自我约束、自我发展、自我管理的作用,成为政府与企业之间的纽带和桥梁。

反观中国的产业联盟,更像临时搭建的草台班子,可能参与的企业众多,但并不能形成多大的统合力量,内部无序竞争,为争夺短期利益而置行业可持续发展于不顾;或是为了融资需要,包装各种概念,制造所谓诱人前景,而并无实际市场竞争力。就中国EVD产业联盟和日本两个蓝光标准产业联盟对比来看,我们可以清楚地看到中国产业联盟的不稳定性和不持久性。孙悟空(中国企业)尽管凭借"七十二变"和"筋斗云"大闹了天宫,最终还是被如来佛(日本财团)压在"五指山"下。

官民(政企)合一的协调体制

在日本,大政方针更多的是由财界而非学术界主导,并由政界参与制定的。经济团体联合会(经团联)、日本商工会议所(日商)、经济同友会(同友会)和日本经营者团体联盟(日经联)是日本战后统合财界力量的四大团体,在社会经济中占据着及其关键的地位。1966年3月,部分有实力的财界人士组成产业问题研究会(简称"产研")。产研聚拢了来自日本财界四大团体的首脑人物,因而获得了"财界总司令部"或"财界政策委员会"的核心地位。

与以往的财界团体相比,统合了各方力量的产研,是一个少而精且具有高度执行力的集团,其成立的目的就是加强产业界对经济社会的影响。由此,日本财界进入了"一元化时代"。在产研的会员中有很多人都来自民间的垄断财团企业,如水上达三(三井物产)、藤野忠次郎(三菱商事)、土光敏夫(石川岛播磨/东芝)、河野文彦(三菱重工)等。显然,财界直接制定和操作了决定日本经济秩序的政策,以实现建立新秩序的目的。

产研发起者木川田一隆对产研的定位有细致的陈述,他说:"产业界的协调并非否定竞争,而是尊重秩序。大企业和政府的关系要尽可能避免寻求行政指导,主要的是事前为解决问题而沟通思想。"可以用一个词来概括他的表述,这就是"秩序"。在产研建立不久的 1966 年 4 月,木川田就任首相咨询机关经济审议会会长。产研另一骨干守笃也获得这个审议会的企划专门委员会委员长的地位,负责制定《经济社会发展计划(1967—1971 年度)》。

显而易见,日本政府对经济的干预有其自身的特色,它是通过民间团体的协调与沟通,并借助计划、产业政策、金融政策等来进行有效而适度的干预。日本的经济计划基本上是属于诱导性的,在很大程度上属于宏观预测。政府通常以官助民办的行业组织和民间团体作为它与企业界联系的纽带,帮助政府对企业实行"行政指导",为政府计划的实行起桥梁作用。日本通产省曾称之为"计划诱导型的市场经济模式"。

日本政府并不是排挤和替代市场的作用与企业的活力,而正是为了也确实做到了弥补市场机制自身的缺陷和不足。日本市场经济模式突出地表现为大力发挥民间团体的领导作用,通过官民协商、政企交流的方式使政府政策充分反映民间的愿望,又使民间积极配合政府导向,从而使官民(政企)合一。由于日本经济体制具有较强的协调色彩,以至于有人将其概括为"协调型经济体制"或"协调型经济模式"。

像 EVD 联盟这样的中国民间行业组织基本上没有什么作为。政府包揽经济中的很多事务,从政府官员频繁会见外国客商、出席企业开工典礼到出国招商引资可见一斑。但是,政府主办的企业却没市场经营能力,于是不得不依靠与外国企业合资或引入外国的所谓战略投资者来管理。政府作为的无效性说明了中国经济缺乏民间组织的配合。中国没有像日本财团企业那样,发展起一种中介的民间自治组织体系,这是必须要吸取的教训。

参考文献及来源：

1. 天下．1975 年至今　录像/摄像机产品的过去现在与将来．太平洋电脑网,2002－11－15.
2. 王步云．光记录介质发展概况[J]. 光盘技术,2000(4).
3. 中国 dvd 专利之惑．新浪专题：:tech. sina. com. cn/focus/6c_patent/.
4. 陈晴,王宇．日本知识产权战略及对我国的启示[J]. 中国科技产业,2008(1).
5. 孙自法．专家质疑 3C 联盟在华 DVD 专利 呼吁反垄断．中国新闻社,2005－12－07.
6. 原野．东芝对垒索尼 为 DVD 标准而战[J]. 商业周刊,2004－10－28.
7. 日电器企业的中国迷失:"通吃路线"的悲哀[N]. 在线国际商报,2006－05－09.
8. 专题:东芝宣布放弃 HD DVD"格式战"打破僵局．赛迪网,2008－02－18.
9. 梁振鹏．英公司控股阜国获股东会通过 上广电欲套现[N]. 第一财经日报,2006－02－23.
10. 傅光云．张宝全"炮轰"清华光盘研究中心[N]. 国际金融报,2005－10－20.
11. 魏和平．国产 EVD 能否争胜 DVD 未来[N]. 中国青年报,2007－02－27.
12. 刘江华,郑叶．国际传媒巨头进军中国影视　新闻是外资媒体禁区[N]. 中国青年报,2004－11－26.
13. 梁振鹏．松下华录将在中国销售蓝光 DVD 影碟机[N]. 第一财经日报,2008－03－19.
14. 马克·冈瑟．索尼的快舞爵士[J]. 财富,2001(10).
15. 宋华．战略联盟的形成与发展机制——日本东芝公司的联盟战略剖析．
16. 虞立琪．平田信正:东芝里的温和干将[J]. 商务周刊,2003(20).
17. 社团法人电子信息技术产业协会(日文、英文、中文):/www. jeita. or. jp/.
18. 索尼(中国)有限公司官方网站:www. sony. com. cn/.
19. [日]木村武雄,复旦大学历史系日本史组．日本财界集团及其人物[M]. 上海:上海人民出版社,1974.

第五章

大产业链上的棋局

日本移动通信运营商 NTT DoCoMo 于 1998 年推出“i—Mode”服务，引发了全球移动通信的革命，这为以后 3G 手机的出现和发展奠定了基础。在 3G 时代，产业链的加长、环节的增多必然导致协调困难的加大，只有“综合形态”的企业组织才能使各环节的沟通更加顺畅起来。

三井物产作为综合商社早在 1984 年就成立了信息产业本部，到现在已经投资了近 200 家信息类企业和关联子公司，涵盖信息产业的所有流通领域。而 NEC 公司作为“综合厂商”从传输设备到服务平台、服务应用软件、企业信息网络系统及各种终端产品等。

NEC、松下、东芝、三洋这些三井—住友财团旗下的企业在试水中国 2G 手机市场之后，选择了战略性撤退，转而对中国 3G 市场布下棋局。其中，兼具通信、IT、半导体三大领域综合实力的 NEC 成为第一个提出“3G，以中国为核心”的跨国公司。

——作者题注

【阅读提示】

“三井”告诉了我们什么(5)

2001年第一季度，世界电信巨头朗讯科技、北电网络、摩托罗拉、思科、爱立信等纷纷发布亏损预警；第二季度，美国、英国、芬兰、德国等国的电信运营商的股价都纷纷跌至自1998年以来的最低点；第三季度，运营业的“颓势”波很快回荡制造业；第四季度，朗讯科技、爱立信、北电网络等设备制造商再次宣布裁员……

一连串的事件终于让人们清醒了：无论服务商、运营商、制造商还是软件商，其实大家都坐在同一条船上，甚至说已经紧紧绑在一起，一荣俱荣、一损俱损。所以得出的结论是：只有缔结可实现良性互动的产业链，在竞争中相互合作，才能营造出新业务，实现双赢和多赢，这才是产业的发展方向。

然而，我国的电信用户、运营商、制造商只构成了简单的产业链。由于电信业务实行垄断经营，运营商提供什么业务用户就使用什么业务，这就导致运营商并不关心用户到底需要什么样的服务，只会片面追求技术的先进性；而制造商也不关注用户的实际需求，只关心产品能不能卖给运营商。

对比日本信息产业的发展过程，三井物产等综合商社通过培育市场需求来引导制造企业的技术升级，并通过与制造企业的共同投资做好产业链上各环节的连接工作。综合商社的经营和投资活动通常站在更高的战略和更广的行业跨度上，而像NEC这样的“综合厂家”正在发展成为信息产业的“专业综合商社”。

正是因为有了综合商社和综合厂家的存在，日本财团的其他企业才得以在产业链的某些方面发挥各自的专长和优势。此时，三井财团的关联企业通过初期在中国市场的摸索，已经建立了涵盖中国信息产业众多领域的合资和独资企业，打下了坚实的基础。同时，这些日本企业还形成了在产业链上的分工和全球市场的划分。

中国企业应该意识到，电信业务生产流程的日趋复杂化导致了产业链的延伸和升级，“单打独斗”闯市场已不可能。缔结产业链，通过合作完成电信服务是市场和技术发展的客观要求。由于产业链中各个企业的优势不同，各有不同的运作模式，因此，联手合作才最具竞争力，才会实现市场价值的最大化。

本章导言

新中国成立后，中国和日本于1960年举行了第一次围棋比赛。在日本棋手对中国棋手让先的三十局中，中国棋手二十七负一和二胜，可见双方水平有很大距离。1973年，日本派来的棋手中只有两个九段，结果却取得了40胜2和14负的成绩。如此悬殊差距的主要原因是中日两国棋手的战略思考能力有很大不同。中国棋手是力战型，只着眼局部的拼杀和得失；而日本棋手是战略型，从大局着眼，以局部的劣势换取整体的优势。

"弃子争先"在围棋中属于高级战术，利用多方贪吃之心送子与他，乘机在外围滚打包收，获取厚势，取得在大局上的领先。在中国手机市场的几年探路之后，松下、索尼、NEC、三菱、东芝、三洋所有这些日系手机都选择了放弃。实际上，整体退出是日本三井—住友财团收缩与调整战线的重要步骤。之后，NEC、松下和东芝三家公司进一步加大在三井—住友财团体系内的资源整合，已准备3G再发力。也许收回拳头，打出的力量更大。

如果说东芝、松下和NEC是"三井—住友围棋队"的三名顶尖高手，那么三井物产和住友商事这两家老牌综合商社就是这个团队的教练。以三井财团为例，东芝是三井财团的重要成员，参加三井财团26家主要企业组织的总经理会议——二木会，以便定期聚首、互通信息、促进友好。而三井物产是三井财团的核心组织，本身又在日本的国内外拥有上千家的关联企业群，开展着全球性营销活动，为财团制造企业铺路搭桥，指引产业方向。

从派驻到中国任期4年的三井物产中国总代表副岛利宏的经历，我们可以看出三井财团对中国信息产业的重视。副岛利宏曾经历任东京总部的信息产业本部信息开发部新通信系统开发室室长、美国加州硅谷的子公司Mitsui Comtek Corp的总裁兼首席执行官、三井物产（美国）高级副总裁和电子信息业务部部长、东京总部信息产业本部通信事业部部长、电子器件事业本部长。2007年4月，当小川真二郎接任副岛利宏成为新任三井物产中国总代表时，我们发现他也是从东京总部的信息产业本部长这个职位调来中国工作的。

《中外管理》记者在2007年3月采访三井物产中国副总代表魏杰时，透露出这样一个消息：魏杰是日本企业界高层中唯一加入日本籍的中国人，而且曾经在美国信息产业的巨头——思科系统公司工作过9年。魏杰担任思科系统（中国）网络技术有限公司副总裁期间，很自然地与中国信息产业部门的领导层建立密切的人脉关系，这正是三井财团需要的公关人才。显然，三井财团此时对中国信息产业的关注程度超过以往任何时候。

在信息通讯产业上，日本的"三井—住友围棋队"已经发出了进军的信号，我们不但要注意被大家熟知的"东芝、松下九段"，还要更加仔细搜集和揣摩"NEC擂主"的棋路。NEC中国研究院项目经理王亚波是一名围棋爱好者，谈到未来的竞争格局，王亚波描画了一张NEC业务布局图：从3G网络到手机终端，从半导体到大型计算机、服务器，从软件开发到系统集成，NEC都有涉足，并有一定的基础。这对任何一家研究院，无疑都是一个野心勃勃的课题。

此时，情不自禁回想起1984年激动人心的"NEC中日围棋擂台赛"，该项赛事由NEC公司发起和资助，对中国围棋的振兴发挥了重要作用。"中日围棋擂台赛"于1997年被取消，改由中日两国NEC杯围棋赛冠军进行三番棋对抗赛（"中日围棋冠军赛"）。至1997年，"中日围棋擂台赛"共进行了11届，结果中国队以7:4获胜。最初的三届擂台赛中，中国棋手聂卫平保持八场不败的纪录，并使中国队夺得了头三届比赛的胜利。聂卫平也因此被封为"棋圣"。

在聂卫平的《我的围棋之路》书中有这样的记录：雷溥华老先生的棋是一种"功夫棋"，即讲究布局和收官，棋风比较接近日本棋手。在50年代"斗力"的棋风盛行时，雷老的棋并未受到重视，可我却从雷老的棋中得到了许多宝贵的东西。比起前几位老师，过惕生先生的棋更接近日本现代棋手的风格。正因为先后受到这两位老师的熏陶，所以后来日本朋友评价我的棋时说："在中国棋手中，聂选手的棋，尤其是布局，风格很像是日本棋手。"

西方人喜欢下国际象棋，东方人喜欢下围棋，这两项都代表人类高级智慧的游戏恰恰是东西方不同战略观、价值观的投影。国际象棋是以"将"死对手为最终目的，在棋盘上反映出来的是一种你死我活的斗争，是西方弱肉强食的价值观的体现；而围棋却不然，我活，也让你活，双方比谁占的地（利益）多。可有趣的是，看似残酷的国际象棋，两大高手过招最后却经常是和棋；而看似和平的围棋，要想和棋却是万中无一。这其中的辩证意味耐人寻味。

第一节　目标中国，以退为进

探路中国市场

2001年7月8日到7月15日，整整一周的时间，一个日本电信豪华考察团在一种秘密的状态下进入中国国内的电信市场进行细致、严谨的考察活动。其“秘密”程度表现在严禁媒体采访，不对外发布任何行程消息。中国媒体记者仅仅找到一份考察团名单，却赫然发现日本几大电信运营商和设备制造商的巨头都列入其中。带队的团长是日本最大移动运营商NTT DoCoMo公司董事长大星公二，其在日本电信界的影响可谓举足轻重。

参团的制造商中，既有设备供应商，也有手机、PDA等通信接入终端厂商。东芝，松下电器、NEC、住友商事、日立、三菱商事、Anritsu(中文名:安立)、电通等众多日本大牌企业以如此整齐的阵容聚集在一个团队里考察海外市场，在日本IT业界相当鲜见。三菱商事通信情报事业部的前田吉德在这个团里属于资历一般的团员，却在上海待过7年，在北京待过3年，对中国的国情和政策的理解相当深入。

封闭的2G(第二代移动通信)市场的培养，为日本财团在移动通信网络和终端设备方面形成强劲的研发实力和产品优势提供了可靠保证。在国际市场，原在2G鲜有作为的日本财团，在3G(第三代移动通信)上表现出咄咄逼人的实力，住友财团的NEC、松下和三洋，三井财团的索尼和东芝，三和财团的夏普，三菱财团的三菱电机等企业都在手机开发设计生产方面具有雄厚实力。日本的手机芯片产业也处于世界领先地位。

一开始，日本各大财团企业在中国各地竞相找到了合作伙伴，建立合资企业，从而在中国手机市场展开了全面攻势。尽管日系手机最早将彩屏、拍照等全新娱乐体验带到中国，但是面对欧洲品牌、韩国品牌和异军突起的中国本土品牌的激烈竞争，习惯于运营商定制模式的日本企业在中国市场显得水土不服。时隔不到3年，三洋、东芝、松下、三菱、NEC手机却陆续退出中国市场。随后，日系手机转身3G市场，蕴含以退为进之意。

《IT时代周刊》封面标题“日系手机全线退出中国市场”，代表了中国媒体的普遍看法

在中国媒体上经常看到这样的标题“日系手机水土不服中国市场全线溃败”“日系手机在中国全军覆没”“日系手机在华走到尽头”等等。其实，日本通信业巨头进入中国

市场乃至退出中国市场都好像是一场战役，遵循着战略战术的安排。事实上，东芝、三洋、索尼、松下、NEC这些企业都是三井—住友财团的成员或重要关联企业，它们通过初期在中国市场的摸索，已经建立了涵盖中国信息产业众多领域的合资和独资企业，为以后的发展打下了坚实的基础。

日系几大手机巨头进行了战略调整，重新进行了市场划分和产品划分。东芝撤离中国大陆市场，转战香港、台湾市场，保留重新进入中国大陆的跳板，而三洋暂时留守中国市场。面对低技术含量、功能要求不高的中国2G市场，外观设计和销售手段上占优势的索尼继续拓展中国市场，而松下把力量集中到3G高端手机的研发上。此时，NEC作为日本通信领域的核心主力已经在中国积累了一定的实战经验，并在3G业务上布下棋子。

东芝转战，意欲何为

2004年底，东芝从南京普天王芝通信有限公司（简称"普天王芝"）这家合资企业撤资，将股份转让给了南京普天公司。在退出中国大陆的手机整机市场后，东芝已制定了进军欧洲手机市场的计划，主要生产3G高端手机，并计划向英国沃达丰提供产品。事实上，东芝这次是战略性撤退，并不意味着永久性退出中国内地市场，而会考虑在适当时间重新进入。

一年之后，2005年11月，通过与香港本地3G运营商数码通—沃达丰公司建立合作伙伴关系，东芝公司由此进入了香港手机市场。东芝移动通信公司表示："同数码通—沃达丰的合作标志着我们的亚太发展战略达到了一个新的里程碑。"进入香港市场是东芝在亚洲市场实施的"三叉戟"计划的一部分，东芝面向香港市场推出定制手机并非只为了获益香港市场。香港是一个非常重要的展台，东芝可以通过这一市场将业务扩展到亚洲其他地区。

显然，东芝把业务重心放在中国香港、中国台湾和新加坡，一旦中国大陆3G市场启动，将绕道进入中国市场。2005年11月29日，东芝（中国）有限公司的相关人士紧接着就证实了，东芝手机已经重新回到台湾手机市场，委托台芝国际担任其在亚太市场的总代理，并已经入股台湾的台芝国际公司。台芝国际创立于1982年10月，初期为日本东芝传真机中国台湾总代理，而后陆续引进日本东芝电话系统、移动电话及复印机。

东芝重新进入台湾手机市场后推出首款手机为GSM（2G）手机，型号为TS10。而为东芝代工手机的，则是台系代工大厂广达计算机。东芝公司要想在中国大陆推中低价机种，唯有与台湾手机代工业者合作才能降低成本及提高销售量。东芝此次在海外市场卷土重来，并没有选择与松下、NEC、夏普等日系手机品牌同样走高阶机种策略，而是选定以中低阶机种作为试探市场水温的先锋，有针对未来中国大陆市场做准备的意图。

包括东芝在内的三井—住友系的企业错误地估计中国3G牌照发放的时间，也低估了中国政府对国产标准的支持，致使早期的市场战略被打乱。随着中国3G组网进程的加快，未来几年将迎来3G系统与设备投资高峰期。预计到2012年，三大3G标准的系统设备总投资额有望达到4 000亿元，由此带动的3G手机等消费产品需求总额将在1万亿元以上。三井—住友财团无论如何也不会放过这块肥肉，新的战略布局已经初步形成。

三洋、索尼坚守据点

针对东芝宣布退出中国手机市场的消息，一直在中国手机市场"若有若无"的日本三洋则称不会效仿东芝。2005年3月30日，在三洋与微软合作的能源与环保说明会上，三洋电机（中国）有限公司总裁高野彰允表示，目前三洋在日本的WCDMA制式的3G手机表现较好，他们将针对中国3G手机市场开发研制3G手机。在中国发放3G牌照后，三洋将全力研发WCDMA制式的3G手机，冲刺巨大的中国市场。东芝撤离中国大陆市场，而留下三洋驻守，是三井—住友财团战略调整的重要一步。

三洋虽然不是住友财团的正式成员，但的确是由住友财团培育起的企业，与这一体系内的企业有着密切的资本和业务联系。三洋的创始人井植岁男、井植佑郎和井植薰三兄弟曾经是松下公司的创业元老、人事部长和常务董事兼制造部长。1947年，井植兄弟离开松下公司，创立了三洋电机公司，但三洋和松下的联系仍然非常紧密。因为松下的缘故，住友财团也对三洋多有提携，在三洋初创时期的多个关键时刻，都是住友银行提供了有力的金融支持。

三井财团与住友财团的金融机构于2002年统合为三井住友金融集团之时，此时的三洋实际上也被纳入到了三井—住友这个大体系之中。2006年3月，三井住友金融集团、大和证券SMBC公司和高盛共获得了三洋60%的投票权，在三洋董事会的8名董事中，这三家公司派出的董事占了5名。事实上，大和证券SMBC公司和高盛也都是三井住友银行的重要关联企业。由此，三洋也就成为三井—住友这个大财团体系中更加紧密的成员了。

三洋在中国3G市场有个重要的据点，这就是1995年2月成立的天津三洋通信设备有限公司，目前主要研发、制造、销售CDMA（3G标准之一）手机，并提供相关技术服务等。该合资公司由三洋电机、住友商事、日本太平洋贸易株式会社、中国普天天津电话设备厂共同投资兴建，中日双方各占50%股份。合资公司经过1997年、2001年、2002年三次增资，现注册资本已达3 100万美元，并将厂址迁至天津经济技术开发区。

其实，为进入中国大陆的3G市场，三井财团的索尼公司一直坚守着自己的阵地，等待时机。2005年11月14日，索尼爱立信移动通讯公司（简称"索尼爱立信”)在四川成都召开了3款入门级产品J220、J230、Z300的新品发布会,这也是与伦敦等地同步的全球发布。在发布期间,来自索尼爱立信总部的产品营销高级经理介绍了前不久在伦敦发布的几款3G手机,并表示只要中国一上3G,这些产品马上都会被带到中国。

同时,索尼爱立信也确定了该公司在中国这个全球最大的单个国家市场目标。索尼爱立信集团副总裁、中国公司总裁古尼拉表示:“索尼爱立信现在中国大概是第四第五名,而我们的目标不只是第四第五,索尼爱立信希望到2008年做到前三名。”而古尼拉更是在确立未来目标时称:“将充分利用中国的3G机会。”以往索尼爱立信的产品基本上只能渗透到中国的一、二线城市,不过古尼拉透露,索尼爱立信的产品将进一步覆盖到三级城市。

松下抢占制高点,要后发制人

东芝撤离中国大陆市场的8个月之后,住友财团的松下公司于2005年12月9日在日本官方网站上发表公告称,将关闭其位于菲律宾和捷克的两家手机制造工厂以及美国和英国的手机研发中心,并将裁员1 400人。此举意味着松下手机退出包括中国在内的海外2.5G移动通信市场。同时,位于北京的松下与普天的合资厂转向3G手机终端的生产。松下选择关闭工厂和研发中心,而不是采取合资或者卖掉的方式,显然有更长远的打算。

2006年3月16日,针对前一阶段松下宣布停产GSM(2G标准)手机,松下电器(中国)有限公司移动通信公司发表声明称,有关“退出中国市场”的消息不准确,中国市场始终都是松下移动通信发展战略中最重要的组成部分之一。同时,松下移动通信称,松下将集中所有经营资源进行3G产品开发,并大力推进开发平台以及核心技术的全球共同化,以期使开发效率和在全球市场上的产品得到提高。此时,松下已经为日本移动运营商NTT Docomo提供了大量的3G手机。

松下在手机方面的实力仍然不可小觑。此次松下退出GSM(2G)市场,与其说是败退,倒不如说是收缩防线。松下退出GSM市场之后,将集中资源研发通用核心技术和下一代移动终端。所谓通用核心技术即基于Linux操作系统的全球平台,而下一代移动终端指3G甚至4G手机。从长远来看,松下退出竞争激烈的2G市场,转而在3G市场抢占制高点,更加符合战略布局的要求,松下强大的经济实力也足以支撑它等到中国3G时代的来临。

住友财团的松下公司一直在积极推进中国的本地化开发,如开发面向中国用户的GSM(2G)和WCDMA(3G)双模产品,推动与大学、研究机构的合作,分别与国内著名高校清华大学、北京邮电大学展开关于TD—SCDMA的共同研究。在终端产品的本地化开发方面,松下2001年就在中关村建立了面向中国市场的研究开发中心——尖端移动通信研究所,主要研究领域涉及研发适应中国消费者的GSM

和2.5G终端产品，研究3G/4G下一代网络。

此外，这几年松下也与一些在技术上存在互补关系的著名通信公司开展深层次的合作，进行中国本地化3G产品和应用的研发。2002年，松下公司与NEC、华为共同成立了上海宇梦通信科技有限公司，该公司作为移动互联网与3G手机技术开发合作成果的信息发布基地，在全球范围内提供最先进的下一代手机技术。2003年11月6日，松下移动通信又与UT斯达康宣布在杭州合资共建宇通科技(杭州)有限公司(简称“杭州宇通科技”)。

杭州宇通科技的目标是“以3G通信系统的无线连接、解决方案的提供”，致力于3G基础设备开发。松下可提供无线基站技术，而UT斯达康则擅长基地间的网络技术，双方的合作可以为运营商提供低价位优品质的系统解决方案。该公司首先专注于WCDMA无线技术研究及产品的设计、开发和生产，扩展到TD—SCDMA技术及产品领域。这些合作大大增强了松下在第三代移动通信领域的核心实力，加快了其3G技术优势在中国的落地。

至此，松下对国内3G市场的布局已昭然若揭。在竞争激烈、利润率日趋降低的2G、2.5G市场，松下选择了全身而退。在优胜劣汰的手机产业链中，松下手机虽然失去了先发优势，但要后发制人。以退为进，是源远流长的孙子兵法中的一个策略。在当今的移动通信行业，松下将这个古老的兵法为其所用。3G已经在中国市场呼之欲出，在这个令各通信巨头垂涎不已的大蛋糕中，松下已早早布下棋子。

第二节　布局中蕴含的野心

3G，以中国为核心

手机只是信息产业链上的一个终端商品，难道在市场上看不到日本品牌的手机，就认为日本企业退出了中国市场吗？那么，怎样解释中国华为公司的手机几乎从未出现在中国市场上但却是中国信息产业的骨干企业呢？三井—住友财团在中国3G市场的布局如同下围棋。在这场棋局中，手机制造企业不过是一颗颗棋子，“NEC擂主”的棋路才是日本财团战略的核心。

NEC公司是住友财团的核心企业，也是住友财团经理会白水会的成员，1999年，NEC度过了她100周年生日。NEC是全球500强企业中唯一在通信、IT、半导体三大领域都进入前五位的技术型企业。NEC作为住友财团最具综合实力的企业，通过初期在中国市场的摸索，已经建立了涵盖中国信息产业众多领域的合资和独资企业,为3G的到来打下了坚实的基础。

在中国消费者眼中,NEC是一家什么样的企业?尽管这个名字耳熟能详,但几乎很少有人能尽述其具体的业务方向。NEC曾经蝉联超级计算机榜首的"地球模拟器"的缔造者,手机制造商?软件服务商?电信设备生产商?这些似乎都不足够准确。用"综合商社式的制造企业"来称呼也许更能体现其本质特征。如今,NEC这个三井—住友大财团联合体系中的重量级选手准备在中国3G产业上大显身手了。

2006年11月22日,NEC(中国)公司的员工打开信箱时,都收到了一封来自日本总部的邮件,邮件中写道:"NEC已决定在中国暂缓所有2.5G手机新品的推出,相应地,中国手机业务的重组也会很快开始并在本财年内完成。"NEC决定对在华手机业务进行适当重组,将根据业务调整需要进行适当裁员,现有资源将留到3G牌照发布之后的市场。NEC在武汉的手机生产厂暂时不再生产手机,公司的资源将转移到3G手机上来。

NEC是第一个提出"3G,以中国为核心"的跨国公司。目前,NEC在中国生产的WCDMA(3G标准之一)终端正在源源不断地出口到亚洲、欧洲及大洋洲。事实上,在中国开始跟踪全球3G发展伊始,NEC就一直保持着同中国3G标准制定部门的沟通,而和记黄埔的WCDMA商用网络建设项目的率先启动和成功商用,使作为主要供应商的NEC在3G领域的能力开始为全球范围内的更多运营商所认识。

在2G市场的全线撤退让日本企业回归优势领域3G。三井财团与住友财团在金融领域统合为三井住友金融集团后,作为两大财团在信息产业上的三大王牌制造企业的东芝、松下和NEC,在3G产业链构造和全球市场布局中的分工与合作进一步加深。一个不容忽视的事实是,住友财团的NEC公司最先在全球部署3G,具有丰富的运营经验,因此拥有3G技术优势的日系手机企业押宝3G,将中国3G市场视为绝地反击的机会,这是必然之路。

驻扎在武汉的"NEC大本营"

早在1992年6月,住友商事(综合商社)带领NEC公司与武汉长江通信产业(集团)股份有限公司成立了武汉日电光通信工业有限公司(简称"武汉NEC"),注册资本为1 402万美元,主要从事光纤数字传输设备的生产、销售和技术服务等项业务。由此,NEC公司进入到中国的通信产业领域,并与中国的厂商建立起密切联系。如今,武汉NEC的DWDM、SDH和PDH光传输设备已覆盖全国30个省、市、自治区,广泛应用于国家级光缆干线、省级光缆干线和市话本地网以及铁路、电力、交通、石油和民航等部门的通信传输网络中。

1993年12月30日,NEC公司与武汉中原电子集团有限公司(中国电子集团下属的原国营710厂)按60%和40%的股份比例合资成立了武汉NEC中原移动通信有限公司(简称“武汉 NEC 中原”)。1998 年 12 月,合资公司又设立了产品开发研究中心,专门负责 NEC 移动电话产品的本地开发以及零部件的国内采购。为不断完善营销体系,加大销售力度,1999 年 7 月 22 日,NEC(中国)有限公司在北京宣布成立武汉 NEC 中原北京分公司,同时宣布将 NEC 移动通信销售总部由武汉移至北京。

此时,通过与中国信息产业部有关企业的密切合作,不断强化其在中国市场的投资力度,NEC 公司就已在中国设立了 19 家合资或独资公司,总投资近 18 亿美元,约合 150 亿元人民币。随着中国移动通信的迅猛发展,NEC 公司将中国作为其重要战略市场。武汉 NEC 中原的北京分公司全面负责 NEC 移动电话中国市场的营销和市场策划工作,武汉 NEC 中原则主要负责开发和生产,这是 NEC 中原移动通信有限公司在开拓中国市场方面的一个重大举措。

当初的武汉 NEC 中原移动通信有限公司,经过股权变动,成为 NEC 公司和武汉东湖高新集团股份有限公司(简称“东湖高新”)的合资企业,更名为武汉 NEC 移动通信有限公司(简称“武汉 NEC”)。2004 年 12 月,东湖高新将最后持有的 2.13% 股权全部转让给 NEC(中国)有限公司。由此,NEC 公司自主掌控了在中国市场的销售网络。目前,武汉 NEC 作为 NEC 公司的独资公司,注册资金 2.48 亿美元,主要从事生产和销售移动电话及其相关通信设备。

2005 年 6 月 9 日,NEC 与烽火科技集团(武汉邮电科学研究院)宣布成立武汉烽火移动通讯有限公司(简称“武汉烽火移动”),专注 3G,业务涵盖了 WCDMA、TD—SCDMA 宽带无线技术及相关产品领域,其中,NEC 占有 35% 的股份,烽火科技集团占有 65%,但公司一直在筹备中。直到 2007 年 10 月,NEC(中国)透露,该合资公司正式启动。NEC 有意将武汉烽火移动变为除天津工厂之外的另一个 3G 设备生产基地,并通过与烽火科技的合资,打造一个生产销售中心。

2007年10月23日,在通信展期间,NEC与烽火科技宣布了双方进一步加强战略合作的决定

今后,NEC 将以武汉烽火移动股东的身份曲线加盟 TD—SCDMA(中国 3G 标准),并在即将启动的 TD—SCDMA 市场中分一杯羹。NEC 通讯(中国)有限公司总裁卢雷强调,NEC 还将独立进行 TD—SCDMA 手机的研发工作,“一旦中国下发 TD 牌照,NEC 将很快拿出 TD—SCDMA 手机”。谈及武汉烽火移动的公司定位,卢雷谨慎地将其概括为“有一定的研发能力,同时进行市场的销售和维护”。事实上,销售和服务将是烽火移动队伍的重点,而生产并不在当前考虑范围。

排兵布阵,步步为营

NEC通讯中国公司正向中国的运营商发出信号:NEC不仅是中国3G设备市场竞争的参与者,更是主导者。对于NEC来说,在手机业务退出中国市场之后,国内的系统设备市场对其显得更加重要,而即将启动的TD—SCDMA则是一个重要契机,在此之前,西门子与华为、索尼爱立信与中兴、诺基亚与普天已经分别通过合资的方式介入中国的3G市场。事实上,NEC在中国共有子公司和合资公司超过60家,其中电信业务范围几乎涵盖了整个3G产业链,体现出NEC的中国战略。

2002年4月27日,NEC、松下移动通信(PMC)和华为技术有限公司联手成立了一家名为上海宇梦通信科技有限公司(简称"宇梦通信"),注册资金为800万美元,出资比率为NEC 47%、松下通信47%、华为6%。在宇梦通信的招聘广告中有这样一段话非常耐人寻味:"宇梦以加速第三代移动通信终端技术(3G)以及移动互联网的渗透普及为己任,扮演着NEC和PMC(松下移动通信)共同开发技术成果的发送基地之角色。"

事实上,宇梦通信主要从事3G终端的研究和开发,向全球提供NEC和松下最先进的第三代移动通信技术,加速3G技术以及移动互联网的普及,并促进市场的扩大。宇梦通信的主要事业内容是:提供第三代移动(3G)终端核心技术、专有技术的转许可,接受开发应用软件的特制业务,提供第三代移动(3G)电话相关的互操作测试(IOT)支援及综合解决方案。由于华为对中国通信网络有深厚的了解和运营经验,为宇梦通信的业务发展提供了良好的基础,所以被NEC和松下纳入到了这个合资企业中。

2003年9月8日,NEC(中国)有限公司宣布在北京市成立NEC中国研究院,负责研究基于宽带通信第三代(3G)手机以后的基础设施以及相关的应用服务。NEC中国研究院更像是一个商业企业,其研究的是与硬件设备以及底层通信协议等无关的应用层。研发队伍中只有很少一部分人从事新技术的研究工作,绝大多数人从事的是本地化和项目的商业性开发。显然,NEC在2G终端手机市场的退出掩盖了他在中国市场更深层次的扩张。

此时的3G市场瞬息万变,竞争者更是强手如林。进一步整合技术和资本,以NEC公司为核心展开布局,成为三井—住友财团应对市场激烈竞争的战略规划。仅从NEC中国研究院这个视角来观察,它就设立了市场连接、研究队伍、工程队伍三部分环环相扣的组织架构。项目在研究以及产品化过程中,通过市场连接环节不断得到市场和用户的反馈。事实上,用"综合商社式的制造企业"来定义NEC公司应该更能说明他的本质。

日本最大3G手机生产商、核心设备供应商NEC在华企业名录

公司名称	业务内容
NEC(中国)有限公司	广告宣传、市场调研、研究开发
NEC信息系统(中国)有限公司	系统集成、计算机软件开发
NEC通讯(中国)有限公司	移动电话、通信设备生产、销售、维护
NEC卓越软件科技(北京)有限公司	计算机软件开发
首钢日电电子有限公司	半导体芯片制造、销售
中讯润通科技(北京)有限公司	移动电话设计
NEC电子(中国)有限公司	LSI和软件设计、开发、销售
天津日电通信技术有限公司	交换机维护、软件开发
上海华虹NEC电子有限公司	半导体芯片制造、销售
上海宇梦通信科技有限公司	3G核心技术研发
NEC数码应用产品贸易(上海)有限公司	笔记本电脑、服务器销售
上海广电NEC液晶显示器有限公司	TFT液晶制造
上海NEC电子国际贸易有限公司	贸易、物流
武汉NEC移动通信有限公司	移动电话生产、销售
武汉日电光通信工业有限公司	光通信设备生产、销售
日电(广州)信息设备贸易有限公司	投影机、显示器销售
西安NEC无线通信设备有限公司	微波设备生产、销售
桂林NEC无线通信有限公司	微波设备生产、销售

注:以上仅为NEC在中国大陆的部分主要企业,另外它还有51家合资企业分布在包括香港、台湾在内的大中华地区。

2003年12月18日,NEC与TechFaith集团合资成立的手机设计合资公司——中讯润通科技(北京)有限公司正式开始对外营业。TechFaith集团是中国光大银行参股的一家香港公司,其前身是北京国电未来通讯技术有限公司。合资公司的资本金为5 000万人民币,其中TechFaith和NEC分别占70%和30%,主要从事GSM、GPRS等2.5G及3G移动手机的核心技术的开发及应用,涉及基带、射频、软件、结构、外形设计及生产测试等技术。

2004年5月28日,NEC重组其在华的通讯业务,成立了NEC通讯(中国)有限公司。在NEC过去30年建立起的中国通信业务平台的基础上,把过去从事系统开发、生产和维护的NEC(中国)有限公司的相关部门、天津NEC、西安NEC、桂林NEC及生产和销售NEC手机的武汉NEC移动通信有限公司的资源进行了整合。公司业务涉及移动终端的产品设计、开发、销售,通信基础网络设备以及应用服务设计、开发、系统集成、销售,通信软件的设计、开发、产品化以及与上述系统设备的工程、维护、咨询业务。

高举“红旗”向前进

2005年,NEC公司在中国手机市场的份额已经下降到2.3%,但是NEC在中国的发展却没有放缓。2005年1月25日,广东移动宣布彩铃用户数量已经突破1 000万,这一由NEC提供的彩铃系统运行稳定,NEC表示将以此为契机,为亚洲、欧洲等全球更多国家和地区提供彩铃业务解决方案,同时在中国大规模开展移动通信应用业务。其中,在中国推广应用于手机上的Linux操作系统,成为NEC中国战略的重要一环。

为角逐全球市场,NEC绝不甘为人后,NEC的3G手机高端产品几乎全部采用Linux。NEC为了争夺中国市场,加强与北京中科红旗软件技术有限公司(简称“中科红旗”)合作Linux平台的开发是其重要的战略部分。中科红旗是由中国科学院软件研究所和上海联创投资管理有限公司在2000年6月份共同组建的,并于2001年3月通过中国电子信息产业发展研究院(CCID)赛迪创业投资有限公司,成功得到了信息产业部的注资。

NEC与中科红旗的合作开始于2004年,主要在两个领域展开,一个是NEC服务器,另外在软件领域也展开了合作。NEC提供全系列计算机硬件平台产品,从工作站到高端服务器存储产品,以及解决方案,致力于中国IT技术建设。目前NEC的工作站,还有NEC通用产品线,NEC存储产品线,NEC服务产品全部都支持红旗Linux操作系统。NEC公司正在进一步强化对于Asianux(中日韩联合开发的操作系统)的支持,这是NEC的重要战略,

2006年9月,在中科红旗主办、NEC协办的“2006政府暨公共事业开源应用论坛”上,有中国政府部委、公共事业部门及教育等各行业的相关人士约五百人参加。NEC信息系统(中国)有限公司计算机系统事业部总经理大岛清志表示,NEC将以此次在中国市场上发布支持红旗操作系统(Operating System,简称OS)的NEC不间断容错服务器为契机,今后NEC与红旗软件在高可用性硬件平台产品上共同进行促销活动。

2006年9月,NEC与中科红旗合办了“2006政府暨公共事业开源应用论坛”,共同进行产品促销活动

当大家惊叹于“NEC擂主”借助中国本土企业渗透3G市场的宏大布局时,可曾想过,同属住友财团的松下与NEC再来上演一场“协奏曲”将又会是怎样的一番景象呢?是人们对这两家企业在信息产业上的成就从来就熟视无睹,还是这两家企业总是默默耕耘,几乎很少能听到关于他们的业绩报道?其实,NEC和松下这两家住友财团的企业与摩托

罗、诺基亚、三星、思科以及中国的华为在通信技术领域有着相同的行业地位。如果把他俩看成是一个整体,其实力更不容忽视。

第三节 咄咄逼人的实力

3G手机的始祖——松下

2000年1月,纳斯达克指数和道琼斯指数临近崩盘边缘,美国已提前陷入经济衰退,然而,此时日本移动电话运营商NTT DoCoMo的手机上网服务i-mode经过近一年的推广后,却已经吸引了300多万人。这个时候欧美许多公司纷纷在推WAP手机上网技术。然而,与每秒仅9k传输速率、费用高昂、每次上网还需重新拨号、可浏览的网站屈指可数的WAP市场相比,日本的年轻人已经通过i-mode实现了传输速率28k、永远在线,并且可访问4 000余个网站。

自日本移动电话运营商NTT DoCoMo推出移动互联网接入的i-mode以来,长期被看成是日本新新人类追赶潮流的时髦玩意。实际上,随着i-mode功能和服务的更加强大,它已影响到日本经济生活的各个方面,不再仅仅是种时尚,而是涉及企业经营方式、工作环境、职场机会、日本IT产业等多个方面的影响。而且,i-mode从年轻人的娱乐文化用途迅速成为中老年人进行商务活动的得力助手。

2000年7月初,上任伊始的松下电器公司总裁中村邦夫提出了“立足IT革新经营”的战略,他甚至在一次有450人参加的经营业务会议上公开发出了使用i-mode的动员令。早在担任松下电器分公司的经理时,中村邦夫就非常重视提高管理体制的工作效率,平时经常可以看到他手持i-mode发布指令了解工作进程的身影。中村邦夫常说:“IT时代的竞争纯粹是时间的竞争,就看谁能创造性地利用时间”。

事实上,i-mode是NTT DoCoMo在日本以及其他国家服务的一个商标或注册商标,利用i-mode服务的手机只能算是2.5G手机。正是因为有了i-mode服务的长足发展,才为以后3G的出现奠定了基础。在i-mode之后,NTT DoCoMo全力推出支持3G的FOMA服务。NTT DoCoMo的策略是逐步将所有的i-mode用户转移到3G的FOMA服务上去,不在日本市场营销i-mode服务。不过,NTT DoCoMo继续向国外的合作伙伴推广i-mode平台。

世界上第一部3G手机就是住友财团的松下公司生产出来的。在代表着世界3G应用最先进水平的日本,松下几乎涉及了3G业务中从基站设备到终端产品的全部环节。1998年,松下就开始进行WCDMA的研究开发工作,当年NTT DoCoMo

在日本进行3G网络的户外测试时，松下为其提供了设备和终端。2001年，松下电器公司推出第一款商用可视电话，2003年又推出了世界上第二款商用可视电视电话。之后，松下一直积极投入3G研发、生产。

2003年5月底，日本NTT DoCoMo开始试运营3G网FOMA，10月又在日本全国正式运营。当时，包括NEC、松下、夏普、三菱、富士通和摩托罗拉（日本）在内的日本六家手机制造巨头为其提供了3G手机，其中，松下手机占67%的份额。此后，松下与3G运营商NTT DoCoMo保持着长期深度的合作，无论终端、设备、还是解决方案，松下都积累了丰富的经验。如今，松下手机在日本市场占据第二的宝座，仅次于NEC。

3G时代到来，手机将进入应用为王的时代，流媒体、移动影音、游戏等将成为主流，这种手机的娱乐化发展趋势与松下的发展目标不谋而合。2005年末，松下公司做出了一个足以震撼业界的重大调整，松下逐步转向3G手机生产，现有2.5G GSM手机的销售与售后服务将继续进行。这一新的战略部署给外界最强烈的暗示就是：松下将重新整合资源，集中精力发展3G手机业务。同时，松下对中国市场的重视程度之高也显而易见。

全球3G产业先锋——NEC

犹如人的两条腿一样，一个产业要正常发展必须两条腿都要健全。软件强大而硬件跟不上，就会造成跛脚的现象。松下侧重在终端应用（软件），而NEC偏重于各种电信核心设备（硬件）。松下的全称是“松下电器”，而NEC又名“日本电气”，从“电器”和“电气”两字的区别就会发现他们的不同之处。如今，住友财团的松下和NEC两大企业，正如两条强有力的腿，支持着日本电信产业跑步前进。其中，NEC这条腿更加有力，相当于跳远和跳高的“起跳腿”。

NEC公司作为WCDMA基础网和手机的主流厂商，已经在全世界部署了数以万计的WCDMA基站。NEC的WCDMA手机在日本、欧洲销售量均为第一。早在1990年，NEC就开始进行对WCDMA技术的研发工作。在1996年，NEC首先提出了WCDMA系统作为3G的国际标准，并从此开始推动WCDMA作为3G标准的旅程。因为在3G标准上的杰出贡献，NEC担任了“第三代合作伙伴计划”（3GPP）无线接入网（RAN）工作组的主席。

NEC向日本移动运营商NTT DoCoMo提供了全球第一个WCDMA商用网，2001年10月正式运行。同年12月，也是NEC协助运营商Manx Telecom建设了欧洲第一个WCDMA商用网。在英国，NEC为英国最大的3G移动电话网络提供商和记黄埔英国3G子公司的3G网络提供了在主要大城市连续网络覆盖，其他地区采取与2G网络本地漫游的策略。到2003年底，和记黄埔在英国的3G网络就已达到70%的人口覆盖，2004年底更达到了95%。

同时,NEC还为多家运营商提供了移动互联网增值业务平台、移动终端和专业移动通信服务等一体化解决方案。在日本,NEC向日本最大的移动运营商NTT DoCoMo提供了核心网、WCDMA无线接入网等,先后向NTT DoCoMo提供了定位服务平台、彩铃系统、视频解决方案、计费系统等。此外,NEC向日本的沃达丰KK提供了包括核心网、RNC及Node—B的3G网络设备以及3G终端,是沃达丰(Vodafone)的主要供货商。

值得一提的是,NEC在香港建3G网络的时候,正好赶上2003年的那场"非典",但NEC仍以每周一百多个基站的建网速度在短短不到两个月的时间,完成了800多台基站的安装。最终,NEC做了大量的网络优化工作,进行了数十万公里的路测,完成3万个参数的调整,顺利地保证了和记黄埔在2004年1月27日正式开通商用。目前,NEC是香港和记黄埔有限公司的独家设备供应商,而NEC通讯(香港)有限公司还是和记黄埔在香港和澳门所有移动通信网络的外包服务商。

当大多数厂商还在开发WCDMA制式的3G产品的时候,日本的手机用户已经能够通过NEC所提供的WCDMA网络享受3G服务了;当一些厂商宣布可以开始HSDPA(一种无线高速数据传输技术)系统的试验,NEC却已经在2005年开通这项服务;当更多的厂商制订3G终端策略的时候,NEC已经占有了全球58%的3G终端市场,而且占领高端市场绝对优势。在网络设备、业务平台和终端市场都占有绝对领先地位的NEC,自然成为3G先锋。

展示"NGN时代"的综合力

在信息与通信技术(ICT)融合大潮面前,具备IT、电信两大实力的企业将在竞争中胜出。日本IT界巨无霸NEC就是一家具有这样战略眼光的企业。自2006年4月NEC新总裁矢野薰上任以来,为了迎接"NGN时代"的到来,NEC大规模调整了内部组织结构,朝着具备下一代网络融合应用服务整体方案的实力企业的方向迈进。作为在IT和通信领域的领军企业,NEC早在三十多年前就提出了NGN的理念。

在ITU2006世界电信展上,NEC矢野薰总裁表示:"NEC在IT和电信两大领域处于全球领先地位。我认为在下一代电信网络(NGN)的浪潮中,NEC已经站在绝佳的制胜点上。这是因为NEC已是传统电信交换机的重量级企业,更是因为NEC在半导体、移动电话、服务器和IT解决平台等各领域所具有强大实力,保证了我们得以推出客户所需要的整合性产品。NGN商机将为NEC注入更具规模的营收与获利改善功能。为了NGN,NEC已经准备多年。"

NEC的"NGN战略"在日本已初显成效。在日本国内,NEC在构建丰富的服务平台方面已经取得了丰硕的成果。具有代表性的例子是支持NTT DoCoMo"i-mode业务"的网关系统(CiRCUS)。此外,NEC构建了NTT DoCoMo的"无线一键通”、手机钱包等信用网关系统，还构建了 NTT Communications 的数字电视转播网的操作系统等业务的巨大网络。NEC 基于 IP 架构的下一代网络移植已经得到了英国电信集团以及日本电报电话公司的支持，目前这两家公司正在把其传统的电话网络升级至更快、更高效的光纤网络。

作为全球 NGN 技术和标准的推动者，在 IT 和网络两方面，NEC 都具有雄厚的技术实力。从传输设备到服务平台、服务应用软件、企业信息网络系统及各种终端产品等，NEC 是目前能综合提供这些服务的屈指可数的企业。下一代电信网络（NGN）不但为通信运营商网络基础的传输设备和服务平台带来巨大变化，而且为企业信息网络系统、电子政务及个人生活方式带来了深远影响。在 NGN 时代，NEC 的“综合力”优势得到了充分的体现。

IT 和网络的真正融合并非简单的产业合并，而更需要商业和金融的支撑。2006 年 3 月 28 日，NEC 宣布了一系列最新的重组措施，成立名为 NEC Biglobe 公司的互联网服务运营公司，7 月 1 日通过向住友商事、三井住友金融集团及其他三家投资商以第三方股权分配形式筹集 127 亿日元（约合 1.09 亿美元）资金。在股票发行后，住友商事（综合商社）在新公司中掌握 7% 的股权，三井住友金融集团与大和证券集团分别持有 NEC Biglobe 公司 5% 的股权，从而形成产业、商业和金融之间的纽带关系。

第四节　整合资源再发力

手机业务的新框架

2004 年 10 月，NEC 和松下结成 3G 联盟，使得松下成为日本市场上最大的手机制造商。紧接着，2005 年 3 月，为了加速产品的开发工作并降低产品成本，三井财团的东芝与住友财团的松下又结成战略同盟，双方联合开发 3G 手机技术。东芝、松下、NEC 三方合作不仅局限于 3G 手机技术，还在全球推广 3G 业务、开发手机芯片产品等方面进行协作。由此，NEC 公司在 3G 领域的“综合力”优势得到了充分的发挥。

此时，NEC 已经与松下移动通信公司在手机软件开发领域结盟，双方准备举行谈判扩展联盟，分享手机零部件。在截止到 2005 年 9 月的半年时间里，NEC 和松下在日本的手机发货量都是 335 万部，仅次于夏普的 362 万部，东芝以 297 万部排名第四。NEC 主要向日本排名第一的移动运营商 NTT DoCoMo 供货，东芝则向排名第二的 KDDI 供货。三方结盟后，东芝能够向日本最大的移动运营商 NTT

DoCoMo 和外国运营商供货,NEC 则能够降低开发成本。

2006 年 4 月,NEC 开始与松下、东芝进行 3G 手机开发谈判,希望能在这一竞争激烈的市场中分摊巨大的开发成本。NEC 发起了这次的结盟谈判,该公司在 5 月制定出全面的手机业务复兴计划,希望三家公司的手机业务合并,同时让三家公司分别保留自己手机的品牌。合并后的公司拥有日本手机市场 45% 的份额。NEC 正在 3G 手机领域试验基于 Linux 的操作系统。

正是因为 Linux 的安全特性,使得它在市场中保持了一定的占有率,且市场占有率有扩大的趋势。据 IDC 的预测,预计到 2008 年,Linux 服务器的市场年销售增长率将达到 30%,届时 Linux 服务器的市场份额有望达到 10.5%。Linux 已经在全球、在各个环节上都对 Windows 形成了巨大的威胁。目前一些国家正在将其电子政务系统向 Linux 平台迁移,越来越多的国家政府政府部门开始采用 Linux 操作系统。在中国,中国政府一直给予 Linux 极大的支持。

仅仅三个月之后,2006 年 7 月 27 日,同为住友财团的 NEC 和松下最终联合对外宣布,双方达成协议,各出资 50%,成立合资手机研发公司。新公司通过推进手机中间软件、应用软件、硬件的共通化,避免重复的开发投资,提高开发投资效率,强化开发力度和成本利用率。由于各公司的商品企划、商品开发、零部件采购、销售、制造等环节都是分别进行的,因此继续各自使用自己的品牌。

日系手机的 NEC 和松下这两家顶级厂商宣布成立手机研发公司的当天(2006 年 7 月 27 日),还宣布与德州仪器(TI)一起成立一个手机芯片公司——Adcore-Tech 公司,主要集中在开发一个针对 3G、3.5G、3.9G 甚至更高级别的通信平台。NEC 和松下电器分别出资大约 44%,德州仪器出资大约 12%,总出资额为 120 亿日元。三方通过共同分担研发任务,以期借此来成为全球性的无线设备供应商。

2006年7月底,NEC电子、松下移动通信以及德州仪器5家公司宣布,将联合组建新的3G芯片合资公司Adcore—tech

不久,NEC 和松下这两家住友财团的企业开始寻求一个手机业务的新框架,包括用于 3G 及以上级别的基频芯片的开发,和一个由创立于 2006 年 6 月的开放移动 Linux 联盟所支持的通用手机开发环境。它们将会把技术授权给 Adcore-Tech 公司来开发通信芯片,开发出来的技术也会被授权到各自的半导体子公司,并由松下半导体公司、NEC 电子公司和德州仪器(TI)将这些芯片出售给手机制造商,目标是到 2008 年在宽频 CDMA 通信芯片的全球市场中达到 20% 的份额。

值得注意的是,此时的三井物产开始发挥“全球产业组织者”的作用,出现在 NEC 的跨国合资企业中。2007 年 5 月 30 日,由 NEC、三井物产、NTT DoCoMo、三星、英特尔等投资的移动 WiMAX 半导体厂商美国 Beceem Comunications 宣布,将在下半年之前供应新一代芯片组,无线通信模块的封装面积可缩小到原来的一半,大小与邮票相仿,以期能够嵌入手机等小型终端使用。Beceem Comunications是2003年10月创立的一家无工厂半导体厂商,主要进行移动WiMAX(无线宽带技术)与WiBro(无线宽带接入)基站与终端的芯片开发。

实现与软件开发商的融合

随着创新力与业内竞争不断地驱动行业发展,要符合各运营商不断增加的规范要求,生产厂商在软件开发、测试及发售多功能手机时都承受着巨大压力。要满足软件在其他手机型号中的重复利用,并以划算的成本替换部分组件以进行型号区分等所有需求,对厂商来说也是巨大的挑战。为了战胜这些挑战,NEC需要软件开发商为厂商创建并提供全功能的参考实施方案(RI),以帮助其满足各运营商的需求。

NEC公司长期在通信和计算机领域积累的综合实力与松下公司在家电、AV领域的综合实力充分地融合,使得两个公司的移动电话事业发挥相辅相成的效果。在2001年8月,NEC公司和松下电器、松下移动通信公司就开始了移动电话开发的合作。2004年11月,NTT DoCoMo、NEC和松下移动通信共同开发了以LinuxTM操作系统作为基础的中间软件平台(MOAP Linux),成功实现FOMA终端的使用。因此,同属住友财团的NEC公司和松下公司一直有良好的合作关系。

2006年11月7日,NEC公司及松下移动通信公司与Aplix公司就MOAP Linux达成许可协议,为基于Linux的手机提供集成解决方案。该协议允许Aplix设计并开发基于由NEC、松下移动通信和NTT DoCoMo联合开发的MOAP Linux平台的手机软件解决方案,并可将该技术再次授权给其他手机制造商。日本最大移动运营商NTT DoCoMo一直以来都在与NEC和松下移动通信合作开发手机的MOAP Linux平台,并且期待Aplix公司的中间件架构在MOAP Linux上的集成,从而进一步增强手机功能。

Aplix公司是在移动电话中嵌入Java技术的全球领先厂商,成立于1986年,2003年在东京证券交易所上市。2004年8月24日,Aplix与总部位于台湾的曜硕科技公司合并。对基于Linux的手机来说,Aplix公司基于MOAP Linux的RI能为用户提供丰富功能。RI是一个包含Aplix特有的中间件架构,由NEC、松下移动通信和NTT DoCoMo联合开发的MOAP Linux平台,及其他各种中间件/软件的集成解决方案。

为了顺利切入中国市场,2007年1月,日本NTT DoCoMo电信公司与中国著名软件商用友软件共同投资成立了Fidatone移动技术和服务有限公司。用友占股66.67%,NTT DoCoMo占股33.33%。用友这次选择与NTT DoCoMo合作也是看中其移动通信技术在商务方面的应用,尤其是其i-mode服务——世界上流行的移动电子邮件和移动互联网服务,在全球拥有超过 4 700 万用户。通过与用友软件组建合资公司,NTT DoCoMo 得以加强以 NEC 为代表的日本财团企业在中国移动商务业务领域的竞争能力。

资本整合,扩张在即

2007 年 8 月 31 日,《日本经济新闻》登出消息,三井物产子公司 Telepark 将收购三洋子公司 Telecom 三洋的全部股票,从而接管三洋电机的手机销售业务。三井物产的 Telepark 公司的手机销量为 363 万部,在收购 Telecom 三洋后,销量超过三菱商事与住友商事对半出资的 MS Communications 的 370 万部,排名日本手机市场销售量第一位。此后不到一个月,三洋电机公司宣布,该公司就出售手机制造业务与京瓷公司基本达成协议,彻底撤出手机业务。

经过一段时间的酝酿,京瓷公司于 2008 年 1 月中旬以 3.75 亿美元的价格正式收购三井—住友财团旗下三洋电机公司的手机制造业务。由此,三井物产和京瓷在分别接管了三洋手机的销售和制造的同时,双方也形成紧密的协作关系。此时,京瓷早已在北美通过收购高通公司的手机制造部门,成立了京瓷无线公司;在韩国,京瓷与韩国 SK 电信合资成立了生产 CDMA 手机的 SKTT 公司;在日本,京瓷是开展 CDMA 2000(1X)服务的日本第二大电信运营商 KDDI 的第一大股东。

在中国市场,已晋升为全球第六大手机厂商的京瓷早在 2001 年 9 月与多年从事国防科技研究和军工产品生产的中国振华(集团)科技股份有限公司(简称"振华科技")就 CDMA 手机项目签署了合作协议,注册资金为 1 489 万美元,其中京瓷占 70%,振华科技占 30%。当 2008 年 1 月中旬收购了三洋手机制造业务,从而将三洋在中国天津的 CDMA 手机生产据点——天津三洋通信设备有限公司纳入旗下后,京瓷 1 月 29 日突然宣布将在 3 月底解除与振华科技的合作,将其持有的京瓷振华 70% 的股权无偿转让给振华科技和溢华公司,全力转攻北美市场。

收购 Telecom 三洋的 Telepark 公司实际上是三井物产信息产业本部的移动事业部所属的企业。该公司充分利用与 NTT DoCoMo、KDDI、Vodafone(沃达丰)等各种通信运营商的密切关系,在移动电话销售店、量贩店、旗下代理店等销售渠道上积极开展着销售活动。在日本国内移动电话市场不断趋向成熟化的环境下,Telepark 公司通过有效利用三井物产的资金能力、组织能力和情报能力,为囊括移动电话领域和固定电话领域,以实现综合通信事业领域的进一步发展而不懈努力。

2006 年 8 月 14 日,三井物产向全球领先的无线经销与供应链解决方案公司 Brightstar Corp. 投资了 5 000 万美元,成为其最大股东之一,因而在董事会占有一席之地。此时,三井物产的信息、电子和通信业务部门致力于快速增长的移动手机业务,将其作为该部门关键的业务领域。同时,该部门通过国内和海外的子公司及合作伙伴,在销售系统解决方案、提供移动内容服务和分销移动手机的业务中表现活跃。

三井物产的这笔投资用于支持 Brightstar 的全球扩张活动,其中关注的焦点是全球(特别是亚太地区)商业机遇的确定与合作。三井物产通过加强与 Brightstar 的业务协作和联盟,寻求进一步拓展其海外移动业务。三井物产正与 Brightstar 在澳大利亚通力合作,并致力于 Brightstar 在东南亚(地区总部位于新加坡)的新业务,他们为菲律宾、马来西亚、印度尼西亚、泰国以及越南提供支持。

2007 年 3 月,三井创投(Mitsui Ventures)与盈富泰克创业投资有限公司一起参与了北京软通动力信息技术有限公司总额为 4 500 万美元的第二轮融资。三井创投是三井物产从事创业投资业务的专业化机构之一。三井创投作为一个金融投资者,为全球的创业企业提供早期的创业资本。几年来,凭借公司拥有的专业化人才和集团的全球业务网络,三井创投已经涉足的领域包括:通信、软件、信息服务、生命科学、医疗器械和零售服务。

三井创投选择与盈富泰克进行合作投资,更重要的是针对这个公司的深厚背景。盈富泰克接受中国信息产业部委托,管理着国家电子信息产业发展基金。盈富泰克成立于 2000 年 4 月,由十家大型信息产业企业集团出资设立,包括中国电子信息产业集团、中国普天信息产业股份有限公司、中国长城计算机集团公司、彩虹集团公司、熊猫电子集团有限公司、广州无线电集团有限公司、海信集团有限公司、深圳创维—RGB 电子有限公司、云南南天电子信息产业股份有限公司、中国电子信息产业发展研究院。

第五节　3G 产业的幕后推手

3G 源自成功的商业模式

1998 年,在日本的移动语音市场呈现饱和之际,日本最大的移动通信运营商 NTT DoCoMo 推出了"i-Mode"移动电话,为移动通信族提供了即时、好玩、有用而又便宜的信息服务,一度引发了日本移动通信的革命,被喻为"日本继索尼发明随身听后最伟大的发明"。i-mode 服务使得日本消费者逐渐转变观念,不再将手机仅仅作为一种通信工具,而是一种"生活方式"工具,这为以后 3G 的出现和发展奠定了基础。

当消费者习惯了用手机来做通常在个人电脑上所做的事情时,如收发电子邮件、浏览网页、下载音乐、玩电子游戏等,再让他们接受手机支付功能,自然相对容易得多。面对庞大的潜在消费人群,商户也乐于参与受理手机支付,NTT DoCoMo甚至为安装受理移动支付零售服务点(POS)终端的商户提供补贴。在以综合商社为核心的财团企业群的幕后推动下,NTT DoCoMo与娱乐、广电、汽车、商业、金融、文化等行业实现了广泛的合作,从而把一大批新技术纳入融合后的产业链中,为自己的用户群提供更贴心的服务。

2000年9月,三井物产、NTT DoCoMo及樱花银行(三井住友银行的前身)等5大公司宣布联合成立一家网络金融服务公司——超级网络解析公司(SNSC),以推进企业间电子商务的进行。该公司主要负责提供交易方的资信状况并提供债权回收、决算代理等服务,鼎力支持企业上网交易。五大公司的投资额分别为:三井物产55%,NTT DoCoMo 25%,樱花银行、三井海上火灾保险和Visa国际拥有其余的20%。

超级网络解析公司的社长由三井物产的人员出任,服务对象为那些已经开始进行企业间网络交易的企业及网络公司,如:钢铁、化学等产业的公司。SNSC公司的系统使企业用户可省去调查生意往来对象信用的麻烦,从而进一步节省成本。此外,如果客户企业缴纳一定数目的手续费,则可从三井物产开发的审查系统和数据库里取得约10万家交易客户的财务、信用数据,并获得包括交易额上限、交货、清算条件等的建议信息。

正是因为有了以i-mode为平台的超级网络解析公司这样成功的商业模式,NTT DoCoMo早早抢在众人面前率先杀入3G战场。2001年10月1日,NTT DoCoMo正式推出世界上最早的基于WCDMA网络的3G商用业务,并命名为FOMA,并以此为基础提供丰富的3G数据业务。此时,3G已经使得电信企业的步伐迈出行业范畴,需要进行跨行业的融合。事实上,NTT DoCoMo的诸如移动支付等电子商务业务,都是由三井物产等综合商社负责全面组织和协调的。

产业的培育者和组织者

3G带给人们的是大产业链格局。在这种格局下,日本、韩国的财团机制正在发挥巨大作用。21世纪的今天,日本财团的核心企业综合商社,早已不是人们印象中的贸易公司的形象,但依然在信息社会中承担着产业培育者和产业组织者的功能。随着产业细分的加剧,在产业链每一个环节上的企业已经无法独立生存,综合商社这种组织功能显得越发重要。

例如,日本重视非接触式IC卡的开发,早在1996年,三菱商事与三井财团的丰田等公司联合成立了非接触IC卡研究所,之后日本的IC卡广泛应用于校园内电子货币交易等领域。同时,手机支付业务的蓬勃发展是日本财团发展电子商务计划的一部分,对于迅速发展的电子商务,电子认证服务是其核心部分。1997年,三菱商事、NTT DoCoMo与美国Verisign公司等多家公司联合成立合资公司——日本 Verisign 公司，同年 5 月开始发行认证书。同时，日立、富士通、NEC 也成立合资公司开发电子认证服务。

三菱商事是三菱财团的综合商社，积极开展产业链的组织工作。三菱商事成立了 ICT（信息与通信技术）本部，该事业本部以“信息（IT）与通信（CT）的融合”为基本理念，力争成为客户不可或缺的核心的商务解决方案合作伙伴。三菱商事 ICT 事业本部，在 IT 解决方案、网络服务及信息安全领域，有着很强的竞争力，其核心企业 IT Frontier Corporation（三菱商事和 IBM 分别出资 80%、20%）提供从系统构建到网络运用管理的各种服务。

2000 年 10 月，三菱商事、NTT DoCoMo、LAWSON（罗森便利店）和松下电器等 4 家公司成立使用 i-mode 手机开展电子商务型连锁店的业务公司 i-Convenience，这是在 2000 年 5 月启动的“移动式 e-KIOSK”的基础上开展的业务。LAWSON 用户可以将 i-mode 手机与 POS 收款机相连接，打印出通过手机得到的信息，比如折扣券等，或者根据用户使用 i-mode 手机订货的金额计算出积分，在信息终端 Loppi 折换成折扣券后，直接在 POS 收款机上享受回扣。

作为日本第一劝银财团的综合商社，伊藤忠商事很早就开发了名为 MAGASEEK 的移动电话线上销售商业模式，从“小学馆”发行的 2000 年 10 月号女性杂志 *CanCam* 和 *Oggi* 开始提供服务。读者对杂志中的皮包服装饰物等商品有兴趣，可以用 i-mode 移动上 MAGASEEK 网，搜索货物、价格、库存等资讯，当场订购。顾客也可以用手机拍照，确认刊登在杂志上的商品，下载相关商店的方位地图，通过 e-bank 手机银行系统支付。

在 2001 年 9 月至 12 月的 4 个月之间，伊藤忠商事、NTT DoCoMo 以及日本可口可乐公司在东京的涉谷设置了 41 台支持 C 模式的自动售货机——Cmode，面向消费者推出试验性服务。通过将 Cmode 同 i-mode 手机相结合，用户可以不必使用现金而只需利用手机便可购买可口可乐的饮料。随着 Cmode 服务在全国的展开，三家公司自 2002 年 4 月 15 日起面向 Club Cmode 会员销售娱乐设施的入场券及 i-mode内容信息，还推出提供周边地图的区域信息服务。

在 3G 时代，运营商之间竞争的焦点将是以客户需求个性化、业务多样化、多媒体和高速接入等为主要特征的数据增值业务，且运营商业务对终端要求也趋于个性化。这些变化决定了一个新的产业链要在多方互动的过程中成长，其中包括电信运营商、系统设备商、软件服务商、内容供应商、内容集成商、终端制造商和客户。产业链的加长、环节的增多必然导致协调困难的加大，只有综合商社为核心的财团组织才能将各环节的沟通更加紧密起来。

整合全球信息产业资源

日本移动运营商 NTT DoCoMo 的 3G 内容平台 FOMA，在模式上与其在 2G 时代的 i-mode 一脉相承。时至 2003 年年底，FOMA 已逐渐被更新的 3G 系统取代，此后，NTT DoCoMo 在 2004 年 7 月推出了“手机钱包”——i-mode FeliCa 业务。该业务已有1 000多万用户，可使用的商铺已超过 2 万家，包括便利店、卡拉 OK 厅、药店、影碟租赁店等，而其使用领域还有电子车票、自动登机手续、门禁卡等。为进一步发展移动信用卡业务，NTT DoCoMo 借助三井—住友财团的金融和商业力量，实现了产业间的紧密联系。

2005 年 4 月，NTT DoCoMo 同三井住友金融集团旗下的三井住友卡及三井住友银行结成战略联盟，并斥资 980 亿日元(9.25 亿美元)收购三井住友卡 34% 的股权。在联盟中，三井住友卡负责建立受理手机信用卡支付的基础设施，包括在签约商户安装 POS 终端，并将其现有信用卡业务同 NTT DoCoMo 的手机信用卡业务合并，推广手机信用卡，三井住友银行则负责开发兼容手机支付功能的 ATM。而且，NTT DoCoMo 的手机信用卡系统则主要基于三井财团另一关联企业索尼的 FeliCa 非接触式芯片技术。

半年之后，2005 年 12 月，NTT DoCoMo 开发了向各家信用卡公司开放的手机信用卡支付平台，2006 年 4 月又推出了手机信用卡业务(DCMX)。当月，日本开始试运行面向手机用户的数字电视业务(OneSeg)，NTT DoCoMo 已同时配合发售了一款对应手机。一年后，NTT DoCoMo 北京事务所的副所长何显清在接受《21 世纪经济报道》记者的电话采访时表示：“实际上，3G 技术本身不是决定性因素，最重要的是 3G 网络提供了更丰富、费用更低廉的业务。”

面对 3G 大产业链格局，三井物产这家日本最古老的综合商社，其实早已开始自己的布局。早在 1984 年，三井物产就成立了信息产业本部，到现在已经投资了 165 家信息类企业，拥有关联子公司 35 家，涵盖 IT 信息产业的所有流通领域。三井物产正在整合全球资源，为相关制造业企业提供最强有力的支持，在产业链时代发挥产业组织功能。2005 年 3 月决算时，三井物产信息产业本部的合并销售收入已达到 5 200 亿日元(约 44 亿美元)。

2007 年 11 月 29 日，三井物产、索尼、大日本印刷等 5 家公司发布新闻稿表示，他们将于 2008 年 1 月成立 FeliCa 非接触式 IC 智能卡合资公司，三井财团的索尼公司持有合资公司 60% 的股权。自 1996 年以来，索尼发货的 FeliCa 芯片已经超过了 2.5 亿个，普遍使用在包括中国和新加坡在内的亚洲国家。在日本，电子制造商已经把这一芯片用在手机中，采用 FeliCa 技术的手机，能够检测手机余额和使用记录，

索尼、三井物产、GNAVI、大日本印刷和丹青社这五家公司，就成立非接触式IC卡“FeliCa”的合资公司达成一致，新公司于2008年1月设立

进一步则可以利用这种手机当作支付工具进行电子消费，比如电子钱包和电子入场券。

仅仅在50天前，即2007年10月8日，三井物产、IMJ mobile公司（三井物产出资40%）、Acrodea公司这3家公司，在共同推进手机3D假象空间服务事业上达成合意，参照美国公司推出的Second Life（第二生命），推进日本独自的在线型3D假象空间及各种手携式机器登陆的移动3D平台的构建工作。Acrodea公司提供其独自技术X—FORGE的许可，并负责技术支持，IMJ Mobile公司在X—FORGE基础上设计手机平台及开展各种相关服务，而三井物产主要是对企划提案及高收益性商务模型构建等综合事业进行支援。

三井物产信息产业本部对IMJ Mobile公司给予了全力的支持，并且在其官方网站上明确表示："我们以成为No.1 Mobile Integration Company（第一名的移动通信综合公司）的企业为目标，致力于为世人创造最高境界的移动通信。我们为了实现此理想而团结在一起，凭借IMJ移动集团拥有350名以上经验丰富的专家集团，可以为客户及用户提供包括移动解决方案业务、移动资讯内容业务、移动媒体业务3项事业在内的所有移动相关服务。"

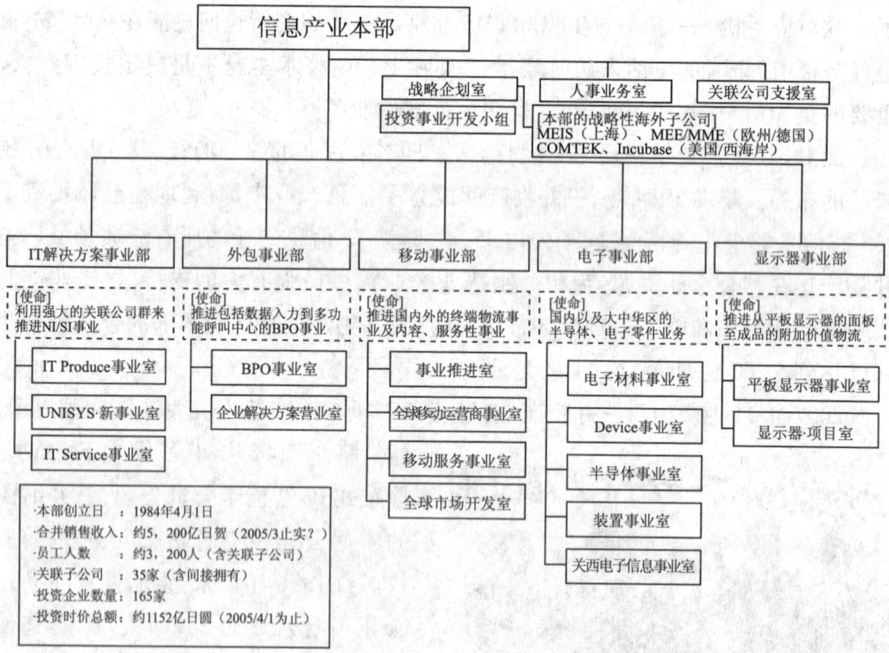

三井物产信息产业本部 组织机构图

第六节 韩国带来的启示

韩国电信业后来居上

国际电联的研讨会于2007年1月在日内瓦召开,各国电信业专家普遍认为传统运营商的寿命还有10年。目前产业结构、生产力和生产技术的矛盾,随着网络电话、IP电话、无线城市(无线上网技术)以及各种应用服务的推广,运营商就会逐渐消亡,已经不适应新形势的发展了。在这种大背景下,韩国财团的产业链因为覆盖了电信业各个方面,更适应这种变革式的转型,一切融合与重组都在财团内部完成。

在2G产业发展初期,韩国移动通信领域尚未形成标准与技术地位。为推动本国企业在移动通信领域的发展,韩国政府采用了当时处于弱势的CDMA(美国标准),并由政府出面购买美国高通公司的专利,组织国内科研机构与制造业投入技术与产品开发,从而开发出全球第一个大规模CDMA商用网络市场,并由三星财团、LG财团、SK财团等培养出一批移动通信设备与手机制造企业,使本国企业占据了韩国2G主要市场。

韩国财团在手机设计和制造方面具有很强的实力,其中三星和现代手机的销售量在2004年都已分别占据全球第三位和第六位。韩国手机更受本国用户的喜爱并占据了本土市场的80%以上,诺基亚甚至不得不在2003年初因开拓无力而退出韩国市场。在国内获得成功后,韩国企业开始进军国际市场。目前,三星、LG等财团制造企业已成为国际主要的CDMA设备与手机提供商。

从2002年初开始,韩国顺利平滑地完成了由2.5G到3G的过渡,迅速迈入了3G时代,创造了从颁发第一张频率证书到在全国范围内建立起覆盖率达95%以上的通信网络仅耗时仅6个月的业界神话。韩国规定CDMA2000作为其国家采用的3G标准,而且3G业务发展已经渐入佳境。截至2006年6月,韩国有CDMA2000(1X)EV—DO用户为1 380万户,CDMA2000(1X)用户为2 700万户,数据业务的使用次数更加频繁,业务贡献收入也越来越大。

在此基础上,韩国的移动运营商逐渐形成了SK电信、LG电信、KTF电信。SK电信和LG电信是各自财团下属的电信运营商,而KTF电信的母公司是韩国电信(KT集团),同时美国的微软、高通以及日本的NTT DoCoMo公司都是KTF电信的战略股东。韩国电信(KT集团)有120年的历史,和中国电信一样有长期的国营背景。2001年,韩国政府为出售国营KT集团,在海外发行了13.2亿美元该企业的可转换债券,相当于减持 KT 集团 8.8% 的股份。

与国营的韩国电信(KT 集团)不同,民营的三星财团、SK 财团、LG 财团形成了涵盖核心芯片、零部件、终端机、系统及服务等全方位的研发与制造能力,其强大的技术实力成为推动韩国移动通信产业发展的核心动力之一,同时也是韩国企业在国际市场中取得领先的重要因素。目前韩国 LG 电信的网络采用的都是其财团企业 LG 电子的设备,SK 电信的网络设备由三星财团的三星电子提供,国营 KTF 电信的相当部分网络设备也是由三星电子提供。

在 3G 产业上,欧美为什么发展得差强人意,可能原因很多。为什么只有日本和韩国在全世界的 3G 制造和运营企业中实现了盈利,这就值得人们深思。在信息产业的培养上,韩国财团走过的历程、选取的方式均与日本财团相似,这恰好证明了后发国家产业培养模式的可复制性。例如,与三井物产仅一字之差的三星物产被韩国政府指定为“综合商社 1 号”,而三星财团的建立几乎完全模仿日本企业的经营管理制度,并与三井—住友财团的企业保持密切的业务关系。

三星财团的垂直产业链

在电子信息产业,韩国财团整合的产业链规模非常巨大,在某些方面甚至有赶超日本之势。电信运营商、设备提供商、服务提供商全部囊括在三星财团、LG 财团和 SK 财团等旗下。在 2G 时代,韩国财团的产业链战略已经让韩国电子信息产业取得了惊人的业绩,三星电子就是其代表。2004 年,三星电子利润更是达到惊人的 103 亿美元,其利润率甚至超过了“盈利专家”丰田汽车。三星手机全球市场占有率现在已经超过摩托罗拉成为第二,利润却常年排名第一。

很多人把三星电子等同于李健熙率领的三星财团,其实三星电子仅仅是三星财团 26 家主力企业之一。三星电子的成功不仅仅是自身的努力,更是依仗三星财团整合力量,从大的方面讲,有同为世界 500 强的三星生命(保险公司)提供金融支持,三星物产(综合商社)提供贸易支持。从小的方面讲三星电子在它的主打产品手机之外,着力培育了若干相关企业,从而形成了三星财团独特的垂直产业链。

韩国三星财团与日本的三井、住友两大财团又保持着密切的合作关系,有许多公司是跟他们开办的合资企业。《三井帝国启示录》中有这样记述:三星财团的三星重工业与三井财团的石川岛播磨重工业合资;三星的第一合成纤维公司和三井财团的东丽、三井物产等公司合资;三星电管工业公司与住友财团的日本电气(NEC)、住友商事合资经营;三星电子零件公司和三洋电机(属住友财团关联企业)等公司联合创办。

回溯到 1963 年,韩国第三共和国建立后,日本伊藤忠商事前任社长濑岛龙三与他在日本陆军士官学校的后辈韩国的朴正熙总统和以后的总理金钟泌会晤频繁。1973 年,韩国政府邀请他为韩国经济发展献策,濑岛龙三提供的对策是设立综合商社。1975年5月19日,韩国第一家综合商社——三星物产成立,韩国其他大企业集团也先后跟随三星集团成立综合商社,从而形成类似于日本财团的经济体制。

基于购买专利的模仿技术研发、市场驱动的技术改进、产业链的垂直延伸这三大因素,是三星财团迅速使其竞争对手“发抖”的主要原因。其中最关键的因素,首推垂直产业链体系,而其竞争对手摩托罗拉、诺基亚等巨头却不能仿制。三星的产业链业务发展模式是:以半导体的稳定地位为基础,进而拓展液晶显示屏(LCD)、信息传播、通信等事业领域。与产业链垂直生产体系有关的三星财团下属企业包括三星半导体、三星电管、三星康宁、三星电机等等。

为什么三星什么都做?因为半导体、内存和液晶显示器都是生产手机的零件,而半导体技术则是许多终端电子产品的核心技术,把主打产品和其中的配套产品连起来一起做,可以充分发挥产业链整合效益。同时财团内部配套产品对主要产品提供了一系列支持,如核心技术咨询、供货稳定性与及时性、优质的服务、协助进行产品质量管理等等,这些优势使三星的产品具有强大的竞争优势。

既是制造商,又是运营商

在2G时代取得辉煌的基础上,韩国在3G产业上,无疑是世界上最为成熟且最为成功的国家之一,甚至某些方面超过了第一个开始3G商用的日本。无论从技术的角度讲还是市场运作的层面来看,韩国的3G移动通信产业即使与通信业巨头云集的欧洲地区相比,还要至少领先3到5年。可以这样说,韩国在电子信息产业上的成功一方面是依靠技术进步,而更重要的在于具备了完善的组织体系。除三星财团以外,SK财团是另一个典型代表,他不仅是制造商而且还是运营商。

被称作韩国3G第一品牌的SK财团又称鲜京财团,是韩国第三大跨国财团,以能源化工、信息通信为两大支柱产业,旗下有2家公司进入全球500强行列。目前,SK财团在全球拥有30 000多名员工、124个办事处和子公司。进入20世纪80年代中期,已故崔钟贤会长认为从1975年开始推进的石油化学的垂直系列化已初具规模,便决定把信息通信业作为公司发展重点,以求水平方向扩展。

当时的韩国对信息通信业还很陌生。为了信息通讯的长远目标,SK财团在美国设立了经营企划室,并组成了专门小组。经过周密的安排,于1989年在美国成立了Yukronics公司,经营移动电话事业。而另一方面,SK财团在韩国国内成立YC&C、鲜京信息系统、鲜京流通、大韩电信等公司,在国内打下基础。1994年,SK财团取得了韩国移动通信(现SK电信)的经营权,从而打下了综合信息通信业坚实的基础。

1996年,SK财团在世界首次成功实现了CDMA移动电话的商用化,2002年成为世界上首个开始提供CDMA2000(1X)EV—DO业务的电信运营商,同年推出基于 CDMA2000(1X)EV—DO 业务的多媒体品牌 June。2002 年底,在 SK 电信推出第三代多媒体服务 June 后的 8 个月内,其 3G 新增用户数量超过 100 万,创造了电信领域的一个奇迹。当时,这一数字超过了美国、日本、欧洲等世界各通信公司,使 SK 电信一跃成为业界的领头羊。

在通信、互联网、手机、电脑、电器、电子商务、服务业之间的界限越来越模糊的 3G 时代,产业链组成更加复杂,行业的跨度更大。SK 财团强大的产业链组织功能为他们在 3G 的发展赢得了先机。韩国电信运营商、手机制造商和内容提供商等,通过 SK 财团框架下的联盟与竞争性合作,建立起良性互动的移动通信产业链,这些都使得韩国 3G 产业得到健康而迅猛的发展。

韩国通信和信息技术的后来居上,是韩国政府与 SK 和三星这样的民间财团之间相互配合而形成的战略驱动的结果,其他基础工业的构建也同样如此。在日本和韩国,科技一般都是在启动阶段由政府推动,但在产业阶段很快就由民间财团企业接手,利用经济和市场的力量推动前进,以战略驱动研究与开发,再来推动应用的发展,最终形成大产业链格局。中国的信息产业发展也需要以国家战略作为驱动力,培育起民间的产业组织。

第七节 中国缺失"综合性企业"

车无法靠一个轮子快跑

日本在 2G 产业发展时期未能在国际上处领先地位,为了给本国的企业提供发展的机遇,日本采用了与国际不接轨的本国标准——PDC,这使得国外企业很难进入日本市场,本国市场为本国制造业提供了发展的空间。通过国内 PDC 市场的培养,日本企业逐步形成了移动通信技术与产业的实力,在 3G 标准制定之初开始进军国际市场。可见,日本 3G 产业发展整体领先的明显和日本在 2G 时代发展起来的完善产业链有着直接密切关系。

3G 产业由移动通信运营业、网络和终端设备制造业、移动增值业、内容提供、芯片以及软件、系统集成、仪表仪器、电子元器件等行业紧密关联组成。完善的 3G 产业需要在产业链的各个环节都具备适度规模和竞争,并拥有核心知识产权和自主研发能力。3G 产业的发展同样需要整体配合,协同并进,忽略其中任何一个环节都将影响到整个产业链的发展,就像一辆车要快速前进不能只靠一个轮子一样。

与美国的高科技发轫于大学实验室不同,日本的高科技最初都是由综合商社孕育产生，像新兴的纳米技术、环保技术，只要是日本人做的几乎都有综合商社参与。现在红火的信息产业，一般人都会认为日本是落后于美国的。其实，在克林顿政府1993年提出信息高速公路之前很早，日本综合商社就在为信息化做准备，像三井物产1984年就成立了信息产业本部，三菱商事也成立了ICT事业本部（通信与信息技术）。

美国培养新兴产业的方式，通常是依靠风险投资等投资基金快速拉动，市场竞争激烈，粗放式发展。日本向来是在财团统筹安排下有计划的发展，综合商社在一定程度上充当了风险投资的角色。美国的风险投资是以退出套利为目的，而综合商社以培养企业为目的。综合商社长期与所投资的企业保持密切的关系，使财团的企业群能在市场竞争和规模经济之间求得有效、合理的均衡，财团整体经济利益实现最大化。

如今，3G时代已经悄然来临，虽然3G的技术标准都源于欧美，但是3G市场化程度最高的地方却在日本和韩国，各种应用性业务也在日本、韩国获得了创新性发展，同样经营3G网络产生盈利的运营商也只有日本、韩国的运营商。这一切似乎说明了日本和韩国经历金融危机打击后，财团企业传统的改进创新能力正在恢复。日本财团通过整合力量正在慢慢消除与美国在信息产业上的差距，随着3G时代的到来，日本财团再次领先于世界。

一个通常被大家所忽视的重要事实是：日本企业与美欧等西方企业在公司经营目标和组织治理结构方面有着本质不同。日本制造业在制度上与美国大相径庭，着眼于长远发展的特点，为日本制造业的崛起和长盛奠定了基础。美国企业100多年来一直把企业目标定为股东利益最大化。以三井财团的东芝公司为代表的大型日本制造企业在战后更加关注企业的长远发展，企业经营目标更具“综合性”。

京瓷以多元化著称

在中国境内营业额超过1万亿日元（约680亿元人民币）规模的日本企业为数不少。从企业集团的事业规模上看，东芝、松下电器、日立等厂家实现了或者是基本实现了1万亿日元的规模，三井物产、三菱商事这些综合商社等贸易类投资公司的业务规模更在1万亿日元之上。中国缺乏这样的综合性企业，世界上除了日本大量拥有这样的企业外，其他国家有个别综合性企业，如美国通用电气、德国西门子、韩国三星等。

此时，还有一家名为京瓷株式会社（简称“京瓷”）的日本企业通常不被中国人关注。在日本，如果一个电信行业的人，从来没有听说过京瓷创始人稻盛和夫这个名字，就如同一个军人不知道拿破仑，研究物理学的人不知道爱因斯坦一样。稻盛和夫1959年创立京瓷公司，1984年创立日本第二大电信运营商KDDI。在40

多年的经营生涯中，他一手缔造两家世界500强企业，被誉为“经营之圣”。

成立于1959年4月1日的京瓷公司并非只是一个生产零部件的厂商，而更是一家综合型的制造企业。作为一家跨多个行业的制造厂家，京瓷以多元化著称，在全球开展着从原材料、零部件、设备、机器到服务网络等多项事业。京瓷涉足的领域包括信息、环保、文化生活三大产业，并不断创造和开发新技术、新商品、新市场。目前，京瓷集团麾下共有161家企业，分布于世界各地，职工人数约4.9万人。

京瓷集团既是电信设备制造商又是基础电信运营商，并且同时把产业链延伸到了电子信息产业诸多相关领域。京瓷是提供CDMA 2000 1X（另一主流3G标准）服务的日本第二大电信运营商KDDI的第一大股东。京瓷的业务分为工业产品和消费产品两部分，前者是其主要业务，生产和销售各类电子和陶瓷零部件，从电脑线路板到阴极射线管电子枪的绝缘底座等精密陶瓷相关技术产品，以及通信设备、办公设备、光学设备等。

作为京瓷创始人，稻盛和夫在50年内一手将一个小小的街道工业起家的京瓷公司发展为一家世界500强企业，并且做到了不管风云如何变幻，保持从来不出赤字和惊人的高收益。据说在战后日本企业家名录上有四大经营之神，分别是松下幸之助、盛田昭夫、本田宗一郎，还有一位就是稻盛和夫。如今进入京瓷公司的展示馆，迎面看到的是这样的话“你有你的philosophy（哲学）！”而这是稻盛和夫在松风工业公司特瓷课工作时，三井物产的吉田源三对他说过的一句话。

《京瓷的成功轨迹》
稻盛和夫著，京瓷公司译

当时，松风工业的营业状况日趋恶化，三井物产的吉田源三被派到松风工业工作，为掌握其经营现状，立即着手进行深入细致的调查研究。他很快注意到整个公司中只有特瓷课的业务蒸蒸日上。一天，吉田源三约稻盛和夫进行详谈，谈论的话题涉及摆脱现状重振公司的方针策略及如何激励公司全体员工的士气等等。吉田源三发现稻盛和夫忧公司之所忧，所说的都是经营管理者思考的课题，脱口说出“你有你的philosophy！（哲学）”这句话。

此后，稻盛和夫将吉田源三的这句话深深地铭记在自己的心头。京瓷集团日后的多元化与三井物产的多元化可谓异曲同工，这与稻盛和夫早年受三井物产影响分不开。稻盛和夫一直注重以自己的经营实践为基础，不断地从中提炼出京瓷公司所依循的经营理念，最后归结为一套明确的思想。这种思想结晶就是“京瓷哲学”，它总结了稻盛和夫思考问题的思维方式和生活态度。在京瓷的企业文化中，“京瓷哲学”是个核心，它被写在员工手册上，成为每个京瓷员工必须遵守的行为规范，是公司经营的主导思想。

可以毫不夸张地说京瓷集团的产业几乎涉及中国信息产业部管辖的所有范

围。京瓷集团要做一件事情，可以轻松调动部内所有企业的资源。

在解决电信行业竞争失衡的困局中，中国可以借鉴日韩财团综合企业的模式，让有强大国际竞争力的中国电信设备制造商（如华为、中兴等）进入电信运营行业扶持弱势运营商。既让电信技术能更好地商业运作，也让那些通过参与国际竞争而形成核心竞争力的现代企业管理制度和企业文化来改造国有电信运营商。

中国3G产业的出路在哪里

中国现在的产业链组织方式多是以技术和产品为中心，短时间内形成的松散产业联盟，严格来说这种产业联盟是缺乏竞争力的。日本、韩国以综合商社和主办银行为核心的财团体制则是以稳定的组织关系培育出有利于技术革新和产品市场化的温床。这种产业链体制一旦形成，技术和人才就可以最大限度地积累下来，只有技术和人才有了充分积累，才有可能形成核心竞争力和企业持续发展的动力。

当前，中国3G牌照迟迟不发放是出于国家战略的考虑。虽然中国3G牌照的延迟发放和TD—SCDMA（中国3G标准）软着陆，为中国企业赢得了发展的良机，但一个产业要真正强盛有三个最基本的条件，除了内需外，还需要一条完整的产业链和自己能够控制的核心技术，以及至少一家龙头企业作为整个产业的核心，产生强大的带动力。中国发展3G产业需要客观分析，理性思考和全盘组织规划。

中国3G产业的健康持续发展需要一个良好的产业环境，需要国家积极的政策引导和宏观调控，以实现3G产业的合理布局。同时还要充分发挥市场的作用，通过有序竞争促进技术创新和技术进步，提高服务质量。中国虽然在3G产业上采用了日本在2G时代的保护本国产业的策略，但是并没有意识到日本和韩国成功的关键是在市场拉动的基础上努力发挥财团企业的综合能力，从而推动技术创新，获得产品技术上的优势。

日本制造业的强大，在于他们有大量的综合商社式的制造厂家。在电器、机械、重工及数码方面有东芝和日立等大型综合制造企业。在贸易方面，日本有三井物产和三菱商事等财团的综合商社，其贸易投资业务内容无所不包。有这样的综合性企业的存在，保证了日本生产及进出口的通畅。中国工业要真正强盛起来，也要走企业综合发展的路子。观看东芝公司在北京举办的“东芝中国综合展示会2006”，观众大多能得出这样的感触。

从东芝展会上人们可以看到，东芝是一家具有综合生产能力的企业，事业横跨电子元器件、数码产品、家电、社会基础设施等四个领域。2006年6月，东芝公司社长西田厚聪在接受中国记者采访时说：“东芝要在中国建立起‘综合事业基地体制’。”现在，东芝在中国已经建立起了一个非常长的链条，东芝主要业务部门均在中国设有生产网点。同时，东芝还在中国全面推进了研发、设计、采购、制造、销售、售后服务、物流等各个方面业务。

此外,日本财团制造业之所以取得今天的成就与其董事会对长远目标的重视、强调产品研发和员工培训有着直接的关系。董事会往往由在公司工作多年、实践经验丰富并对员工和企业文化历史有充分了解的经理组成。在重大决策中,董事会能够"综合化"地考虑企业最终利润目标、员工根本利益和顾客需求变化。由于制造产品需要一个周期,日本制造企业更加强调社长(相当于CEO)对公司长远发展的把握,强调组织内部的协调和团队精神。

中国3G标准TD—SCDMA虽然是国际承认的三大3G标准之一,但是在一定时期内技术还不成熟,产业链的建立完善还需要一个时间。中国更应借鉴日韩等国在产业组织、企业制度、技术培育、人才积累等方面的经验,借3G发展之机,全面提升我国通信产业的整体实力,打破发达国家在核心技术和产品上的垄断,摆脱在该领域一直落后于发达国家的局面,增强中国企业和产品的国际竞争力,使中国在3G时代真正由信息大国转变为信息强国。

中国脆弱的3G产业联盟目前还不具备像日本和韩国那样的综合商社为核心的财团体制,因此缺少对新兴产业的培养能力。与此同时,在跨国公司对知识产权越来越严酷的保护下,中国3G产业的出路在哪里?中国3G大产业链难道能仅靠政府、电信运营商或是脆弱的产量联盟来实现?如何借鉴日、韩后来居上的实践经验和产业模式,也许是中国3G产业最需要研究的地方。

参考文献及来源：

1. 聂卫平．我的围棋之路[M]．成都：蜀蓉棋艺出版社，1994.
2. 赵艳，郑小伶．DoCoMo之父秘探中国　日本电信巨头欲抢先机[N]. 21世纪经济报道，2001－07－17.
3. 贺森．3G以中国为核心[N]．中华工商时报，2006－01－17.
4. 窦毅．重组在华通讯业务 NEC卡位3G谋求翻身[N]．财经时报，2004－07－03.
5. 黄燕．NEC联手烽火强入TD—SCDMA 新公司定位销售[N]. 21世纪经济报道，2005－06－15.
6. 薛战学．I—Mode并非花拳绣腿．赛迪网，2000－09－18.
7. NEC—雄厚的网络规划建设实力[J]．通信世界，2005(47).
8. 畅想未来，NEC展现NGN时代"综合力"[J]．通信世界，2006(44).
9. 毛涛涛．京瓷3月底退出中国市场 日系手机在华全面溃败[N]．北京商报，2008－01－30.
10. 三井物产子公司将收购三洋电机手机销售业务[J/OL]．日本经济新闻，2007－08－31.
11. 杨琳桦．强势NTT调控产业链[N]. 21世纪经济报道，2006－05－15.
12. 电信研究院通信信息所新业务研究室．全球3G业务发展走势[N]．人民邮电报，2006－07－22.
13. 吉亮．韩国电信运营商SK电讯的成功策略[J]．中国电子商情：通信市场，2003(10).
14. 时间．三星数码狩猎10年：垂直整合初见成效[N]. 21世纪经济报道，2006－09－18.
15. 唐钰．运营商：日本3G产业链的"龙头"．通信世界，2006(40).
16. 三井物产信息产业本部官方网站：www. epoch. mitsui. co. jp/.
17. NEC(中国)有限公司官方网站：www. nec. com. cn/.
18. 苏涵．"哲商"：商人的最高境界[N]．厦门日报，2007－07－04.
19. [日]加藤胜美，刘荣．京瓷奇迹——一个少年的梦[M]．北京：机械工业出版社，2008.

第六章

无敌的商人道

丰田集团是三井财团二木会（总经理会议）的重要成员，与三井物产有着割舍不断的历史渊源。丰田的两个关键发展期，并非在“研究气质”的丰田家族人领导下，而是由“商社出身”的儿玉利三郎（后改名丰田利三郎）和石田退三掌管。

深受三井商业文化影响的丰田，其行为自然与一般的汽车企业有所不同，“以夺取商权为根本目标”是丰田最大的特点。丰田绝对不是一般的造车者，而是更接近于商人，甚至可以说“丰田就是一群商人的集合体”。丰田的商业能力集中体现在丰田通商这家综合商社身上。

丰田通商总是刻意保持低调，尽量地隐蔽起来，在背后默默地支持和引领着丰田汽车。丰田汽车在中国有一汽丰田和广汽丰田两大合资企业，但是很少有人注意到，丰田通商这个“隐藏在丰田集团中的三井物产”在中国投资了 120 多家合资和独资企业，分布在汽车产业链的各个环节，并不断延伸到其他领域。

——作者题注

【阅读提示】

“三井”告诉了我们什么(6)

从进口到出口,从逆差到顺差,中国汽车正在走着许多中国工业品的老路,在“Made in China”这组魔力词的推动下,中国汽车出口繁荣异常:2007年中国汽车出口达到61.27万辆,而中国汽车商品出口金额首次超过400亿美元,达到408.96亿美元。然而,这种“表面繁荣”经得起推敲吗?

由于对国际市场运作和相关国家法律程序理解的欠缺,中国国内汽车企业的出口大多数由国外代理商负责销售和服务,这就实际把主动权留给了外商;也就是说,国内企业只管加工只能赚取加工利润中的少部分,汽车卖多少钱,赚多少,服务利润这些大头都与中国厂家无关了。

其实,中国目前正在经历日本20世纪60年代经济起飞的阶段,当时三井财团的丰田汽车开始要把工厂建到国外去。随着丰田汽车走出国门,他们对于走出去的套路——当地的法律、人员关系、政府关系、当地的合作伙伴等,都不了解,不清楚,因为没有出去过,懂得这些套路的人才又极其缺乏。

三井物产这样的综合商社在国外早已建立了自己的分公司、事务所、代表处,已经在世界各地建成了国际商业网络。所以,当厂家需要走出去,到国外做事情时,三井物产就开始带着它们出去。之后,丰田有了自己的商社丰田通商,在主流市场已经不依赖三井物产了。

今天,丰田汽车在国外的业务,丰田通商在发挥着作用。比如:丰田汽车到广州去建厂,它完全可以自己与当地政府打交道,但是它有许多零部件方面的配送、物流,包括其他方面的事情,要依赖丰田通商。毕竟商社在一个国家建立的关系网络,比一家汽车要健全得多。

对企业而言,战略眼光非常重要。而商社的贸易性质,使它永远要去寻找市场,把市场、流通与制造对接,无数的商机就由此产生。而把握市场,嗅觉商机,不僵化公司的固有形态,这是商人的本能,也成了商社的基因。但这可能是所有进入市场的企业都必须练就的本领。简而言之,对接市场就有“商权”。

日本综合商社的经济职能应当引起中国企业的重视。商社是什么买卖都做,而不是什么制造业都做。商社有一种服务的理念,它培育与商社相关联的企业,但入股可能只有10%甚至5%。它相信把企业扶持壮大起来,企业跟商社的买卖就会增加,商社的营业额就增大。

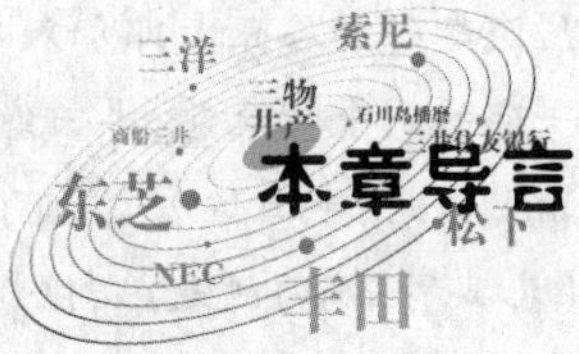

本章导言

2007年4月24日，上海车展正式向公众开放的第三天，日本丰田汽车的展台仍旧是一贯的低调，没有不同以往的特别设计。而与展会东道主有着特殊的合资关系的美国通用汽车车展依旧体现着它身为全球第一的霸气。不过，从4月24日这一天开始，这个“全球第一”恐怕要加上一个“曾经”的前提。丰田宣布，第一财季丰田汽车销量首次超越了通用汽车，丰田因此以235万辆的销量超越同期226万辆的通用，荣膺全球最大汽车生产商头衔。

这是一个业界预测已久的结果，但没想到来得如此低调，如此迅速。丰田在美国继续着其多年保持不变的增长率，残忍而无声地啃食着通用、福特的市场份额。让丰田占了上风的，是其混合动力车“普锐斯”(PRIUS)大幅的增长。无论通用有多么不情愿，丰田已经创造了新的汽车制造标准。丰田的可怕之处在于，在诸多的新能源领域，它已经提前申请了专利，在新能源的制高点上，丰田已经优于通用和福特等全球其他汽车制造厂商。

此时，三井物产驻中国总代表副岛利宏有一个嗜好，他每次到上海都会开着自己的丰田“普锐斯”兜风。这种以氢能为主要动力，风靡北美的混合动力型车，在中国还很少见。除了在重要场合展示他的丰田车外，副岛利宏在接受《中国高新技术产业导报》采访时似乎也有意借机为丰田汽车作广告，不断对记者强调“虽然这种车比较贵，但它能够减少40%的能源使用量，减少了大量有害废气的排放，应该受到鼓励”。

副岛利宏先生为何如此卖劲地到处吆喝他的丰田汽车呢？其实，很少有中国人知道丰田公司是三井财团的重要成员之一，他的经营管理中无不渗透着三井的商人哲学。人们通常误以为丰田公司是日本管理模式的代表，而全然不知日本的综合商社才是大型制造企业成长的幕后力量。可以这样说，丰田公司就是三井物产这家综合商社在日本制造业中的化身，没有三井就不会有丰田的今天。

丰田佐吉(1867—1931年)是丰田集团的创始人，在三井物产的帮助下，从一个发明家转变为企业家。1909年5月底，丰田佐吉由三井物产公司的两名职员陪同对美国纺织行业进行了实地考察,而另一个收获就是对美国的汽车业发展产生了深刻印象。此后,三井银行和三井物产不断提供资金给丰田佐吉,新建起更多织布厂。同时,三井物产名古屋支店长儿玉一造的弟弟儿玉利三郎娶了丰田佐吉的长女为妻,并改名丰田利三郎,成为丰田公司的社长。

1937 年,丰田汽车工业株式会社创立。此时,曾经先后工作于三井物产和通用汽车的神谷正太郎加入丰田集团,擅长经营的赤井久义从三井物产调为丰田喜一郎的副手。此前,丰田纺织的产品主要就由与三井物产关系密切的服部商店经销。由此,丰田佐吉认识了这个商店的职员石田退三。石田退三是丰田利三郎(儿玉利三郎)的表弟,他压根儿不懂什么汽车原理,但此人便是后来丰田集团的中兴大功臣,被誉为"日本商魂"。

从 1950 年开始,石田退三担任丰田汽车工业的社长,包括会长在内共达 21 年之久,退休后仍任丰田集团的相谈役(顾问)。没有石田退三这样的商人领导挽救丰田集团的危机,丰田集团早就垮掉了。石田退三是名副其实的"丰田中兴之祖"。自石田退三开始的丰田集团历任社长,都不是丰田家的亲族。在现任的丰田汽车董事会中,紧挨着总裁渡边捷昭而坐的是副社长丰田章男,他是丰田家族从事汽车生产后的第四代传人。

丰田章男被公认为在 2008 年将可能成为丰田汽车下一任总裁,他的夫人就是原三井物产副总裁田渊守的女儿田渊裕子。同样的,丰田章男的父亲丰田章一郎也娶了原三井银行董事三井高长的女儿三井博子。另外,丰田章男堂兄丰田达也娶了原住友银行行长堀田庄三的女儿真理。普通的婚姻,被赋予了特殊的意义。在三井和住友两大财团加速融合的今天,丰田汽车和财团的联系通过领导层的联姻,获得了进一步的巩固。

几乎不被人注意的事实是,在丰田集团的内部已经孕育出一个"新三井物产",那就是被称之为丰田通商的综合商社。1936 年,丰田通商的前身丰田金融株式会社创立,事业开始于以丰田汽车的销售金融为目的。直到 2000 年,丰田通商与东棉(综合商社)进行资本与业务的协作,又与加商(综合商社)合并。近年来,丰田通商向着更广的领域快速发展,成为排名三井物产、三菱商事、住友商事、伊藤忠商事之后的日本第 5 大综合商社。

第一节　影子丰田在中国

探路中国，从“丰田通商”开始

有利益的地方就有商人，有商人的地方就有斗争，历史反复地证明着这一点。因此，丰田汽车的发展史，其实就是一部争夺汽车商权的斗争史。丰田汽车和丰田通商相互依靠、相互配合，凭借超强的技术和商业实力，不断地超越对手和自我，获取源源不断的利益，并达到更高的境界。丰田通商在争夺商权的过程中起到了关键性的作用，可以说没有丰田通商的全力扶助，就不会有今日的丰田汽车。

丰田通商株式会社的官方网站上显示，其中国之旅最早是从香港开始的。1971 年 6 月，丰田通商在香港成立了专营贸易、对内地销售和投资的丰田通商香港有限公司。受当时中国大陆封闭状态的影响，丰田汽车按兵不动长达 13 年，这期间丰田通商通过香港公司进行了大量的调研和准备工作。在中国发展前景并不明朗的当时，丰田通商的这种做法无疑具有坐失良机的风险，但也可以看到其富有前瞻性的战略眼光。

从 20 世纪 80 年代开始，中国重新焕发了生机，德国大众等一批公司迅速地进入中国合资建厂。然而丰田集团并不为此所动，而是从汽车行业之外开始了试探性的投资。1987 年 11 月，在中国农村土地承包改革带来种苗需求热潮的背景下，丰田通商和札幌啤酒合资成立了华乐种苗有限公司。华乐的存在，不仅仅是为了在中国市场获利，更是为了深入研究中国内地汽车市场，给丰田汽车日后可能的发展搜集中国的政治和经济情报。

在长期近距离地观察和研究中国市场之后，丰田通商于 1989 年 2 月同小系制作所合资成立了上海小系车灯有限公司，专门生产汽车灯具。这家公司日后发展成为中国本土最大的汽车灯具制造商，其 2005 年的市场份额超过 50%。1989 年 6 月 4 日的政治风波暂时中断了丰田通商在中国汽车行业的投资。在其后的 3 年间，丰田通商在食品行业投资建立了几个公司以规避可能的风险。随着局势的明朗，1993 年初丰田通商开始在汽车生产服务领域展开投资。

1993 年 6 月 1 日，由丰田通商株式会社（占 25% 股权）及丰田汽车株式会社（占 75% 股权）共同持股的合资公司丰田汽车（中国）有限公司在香港注册，并被丰田汽车指定为中国市场正式授权代理商，其办事处于 1994 年 2 月 4 日开张。从 1993 到 1998 年这 5 年间，丰田通商共投资建成 24 家为汽车生产服务的企业和 4 家主营进口贸易及销售的公司。丰田通商引领的丰田汽车在中国的布局正由此拉开了序幕。

中国国内第一家与日本汽车业合资的企业龙日客车有限公司于1993年11月7日成立,由三井物产、日野自动车工业株式会社、黑龙江客车厂、黑龙江省进出口公司四方共同出资创办。如同三井物产这样的产业组织者一样,丰田通商此时借助刚成立的丰田汽车(中国)有限公司承担起了培育丰田汽车在华生存环境的重任。虽然丰田通商不是丰田汽车(中国)有限公司的大股东,但是却主导了其最初的业务活动,其中的重点工作包括:

(1)向中国市场客户销售丰田汽车及零件;

(2)统筹由8家丰田通商的事务所及2家丰田通商(香港)有限公司事务所组成的中国销售网;

(3)监管36家丰田特约零件销售中心(APD)、34家丰田维修技术培训中心及丰田特约维修服务中心(TASS)的运作;

(4)执行丰田汽车产品的市场推广活动。

1993年8月,丰田通商在江苏昆山建立了在中国的第一家生产铝车轮钢圈汽车零部件生产厂。在随后的几年里,丰田的汽车零部件厂在中国的华北、华中等地区遍地开花。据丰田称:"这正是为了配合未来的整车厂的诞生。"在天津,丰田从1994年开始陆陆续续建立了25家汽车零部件生产厂,其中很多合资企业中都能看到"丰田通商"的身影。这些为丰田汽车日后的市场竞争力奠定了坚实的技术基础,使得天津丰田一经投产,成本控制的主动权完全掌握在自己的手里。

值得注意的是,这段时间丰田集团并没有在中国进行汽车的整车生产,因此这么多服务企业的生产能力是被部分闲置的,其产品的唯一出路只是汽车维修和为其他汽车生产商的配套服务。从投资者的角度,如果单纯考虑投资回报,这样的企业是不值得投资的,正因为这样,丰田通商的行为尤其耐人寻味。俗话说"知己知彼,百战不殆",通过全面深入地了解和研究中国的政治、经济和社会的发展变化,丰田通商为丰田汽车在中国汽车市场的生存发展打下了坚实的基础。

以四川丰田为起点

丰田通商的例子充分体现了日本企业海外扩张前期准备的特征。日本企业为海外扩张所做的调研是世界上最全面、最细致的。一位国内市场调研行业的资深人员透露,国内1/3的市场调研项目出资人是日本企业,可见丰田进军中国市场也是经过充分准备的。作为日本企业的经营领导班子,董事长和总经理每天的主要工作并不是本企业的运营,而是收集情报、资讯,参加各种经济研讨会、讨论会、报告会,所在经济团体、行业协会的协调会以及各种涉外活动。

经过长达27年的漫长准备,在1997年亚洲经济危机爆发的第二年,丰田汽车坚定地迈出了进入中国汽车制造行业的第一步,在成都建立第一家合资企业,合资方当然少不了丰田通商。1998 年 11 月 10 日，由丰田通商株式会社、丰田汽车公司和四川旅行车制造厂（简称“川旅厂”）以 5%、45%、50% 的投资比例，总投资 9 909 万美元建成的四川丰田汽车有限公司（简称“四川丰田”），开始正式生产“柯斯达”客车。其实，丰田通商在组装型合资企业中占有 5%—10% 的股份是通常的做法。

由于丰田通商有前期的细致而充分的市场准备，四川丰田投产不到一年，就产销柯斯达客车 2 000 多辆，几乎没有库存。在其后相当长的一段时间里，“柯斯达”一直占据着中国各级领导的公务活动用车市场。2001 年 2 月 26 日，四川丰田公布了第一批全国范围内集销售、服务、零部件供应三位一体的销售店 23 家，分布在华北、华南、西北、西南地区的省会、直辖市。截至 2003 年，销售店已达到 64 家。

合资制造柯斯达客车对于丰田汽车来说，仅仅是一个开始，而染指西南公交车市场是丰田汽车进一步稳固西南市场保有量的策略行为。如果说，“柯斯达”客车是丰田汽车有指向性地针对中国豪华客车市场而推出的先锋武器，那么，为尽快占住国内西南市场而推出中低端城市公交车、旅行车等系列产品，则是丰田汽车加速产品区域化扩张的宝刀利剑。如今，在中国国内市场中，随处可见丰田“柯斯达”的影子。

丰田汽车在西南开局不久，又在京城门户天津布阵。2000 年 7 月 12 日，丰田汽车公司与天津汽车集团下属的天津夏利股份有限公司共同投资 1 亿美元成立天津丰田汽车有限公司。与丰田合资前，天汽集团是我国较早的特大型汽车生产企业，是国家规划的小排量轿车生产基地，但面对急剧增长的经济型轿车市场，其市场份额逐渐被蚕食。此时，作为合作者的丰田汽车顺势进行了“挤压策略”。

此后不久，丰田通商又开始涉足沈飞日野汽车制造有限公司的筹建工作。2000 年 9 月 27 日，丰田通商、日野汽车、沈飞汽车制造有限公司共同建立的全新合资公司沈飞日野汽车制造有限公司正式签约。全新的沈飞日野瞄准了当今国际汽车制造业的前沿生产制造技术和管理模式，采用大量的新技术、新工艺、新设备、新材料，从根本上提高了生产能力、产品质量和管理水平，形成了设计、生产、销售一体化，高、中、低档客车和高、中档底盘并举的实力。

作为中国战略的关键一步，丰田借助一汽集团对四川旅行车制造厂的重组，成为大赢家。2002 年 8 月 28 日，在北京人民大会堂，一汽集团代表竺延风首次宣布了一汽集团与丰田、川旅厂与丰田的合作战略。此时，由原川旅厂和丰田各出资 50% 成立的四川丰田就转变为成都一汽有限公司和日本丰田汽车公司各占 50% 的合资公司。恰逢此时，沈飞日

2002年8月29日，中国一汽、丰田汽车，合作协议签字仪式在北京人民大会堂隆重举行

野的状况令人不满，丰田汽车借助丰田通商整合了日野的中国业务。

总之，丰田通商相当于丰田集团这个大家庭的后勤部长，负责贸易、投资及物流业务。早期，丰田通商是丰田汽车进入中国市场的纽带。丰田集团转入在华生产战略后，丰田汽车前台活跃，丰田通商后台支持，参股四川丰田，投资成立配套厂，负责丰田在天津、四川等地生产所需零部件进口和物流运输。更关键的是，掌控在华业务策略的丰田汽车（中国）投资有限公司也是丰田汽车与丰田通商合资成立。汽车销售服务一直是丰田通商的重要业务。

拉开“丰田围棋王座战”的序幕

按规定，国外汽车生产商在中国的合资汽车不能超过两家。而当时的日本丰田在中国国内已有两家合资企业：四川丰田和天津丰田。为了摆脱中国汽车产业政策的限制，借一汽集团重组川旅厂和天汽集团之时，丰田汽车将已经拥有的两家商用车企业四川丰田和天津丰田合二为一，成为丰田与一汽的合作项目一汽丰田。由此，丰田顺理成章地腾出一只手来寻找新的战略伙伴，在中国的合资道路豁然开阔。

2003 年 12 月，丰田通商、丰藤海运与中国深圳长航实业发展有限公司正式成立了深圳长航丰海汽车物流有限公司，并于 2004 年 1 月开始正式营业，为丰田汽车提供相应的水运物流服务。在业界，丰田通商的这一行动被看成丰田汽车与广汽集团合作广汽丰田整车项目启动的前奏之一。因为在此之前，天津丰田项目启动的时候，丰田通商在天津也设立了类似的物流企业。由此看来，广汽丰田整车项目已经引弓待发了。

2004 年 2 月 25 日，丰田联手广汽迈出了第一步，总投资 22 亿元的广汽丰田发动机有限公司在广州举行了成立暨奠基仪式，广汽集团占股比 30%，丰田汽车占股比 70%。按计划，合资公司从 2005 年初投产。

2004 年 9 月 6 日，“丰田杯世界围棋王座战”在东京进行最后的决战。同日，由广汽集团与丰田汽车共同投资的广州丰田汽车有限公司在广州东方宾馆举行了隆重的成立仪式，丰田公司副社长白水宏典、专务董事丰田章男和名誉会长丰田章一郎等出席仪式。合资公司投资总额 38.21 亿元人民币（约 4.6 亿美元），注册资本 13 亿元人民币（约 1.6 亿美元），广汽集团与丰田公司各持 50% 的股份。至此，丰田汽车“珠三角”布局顺利完成。而丰田汽车与广汽集团的携手，使珠三角这块商家必争之地更加“白热化”。

广汽集团是丰田汽车公司在中国的合资伙伴，而沈飞日野股东——日野汽车株式会社背后的主人也正是丰田公司。早在 2001 年，丰田汽车曾经向日野增资，增持股权比例从 36.6% 提高到 50.1%，使之成为丰田的子公司。2007 年 8 月，由丰田日野、广汽集团组建的广汽日野汽车项目正式获国家发改委批准。丰田公司又是广州汽车工业集团有限公司在轿车和发动机项目上的固有合作伙伴，此次广汽股份与日野汽车成功联姻，最终使广汽集团与丰田集团双方“亲上加亲”。

丰田汽车在中国西南、东北、华北、珠三角等区域的合作布局已日渐明朗，这就如同丰田汽车赞助“丰田杯世界围棋王座战”一样，不用做广告，它采取的是一种潜移默化的攻心方式。丰田正在雄心勃勃地实施着国际化扩张，以使公司能占据全球汽车行业的主导地位。丰田正加大研发的力度，开发新材料、新引擎、新款式，以“征服新市场和新领地”。从拉丁美洲到中国，丰田投资数十亿美元修建新的厂房，争取在未来十年内获得15%的市场份额。

2006年，中国汽车市场回暖，丰田通商一如既往地在中国汽车行业中默默地耕耘着。1月19日，丰田通商正式入股天津北信保险经纪公司，其股份在增资入股后占20%。由此，丰田通商成为天津市唯一的一家涉足保险中介行业的世界500强企业。4月，丰田通商和国内汽车快修领域的著名企业云河集团签署战略合作协议，从而进一步深入中国汽车修理市场。从汽车金融、维修和分销这三个相互联系的环节入手，丰田通商把夺取汽车商权演绎得淋漓尽致。

第二节　丰田汽车商社

从“丰田商会”到“丰田通商”

从《财富》杂志公布的2006财年数据可见，日本丰田汽车的营业收入较美国通用汽车仅低26.026亿美元，却实现了140.558亿美元的利润。与此对应的是，美国汽车企业（福特汽车、通用汽车）亏损额为145.91亿美元，日本汽车企业的利润总额为244.06亿美元。随后，2007年第一季度丰田汽车的销量超越通用汽车，并以突破937万辆的全年销量，并实现200多亿美元的利润，领跑全球制造业。以丰田汽车为首的“日本汽车阵营”已经全面向“美国阵营”发起猛攻。

在日本汽车界，“销售的丰田，技术的日产”流传甚广。销售的丰田，它有自己一套独特的管理方式。这套独特的管理方式当然源于丰田管理的很多理念，这些理念就是丰田文化的灵魂中最不可缺的东西。可以说，丰田汽车绝对不是一般的造车者，而是更接近于商人。在某种程度上甚至可以说，丰田汽车就是一群商人的集合。如果要用一个词来概括丰田汽车公司的话，“丰田汽车商社”应该是个不错的选择。

之所以说丰田汽车是商社，不仅是因为它在销售领域引人注目的成绩，更是因为其与三井商人剪不断理还乱的历史。早在丰田100多年前创业起家的时候，三井物产于1896年为丰田创始人丰田佐吉设立了井衍商会。不久,由三井物产出面,在名古屋设立了以丰田个人为名的丰田商会,这可以视为丰田通商的远祖。1905年12月,负责丰田商会资本与销售的三井物产又广泛集资,以更大的资本设立了丰田纺织机股份有限公司,从而为后来的丰田汽车出现奠定了基础。

丰田公司早期以制造纺织机械为主,1926年成立丰田自动织机制作所,生产先进的自动织布机。1933年,丰田佐吉的长子丰田喜一郎在丰田自动织机制作所设立汽车部,从而开始了丰田制造汽车的历史。1935年,丰田AI型汽车试制成功。第二年,为配合国产汽车的销售,丰田通商的前身丰田金融株式会社创立,开始以丰田汽车的销售金融为目的。由此,丰田集团内部孕育出一个"新三井物产"——丰田通商。1937年,丰田汽车工业株式会社创立。

此后,丰田金融株式会社于1942年改名丰田产业株式会社;1945年,为谋求机构改革以及业务完善而涉足贸易,开始迈向商业领域;1947年,由于第二次财阀指定,而被美国占领当局的持股公司整顿委员会解散。1948年7月1日,丰田完成企业债权完善计划,继承丰田产业株式会社的商业部门,成立了日新通商株式会社(现在的丰田通商),资本金为900万日元;1956年,商号正式更改为丰田通商株式会社。

1960年,丰田通商在纽约创立了海外首家子公司——丰田纽约公司;1961年,公司在名古屋证券交易所市场第二部上市。1964年,以向多米尼加共和国出口为开端,丰田通商开始代理出口丰田汽车。1973年,丰田通商开始在大阪建造公寓,从此拉开经营多元化的序幕。随着丰田集团的发展,公司的业务不断提高,丰田通商于1975年获准进入名古屋证券交易所市场第一部,1977年在东京证券交易所市场第一部上市。

从60年代到70年代,丰田通商不断开设海外据点,通过贸易将各国的产品和情报传到日本。1964—1975年,丰田通商在巴西、中国台湾、比利时、菲律宾、马来西亚、中国香港、澳大利亚、新加坡成立当地法人,与泰国、美国的当地法人相呼应,完成了目前的海外网络基础。1979年,丰田通商在北京开设联络事务所。以此为开端,丰田通商在1979—1981年间先后又分别在上海、广州等地开设事务所,正式开始扩充在华网络。

"丰田汽车"与"丰田销售"并驾齐驱

1940年,一位擅长经营和管理的干将从三井物产转入丰田汽车工业株式会社,成为丰田喜一郎的副手,他就是鲜为人知的赤井久义。由于战争的原因,当时的丰田喜一郎对工作非常消极,只是专心读书,而将公司主要的工作全部交给赤井久义,偶尔过问一下主要干部的人事问题。然而不幸的是,赤井久义副社长于1945年12月10日因为一次交通意外事故而去世。此后,丰田喜一郎从东京大学请来了依赖理论来管理企业的限部一雄教授，结果企业陷入困境。

时至1949年，驻日盟军总部经济顾问约瑟夫·道奇提出财政金融紧缩方针（“道奇方针”），丰田受到这一影响，出现更加严重的经营危机。当时，三井财团的帝国银行（后来的三井银行、樱花银行，现三井住友银行）接受了丰田汽车的融资请求。随后，丰田加入了形成三井财团的二木会、三井业际研究所（二木会直属的智囊团）和网町三井俱乐部（以集团企业中间领导层为会员组成的社交俱乐部）。

不久，日本经历了二战后的经济萧条，工潮迭起，由研究型气质的丰田喜一郎所领导的丰田汽车背负10亿日元的债务，陷入经营危机。在这关键时刻，石田退三，这位曾经的三井物产关系商店的伙计，临危受命，听从三井财团主导的董事会的决定，接替丰田喜一郎出任丰田汽车工业株式会社的总经理。当时名古屋20家银行，以三井银行为首组成财团，借给丰田2亿日元的贷款。

在三井财团的要求下，1950年4月，丰田汽车工业株式会社（简称“丰田汽车”）将销售部门跟汽车制造部门分开，设立了丰田汽车销售株式会社（简称“丰田销售”）。在这一方面，丰田的做法引人瞩目，他们把生产和销售分成各自独立的两大系统。生产系统以丰田汽车为核心与龙头，组成从原材料、部件、零件、总装这样一条龙的生产体系。在流通和销售系统方面，以丰田销售为龙头。与此同时，在丰田通商和三井物产这样的综合商社协助下，丰田集团在日本全国以及国外主要出口市场，开始逐步铺设更加宽广的营销网络。

《丰田的智慧》的作者石田退三，被誉为“丰田中兴之祖”、日本的商魂

在获得了市场网络的强力支撑后，20世纪50年代后半期，石田退三社长以其商人般的敏锐判断决定建设专门生产轿车的元町工厂，使轿车的年生产量达到了12万辆。这笔投资高达23亿日元，与当时的销售额相比，这绝对是一个相当大的投资额。当时，几乎所有人都对此嗤之以鼻、不屑一顾，不相信会有收益。但是工厂建设完成后，立即掀起了第一次的轿车热。事实证明，这项投资决策果断，取得了巨大的成功。

1957年，为了创造实现大批量销售的市场环境，曾经工作于三井物产、时任丰田汽车销售株式会社社长的神谷正太郎连续实施了以扩大潜在需求为目标的先行投资，先后经营汽车驾驶学校，开设汽车修理学校，设置服务中心等。同年，丰田通商在泰国成立首家海外合资公司——丰田泰国有限公司。在当时销售资金紧张的情况下，神谷正太郎进行如此广泛的投资引起了众多的非议。但是后来证明，有“丰田销售之神”称号的神谷正太郎营造汽车业周边环境的做法是富有远见的。

石田退三、神谷正太郎二人所进行的前瞻性投资，正是基于丰田通商的市场情报。这种前瞻性投资和敏锐的市场嗅觉,使得丰田把国内的行业竞争对手远远甩在身后,取得领先地位。当时被有些人认定的无用投资或多元化经营,数年后却给丰田的基本业务带来了巨大的利润。这种投资方式尤其需要企业领导人富有远见的战略部署。正是由于丰田通商时刻把握着产业动向和市场信息,始终帮助丰田汽车争取领先对手半步,才抢得市场先机。

作为丰田汽车集团整体来讲,始终坚持一个铁的原则——只生产能卖掉的汽车。这一原则,也充分吻合了丰田通商的功能。丰田通商总是刻意保持低调,尽量地隐蔽起来,在背后默默地帮助丰田汽车拓展新领域。此时,丰田汽车工业株式会社和丰田汽车销售株式会社两大龙头之间,实行一整套银行化的资金结算制度,保证生产出来的汽车每一辆都能卖得出去,卖出的钱又能及时回收到丰田汽车总部。到1975年,丰田汽车集团就有了较充裕的资金,从而得到了“丰田银行”的称号。

1982年7月,丰田汽车工业株式会社和丰田汽车销售株式会社再次合并,以“丰田汽车株式会社”(TMC)的名义重新起步。此后,在丰田汽车争夺商权的过程中,丰田通商发挥更大作用,总是如影随形,向丰田汽车提供了材料、金融、物流、投资及其他相关环节的服务,为其在全球汽车市场上的优异表现提供了难以代替的支持。在一次次成功夺取商权之后,丰田通商总是选择了悄悄淡出公众的视线,像其他综合商社一样如同一个影子。

丰田通商迈出崭新的一步

80年代后,丰田通商进一步向金融自由化和国际化迈进,积极强化企业体质,整备企业体制。1980年,丰田通商销售额达到1万亿日元,稳步迈入综合商社行列。1985年,丰田通商发行第1次无担保转换公司社债;1987年,在欧洲市场发行附有认股权证的公司社债;1991年,丰田通商销售额突破2万亿日元。1994年,丰田通商设立有关信息通信的子公司丰通电信;1995年,丰田通商发行股票总数达10亿股,流通2.53亿股,资本金为251.4亿日元。

此时,丰田通商拥有本土职员1 988名,在日本本土设有东京总部、名古屋总部、大阪总部和8个支店、7个营业所,以及分布世界各地的85家分公司和事务所。在中国的北京、重庆、大连、上海、哈尔滨、广州、天津、沈阳、香港设有分公司和事务所。以广州事务所为例,它主要负责华南地区的事务,业务范围涉及丰田汽车的SKD(半散装件)/CKD(全散装件)/OEM(代工生产)零件、石桥轮胎、日野汽车、大发汽车、石化产品、纺织机械、丰田产业车辆(包括叉车)、专业厂零件。

1999年,为了向非汽车领域拓展业务,丰田通商与以食品、化学品等为核心业务的加商株式会社(综合商社)进行业务合作。第二年,为了加强核心领域与重点领域的功能与扩大业务,丰田通商与东棉株式会社(综合商社)开始资本、业务合作,同时与已经缔结合作关系的加商株式会社合并。2000—2002 年,丰田通商为了实现核心领域业务中与东棉株式会社(简称“东棉”)的相乘效果并尽早实现规模效益,受让了东棉的钢铁、有色金属、纺织机械业务。

其实,东棉株式会社是三井物产名古屋支店长儿玉一造所创立的综合商社东洋棉花公司(1920 年成立)。儿玉一造的弟弟儿玉利三郎就是后来成为丰田社长的丰田利三郎。为了加强资本与业务合作,丰田通商于 2003 年认购了东棉 50 亿日元的配股增资,2004 年又与东棉集中和统一了人才派遣业务以及燃油、石油产品业务。2006 年,丰田通商与东棉合并,迈出崭新的一步。

2006 年 4 月 3 日,丰田通商和东棉正式登记合并,以丰田通商为统一名称。新公司的社长由现丰田通商的清水顺二社长担任,现东棉的荫山真人社长担任副社长。新公司董事人员构成中,16 名董事中东棉有 3 人、5 名监事中东棉有 1 人,其他人来自丰田通商。双方合并后,丰田通商成为销售额达 5 兆日元(截至 2006 年 3 月的财政年度)的巨大综合性商社,从而可有效利用双方相互经营资源制定发展战略。

新丰田通商的业绩在 2007 年 3 月达到销售额 6 兆日元、经营性利润 930 亿日元、常规利润 970 亿日元、净利润 465 亿日元,2008 年 3 月预计会达到销售额 67 000亿日元、经营性利润 1 070 亿日元、常规利润 1 130 亿日元、净利润 555 亿日元。由此,丰田通商向着更广的领域快速发展,代替了丸红商事的位置,成为排名三井物产、三菱商事、住友商事、伊藤忠商事之后的日本第 5 大综合商社。

丰田通商株式会社的股权结构(截至 2007 年 3 月 31 日)

大股东情况	持股数量(千股)	表决权比率(%)
丰田汽车株式会社	76 369	21.6
丰田自动织机株式会社	39 365	11.1
日本 Trustee Services 信托银行株式会社	15 948	4.5
日本 Master Trust 信托银行株式会社	13 882	3.9
株式会社三菱东京 UFJ 银行	12 329	3.5
三井住友海上火灾保险株式会社	10 903	3.1
爱和谊损害保险公司(Aioi Insurance)	6 813	1.9
东京海上日动火灾保险株式会社	6 747	1.9
资产管理服务信托银行株式会社	5 461	1.5
日本生命保险相互会社	5 386	1.5

注:以三井—住友财团为主的几家金融机构是日本 Trustee Services 信托银行株式会社和日本 Master Trust 信托银行株式会社的大股东。

因为日本没有资源,须向海外谋求资源,而使日本的加工技术发达。综合商社中介其间,通过贸易活动和为海外生产提供方便,在支持经济发展的活动中,发挥了巨大作用。但是,当今环境、社会在以惊人的速度急剧发生变化,由于全球化、自由化的进步,产业间的围墙不断拆除。在高度信息化已经到来的今天,综合商社所起的作用也发生了很大的变化。在如此激变的新世纪最初的10年之内,丰田通商已经明确制定了2010年的长期战略。

第三节 产业配套体系

构筑天津的物流中心

依照丰田在全球一贯的发展模式,丰田肯定不会满足只在中国生产整车,而是在产业配套各个环节全面开花,压缩生产成本。而且,丰田认为整车和零部件物流服务是售后市场的主体,应把它放在与制造和销售汽车同等重要的位置。因此,丰田汽车一方面加大开拓中国市场的力度,扩大投产规模;另一方面,丰田通商这家综合商社承担起构筑生产和配送体系、完善产业配套结构的重任。

早在1996年7月,由丰田通商、丰田输送株式会社、株式会社上组、天津泰达投资控股有限公司共同投资组建的大型现代化综合性物流企业——天津丰田物流有限公司成立,注册资本为864.56万美元,并在上海、广州、大连、成都建立了分公司,年营业收入人民币3亿多元。该合资公司经营范围主要有:(1)承办海运、空运进出口货物的国际运输代理业务;(2)揽货、订舱、仓储、包装、中转、集装箱拼装拆箱、结算运杂费;(3)集装箱及普通货物的道路运输业务。

自从2000年丰田汽车合资项目在天津落户后,丰田通商(天津)有限公司一直为丰田汽车和其供应商提供零部件的物流配送服务。2003年9月9日,丰田通商与天津港保税区举行购买土地合同签字仪式,出资购买了1.8万平方米土地,用于建设丰田通商物流中心,该物流中心于2004年4月建成投入运营。第二期工程则以整车物流为中心,建成以丰田进口车为主的PDI(递送前检查)基地,2005年投入运营。

丰田通商物流中心是丰田通商在中国投资建设的第一个自有物流实体,也是该公司的加工贸易基地和零部件供应基地,主要为丰田汽车及其合资厂和供应商提供物流分拨服务,面向海内外的丰田整车及配套厂商在天津港保税区集中整合后,实现了门对门的现代化工厂物流配送。伴随着丰田汽车在中国的进一步发展,丰田通商正在逐步完善该物流中心的服务机能,使其成为丰田汽车及其供应商在中国北方的进口零部件分拨基地,也是丰田汽车的中国物流中心。

对于汽车零部件和售后服务商而言,是否能够有好的发展,取决于是否能够在产业链内成功扮演自己的角色。从2003年12月至2004年2月的短短3个月时间里,丰田通商便在天津经济开发区注册了四家配套公司,总投资额约3 200万美元。这四家独资公司包括:天津丰通汽车设备有限公司、天津丰田通商钢业有限公司、天津丰通再生资源利用有限公司、天津丰通汽车零部件装配有限公司。

其中,天津丰通汽车设备有限公司是由丰田通商及其全资子公司丰通工程株式会社于2003年12月12日在天津设立的主营设备设计、制作、安装、维护方面的公司,用来满足进入中国天津地区的汽车相关企业的设计和制作需求。天津丰通汽车设备公司位于天津经济技术开发区,资本金为50万美元,出资比率为丰田通商占70%,丰通工程占30%。虽然规模不大,但该公司计划发展成为面向中国乃至全球汽车制造企业的设备生产基地。

携手电装,保障零部件供应

描绘丰田管理的成功经验通常有一堆的概念:订单管理、准时生产、现场管理、零库存、杜绝浪费、低成本、高效率、现地现物……,简而言之就是以市场为龙头拉动生产的最精益方式。如果说当年福特创造了流水线生产的大规模制式功不可没,丰田就是把适应市场的看板式生产与流水线结合在一起。事实上,丰田不仅有精益生产方式,我们叫TPS,美国人称之为"改变世界的机器",而且还有完善的零部件配套体系。

2004年10月,为与日资零部件厂家共同构筑在中国的销售渠道,丰田通商(出资40%)联合株式会社电装(简称"电装")、日立制作所、三菱电机及福建省亚太经济发展有限公司在天津保税区共同出资成立了日联汽车零部件贸易(天津)有限公司。该合资公司集合了电装及电装以外零部件厂家的一流产品,销售的产品主要有:火花塞、雨刮片、机油滤清器、喇叭、燃油泵、回收电机等,通过北京中汽联合汽配连锁有限公司专卖店渠道进行销售。

株式会社电装是日本最大、世界顶级的汽车系统零部件供应商,成立于1949年,隶属丰田集团,为丰田汽车及其他汽车厂生产制造汽车电子零部件。在丰田14家集团成员中,电装公司的规模及营业额排在仅次于丰田汽车的第二位,目前在中国有8家汽车零部件合资工厂。截至2005年3月末,电装在全球32个国家和地区设有171家子公司,在中国已拥有23家独资、合资公司。

天津电装电子有限公司1997年在开发区成立,是丰田汽车集团中最早进入天津的零部件企业

丰田通商是电装产品的全球唯一的营业窗口。丰田通商在中国有11家事务所4家现地法人公司。2000年,丰田通商与电装旗下的电装WAVE公司共

同在中国国内构筑以代理为核心的营销网络,逐渐形成了覆盖华北、华东、华南的代理点销售体系,在丰田通商内部成立了自动识别事业部,在上海成立了技术服务中心,负责电装产品的技术支持与售后服务,定期对代理店实施技术培训,提高代理店对产品的应用开发能力及系统解决方案能力。

丰田通商与电装在中国的合资企业不止一家。2005 年 4 月,丰田通商(出资 4%)、丰田自动织机、电装、丰田工业在江苏省昆山市设立了一家车载空调压缩机生产企业——丰田工业电装空调压缩机(昆山)有限公司,作为丰田集团在中国生产车载空调压缩机的第二个基地。早在 1994 年,丰田通商、丰田自动织机、电装与中国首钢总公司共同设立了生产汽车空调压缩机的烟台首钢电装有限公司。新合资公司的成立及原有生产基地的扩充确立了丰田车载空调压缩机在中国市场的稳固地位。

与爱信精机多方位协作

2006 年 11 月 18 日,北京国际汽车展览会吸引了国内外众多的整车制造商和为主机厂配套的零部件厂商。在展会现场,日本爱信精机株式会社(简称"爱信精机")的展位显得尤为突出。爱信精机较早就进入了中国。1995 年,随着浙江爱信宏达汽车零部件有限公司的成立,爱信精机开始在中国开展业务。至今,爱信精机在中国拥有 15 家合资或独资汽车零部件生产企业,这些企业 90% 的产品为丰田在中国的合资汽车企业配套。

爱信精机成立于 1949 年,是世界著名的综合性汽车零部件厂家之一,属丰田集团成员。在一辆汽车上,爱信精机开发和生产的产品相当于全体零部件的 1/3,其产品涵盖了汽车传动系统、底盘、车身、发动机和信息系统等五大类。爱信精机在中国生产、为丰田合资汽车厂配套的产品包括:手动变速器、离合器碟片和压板、制动助力器与制动缸、车门锁、天窗、油泵、水泵、发动机前部组合件、汽车导航系统等。

同属丰田集团的丰田通商和爱信精机在中国有多家合资企业。最早于 1995 年 6 月,由丰田通商、爱信精机、台州瑞丰投资开发有限公司共同出资组建成立了浙江爱信宏达汽车零部件有限公司,总投资额 1 950 万美元,主要产品有硅油风扇、离合器、水泵、机油泵、气缸盖等以铝压铸为基础的汽车发动机零部件,为丰田汽车发动机、东风汽车公司商用车发动机厂、江铃汽车、哈尔滨东安汽车发动机、沈阳航天三菱汽车发动机、一汽丰田(长春)发动机、北京福田环保动力、广汽丰田汽车发动机等国内主机厂配套。

唐山爱信齿轮有限责任公司是 1996 年成立的中日合资公司,现在已经转成日方独资企业,成为丰田通商、爱信精机、日本爱信 AI 株式会社共同组建的汽车变速器专业化公司,投资总额 9 878 万美元,注册资金 3. 43 亿元。该公司主要面向丰田所属四川丰田汽车有限公司和天津丰田汽车有限公司及三菱汽车的东南汽车工业公司等生产手动变速器,年产量在17万台左右;其他客户还包括:北京吉普、郑州本田、沈阳金杯、柳州五菱、厦门金龙、东南汽车等国内著名汽车公司。

近年来,丰田通商与爱信精机陆续在更多领域合作投资。例如,爱信(天津)车身零部件有限公司是由丰田通商(3%)、爱信精机(60%)、天津汽车集团(25%)、台湾信昌国际投资有限公司(12%)共同出资1亿元,于2001年正式成立的生产和销售轿车车身零部件的合资企业,主要为一汽夏利和天津丰田生产的NBC系列轿车配套生产门锁、门铰链、玻璃升降器、限位器等产品,并为爱信精机的国内外厂家提供部分冲压件。

丰田通商与三井物产共展宏图

随着一汽丰田和广汽丰田在中国的快速发展,有更多的丰田系列轿车(包括商务车、SUV等)在中国各地陆续投入生产,规模不断扩大,对车身零部件品种和数量的需求日渐增加。丰田汽车产业的"整""零"关系在提高日本汽车工业竞争力方面起着重要作用,也受到世界各国的关注。丰田汽车整车制造企业与零部件企业建立的体系是金字塔型的"多层交互垂直式"分工体系。其间,丰田通商和三井物产扮演着不可替代的"产业组织者"角色。

2007年10月26日,《宝钢日报》报道:"由宝钢、三井物产、丰田通商共同投资建设的广州宝丰井钢材剪切中心日前破土动工,主要为广州丰田汽车公司供货。"届时,连同宝井昌剪切中心(三井与宝钢合资)在内,宝钢每年可向广州丰田汽车加工配送钢材7万吨以上。这意味着,三井物产和丰田通商这两家综合商社正在携手为丰田汽车在中国境内构筑更加宏大的产业配套体系。

其实,三井物产与丰田通商的合作是全球性的。早在2003年7月,三井物产、丰田通商、神户制钢所3家公司在美国就有关车辆悬挂的铝锻造零部件的制造、销售签署了合作协议。此前,三井物产在美国为丰田汽车提供的零部件物流服务,开发的"配送牛奶"物流体系可以保证以最快的速度对客户的订单发生反应,从下订单到供货完成的过程可以用小时为单位计算,物流效率很高。三井物产在欧洲还为日产汽车构筑了类似的物流系统。

在车辆悬挂构件方面,2003年11月,三井物产携手宝钢、日本万株式会社(Yorozu)在广州市花都汽车城联合投资组建了广州万宝井汽车零部件有限公司,总投资4.9亿元人民币,设计年产能为22万辆套悬挂系统。2005年6月3日,这家三井物产与宝钢的合资企业正式投产,主打产品为乘用车悬挂系统构件,作为汽车配件中的核心部件,已经成功进入丰田汽车、东风日产和长安铃木等日系汽车企业的采购体系中。

此时,随着在华投资的日资汽车厂家产能的不断扩大,众多日本钢铁材料生产和流通企业均看到了无限的商机和巨大的市场，将原本从日本进口的部分产品转移到中国当地生产。为此，2006 年 9 月 27 日，由丰田通商（12%）、新日铁（28%）、美达王（9%）、日铁商事（9%）、松菱金属工业（14%）、宫崎精钢（14%）、三友（14%）等七家公司共同出资设立的日铁特殊钢棒线制品（苏州）有限公司在苏州工业园区获取了营业执照，正式成立。该公司的主要产品为汽车用冷镦钢丝和磨棒钢，年产量预计 7 000 吨左右。

业界一直对丰田姗姗进入中国指指点点，却又啧啧这位后来者的猛烈攻势。其实，它当年强攻美国市场就是从营销网络的铺设、直接迅速了解消费者需求和提供服务切入的，随后是零部件生产供应的跟进，最后才是在美国建厂就地生产。回头审视丰田在中国的每一个动作，则可发现，以“市场拉动”的价值理念首先就体现在它的战略部署当中，幕后的主导力量就来自不显山露水的丰田通商——隐藏在丰田集团内部的“三井物产”。

第四节 决胜流通领域

建立高效率的物流体制

用“风起云涌”来形容当前的中国汽车产业并不过分。国内外各路资本纷纷杀入汽车产业，世界汽车业“6 + 3”（即通用、福特、戴克、丰田、大众、雷诺六大集团和本田、PSA、宝马三家有特色的汽车公司）集团都在中国有轿车合作生产项目。伴随着上汽、通用、五菱等的重组，一汽、丰田合资及东风、日产全面合作，中国汽车三大集团相继选择了几个外资合作伙伴。中国汽车工业的格局初步确定，汽车跨国公司在华布局也基本完成。

此时，整车利润越来越少，厂家必须压缩生产成本，甚至需要开拓新的服务领域。随着中国市场汽车厂家的争夺加剧，丰田的经验越来越显出其竞争的优势。在丰田与广汽的合作进程中，丰田在日本的配套企业也纷纷跟进，在广州及周边地区投资建厂，围绕广汽丰田项目和本田、日产在广州的合资企业进行配套。丰田集团通过丰田通商进军物流行业不仅是给自身汽车产品运输带来极大便利，降低物流成本，而且合资公司也有很大的赢利空间。

2003 年 6 月，丰田集团旗下的电装公司投资 2. 4 亿元人民币成立了广州电装有限公司。此后，赶赴广州及周边地区的工业园区进行选址考察的日本零部件企业代表络绎不绝，一些工业园区甚至因此调整了规划，大规模扩充汽车零部件功能区的面积。到 2004 年 4 月份，丰田配套企业在广州及周边地区的布局已基本完成，聚集了一大批零部件配套供应商，一个以日系汽车产品为特色的广州汽车产业集群正在形成，产业集群带来的规模优势、资源优势和成本优势日益突显。

随着中国汽车市场的急速成长，丰田通商为各汽车厂商的大量生产及销售提供了有利条件并构筑了安全高效率的物流体制，同时以汽车零部件关联的物流为标的，渗入到“综合物流业”中。2006 年 1 月 10 日，丰田通商与中国广州汽车集团商贸有限公司（简称“广汽商贸”）共同出资 1 250 万美元，成立汽车零部件物流的合资公司——广汽丰通物流有限公司，取得了道路运输许可，客户主要有广州丰田汽车有限公司、广汽丰田发动机有限公司和相关零部件厂家等。

广汽丰通物流有限公司在广州市南沙区内成立了一个物流中心，主要提供满足汽车零部件厂商的物流需求，并根据汽车厂商的需要配置运输车，以及开展生产用零部件的物流服务。今后，该合资公司作为综合物流业主要发展国际货物运输代理业及通关业务等，以便满足中国国内外的非汽车业的相关客户的需求，扩充综合物流机能。合资双方表示，丰田通商具有中国国内外的网络与营业能力，广汽商贸则发挥其中国进出口业务的实绩与国内营业能力。

2006 年 9 月，丰田通商、丰田输送株式会社和一汽集团所属的长春陆捷物流有限公司合资建立了丰田陆捷物流（上海）有限公司，总投资 240 万美元，注册资本 170 万美元。从此，丰田与一汽的合作由整车领域延伸到供应链领域。新合资公司坐落在上海市浦东新区，符合天津一汽丰田、广州丰田的水路运输条件，具有存储整备、集散调配、网络节点等综合性物流功能，年仓储、分拨车辆达 7.4 万辆，承担运作丰田系列车辆在华东地区的集散分拨任务。

寄托着丰田物流重任的丰田陆捷物流（上海）有限公司，还充分利用一汽集团所属长春陆捷物流有限公司拥有的丰富的网络资源和运力资源，迅速扩大合资公司的服务能力，快速地使资源达到最优的配置，使成本、效率和利润达到最佳平衡点，最终通过规模化的经营以及对华东地区有效覆盖来降低成本和提高利润。上海，这个日资企业设立物流据点最多的地方，它相对的区域优势也成为丰田集团发展整车物流的战略要点。

一汽丰田强化 4S 店网络

进入中国后，面对全世界汽车厂商的胶着厮杀，要想在这个市场拉动丰田的机器转动，“销售的丰田”仍然采取了它过往的跨国经营策略，一个基本原则就是：“现地现物”。傍依一汽的制造能力，全力打造营销体系就成了丰田系统工程的“重槌响鼓”。一汽丰田汽车销售公司常务副总经理王法长曾这样说：“一汽丰田的责任，就是 Toyota（丰田）的中国化，中国 Toyota 的本店化。”

在经销商网络的建设上，一汽丰田的经销商网络扩张是根据未来丰田汽车销售的走势来决定发展程度的。根据丰田汽车公布的发展计划，2010 年丰田汽车在中国的年产量要达到100万辆,而销售网点将扩建到800家左右的规模。一汽丰田销售网络在2005年的逆市扩张正是丰田汽车系列发展规划中的一个环节。有了一汽集团作为支撑,丰田汽车终于有了赶超1982年就抢先闯进中国市场的本田汽车的本地实力基础。

在经历了2002年、2003年汽车行业井喷之后,全国各地的经销商纷纷开始建立4S店,并且在建店的过程中不顾成本地互相攀比。然而到2005年汽车行业遭遇消费者持币待购带来的低潮时,丰田汽车一贯的控制供给量的做法让经销商既痛苦又无奈。而更让经销商担心的是,在丰田鼓励经销商建立4S店的同时,丰田通商正在稳妥而缓慢地推行着自建4S店的计划。“目标是2010年达到100家。”丰田通商北京办事处人员接受《财经时报》采访时肯定地说。

丰田汽车不仅通过一汽丰田和广汽丰田的渠道,也通过丰田通商参股建设的4S店销售汽车。例如,杭州龙通丰田汽车服务有限公司是由丰田通商、浙江元通汽车有限公司、宁波龙华丰田汽车服务有限公司等单位共同投资组建的合资公司,是集汽车整车销售、售后服务、零部件供应、信息反馈于一体的丰田汽车综合性4S专营店。在合资企业的投资方中,浙江元通汽车有限公司是浙江物产集团的下属公司,而浙江物产正是把三井物产作为自己的学习标杆。

市场上开始流传“丰田阴谋论”:到2010年4S店大量破产的时候,丰田通商将以低价收购那些已经灰心丧气的经销商,从而直接控制汽车销售和售后服务的相关环节。无论这种阴谋是否存在,丰田同经销商的博弈仍然会继续下去,基于“订单决定生产”的运营方式和多年积累的国际市场销售经验,丰田通商参与组建丰田4S店虽然影响甚至是侵占了国内其他经销商利益,但对于丰田集团来说却是必要且有益的。

2005年,一汽丰田启动了网络强化战役,到年底在全国范围内完成各区域协力会的基本布局。协力会每月召开一次会议,决定下一月的营销推广计划和广告设计。例如,深圳9家经销商轮流做“主席”,具体负责实施协力会上月的品牌推广计划。这完全是在此前深圳一汽丰田店店长联席会议的基础上发展起来的,组织形式和操作程序基本一样。像深圳这样先行一步的协力会同盟,在汽车市场较为发育的其他大中城市也已渐露端倪。

区域“协力会”是丰田在全球销售网络行之有效的运作框架,它是由同一区域丰田经销商组成的品牌同盟。在地域辽阔的美国,丰田共有72个协力会,根据地域经济发展的差异,由各个区域协力会协商并联合实施不同地区的区域统一价格和区域统一优惠形式,这是丰田汽车销售在美国长盛不衰的组织阵容。协力会让经销商自己做主,积极参与到营销体系当中,从而提升每一个经销商的竞争力。

突破运输瓶颈,建立水上通道

2006年,中国乘用车市场份额中只有26%是自主品牌,其余全部是外资品牌,而这仅有的26%中大部分还是合资生产的所谓"自主品牌"汽车。2006年也是中国自主品牌造车运动的元年,各路人马轮番上阵,对外展示自己雄心勃勃的计划,吉利和奇瑞是其中最引人注目的两家,似乎为中国民族汽车产业带来了希望。然而,在各种喧嚣的背后,难以掩盖的却是中国汽车产业的"商权"旁落外资手中的无奈。

市场份额尽管只是汽车销售的统计结果,但它却反映了各厂商对汽车产业链和外围相关产业整体的控制能力。简单的数字,反映了无情的现实。中国汽车产业已进入一个新的发展阶段,不仅国内汽车生产厂成了国际汽车巨头的兵家必争之地,而且汽车售后服务、维修市场、二手车、汽车金融信贷也是他们争夺的焦点。外国资本进入中国后,其占领市场的一项重要举措就是建立和健全快捷的销售网络,其中的运输问题显得越发重要。

在华生产的丰田汽车越来越多,问题也随之而来。如何让市场消化如此众多的丰田汽车成了亟待解决的问题。然而,丰田通商早就做好了准备。从1997年开始,丰田通商陆续在中国建立了4家贸易公司,分布在上海、天津、广州和大连四地。到2005年时,丰田通商还建立以华通丰田汽车销售服务有限公司命名的地区性汽车销售及售后服务公司11家,分布在东三省、北京、河南、浙江、广东和新疆等地。

2005年1月29日,由北京市汽车修理公司与丰田通商合资经营的北京华通丰田汽车服务有限公司落户北京通州

然而,随着汽车产销量的增加,汽车销售环节的运输部分开始凸现瓶颈,"点对点,直接送货上门"的陆路运输已经不能满足汽车生产厂家越来越巨大的运输要求。到2010年,天津丰田在中国的轿车产量将达到40万辆,届时广州丰田规划的产量为30万辆,还有SUV、RAV4等其他车型,丰田2010年在中国的产量将达到100万辆。天津丰田和广州丰田的全部产品中大约有45%会通过水路运输的方式进行,这便意味着45万辆轿车的海运轿车运输市场。

按照国家航运规定,外资企业不能独资在中国进行海运物流运输,所以丰田通商只能在中国寻找合作伙伴。最终,2003年12月,丰田通商、丰藤海运与中国深圳长航实业发展有限公司正式成立了深圳长航丰海汽车物流有限公司,并于2004年1月开始正式营业。3家公司股份比例分别为39%、10%、51%,注册资金150万美元。丰田通商利用深圳长航的海上及长江运输网络,业务覆盖中国国内主要港口,并努力扩充中国国内的海上及河川运输网。

丰田通商作为丰田集团的综合商社,在丰田出口汽车的销售、物流、进出口、市场开发、信息收集方面拥有丰富经验;丰藤海运是丰田集团控股的一家海运公司,主要从事丰田汽车的港口作业及成车、配件的运输,公司船队现有约30艘船舶;中国深圳长航实业发展有限公司年运输能力为15万辆。新成立的合资公司集三强之优势,致力于为丰田汽车厂商及其他厂商提供海上运输、江河运输、仓储和配送业务等服务。另外,该公司将在营口、上海、广州等沿海主要城市提供使用汽车运输专用船只的班轮运输服务。

由于深圳长航和丰田集团所属的丰田通商和丰藤海运共同组建了长航丰海海运合资公司,而天津丰田和丰藤海运同属丰田系,这样深圳长航在天津丰田汽车的车源上就有了一定的保证。此次合作协议的签订,标志了丰田集团开始实现其进军中国海运物流市场的图谋。事实上,该合资项目只是丰田通商代表丰田集团在中国物流业进行的一次试探性动作,之后,丰田汽车将会进一步发展全方位的汽车及零部件配送系统和物流链管理服务。

第五节 价值综合者

利用三联园区整合资源

作为综合商社的丰田通商给自己规定了“价值综合者”(Value Integrator)的概念,在业务上不只局限于中介工作,丰田通商根据实际情况,通过投资办厂或建立销售公司,驱使网络发挥集团的强大力量。在国际化、高度信息化不断加速的过程中,丰田通商拥有的网络和国际协作的经验在今后更加广阔的领域里将会发挥更大的作用。丰田通商通过对各项事业的综合统一,正在朝着为提供丰富价值的新企业——“价值综合者”迈进。

丰田通商自1999年在上海外高桥保税区三联发展园区(简称“三联园区”)落户,从单纯从事贸易业务转为建立仓储分拨中心。2003年3月,丰田通商在过去租赁3 000平方米仓库的基础上,又在三联园区租赁近1 000平方米仓库。随着在中国的迅速发展,通过三联园区,丰田集团内的多家成员企业或关联企业逐渐连接起来而形成了规模效应。例如,丰田汽车为提高旗下高档轿车“雷克萨斯”的市场份额,重塑产品形象,故决定在三联园区设立一个进口整车的检测、美容中心。

同样在三联园区,2003年4月,三井物产、丰田合成株式会社(简称“丰田合成”)与台湾的郑宏洋先生共同投资40万美元,设立了丰田合成光电贸易(上海)有限公司,这是一家面向中国地区全权销售丰田合成产品的贸易公司,主要经销发光二极管(LED)等光电子产品。LED产品在汽车、电子电器产品、消费性产品等领域中被广泛应用,如彩色屏幕显示器、手机、信号灯、照明等。丰田汽车、松下、摩托罗拉等世界大型企业都在使用丰田合成的LED产品。

丰田合成株式会社是丰田集团的主要成员之一,在全球共设有45家分支机构的大型跨国企业,其中10家位于中国,在江苏省张家港有2家位于保税区的独资企业:丰田合成(张家港)科技有限公司和丰田合成(张家港)塑料制品有限公司。2003年12月成立的丰田合成(张家港)科技有限公司,注册资本为1 800万美元,总投资额为2 990万美元,主要生产以汽车方向盘和汽车安全气囊等为主导的产品,公司已于2004年8月25日正式批量生产。

2003年5月,丰田通商(出资30%)和丰田自动织机株式会社共同投资100万美元,在三联园区内设立销售叉车的贸易公司——丰田产业车辆(上海)有限公司,从事工业用车辆的销售和技术服务。此前,丰田通商在中国叉车的销售,主要是通过3家当地经销商的7处营业点进行。以新成立的公司为核心,丰田通商构筑了更加坚实的销售网络。新公司的首批产品,先提供给2003年4月投产的丰田工业(昆山)有限公司和其他日本企业。

作为丰田产业车辆(上海)有限公司合资方的丰田自动织机是丰田集团的起源公司,以生产自动织布机开始,产品涉及织布机领域、产业车辆领域、汽车领域、压缩机领域、发动机领域、半导体领域、液晶显示领域和加工中心领域等各行各业。丰田自动织机的叉车、喷气式织机和压缩机的市场占有率世界第一。目前,丰田产业车辆(上海)有限公司是丰田产业车辆领域在中国的总经销商,在中国建立起了一套完整的运营系统,包括叉车组装厂,销售和服务中心。

渗透到产业链的每个环节

2003年4月,丰田通商(出资20%)与丰田工机株式会社(简称"丰田工机")在中国成立了从事机床销售服务的新公司——丰田工机(大连)有限公司。丰田通商拥有的网络体系与丰田工机的高新技术相结合,以新成立的公司为中心,携手为当地顾客提供销售服务,并进一步开拓日益扩大的中国机床市场。仅仅两个月之后,即2003年6月,丰田通商(出资5%)又与丰田工机成立了丰田工机汽车部品(天津)有限公司,主要生产油压动力转向泵。

丰田工机株式会社成立于1941年5月,其最大的股东是丰田汽车,主要产品是面向全球范围内的丰田汽车配套生产机床和汽车零部件,在日本本部设有6个工厂。在美国、巴西、泰国、韩国、英国、中国等许多国家设有工厂,2003年销售收入为16.21亿美元。迄今为止,丰田工机已经向中国用户交付了约300台机床和11套加工线,其与丰田通商新成立的合资公司则负责向现有的客户提供当地订货和安装产品的服务。

2004年7月,丰田通商投入资金64万美元(占40%股),与长谷虎纺织株式会社(简称"长谷虎纺织")在上海市松江区设立了上海丰虎汽车地毯公司,从事以车辆为中心的簇绒地毯制造,经丰田纺织株式会社向丰田汽车株式会社销售,也供应给在中国的欧洲汽车制造商。合资公司由长谷虎纺织全面提供制造技术,由丰田通商提供贸易机能。丰田通商一直是长谷虎纺织的经销贸易商社,担任向汽车制造厂销售长谷虎纺织制造的簇绒地毯。

在汽车内饰纤维材料业务上,丰田通商于2006年11月又出资60%,成立了天津丰通大塚纤维有限公司。合资公司注册资本为420万美金,投资总额为840万美金。这次,另一合资方是株式会社大塚,出资占40%,提供技术和运营支持。天津丰通大塚纤维有限公司主要提供无纺布和汽车内饰品的加工、生产、销售,并提供相关的技术咨询和售后服务,主要客户为丰田纺织与长春一汽合资的天津英泰汽车饰件有限公司。

2004年7月,丰田通商(出资70%)与长春一汽综合利用有限公司合资组建的长春通利铝合金科技有限公司在长春市经济技术开发区举行了奠基仪式。该公司主要产品是以废铝(屑)为主要原材料,生产液态铝合金,为一汽丰田(长春)发动机有限公司V6产品配套,项目总投资4 220万元。该项目解决生产铝锭后用户二次熔化烧损造成的铝水损耗和环境污染问题,同时也为用户在半成品的贮存方面实现零库存创造条件。

几乎与此同时,2004年8月,丰田通商(出资50%)在中国投资了第二家液态铝合金生产企业,与日本大纪铝工业所、广州汽车集团零部件有限公司共同组建了广州捷士多铝合金有限公司,首期投资6 640万元人民币,年产17 000吨铝合金熔液及铝合金锭,为广汽丰田发机动有限公司等国内外厂家配套。随着汽车工业的发展和环保型结构汽车的面市,汽车生产中更多地利用轻质材料加工零部件,必将成为今后汽车制造业的发展方向。

迎接信息技术时代的到来

贸易及流通是有形之物的活动。近年来,丰田通商所从事的活动中,无形的东西逐渐增加。“信息”“系统”等,将世界用互联网瞬间连接,软件及信息网络世界与生产原料及硬件世界以最适当的形式结合,综合商社所起的机能和作用发生了很大的变化。丰田通商为了快速且灵活地适应这种激烈的变化,重视开拓信息产业领域的业务,无论是在“硬件生产”还是在“软件应用”都取得了实质性的成果,并积极推广到中国市场。

2004年5月,丰田通商(出资49%)与北京四维图新导航信息技术有限公司(简称“四维图新”)共同在北京设立了有关随车导航系统及数码地图有关制品的开发、销售和服务为主体事业的公司——图新经纬导航系统有限公司。该合资公司为准备进入中国市场的众多导航仪厂家和汽车厂家提供经政府许可的导航电子地图,建立面向市场销售的导航仪系统销售网络,促进导航仪市场的扩大。

丰田通商通过从四维图新购进导航地图,一方面为在中国的部分日本厂家的生产车和进口车之用，另一方面建立与中国导航系统产业的联系。四维图新是一家从事导航电子地图研发、生产与经营的专业化公司，其主要投资方为中国四维测绘技术总公司以及中国航空技术进出口总公司。四维图新又是中国政府唯一批准可以制造和销售随车导航电子地图的专业提供商，公司主营业务涵盖3大领域：自主车载导航、移动终端服务和监控运营服务。

四维图新公司的成立源于1997年国家测绘局等相关部门与丰田通商、丰田汽车和电装的合作

2004年10月，丰田通商（香港）有限公司面向进驻中国的日资工厂展开了MRO产品的电子商务活动，服务名称是“丰田通商e-MRO”。MRO产品是指在工厂之中用于维修、修理及使生产设备能有效作业的部件。对于进驻中国的日本企业来说，在采购方面要通过多方面的采购方、进出口和结算方面的复杂手续。鉴于此，丰田通商促成了在日本构筑大规模数据基础的Well Stone社（横滨市）与兴和国际有限公司（香港）结成同盟，在中国国内与代收货价托运货物服务相结合，实现了满足消费者可在一站式购买所需商品的愿望。

对新到海外投资的公司来说，确保信息网是个大课题。为在海外当地更能有效且安心地建立通信网络，丰田通商的海外据点及有关通信公司携起手来支持此事业的展开。在中国，丰田通商和丰通SYSCOM于2005年12月共同出资成立了丰特网络信息技术（北京）有限公司，该公司总部坐落于北京，下设天津、上海、广州、成都四家分支机构，主营业务是为在华丰田集团各事业体以及工厂、其他相关日资企业提供持续可靠的相关IT产品、应用开发、咨询服务等信息化整体解决方案，包括系统的安装维护、系统集成和相关设备的销售等。

事实上，丰田通商在中国的投资和贸易活动远远不只局限于上述的这些事业。丰田通商各个部门自行强化培养自己部门的机能，通过创造和综合有形无形的多种价值，准确把握客户的需要，为丰田集团关联企业群提供了广泛的商机和宽广的通路。此外，从汽车产业与信息产业结合与互动的角度来看，丰田通商在信息技术和产业的发展，某种程度上讲就是汽车事业的延伸，它的目标已经超越了汽车产业本身，上升到了更高的境界。

创造新的商机和市场

为了拓展业务领域，创造新的商机，进一步提升企业价值，丰田通商和东棉于2006年4月1日实现了经营统合，下设金属本部、机械电子本部、汽车本部、能源与化学品本部、生活产业与材料本部、食品材料本部这六大事业部门。丰田通商以汽车相关业务为主轴,一直在稳步成长;东棉以汽车以外领域的多种业务拓展为依托,拥有广泛的顾客层。这两家综合商社自2000年起一直在开展资本和业务合作,直至实现最终的合并。

由此,丰田通商近年来在中国乃至全球市场加强下述四项机能:

1. 促进已有的金属、机械、化学品、纺织、食品事业之间的互相合作,在环境、信息、电子商务等多个领域的跨领域事业方面,加强综合协调处理的机能;

2. 从向全球范围张开的网络以及与生产现场密切相连的营业网中,发掘客户新的需求和新的技术的机能;

3. 根据新客户的具体需要,提供有价值的服务的机能;

4. 创造新商品、新客户、新市场的机能。

作为与汽车产业无关联的一项业务,2003年3月25日,由丰田通商、日本吴羽化学工业株式会社、河南双汇投资发展股份有限公司三家公司分别出资14%、35%、51%共同兴建的南通汇羽丰新材料有限公司(简称“南通汇羽丰”)在江苏省南通经济技术开发区成立,投资总额3 808万美元。该公司生产和销售聚偏氯乙烯(PVDC)树脂及混合粉树脂,不仅可用于高温肉制品包装,而且被广泛用于保鲜膜、热收缩膜、多层共挤膜、方便食品、奶制品、医药品等的包装。

着眼于客户的需要开发商品市场是丰田通商的策略。丰田通商借助南通汇羽丰这家食品包装企业得以深入到中国食品行业的众多领域。丰田通商经手的产品有农产品、水产品、畜产品、食品、饲料等多方面。中国产的猕猴桃、乌龙茶、柳叶鱼目前已经是日常生活中大众化的食品了,把这些食品最初进口到日本的是丰田通商。丰田通商经营的豆芽用大豆在日本国内占市场首位,糙麦面和芝麻也占有很大的市场,这些原料都来自中国。

2004年11月,丰田通商(出资10%)、东棉、双日及大和纺织与青岛即发龙山投资公司在中国山东省即墨市成立了青岛即发龙山染织有限公司,一期投资额3 000万美元,规划总投资1亿美元。在生产工厂的技术支持方面,染色加工由在日本具有首屈一指染色技术的权威染料工厂负责,织布方面由出资方大和纺织负责。公司全套引进世界先进生产设备,主要生产高级棉·T/C纺织布、高档色织布面料、染色布面料等,以及衬衣、休闲装、休闲裤面料。

通过青岛即发龙山染织有限公司这一项目,作为共同开发合作事业的两家商社丰田通商和东棉,发挥各自的优势,在从棉花原料、纺织原料到成品的价值链中,构筑设备的网络功能,强化面向日本和欧美的纤维纺织事业。同时,丰田通商和东棉还在尚有开发潜力的纺织领域中,为满足日本和欧美的客户需求,向合资工厂提出相应的计划提案。此外,丰田通商进一步协助合资公司采购世界最高水平的设备,强化在中国销售纤维机械的基础地位。

以青岛即发龙山染织有限公司的染色加工机能为基础，丰田通商活用双日（另一投资方）作为中国现地法人实现的现地货币结算功能，旨在强化价值链关系管理系统，进一步充实中国面料市场信息交换机能。双日（三和财团的综合商社）服装部门在中国拥有为数众多的合资、合作工厂。丰田通商通过确立从短纤维纺织品的原料到最终成品的总体供应链关系管理体系，力求在中国构筑面向日本和欧美客户的一体化生产模式。

紧随丰田通商的步伐，三井财团的东丽公司（世界顶级服装面料企业之一）也落户在山东省即墨市。2005 年 7 月 8 日，东丽即发（青岛）染织股份有限公司正式奠基。该公司由日本东丽（Toray）株式会社、东丽（中国）投资有限公司、青岛即发集团控股、青岛即发集团、青岛即发龙山投资这 5 方共同发起成立，主要生产高档衬衣面料、休闲装面料、工装面料，总投资 3.4 亿美元。迄今为止，东丽公司为了在中国开展业务，已进行了累计达 840 亿日元的设备投资。

第六节　像商人一样思考

来自“三井商人”的影响和支持

为什么丰田集团要单独成立一家贸易型的投资公司？为什么选择综合商社作为贸易公司的经营形态？要知道，除了丰田以外，世界上其他的汽车巨头并没有专门的综合商社。丰田集团的丰田通商是经过千锤百炼的结果，是日本大企业真正核心竞争力的代表，却不被外人发现和重视。众多的学习者模仿丰田汽车可以做到形似，但却很难做到神似，因为他们始终不能了解丰田通商这样的综合商社在经济活动中的重要价值。

从丰田汽车的发展历程来看，它的成功并非简单地依靠技术创新，更重要的是基于商人群体的强力支持。三井物产器重丰田佐吉的发明才干，给了他实现抱负的舞台；在丰田佐吉最困难的时候，三井的商人们鼎力支持，为丰田保全了希望的火种；为了帮助丰田汽车健康成长，三井财团毫不吝啬地派出自己的得力干将支持丰田；战后日本汽车业濒临绝境，三井银行组织银团支援丰田，任用商人出身的经理人，使之免遭灭顶之灾。

商人出身的石田退三曾是战后丰田公司的“大总管”，他的业绩在丰田公司今日的繁荣中得到充分的体现。丰田公司创始人丰田佐吉曾经对石田退三说：“你是商人，商人就要赚钱。赚了钱要匀给我们，我们才能够搞研究。”被称作“丰田复兴之祖”的石田退三在回忆当初加盟丰田这段经历时说道：“佐吉先生决不以高压态度待人,但他有一般人所没有的魄力,他的态度感化了我。”显然,发明家和商人的绝妙组合奠定了丰田成功的基础。

“吝啬精神”“无贷款经营”和“及时制”集中体现了丰田的经营哲学,像商人一样思考就是这一哲学的最大特点。丰田坚持的“杜绝浪费”和“只生产能卖掉的汽车”就是这种思想的典型体现。另一方面,深谙经营之道的藤野龟之助、儿玉一造、服部兼三郎、丰田利三郎、赤井久义、石田退三、神谷正太郎等精英人才都来自三井物产或其关联企业,在丰田的历史上闪闪放光,给丰田朴实的商业思想提供了丰富的诠释和鲜活的例证。

丰田利三郎,丰田汽车第一任社长,原名儿玉利三郎,是儿玉一造(三井物产分公司经理)的弟弟

业界也许无人不晓,丰田汽车是以它的高质量、低成本、低油耗而享誉世界市场的。在经典管理思想中有“作业成本法”“成本收益分析”等各种范畴的管理学概念,因此,控制成本便成为商业活动中人们津津乐道的会计常识。但是如何理解低成本,恐怕人们的认识和丰田理念就有失之毫厘而差之千里的不同了。《三井帝国启示录》一书中明确阐述了丰田公司精益生产方式的核心理念是“彻底排除浪费”。

与福特推崇“规模经济效应”完全不同,丰田生产方式倡导的是:以“杜绝浪费的思想为基础,追求制造汽车的合理性而产生的生产方式”。这应该视为丰田生产方式的原始表述。显然,在实际管理中,丰田运用了这一思想,不仅要扩大生产的规模效应,它更看中在一个广大的范围内,从生产者到供应商以及物流配送、零售商都来合理地调整自己,按照下游对产品的需求时间、数量、结构以及其他的要求组织好均衡生产、供应和流通。

在丰田看来,单位成本低只是在生产领域,但对整个公司的供应链来说,这之后所付出的成本要远远高于规模经济所节约的成本。“杜绝浪费”就是众多环节的“精益性”究竟如何操作的关键所在。过多、过早制造会造成浪费,不必要的库存会导致浪费,质量问题会带来浪费,生产线上等待也会形成浪费,物件搬运造成浪费,加工造成浪费,多余动作造成浪费。丰田所说的浪费比我们通常讲的浪费概念,要广泛得多,也深刻得多。

三井物产是日本商业力量的代表和象征,与三井财团紧密结合的丰田集团自然会受到它的巨大影响。成本是不可以无止境地“降低”的,以商人思维有效地开发公司整体的组织能力,才能将成本控制在合理的范围内。正是以“杜绝浪费”而不是用“低成本”“降低成本”这样的字眼作为核心理念,丰田才具备了随后“准时生产”、有人字旁的“自动化”“零库存”“零时间”“看板管理”“吝啬精神”“无贷款经营”等等一系列商人般的管理思想和方式。

以夺取商权为根本目标

丰田集团通过专业分工，让丰田汽车专心造车，而市场开发、情报搜集、产业协调等相关事宜都由丰田通商来处理，发挥二者的优势，充分利用了人力资源。丰田通商出面可以完成很多丰田汽车无法完成的任务，因而其与社会经济各部门的联系更加紧密，行动更加灵活自如。丰田通商的存在就是为丰田汽车提供变相的保险，当后者陷入困境时，可以为其东山再起提供必要的保证。这样，丰田通商就变成了产业的组织者。

深受三井商业文化影响的丰田汽车，其行为自然与一般的汽车企业有所不同，“以夺取商权为根本目标”是丰田汽车最大的特点，一流的经销体系正是丰田汽车保持健康发展的关键。丰田一刻不停地观察和研究着世界汽车工业的变动，总能敏锐地觉察到未来发展的趋势，并全力以赴研发新的产品满足人们的需要。更进一步讲，对汽车产业链上、中、下三个环节的充分布局和严密控制就是丰田争夺商权的具体表现。

控制商权必然是一项系统性的全面工作，任何一环的失误都可能导致满盘皆输。在缺乏核心技术、本土市场得不到保护以及缺乏产业链控制力的多重打击下，面对外资对手的全力剿杀，中国汽车企业的前景的确可以用千钧一发来形容。如果还是仅仅头痛医头、脚痛医脚，中国汽车行业则永无翻身之日。急功近利、产业（政策）环境恶化、经营思想和战略的紊乱就像三座大山，正在阻挡着中国汽车企业成为强者。

2005 年 12 月 5 日，四川省汽车流通行业巨头四川港宏集团与日本第一劝银财团的综合商社——伊藤忠商事签订协议。双方共同投资 2 亿元（日方占股 40%，中方占股 60%）成立了四川港宏企业管理有限公司。伊藤忠的业务涉及生活消费、汽车、IT、资源开发、金融服务等广泛领域。此次中日双方企业的资本合作，其领域除了传统的汽车销售与维修外，未来还将涉及二手车市场、汽车金融以及汽车价值链上的其他环节。

对中国汽车流通市场感兴趣的，还不只是日资企业，美国等各路资本也都毫不示弱。美国的三大汽车经销商集团之一的国家汽车公司（Auto Nation Inc.）正在努力进军中国汽车分销领域；而占据韩国 13% 市场份额的韩国大宇财团的大宇汽车销售公司也在跟上海一大型汽车销售集团进行着紧锣密鼓的谈判，准备进军中国汽车流通及其后市场。对此，中国汽车流通行业深感压力。

中国国内汽车经销商长期以单店经营为主，4S 店“4 位不协”，三高三低（高投资引发流通领域费用过高，汽车零配件价格过高，维修费用过高；低产出、低效率、低素质）现象严重。行业市场集中度低，企业规模小，财务运作能力差，尤其是经销商与整车厂之间根本没有形成统一的攻守同盟关系，缺乏集团化连锁经营，没有大规模采购、销售的能力，单体管理费用和交易成本高昂，这使得他们的营销水平、盈利能力都处于较低的水平，难以跟国际巨头相抗衡。

就丰田通商而言，一方面，它利用自身在贸易、金融和信息三个方面庞大的网络和超强的实力，不断地为丰田汽车这样的制造企业提供各方面必要的支持，扮演着企业培育者的角色；另一方面，它能从更全面、更长远的角度观察和研究汽车产业甚至是整个社会经济，因而就能够更好地把握汽车产业和宏观经济发展的历史趋势，在新的产业诞生或旧的产业突变之前就准确地预见到可能的变化方向，并未雨绸缪。

综合商社是一种经营哲学

我国汽车产业还处在起步阶段，规模布局、服务水平均不能满足市场需求，外资进入将使国内汽车销售服务业面临巨大挑战。大幅降低关税之后，汽车贸易、服务、融资等领域都将进一步放开。外资大举进入，国内汽车流通市场正在出现外商独资、中外合资以及各种经济成分共同竞争的格局。面对资本实力强大的国际巨头，国内汽车流通企业原有的竞争优势必将全然丧失。那么，我们又该怎样像竞争对手学习，提升自己的竞争力呢？

丰田汽车的成功经验已经为它带来了大批的学习者，“精益生产方式”“全面质量管理”“及时制(JIT)”等等已经成为畅销书的关键词。其实，美国通用汽车学习丰田汽车控制成本、提高利润由来已久了。20 世纪 80 年代后，在日、德、韩等国外公司的围攻下，通用汽车渐渐招架不住。1992 年，通用汽车大规模拷贝丰田经验，整理成“全球制造系统”。然而，通用汽车学习“丰田汽车”只能做到形似，而无法达到神似，因为它并不知道丰田通商的奥秘。

中国汽车的国际化离不开学习丰田模式，但注定是一条艰辛之路。吉利曾经宣称丰田就是自己学习和要超越的对象。面对这个中国学生，丰田汽车并不客气，2003 年状告吉利的商标侵权案就是一堂生动的教育课。在这一课中，丰田教会了吉利夺取商权的重要性和残酷性。吉利还在学习丰田，但这条路注定会充满坎坷。吉利是否也会拥有一个“吉利通商”这样的综合商社呢？也许吉利还需要到丰田的老师——三井物产那里去取经。

对丰田集团来说，一系列商人的特质无不体现在它的综合商社——丰田通商的身上。商人追求的是源源不断的收益和利润。为了达到这一目的，他们一定会千方百计了解市场和对手的情况，制定适当的计划，并运用巧妙的计谋让自己从商品的买卖中得到长久利益。作为基础，一个优秀的商人必须具备认真细致、讲求实际、勇于探索、目光长远等众多的素质。更重要的是，他的价值观和经营哲学一定要足以支撑他实现自己的目标。

为应对跨国汽车公司在华战略的变化，今后我国的汽车产业发展战略必须进行相应调整,其总体思路是坚持“两条腿走路”:一是坚持合资合作不放松,二是坚持自主发展不动摇。在合资合作与自主发展之间形成良性循环,通过自主发展提高合资合作的质量和水平,通过合资合作培育自主发展的能力和条件。注重打造自主品牌、加强商权控制、以专业化和全球化的眼光看待经营,将是未来中国本土企业成功的必经之路。

2007 年,奇瑞汽车的国际化战略公之于众:计划出口 10 万辆左右。吉利汽车紧随其后,放出风来,要在 2010 年将 1/3 的产量销往海外。除了这些比较纯粹的民族品牌之外,一些被外界认为是没有出口成本优势的合资厂家也开始考虑汽车出口的宏图伟略了。看来,中国各主要汽车企业都在雄心勃勃地制定着自己的汽车出口战略。但是,国际化战略应该怎么走?除了汽车生产之外,流通领域的国际化、现代化的经营模式是否也应该像整车出口计划一样被提上日程?

中国汽车企业已经开始走出国门,征战海外市场,从新的角度来回答丰田汽车的核心竞争力究竟在哪里?这个问题,对中国企业的健康发展或许会有些帮助。三井物产经营“从卫星到鸡蛋”的财团模式不太容易学习,那么,三井财团的成员丰田集团旗下的专有综合商社——丰田通商,应该更符合中国企业现阶段学习和研究的对象。综合商社不应该被机械地理解为某种特定的企业形态,而更应被视为一种经营哲学。

附表：丰田通商在中国独资及合资企业一览（1971—2006）

成立时间	合资企业名	地点	共同投资日本企业	经营·生产品种
1971.06	丰田通商(香港)有限公司	香港	独资	贸易、中国国内的销售、投资
1984.04	TMSC 有限公司	香港		不动产、租赁
1987.11	华乐种苗有限公司	北京	札幌啤酒	蔬菜、花卉的新品种开发、生产、销售
1987.12	新疆阜北三宝乐啤酒花有限公司	新疆		啤酒花的生产销售
1989.02	上海小系车灯有限公司	上海	小系制作所	车灯
1992.06	青岛京西食品有限公司	山东		农产品加工生产
1992.09	松德丰(清远)食品有限公司	清远	九松物产·富士屋食品	笋丝干
1993.01	天津商河粮油食品有限公司	天津	独资	挑选加工绿豆、荞麦、大豆、杂豆
1993.03	沈阳三洋空调有限公司	沈阳	三洋	制造与销售空调
1993.06	丰田汽车(中国)有限公司	香港	丰田汽车公司	丰田汽车中国总销售代理
1993.12	昆山六丰机械工业有限公司	昆山	六和机械·建台丰	合金铝钢圈
1994.02	合肥三洋荣事达有限公司	合肥	三洋电机	全自动洗衣机
1994.08	丰田工业昆山有限公司	昆山	丰田自动织机	铸件材料
1994.11	烟台首钢日本电装有限公司	烟台	电装	汽车用空调
1995.01	丰田通商(上海)有限公司	上海	独资	贸易·中国国内销售
1995.02	廊坊津瑞印铁有限公司	廊坊	前田制作所	罐的印刷业
1995.03	镇江东丰特殊合金有限公司	扬中	东洋电化工业、业信高丘	制作特殊合金
1995.04	天津丰田钢材加工服务有限公司	天津		钢板加工
1995.06	江门华通丰田汽车销售服务有限公司	江门		销售及维修汽车、零部件
1995.07	浙江业信宏达汽车零部件有限公司	台州	业信精机	风扇连接器、水、石油泵
1995.09	天津华丰汽车装饰有限公司	天津	丰田纺织	车座、内饰件、车门、车顶
1995.09	大连光洋瓦轴汽车轴承有限公司	天津	光洋精工	汽车车轮用轴承
1995.12	天津业三汽车附件有限公司	天津	业三工业	节气门段等
1995.12	天津丰田合成有限公司	天津	丰田合成	制动软管
1995.12	天津电装汽车电机有限公司	天津	电装	起动器·交流发电机
1995.12	天津富士通天电子有限公司	天津	富士通天	喇叭·CD 装置

续表

成立时间	合资企业名	地点	共同投资日本企业	经营·生产品种
1995.12	天津丰田合成汽车软管有限公司	天津	丰田合成	制动软管
1995.12	天津电装汽车电机有限公司	天津	电装	起动器·交流发电机
1996.03	天津段斯莫汽车微电机有限公司	天津	段斯莫	小型马达、雨刮器等
1996.03	唐山业信齿轮有限公司	唐山	业信精机	手动变速器
1996.03	新疆东亚联合酒花有限公司	乌鲁木齐	三宝乐啤酒、东食	生产啤酒花
1996.03	江苏统一马口铁有限公司	无锡	三宝乐啤酒、东食	销售马口铁制品
1996.07	天津丰田国际货运有限公司	天津	上组	办理进出口货物（通关、出口）、卡车、集装箱、整车物流
1996.12	沈阳华润三洋压缩机有限公司	沈阳	三洋电机	压缩机
1996.12	福建统一马口铁有限公司	龙海	川崎制铁，川铁商事	销售马口铁制品
1997.01	丰田通商（天津）有限公司	天津	独资	贸易业、中国国内销售
1997.05	天津业信汽车零部件有限公司	天津	业信精机	制动部件、离合器零部件
1997.07	上海虹日国际电子有限公司	上海	东棉集团	电子零部件（半导体）贸易公司
1997.11	丰田通商（广州）有限公司	广州	独资	贸易业、中国国内销售
1998.01	沈阳盛润三洋压缩机有限公司	沈阳	三洋电机	制造与销售空调用压缩机
1998.11	北京聚菱燕塑料有限公司	北京	三菱化学	汽车用PP化合物
1998.11	四川丰田汽车有限公司	成都	丰田汽车	制造柯斯达客车
1999.02	苏州科士达印务有限公司	苏州	科士达	印刷业
1999.03	成都亚乐克汽车内饰件有限公司	成都	丰田纺织	车座、内饰件
1999.04	天津蓝天三洋电源有限公司	天津	三洋	镍氢电池
2000.11	沈阳沈飞汽车制造有限公司	沈阳	日野汽车	制造销售大、中型高级旅游车
2000.12	双叶科技（香港）有限公司	香港	双叶产业	制造装配复印机机架等零部件
2000.12	南京云海镁业有限公司	南京	大阪特殊合金、船场	制造销售镁合金以及相关制品

续表

成立时间	合资企业名	地点	共同投资日本企业	经营·生产品种
2001.01	高丘六和(天津)工业有限公司	天津	务信高丘	制造设计销售铸锻造零部件
2001.01	沈阳古河液压机械有限公司	沈阳	古河机械金属	生产销售油压凿岩机械
2001.02	天津东海理化汽车零部件有限公司	天津	东海理化	开关类
2001.04	宁夏丰源活性炭有限公司	石嘴山	科特拉	制造煤炭系列活性炭
2001.04	宁波东宝纤维有限公司	宁波	东宝纤维	制造纤维制品
2001.07	广州华通丰田汽车服务有限公司	广州		销售及维修汽车、零部件
2001.09	上海丰田纺汽车零部件有限公司	上海	丰田纺织	后全带等
2001.11	北京凯迪迪爱通信技术有限公司	北京	KDDI	构建及维护网络、协助日资企业
2002.03	京瓷信息系统(上海)有限公司	上海	京瓷信息系统	开发设计电脑软件
2002.03	天津双协机械工业有限公司	天津	双叶产业	车身板金属部件等
2002.05	上海务知锻造有限公司	上海	务知制刚	汽车用锻造品
2002.05	沈阳华通丰田汽车服务有限公司	沈阳		销售及维修汽车、零部件
2002.05	西安华通丰田汽车服务有限公司	西安		销售及维修汽车、零部件
2002.06	苏州瑚北光电子有限公司	苏州	务信精机	生产销售铝解电容用段子、生产销售光通信用连接零部件及相关制品
2002.12	昆山通和丰田汽车服务有限公司	昆山		销售及维修汽车、零部件
2002.12	下村特殊精工(苏州)有限公司	苏州	下村特殊精工	生产精密磨棒钢业务
2002.12	科特拉(无锡)环保科技有限公司	无锡	科特拉	汽车用触煤
2003.01	北京华通丰田汽车服务有限公司	北京		销售及维修汽车、零部件
2003.01	平湖东和汽车零部件有限公司	平湖	东和纤维工业	缝制缝全气囊、制服
2003.04	丰田工机(大连)有限公司	大连	丰田工机	销售及维修机床
2003.05	丰田产业车辆贸易(上海)有限公司	上海	丰田自动纺机	销售叉车、国际贸易

续表

成立时间	合资企业名	地点	共同投资日本企业	经营·生产品种
2003.05	丰田通商(大连)有限公司	大连	独资	贸易业、中国国内的销售
2003.06	天津中发富湖弹簧厂有限公司	天津	中央发条	制造销售汽车用缓冲件
2003.06	丰田工机汽车零部件有限公司	天津	丰田工机	生产油压动力转向泵
2003.06	瑞翁化工(广州)有限公司	广州	日本瑞翁、瑞翁化工	销售合成橡胶的化合物物品
2003.08	汽三(天津)汽车零部件有限公司	天津	务三工业	
2003.08	成都神钢工程机械有限公司	成都	神钢建机	销售维修油压挖掘机等建设机械
2003.09	富来精工(天津)有限公司	天津	富来	制造精密、特殊树脂成型零部件
2003.11	天津丰通汽车设备有限公司	天津	丰通工程	设备的设计、缝制、缝装、维修
2004.01	天津丰通再生资源利用有限公司	天津	独资	构筑铁屑回收再利用项目
2004.01	天津丰田通商钢业有限公司	天津	独资	钢板冲压加工
2004.01	天津双叶协展机械有限公司	天津	双叶产业、麦油水谷	制造燃油零部件
2004.01	丰田合成(天津)精密制品有限公司	天津	丰田合成、雅珂可	生产手提电话精密零部件
2004.01	协富光洋(厦门)机械工业有限公司	厦门	富士机工、光洋精工、光洋机械工业	生产销售转向机构、中间转动连杆及其他汽车零部件
2004.01	昆山中和弹簧有限公司	昆山	中央发条、昆山六丰机械工业	生产销售阀用弹簧、球形接头用弹簧、离合器用弹簧
2004.01	丰田合成(佛山)汽车零部件有限公司	佛山	丰田合成、丰裕	汽车内装外装零部件
2004.01	深圳长航丰海汽车物流有限公司	深圳	丰滕海运	整车物流及装运货物业务
2004.01	杭州神钢建设机械有限公司	杭州	神钢建机	生产建设机械(重型挖掘机)
2004.02	汽德克斯(天津)汽车零部件有限公司	天津	爱德克斯,爱信精机	生产销售汽车用刹车零部件、生产销售汽车用刹车系统

续表

成立时间	合资企业名	地点	共同投资日本企业	经营·生产品种
2004.02	青岛丰和食品有限公司	青岛		向日本出口水洗芝麻、加工煎芝麻、出口以及在中国销售
2004.02	丰田合成(佛山)橡塑有限公司	佛山	丰田合成	汽车车体用橡胶条
2004.03	天津丰通汽车零部件装配有限公司	天津	独资	TFTM 社第二工场用轮胎组装
2004.03	天津马鲁雅斯管路系统有限公司	天津	马鲁雅斯，环球股份	弯曲加工、加工终端
2004.03	天津三五汽车零部件有限公司	天津	三五	制造销售汽车零部件、钢铁加工
2004.04	北京图新经纬导航系统有限公司	北京	丰田通商	导航仪地图的销售、编辑与生产
2004.04	丰田工业汽车配件(昆山)有限公司	昆山	丰田自动织机	生产销售汽车、列车、叉车以及其他机械零部件
2004.05	爱三(佛山)汽车零部件有限公司	佛山	爱三工业	节气门段以及其他压铸产品
2004.06	淀钢建材(杭州)有限公司	杭州	淀川制钢所	加工制造销售金属制建筑材料
2004.07	上海丰虎地毯有限公司	上海	长谷虎纺织	制造销售汽车、簇绒地毯
2004.07	佛山东海理化汽车部件有限公司	佛山	东海理化电机	开关、车窗调节器、门锁等
2004.07	长春通利铝合金科技有限公司	长春		制造销售铝合金溶水、合金原料
2004.08	广州捷士多铝合金有限公司	广州	大纪铝工业所	制造销售铝合金溶水和合金原料
2004.08	锦州日电铁合金有限公司	锦州	日本电工	制造销售钢用特金属硅锰
2004.09	日联汽车零部件贸易(天津)有限公司	天津	电装、日立、三菱电机	在中国销售汽车用品
2004.11	青岛即龙山染织有限公司	青岛	双日、大和纺织、东棉	生产以棉、T/C 为主高级衬衣面料用先染织物、衬衣面料、衬布用织物素色染
2004.11	广汽丰通钢业有限公司	广州		加工钢板落料

续表

成立时间	合资企业名	地点	共同投资 日本企业	经营·生产品种
2004.11	业德克斯(广州)汽车零部件有限公司	广州	业德克斯	制造销售汽车用制动器
2005.01	沈阳汽车修理救援中心有限公司	沈阳		电话业务、汽车救援、向会员提供各项服务
2005.01	广州广汽丰通服务有限公司	广州	丰通设备工程	向广州市和佛山市的丰田集团提供服务
2005.02	广州广汽丰通物流器材有限公司	广州	木村联合、三甲	制造销售物流器材
2005.04	丸一金属制品(佛山)有限公司	佛山	丸一钢管、美达王	向中国国内以及国外钢管需求商销售
2005.05	丰田电装空调压缩机(昆山)有限公司	昆山	丰田自动织机、电装投资、丰田工业(昆山)	生产可变容量型汽车空调压缩机
2005.08	广州广汽丰绿资源再生有限公司	广州	丰田通商	铁屑、废纸的加工处理
2005.12	丰特网络信息技术(北京)有限公司	北京	丰田通商	网络系统维护
2006.03	天津碧美特工程塑料有限公司	天津	日本颜料、东丽	合成树脂的染色及化合物制品等的委托加工、制造、销售
2006.07	深圳大兴丰通汽车用品有限公司	深圳		快速服务事业
2006.09	丰田陆捷物流(上海)有限公司	上海	丰田输送	中国生产的丰田整车的国内运输、日本生产的丰田车及雷克萨斯进口车的通关业务及国内运输
2006.11	天津丰通大塚纤维有限公司	天津	大塚	汽车用针刺法无纺布的生产加工

参考文献及来源：

1. 丰田通商中国官方网站:www. toyotsu. com. cn/.
2. 丰田通商在中国开展车载导航地图业务[N]. 广州日报,2004-05-10.
3. 李永强. 建设物流中心 日本丰田通商进驻天津港保税区[DB/OL]. 北方网,2003-09-10.
4. 电装(中国)投资有限公司:www. denso. com. cn/.
5. 施勇君,马里兵. 溧水小镇走出"金属巨人"[N]. 南京日报,2004-04-12.
6. 张海波. 丰田通商将参股上海虹日国际电子公司[DB/OL]人民网(日本版),2001-10-16.
7. 张凌,白益民. 影子丰田:隐蔽在丰田背后的攻城者[J]. 环球财经,2007(3).
8. 烟台首钢电装力争成为汽车空调压缩机生产"龙头"[DB/OL]. 烟台大众网,2005-07-18.
9. 张文超. "一汽"液态铝合金生产基地奠基[J]. 中国资源综合利用,2004(8).
10. "丰田"5000万买断桃花山减排气体发达国家每吨8-10美元"收购"引发项目"申报热"[DB/OL]. 中国新能源网,2006-07-03.
11. 车亮. 丰田究竟有没有"阴谋"[N]. 第一财经日报,2005-06-22.
12. 日本丰田株式会社会长访问辽宁 寻合作机会[N]. 辽宁日报,2006-09-06.
13. [日]石田退三,张欧等. 丰田智慧[M]. 北京:电子工业出版社出版,2007.
14. 彭学彦. 丰田功臣——石田退三[J]. 汽车运用,2003(11).
15. 电装(中国)投资有限公司:www. denso. com. cn.
16. 一汽丰田浙江省协力会网站:www. ftms-zj. com/home. action.
17. 祝虹. 丰田汽车:在中国布局[DB/OL]. 新华每日电讯—汽车周刊,2004-12-07.
18. 徐淳. 丰田逼宫 美国制造陨落[N]. 财经时报,2005-11-07.
19. 车亮. 丰田究竟有没有"阴谋"[N]. 第一财经日报,2005-06-22.
20. 丰田通商觊觎4S店自残 车市流传丰田阴谋论[DB/OL]. 中国汽车资源网,2006-06-13.
21. 张文强. 日韩巨头内外夹击 中国汽车海运艰难起步[N]. /经济观察报,2005-01-08.

第七章 商场如战场

新加坡地处要冲，具有重要的战略地位。经过数十年坚持不懈的努力，三井财团成功地把新加坡变成其在东南亚的战略据点，形成了石油产品的完整供应链体系。不幸的是，中国燃料油垄断企业“中航油”单枪匹马闯入新加坡，浑然不知地掉进了三井财团的大网中。

在与三井能源风险管理公司、三井住友银行、高盛这3家三井财团关联公司进行石油期权交易之后，中航油于2004年11月宣布总计亏损5.5亿美元。在“中航油事件”中，实施逼仓行动的三井能源风险管理公司是三井物产的全资子公司，主要为中航油提供期权等期货金融衍生工具。

事件中没有公开露面的三井石油也是三井物产的子公司，股东还包括：三井住友银行、商船三井、三井化学等三井财团的重量级成员企业。与此同时，三井物产期货公司的活动也异常活跃，在中国境内的石油期货市场消息中经常能听到它的声音。

——作者题注

【阅读提示】

“三井”告诉了我们什么(7)

“中国需要什么,国际市场就涨什么”已经成了国内经济界的一种共识,更成了近年来国际商品期货市场的特殊的晴雨表和风景线。大宗商品的国际价格从未像近3年来这样的风云突变,也从未如此强烈地吸引着中国人的视线和牵动着中国经济的神经。作为全球诸多大宗商品的消费国,中国正在成为这轮涨价风潮的最大受害者。

无疑,中国在实体经济方面的成就让世人瞩目,然而,在虚拟经济方面一而再,再而三地摔跟头,尤其在期货领域,中国屡陷尴尬境地:早年的株冶事件,近年来从中盛粮油、中航油到国储棉、国储铜,在海外进行期货、期权交易中,都纷纷败北,并且操作损失的金额越来越大,失败的频率越来越快。

商场如战场,期市是商场中最残酷的一种组织形式,也就是战场中的战场。期货市场实际上是情报市场、金融市场、大宗原料贸易市场的综合产物,它的特点就是为金融资本“以小搏大”创造了投机场所,也为供应商、贸易商和生产商提供及时进入市场锁定价格的工具。

在期货市场上,很难明确投机和价格避险之间的界限,有时候投机就是一种主动避险,而避险也存在着投机的因素。全球期货市场已经变成国与国之间、利益集团与利益集团之间博弈的场所,有时甚至成了政治家博弈的工具。中国作为大宗商品的国际大买家,发展期货市场需要从国家经济安全高度来看待的问题。

在日本,综合商社既有金融资本的背景,又是超级贸易商,主要负责日本的海外资源保障,因此早就进入国际期货市场与外国资本面对面地较量,当然也有不少的合作。在“中航油事件”中,三井物产充分展示了综合商社如何以金融、商业和产业相结合的综合力,而在战略高度和执行力上获得竞争优势。

真正的价格避险工具不是期货市场本身,而是对情报的掌握能力和反应能力。三井财团企业之间在石油和燃料油产业上的众多联系,由此形成的强大情报交换网络。对比中国企业之间各自独立、产业之间相互分离、金融与商业没有联系的现状,不免让人担心中国企业在全球化的商战中如何取胜。

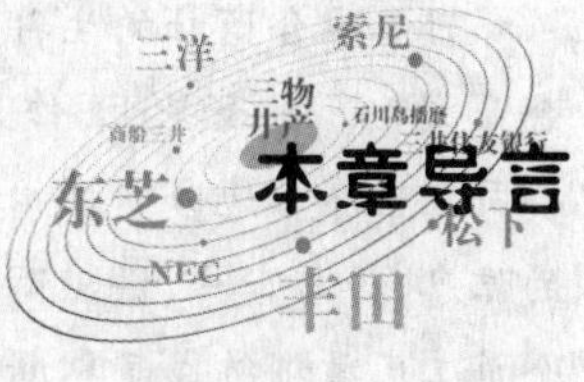

本章导言

记得2005年10月，我刚刚从三井物产辞职出来的时候，有一位在业务中结识的朋友劝我去中国国内的期货公司工作，被我婉言谢绝了。且不说我辞职的目的本身就是要专心研究日本财团体制，更主要的原因是，我已经习惯借助三井物产这样综合商社的贸易平台、情报网络和专业团队来分析全球市场的动态，实在没有兴趣到一个仅仅凭借技术工具、做一些局部市场分析、且毫无“综合力”的期货公司去工作。

三井物产所扮演的是“产业组织者”的角色，通过国内营销、对外贸易以及各种事业的推进，同广泛顾客的需求紧密连接在一起。三井物产经营的商品结构和涉足的市场是多元化的，从生产资料到消费材料，从原材料到成品，跨越上游至下游的各个领域。除实体商品贸易外，三井物产还参与债券、金属（贵金属、非铁）、能源（原油、天然气、石脑油）、粮谷、天然橡胶等大宗重要商品的期货交易，将价格变动风险降到最低。

1996年，我所在的三井物产（中国）粮油食品部的内田总经理给我了一次难得的机会，安排我去东京总部研修“东亚地区大宗粮食贸易的期货与现货实战操作”。有金融属性的粮食、能源、有色金属的国际贸易方式几乎都是一样的，只是商品有所区别，都涉及期货市场与现货市场情报统合的问题。当时，三井物产东京粮油食品部下属的饲料畜产部副部长佐藤先生在欢迎会上说，我是第一位走进他们部门总部的中国人，因此我更加珍惜这次学习机会。

对于某一特定商品，三井物产负责期货和现货市场、国内和国外市场的是同一个团队的人，而不是像中国的市场和企业条块分割；决策者几乎每天不离开位子，也不像中国企业的领导忙于应酬。当一家国外的粮商报价给三井物产100美元/吨的美国玉米，三井物产开给客户的售价很可能是99美元/吨。看似商社亏了钱，但通过这类方式向客户拿到了可靠的情报，比如库存、下游购买力等。再通过分析，三井物产就可以操作期货交易，通过可控的、有限的投机买卖从中盈利。

在三井物产东京总部，我们可以捕获世界各地发生相关商品的情况，也能与全球市场中的巨头们随时交流买卖信息。一方面，由新员工(刚毕业的学生)负责联系客户，忙于船货的运输和交货工作，随时掌握客户的需求和库存。另一方面，由老员工(5年工龄以上)分析各类期货市场、现货市场和航运市场的报告。团队中的每个人按照分工和级别传看这些资料，看似繁忙，但却非常有序。那是一种什么感觉，你在其他任何一个地方做生意都像是井底之蛙。

日本综合商社的生存之道，在于人才体系结构的特殊布局，以及情报共享的企业文化。每天早上，作为三井物产在全球的每一位员工，邮箱里都塞满了来自公司在世界各地分支机构的数百条信息，然后从中筛选出与自己岗位和商品相关的信息，再与客户、供应商以及同事交换和沟通这些信息。经过3到5年实践，每个员工已被训练成了判断力和实战操作能力相结合的人。日籍职员一生中有很多机会被派到世界各地的事务所工作和学习。

宏观经济研究、大宗商品贸易、物流、期货交易等关联程度相当高，属于产业链的不同环节。这样的研究都是以三井物产为平台，在三井财团这个体系中完成，所以具有很强的实效性和实战性。也就是说，日本经济活动的决策、指挥和执行是三位一体的，就在日本财团内部，并非像中国经济体制中的官、产、学分离的结构。由此，日本形成了综合商社的现代商务模式，以金融、投资、交易、信息创造价值，从而扮演微观经济管理者的角色。

在能源、金属等大宗商品的期货代理业务中，日本财团的期货公司都有较突出的国际地位。例如，三井物产商品期货公司是伦敦金属交易所的会员。在早期，综合商社的期货业务与现货贸易紧密联系，首先在国际市场上套期保值和有限投机。进入20世纪90年代以后，日本各大综合商社才开始重视日本国内期货市场，设立独立的期货经纪子公司。2001年，住友商事成交量名列日本商品期货市场第一位，三井物产成交量名列第五位。

期货市场如同硝烟弥漫、随时经历着生存与毁灭的战场。就像没有忠贞不贰、装备精良的军队，没有久经沙场、阅历丰富的指挥官，没有陆(产业)、海(贸易)、空(金融)协同作战的计划，就不会有现代战争的胜利一样，也就不可能有期货市场的赢家。想想自己曾经在三井物产东京总部从事大宗粮食现货贸易和期货的实战经历，对比当前很多中国企业各自为战、只顾短期利益、甚至勾结外商的现状，感到心痛不已。2004年底的“中航油事件”就暴露出了很多问题。

第一节 巨亏背后有玄机

从“做多”转入“做空”

2004 年 11 月 30 日，中国航油（新加坡）股份有限公司（简称“中航油”）发布了一则令世界震惊的消息：这家新加坡上市公司因石油衍生产品交易，总计亏损 5.5 亿美元。净资产不过 1.45 亿美元的中航油因之严重资不抵债，已向新加坡最高法院申请破产保护。许多中小投资者仍旧在睡梦之中，难以置信。在此之前，中航油在新加坡一贯被视为信誉良好的公司，2001 年 11 月上市以来，股价稳步上升，2004 年更是上涨了 80%。

中航油前总裁，2004年12月8日返回新加坡后，遭当地警方逮捕

中航油成立于 1993 年，由中央直属大型国企中国航空油料控股公司控股，总部和注册地均位于新加坡。1997 年以来，由新的掌舵人陈久霖分管中航油，公司初期只有 2 名人员、启动资金只有 38.4 万新元。2001 年年底，中航油在新加坡上市后，公司迅速成为投资者的宠儿。6 年间，净资产由 1997 年的 16.8 万美元猛增至 2003 年的 1.28 亿美元。陈久霖本人因此分享企业盈利的 10%，2003 年薪酬达到 2 300 余万元，成为打工皇帝。

中航油几乎全部垄断中国进口航油业务，2004 年的航油贸易额为 19 亿美元，同时公司还向下游整合，对相关的运营设施、基础设施和下游企业进行投资。通过一系列的海外收购活动，中航油的市场区域已扩大到东盟、远东和美国等地。2003 年，《求是》杂志曾发表调查报告，盛赞中航油是中国企业走出去战略棋盘上的过河尖兵。同时，国资委也表示，中航油是国有企业走出国门、实施跨国经营的一个成功典范。

2003 年下半年开始，中航油开始交易石油期权。在原油价格位于每桶 35～39 美元价位区间时，该公司开始做空，意思就是按当时市场价格卖出一定数量的货品或期权合约，等价格下跌后，实现高价卖出、低价买进的差额利润。到年底，公司的盘位是空头 200 万桶，中航油在交易中获利，期权交易由两位资深外籍交易员操盘。陈久霖看准油价将会在下半年开始下跌，甚至会出现跌停，决定用大量现金押宝石油跌价。

中航油做空石油，小部分是通过伦敦石油期货市场交易的，大部分是通过柜台期权市场交易的。在后来的"中航油事件"的追债者中有高盛商品部(J. Aron公司)、三井能源风险管理公司、巴克莱资本、伦敦标准银行、三井住友银行、富通银行和麦格理银行等。其中前三家就是中间商或做市商。高盛的中文网站介绍说:高盛是场外交易市场的造市机构,是能源风险管理领域公认的行业领导,协助大量的客户全面管理与能源相关联的风险。

据普华永道2005年3月30日公布的"中航油事件"调查报告显示,中航油在2003年四季度对国际油价作出下跌的预期,因此改变交易战略,从做多转入做空,开始卖出买权并买入卖权。从2003年12月31日到2004年1月31日,中航油已亏损1 100万美元,主要就来源于在石油期权交易中输给了交易对手高盛的J. Aron公司。由于不希望让"账面亏损变成实际亏损",中航油总裁陈久霖决定将盘位后挪。

高盛的"挪盘"暗藏杀机

2004年1月26日,中航油与交易对手高盛的J. Aron公司签署了第一份重组协议,双方同意结束前面的期权交易而重签一份更大的合约。根据协议,中航油在平仓后,买进了更大的卖出期权。但自2004年1月签署重组协议至当年6月,油价并未如中航油预期的那样下跌,反而一涨再涨。到二季度,因期货产生的亏损已高达3 000万美元。中航油再次选择后挪,在6月28日同交易对手J. Aron公司签订第二份重组协议,风险成倍扩大。

值得一提的是,在"中航油事件"发生后,2006年3月8日新加坡地方法院审理中航油一案时,法庭辩护词中对被告人中航油总裁陈久霖挪盘一事也有这样的叙述:"在咨询公司专业人员、高盛能源贸易子公司——J. Aron公司以及三井能源风险管理公司之后,由于他们全都强烈建议最好的解决办法就是挪盘,陈久霖先生相信了他们的判断并采纳了他们的建议。"

当2004年6月陈久霖再次同意把所购期权的到期时间全部后挪至2005年和2006年的时候,这一做法已远远超过了国有企业境外期货套期保值业务管理办法中的只允许超过12个月的上限。有业内人士认为,J. Aron公司应该向交易对家分析市场、陈述交易风险,还要判断交易对方内部操作的程序的合法性以及是否具有相应的财务能力。这些义务,J. Aron公司均未履行,甚至明知中航油贸易一部的交易员Gerard Rigby越权做投机交易,也没有阻止。

此时,作为中国国内能源期货的第一个品种,燃料油期货于2004年8月25日在上海期货交易所上市。三井物产这时就已经非常关注上海燃料油期货了。中国的学者们和官员们天真地以为,有了国内期货市场就有了定价权,而事实却正好相反。在大部分时间里,上海燃料油期价能提前指示出黄埔现货价格的变化趋势。也就是说,三井物产等大贸易商和金融寡头可以更轻易地从上海燃料油期货市场获得中国买家的情报。

新华网上海2004年9月29日发出的一篇题为"燃油期货世界瞩目,'中国价格'融入世界资源市场"的报道很能说明问题,文章开头写道:"一个月前,中国推出的燃料油期货让世界瞩目:国际石油市场从此有了'来自中国的声音'。"该文章还引用上海期货交易所总经理姜洋的话说:"燃料油期货的上市将使亚太地区燃料油定价中心自然而然地向中国转移。"显然,正是上海期货交易所推出的燃油期货,让中国国内投机资本非常轻易地进入燃料油市场,帮助外国金融大鳄们拉高了全球市场价格,中航油的噩梦也从此开始了。

从2004年7月到9月,随着油价的上升,中航油只有继续加大卖空量,才有可能反败为胜。10月份,国际石油价格达到55.67美元时,中航油的油品期货合同已经高达5 200万桶,然而中航油每年的进口量只约为1 500万桶,卖空投机的盘位却高达5 200万桶,已经超过中国航空三年的用油量。油价在大幅上升,公司需要支付的保证金也在急剧上升。此时,中航油已经感觉势如骑虎,同时也因现金流耗尽而身陷绝地。

被三井财团逼上绝路

2004年10月26日,中航油在期权交易中最大的对手三井物产旗下的三井能源风险管理公司开始逼仓,正式向中航油发出违约函,催缴保证金。在此后的两天中,中航油被迫在美国西得克萨斯轻油(WTI)55.43美元的历史高价位上实行部分斩仓,账面亏损第一次转为实际亏损,亏损额为1.32亿美元,至25日的实际亏损达3.81亿美元。11月29日,中航油在新加坡申请停牌,次日正式向市场公告了已亏3.9亿、潜亏1.6亿美元的消息,合计5.5亿美元。

陷入财务危机后,中航油的母公司中国航空油料集团应中航油要求,为其提供了大约1亿美元的贷款。随后,中航油马上将这笔钱用来补仓和偿还部分亏损。此时,在石油期权衍生品市场上,以三井财团为首的国外债权人坚持要求中航油付款。到2004年12月7日止,已经向中国航油正式发出追债信的银行包括高盛的J. Aron公司、三井能源风险管理公司、三井住友银行等七家公司,其债务总额近2.5亿美元。

正当"中航油事件"中的50多家债权人们谨慎等待中航油重组方案出台之际,三井住友银行忍不住率先发难中航油,对其提出了法律诉讼。2005年2月2日,三井住友银行委托律师向新加坡高等法庭递交了诉讼文件。三井住友银行在起诉文件中称,中航油、陈久霖及中国航空油料集团三方串谋隐瞒公司出现巨额亏损以及一宗交易的实际付款情况,导致三井住友银行蒙受损失,因此向中航油索偿2 636万美元欠债,外加违约及错误陈述的赔偿1 306万美元。

三井住友在起诉书中还透露,2004年8月和9月间,中航油向三井住友贷款

1 480万美元，用于支付欠三井能源风险管理公司和高盛的 J. Aron 公司的债款，并在2004 年9 月将与上海浦东国际机场进出口公司进行的一笔1 326 万美元燃油交易所得转入公司在三井住友的户头，以此为抵押取得三井住友 2004 年 11 月发出的1 350 万美元信托收据。三井住友认为，在这两笔交易中，中航油均未向银行披露它已蒙受巨额亏损的情况，因而起诉中航油欺诈。

针对三井住友银行的起诉，中航油于 2005 年 2 月 24 日正式提呈抗辩书给法庭，否认需要对前者索取 1 306 万美元的要求负责。针对三井住友银行诉称“陈久霖和母公司在知情的情况下，指示、允许或支持中航油的职员欺骗银行，导致银行蒙受损失”，中航油辩称，由于三井住友银行在当时接受了与信用证条款不符的文件，这已经违反了托管协议，因此该银行没有权利就此向中航油追讨 1 306 万美元的违约赔偿。

无力的抗争，最终的屈从

2005 年 3 月 16 日，中航油反戈一击，将自己的债权人之一，也是期货市场上的交易对手 J. Aron 公司告上了法庭。在起诉状中，中航油称，因 J. Aron 公司的误导而在期权交易中蒙受巨额损失，要求对方作出赔偿。J. Aron 公司是高盛集团旗下专门负责商品交易服务的子公司，在新加坡期货市场拥有多个盘口，它在中航油巨亏事件中扮演了一个特殊的角色——既是中航油的第八大债权人，亦是中航油在石油期权交易中仅次于三井能源风险管理公司的第二大交易对家。

中航油认为 J. Aron 公司 2004 年 1 月和 6 月与中航油签署的两份协议中，对石油期权未来市场预期表述不完整、不准确乃至误导，建议原告（中航油）扩大交易量并选择更复杂的期权，这直接导致了中航油风险的放大。由此，中航油要求废除双方这两份协议，并要求 J. Arom 公司赔偿因两项协议招致的损失。中航油一直强调，他们对期权产品相关的价值和风险评估缺少像被告（J. Aron）那样的专业知识，因此，他们曾完全相信被告告知他们的这两份重组协议的种种好处。

2005 年 2 月期的《中国企业家》封面文章《谁搞垮了中国航油？》中，当事人陈久霖回答记者提问时谈道：“近年来，国际资本长期觊觎我国企业，尤其是能源企业和海外中资企业；国际竞争对手一直有意挤压中资企业。一个明显的例证就是，日本三井、美国高盛公司等先是给中航油‘放账’操作期权，即在一定金额范围内不用收取保证金；后又允许挪移盘位，对挪移盘位的风险也没有说明。后来等到油价冲到历史高点时，突然取消放账、提高保证金比例，逼迫中航油斩仓。”

然而，中航油在吞下 5. 5 亿美元巨亏的苦果之后，最终还是不得不向三井和高盛低下了头。2006 年 1 月 19 日，中航油同意将所欠三井住友银行 2 600 万美元债务作为全部和最终的和解赔偿，这笔钱根据中航油所有债权人在 2005 年 6 月 8 日通过的安排计划条款支付。此后，2006 年 11 月 15 日，中航油宣布撤销对高盛子公司 J. Aron 的起诉，不再就 J. Aron 公司在 2004 年 1 月和 6 月向中航油提供的重组整体期权组合的市场建议书采取进一步法律行动。中航油同时接受 J. Aron 公司所要求的作为债权人在 2005 年 6 月 8 日中航油重组方案中享受的权益。

时隔两年，中航油与三井、高盛的官司终于有了一个了结。然而很少有人注意到，与“中航油事件”有着说不清瓜葛的三井能源风险管理公司早已满载而归。在三井物产的日文官方网站上，一份关于公司盈利情况的报告显示，总部位于英国的三井能源风险管理公司在 2004 年的财政年度(2004 年 4 月—2005 年 3 月)的利润是 467 亿日元(约 4.5 亿美元)。对照同年中航油的 5.5 亿美元的巨额亏损，真可谓是一家欢喜一家愁。

为了尽快还清巨额债务，中航油这几年来借助国际油价高涨之机，通过提高航空油料的垄断价格，将损失转嫁给了中国国内的航空公司。2008 年 3 月 24 日，《东方早报》以“中航油提前 4 年还清陈久霖事件巨额债”为标题报道说：“国际油价强劲上涨使中航油集团收入颇丰。中航油集团去年保障了中国民航 90% 以上的航油需求。从去年起，中航油每个季度航油价格都会进行一次调整。今年 4 月，中航油可能再次提高航油价格，将给航空公司带来巨大压力。”

第二节 “三对一”的庄家赌局

实施逼仓的三井能源风险管理公司

在纷繁复杂的“中航油事件”背后，涉及太多的公司，如果梳理一下这些名称，就会发现其实这是一场围绕着一个庄家的赌局。在上面的记述中，人们可以清楚地看到三井物产的三井能源风险管理公司、三井住友银行、高盛集团的 J. Aron 公司在整个事件中所扮演的角色，他们中有的是中航油的逼仓对手，有的是中航油的借款人，有的为中航油提供期权挪盘的建议。然而，很少会有人注意到这三者之间存在的密切关系。

首先值得一提的是三井物产的全资子公司三井能源风险管理公司，它在中航油事件中实施了逼仓行动。三井能源风险管理公司于 2002 年成立，总部设在英国伦敦，主要为从事能源(原油、各品种燃料油)贸易的客户提供风险管理所需的期权、套利等期货金融衍生工具，同时也为一些寻求增值的套利基金进入这一市场提供服务。因此，三井能源风险管理公司既与那些追求高风险高回报的投机基金有来往，又与那些仅为防止价格剧烈变动而进行保值的传统客户(如生产厂、贸易商)有联系。

近年来,三井能源风险管理公司提供的风险管理服务吸引了大量的亚洲贸易商,从而使这些贸易商除了高盛和摩根这两家专业的投资公司以外有了新的选择。与高盛和摩根不同,三井能源风险管理公司并未涉及油品市场的实物贸易,而与实物贸易有关的业务则由三井能源风险管理公司的兄弟公司、总部位于香港的三井石油(亚洲)公司来负责。三井能源风险管理公司和三井石油(亚洲)都是三井物产的子公司,两者业务的实质区别在于一个以金融服务为主体,另一个以贸易活动为主体。

"中航油事件"之后,三井能源风险管理公司显得更加强健了。在三井物产的日文官方网站上的一份报告显示:2005 年,三井能源风险管理公司的利润比 2004 年增加了 47 亿日元,达到 514 亿日元(约 5 亿美元),同时能源的金融衍生品交易量呈现强劲增长。在此基础上,三井能源风险管理公司 2006 年的利润又增加了 91 亿日元,达到 605 亿日元(约 5.8 亿美元)。2007 年 7 月,三井能源风险管理公司为满足不断扩大的亚洲业务,改变过去在英国伦敦总部遥控的方式,直接在新加坡开办了事务所。

其实,三井能源风险管理公司只是三井财团的三井物产的一个子公司。在此,我们似乎有必要再次审视三井能源风险管理公司所依赖的三井财团的组织系统。三井财团作为日本企业集团的代表,从战前形成到战后解体,再到重组,财团内各企业间有着深厚的历史渊源。作为综合商社的三井物产和作为主办银行的三井住友银行是三井财团的两大支柱,战后对以能源和钢铁为主的日本重化工业的高速化、国际化发展起到了巨大的推动作用。

20 世纪 50 年代初,由三井银行发起成立了月曜会,接着以促进三井物产公司的合并为目的而成立了总经理一级的五日会,1960 年改名为二木会,逐渐成为三井财团的最高领导机构。50 年代末,原三井财阀(二战前)直系、旁系公司以企业集团的新形式集结而恢复成为大财团。其中,三井银行(后称樱花银行,现三井住友银行)、三井物产、三井不动产公司是财团的三大支柱企业,这三大企业的首脑人物形成最高领导核心,对外代表三井财团。

三井财团资产总额已经超过了百万亿日元,雇员近 24 万人。核心成员有 24 家大垄断公司,其中银行 2 家、保险公司 2 家、工矿企业 15 家、商社 1 家、大百货商店 1 家、房地产行业 1 家和运输企业 2 家。除了二木会成员企业外,还有未参加二木会而参加月曜会的 16 家直系子公司。此外,三井财团还通过贷款、持股和人事关系,控制着一批旁系公司,其中持股率超过 10% 的连带大中型集团公司达 114 家。

提出挪盘建议的高盛 J. Aron 公司

在"中航油事件"中,高盛集团的 J. Aron 公司是仅次于三井能源风险管理公司与中航油进行期权对手交易的第二大公司，而且建议中航油进行高风险的挪盘。高盛的官方网站是这样介绍 J. Aron 公司的：公司在商品业务领域的从业经验超过 100 年；高盛是能源风险管理领域公认的行业领导，协助大量的客户全面管理与能源相关联的风险；J. Aron 公司作为全球规模最大的商品交易机构之一，有能力在实物和金融领域进行交易。在亚洲地区，高盛商品部在新加坡、东京和悉尼办事处共有 20 多名专业人员。

高盛的对外宣传称，作为和 600 多家商业客户、150 家投资者和一系列其他的市场参与者进行合作的交易商，能够很快确认流动性的方位，并在大部分情势不明朗的市场中作出正确选择。在全球范围内，高盛的 J. Aron 公司在商品风险管理解决方案提供方面曾获得顶级排名，向大量的客户提供服务。在亚洲地区，J. Aron 公司长期以来一直向亚洲的客户提供财务解决方案，帮助其管理商品价格风险。此时禁不住要问一句，高盛的 J. Aron 公司是如何"帮助"中航油管理风险的呢？

再来看一下高盛集团，它是一家国际领先的投资银行和证券公司，向全球提供广泛的投资、咨询和金融服务，拥有大量的多行业客户，包括私营公司、金融企业、政府机构以及个人。高盛集团成立于 1869 年，是全世界历史最悠久及规模最大的投资银行之一，总部设在纽约，并在东京、伦敦和香港设有分部，在 23 个国家拥有 41 个办事处，其所有运作都建立于紧密一体的全球基础上，由所谓的"优秀的专家"为客户提供服务。

其实，高盛集团是在 J. Aron 公司和住友银行加盟之后，得以快速发展的，成为美国华尔街最著名的投资银行。1981 年，高盛收购了 J. Aron，进入外汇交易、咖啡交易、贵金属交易、能源等新领域，标志着高盛多元化开始，超越传统的投资银行代理、顾问范围，有了固定收入。1986 年，日本住友银行（现三井住友银行）花费 5 亿美元获得高盛集团 12.5% 的股份，成为高盛的两家外部机构投资者之一，另一家是夏威夷的毕舍普地产公司（Bishop Estate）。到 1989 年，高盛公司 7.5 亿美元的总利润中，J. Aron 公司贡献了 30%。

2002 年时，为解冲销坏账之急，三井住友银行出售了所持有 12.5% 的高盛股份。在这家日本银行将自己的股份卖掉一年以后，高盛反过来开始向三井住友银行注资。2003 年 2 月 8 日，三井住友金融集团向高盛集团发行可兑换优先股，以获得 1 500 亿日元（约 12.5 亿美元）的投资，高盛因此获得三井住友银行 7% 的股权。三井住友银行向高盛发行的可兑换优先股发行后 2 至 25 年内可以转换为普通股，年息为四厘半。根据双方的协议，三井住友银行还向高盛提供 10 亿美元的亏损补偿，可能还有额外保证。

此时，三井住友银行的坏账于 2002 年 9 月底达到 480 亿美元。高盛如此积极购入日本银行的不良资产，此举在常人看来未免过于大胆。然而，高盛总裁亨利·保尔森（Henry Paulson，2006 年 7 月 10 日就任美国财政部长）对此却有独到的见解。他认为，注资三井住友银行是加大高盛在日本市场影响的重要机会，同时也是高盛与三井住友金融集团成功保持长久合作关系的又一举措。高盛与三井住友银行的交易还未正式达成，后者已经从中大获其利，三井住友银行股价 2003 年 1 月 15 日在公布高盛的注资消息时暴涨 8.46%。

2006年5月30日，美国总统布什（中）宣布提名高盛董事长亨利·鲍尔森（右）为新任财政部长

借贷资金的三井住友银行

给中航油放债进行豪赌的三井住友银行与高盛和三井物产的关系如同手足兄弟，这在三井住友银行追讨中航油欠款的起诉书中的一段叙述就已经不打自招了。起诉书中写道："2004 年 8 月和 9 月间，中航油向三井住友（银行）贷款 1 480 万美元，用于支付欠（三井物产旗下的）三井能源风险管理公司和（高盛旗下的）J. Aron 公司的债款，并在 2004 年 9 月将与上海浦东国际机场进出口公司进行的一笔 1 326 万美元燃油交易所得转入公司在三井住友（银行）的户头，以此为抵押取得三井住友（银行）2004 年 11 月发出的 1 350 万美元信托收据。"

高盛本身是一家从事投资银行业务的服务性公司，很多收购行动的背后都是由三井住友银行提供资金支持。2004 年夏天，在外国投资者对日本武富士消费信贷公司（武井家族创建）股份的争夺战中，高盛公司从幕后走到台前，一度获得排他性的交涉权并宣称要收购武井家族的 58% 的全部股份。高盛此次收购项目的负责人是高盛证券（日本）公司总裁持田昌典，他与三井住友银行行长西川善文关系密切，而三井住友银行是高盛收购武富士强有力的后盾。

最新的一个典型例子，2006 年 3 月，为缓解财务紧张状况，三洋向三井住友金融集团、大和证券 SMBC 公司（三井住友银行和大和证券的合资公司）和高盛定向增发优先股。三洋最初只是希望三井住友银行投资，不料后者拉来了高盛。三洋共筹集了 3 000 亿日元（约 26 亿美元）资金。作为交换，三井住友银行、大和证券 SMBC 和高盛共获得了三洋 60% 的投票权，在三洋董事会的 8 名董事中，这三家公司派出的董事占了 5 名。

三井住友银行作为三井财团的主办银行，是日本三大金融集团之一，名列全球前十大国际性金融集团第 2 位。三井住友银行的前身是住友银行和樱花银行（原三井银行与太阳神户银行合并），两家银行经营银行业务已超过 120 年历史，最早成立于 1876 年，均为日本全国性大型商业银行，分别是住友财团和三井财团的核心企业。住友财团和三井财团这两家银行于 2001 年 4 月 1 日合并为现在的三井住友银行，从而将两家财团的力量统合到了一起。截止到 2004 年 9 月底，三井住友银行总资产达 92.7 万亿日元。

三井住友银行在中国共设有9家分支机构，包括上海、天津、苏州、杭州、广州5家分行；在北京、大连、沈阳、重庆设立了4家代表处。2004年12月7日，也就是中航油宣布巨亏5.5亿美元的一个星期后，日本三井住友银行上海分行行长正木浩三在浙江银监局领取了《外资金融机构设立申请书》。三井住友银行杭州分行是其在长三角设立的第三家分支机构。杭州分行的设立，使三井住友在长三角地区拥有上海、苏州、杭州三个网点。三井住友银行也因此成为“在长江三角洲拥有最充实的营业网点的外资银行”。

正如前面所说，三井住友银行和三井物产是三井财团的两大支柱，而且三井住友银行既是三井物产的大股东之一，又是三井物产开展贸易业务的主要结算银行。此外，二者还在众多金融业务中采用共同投资的方式形成业务上的紧密联系。例如，2000年7月，三井物产、樱花银行及NTT通信等五大公司宣布联合成立一家网络金融服务公司（SNSC），以推进企业间电子商务（B2B）的进行。该合资公司主要负责提供交易方的资信状况并提供债权回收、决算代理等服务，鼎力支持企业上网交易。

三井物产是一家大型综合商社，对原材料和能源业务过分依赖，它一直有加强金融业务的打算。2007年4月26日，三井物产联合三井住友金融集团决定向消费者信贷企业Central Finance增加资本约400亿日元。三井物产和三井住友金融集团通过发行新股和可转债，分别对Central Finance投资约190亿日元，在债转股后，它们的联合股份可能达到40%，由此成为Central Finance的大股东。在普通股方面，三井住友金融集团获得将近15%的股份，三井物产获得约10%的股份，在债转股后，这些股份将分别上升到20%。

第三节　事后现身的操盘手

借中期公司窥探中国油品市场

2006年3月21日，新加坡初级法院在对中航油前总裁陈久霖涉嫌欺诈等一案进行3天半的庭审后，判处陈久霖4年零3个月的监禁和33.5万新元（约合20.6万美元）的罚款。随后，法院批准了中航油提出的重组计划，中航油的母公司中国航空油料集团公司总持股提高到51%。另外，英国石油公司（BP）取得其20%的股权，新加坡国有投资公司淡马锡收购其4.65%的股权。至此，中航油似乎摆脱了三井财团的影子。但是，三井在中国的燃油市场上却变得更加活跃了。

三井物产期货公司在日本80多家商品期货经纪公司中规模位居前五名，是三井物产的子公司。作为综合商社的三井物产具备两个核心职能:一是通过各种各样精心设计的服务促进国际贸易活动;二是通过全球性地调动信息、人力、财力等资源创建新的业务、新的公司和新的产业。三井物产期货公司始终配合综合商社的两个核心职能,借助与中国国际期货公司的合作继续拥有在中国燃料油期货和现货市场上的巨大影响力和发言权。

三井物产期货公司为了获得中国资源类商品的第一手情报,于2005年11月21日与中国国际期货经纪有限公司(简称"中期公司")在深圳举行战略合作签字仪式,"人员交流与信息互换"成为双方合作的重点。三井物产期货公司通过与中期公司签署战略合作协议,通过加强双方人才与信息的交流,目的是深入和及时了解中国期货市场政策的动态,并建立与国家储备局的人脉联系。事实上,中期公司与三井财团的整体规模相比,处于完全信息不对称的劣势地位。

中期公司是由原国家物资部和商业部联合发起于1992年12月28日成立的,是中国成立最早、规模最大、市场份额最高的期货经纪公司。现在的国家储备局实际上就是过去是的物资部,目前由发改委代管,专门负责国家各种战略资源的储备,如石油、粮食、铜等,甚至包括粮食的种子,也有燃料油。很显然,加强与有国家储备局背景的中国国际期货公司的关系,成为三井财团把脉中国资源储备和全球期货市场的重要战略之一。

2006年9月23日,三井物产期货公司社长高松公在中期公司上海营业部开业仪式上致辞

受国务院1999年6月2日发布的《期货交易管理暂行条例》约束,中国国内企业不能交易境外期货,国外客户也不能买卖国内期货。而三井财团的三井物产期货公司在金属、能源等大宗商品的期货代理业务中有较突出的国际地位。例如,三井物产商品期货公司是伦敦金属交易所的会员。事实上,日本期货公司的国际化离不开财团和政府的支持,这些公司业务起源都来自日本国内进口大宗商品过程中的避险需求。

三井物产借助中国国际期货公司这个伙伴,积极介入中国国内各种石油情报的交流活动。例如,2006年11月4日,由中期公司承办,上海期货交易所、深圳市期货同业协会、广东油气商会共同主办的"石油期货高峰论坛"上,原本是来自国内知名的石化企业、投资机构、信息咨询公司等专业人士齐聚一堂,却可以看到三井物产期货公司的首席商品策略师江守哲(Emori Tetsu)也在其中。论坛会上,宏观经济发展形势、国际原油市场展望、国内原油及成品油的供需状况,以及如何利用燃料油期货创造企业价值等成为焦点话题。

来自“住友铜事件”的操盘手

著名期货公司格林集团董事长王拴红,在2005年11月接受《中国证券报》采访时曾提道:“三井物产非常关注上海燃料油期货,因为其燃料油有三分之一卖给了中国,他们迫切希望在上海市场作套期保值。”此时,三井物产期货公司已经成为日本期货业的佼佼者,具有三井物产现货贸易的背景和基础,原油、金属等商品交易量都很大,拥有丰富的期现结合经验,透彻研究期货与期权、期货与现货之间的关系。

三井物产开始在国际期货市场操作要比进入日本国内市场的时间早得多,因为近距离与对手过招才能获得更多第一手情报和实战经验。在早期,综合商社的期货业务与现货贸易紧密联系,首先在国际市场上套期保值和有限投机。进入20世纪90年代以后,日本各大综合商社才开始重视日本国内期货市场,设立独立的期货经纪子公司,三井物产期货公司于1988年成立。2001年,住友商事成交量名列日本商品期货市场第一位,三井物产成交量名列第五位。

在中国石油期货市场的消息中经常能听到三井物产的声音。2006年7月17日,三井物产期货公司首席商品策略师江守哲指出:“本周内纽约市场8月份石油价格可能会涨到每桶80美元,到9月底可能升至每桶96美元。”次日,在中期公司对外界发布的报告中引用了江守哲的这个分析。然而,事实与此截然相反,油价在这一时期最高上冲至78.40美元纪录高点之后,就开始一路下滑,一直跌至60美元附近才有所企稳。

江守哲从1990年开始先后就职于住友商事、住友商事(英国)公司、德国石油及金属集团。2000年,他开始成为三井物产期货公司商品交易首席分析师、商品战略师。江守哲在2003年就预计出油价在2004年会上升并突破40美元/桶,被业界评为第一个预测到石油价格突破40美元的人,也一度被路透社誉为亚洲价格预测最准的研究员及日本顶级的分析师。奇怪的是,为什么中航油作为三井能源风险管理公司的忠实客户还会在2004年认为价格下跌而进行期权的“做空”操作,造成5.5亿美元的巨额损失呢?

当今三井物产期货公司的首席分析师江守哲,是住友铜事件的操盘手之一,著有《住商事件》一书

由于三井财团和住友财团的金融体系已经统合为三井住友金融集团,江守哲基本上是一个在三井—住友财团内部“从士兵成长为将军”的指挥官。江守哲在日本综合商社从事大宗商品国际现货贸易的经历,造就了他对商品市场进行综合分析和风险控制的过硬素质。有一个鲜为人知的事实是,作为三井物产期货公司首席分析师的江守哲,曾经是住友商事的滨中泰男领导下的资深操盘手,对石油商品市场尤其精通。

作为江守哲良师益友的滨中泰男,就是期货界众所周知的"住友铜事件"的主角,早在1991年就有操纵伦敦金属交易所(LME)期铜市场的迹象。从1994年到1995年,由于滨中泰男控制了许多交割仓库的库存,导致LME铜价从1 600美元/吨单边上扬到3 082美元/吨的高位。1995年10月,在英美两国证券期货监管部门的共同关注下,滨中泰男企图操纵市场的行为逐渐败露。最终,在英美金融大鳄的联手打击下,住友商事于1996年6月24日宣布巨额亏损19亿美元。

三井石油浮出水面

2006年11月21日,路透社发出了一则消息称,三井物产旗下的三井石油(亚洲)株式会社在石脑油(又称:轻油)贸易中亏损8 100万美元。此后,进一步的消息显示,三井石油(亚洲)在新加坡的一名交易员因为判断错误,令公司在轻石油(Naphtha)市场蒙受8 100万美元的亏损。该名交易员企图通过伪造的数据掩饰这笔亏损,但是11月初在例常审查中被揭发。同样是新加坡,同样是三井物产公司,如此的巧合,不得不让人又想到了"中航油事件"。

正如前面提到的,三井石油(亚洲)是"中航油事件"中的三井能源风险控制公司的兄弟公司,都属于三井物产东京总部的能源部统辖,是三井物产在新加坡的全资子公司,主要进行石油产品期货交易。至2006年10月时,三井石油(亚洲)聘请有32名交易员,买卖石油及相关产品的期货和现货。虽然当时公司没有透露涉案交易员的名字,来自公司及行内的消息说是日籍的山崎言志(Noriyuki Yamazaki),他是三井石油(亚洲)唯一的高级轻石油交易员。

这次三井物产出现的亏损只是因为一个简单的看涨盘口造成,因为轻石油的价格从2006年7月时的每公吨670美元的最高价位下跌了20%。换句话说,三井石油(亚洲)实际上是一直判断价格上涨而不断增加持仓量,却由于市场短时间内的急速下跌而出现8 100万美元的损失。一种明显的可能是,三井石油(亚洲)手中缺少看跌期权的保护。虽然亏损的金额只占三井物产常年盈利的3%,但三井石油(亚洲)立刻决定结束新加坡业务单位在石油市场的所有期货与衍生合约的盘口。

作为三井石油(亚洲)的母公司,三井石油株式会社成立于1961年,是三井物产的能源部门,主要从事原油进口、精炼、石油产品销售等业务。三井石油公司作为一个大石油供应商,通过日本全国约400个站点进行汽油、轻油、煤油的销售,也向一般企业销售重油等燃料油。三井石油公司与股东三井物产及其关联企业远东石油工业合作,在原油进口、石油精炼、分销等环节有效推进,达到石油产品稳定供给的目的。

三井石油株式会社股东构成一览表（截至 2007 年 3 月）

概况	成立时间：1961 年 2 月 18 日	资本金：30 亿日元
	年营业额：4282 亿日元	年纯利润：45 亿日元
股东构成	股东名称	持股比例
	三井物产	89.93%
	三井住友银行	1.95%
	中央三井信托银行	1.95%
	商船三井	1.55%
	三井造船	1.15%
	东丽（东レ，Toray）	0.95%
	三井化学	0.95%
	三井住友海上火灾保险	0.67%
	三井生命保险	0.60%
	三井住友建设	0.20%
	三井不动产	0.10%

长期以来，三井石油（亚洲）是保障日本国内市场稳定供应的一个海外窗口，因与中航油的期货与现货贸易而成为中国航空燃料油的供应商。在大规模石油产品的贸易中，三井石油（亚洲）需要通过期货市场进行套期保值和一定数量的投机。特别是，在市场看涨买入远期期货进行大量投机活动时，必然需要买入远期的看跌期权（相当于对买涨投机的保险），对自己的盘面进行保护。显然，中航油在 2004 年抛出的大量看跌期权是当时三井石油非常渴望的产品。

2007 年 2 月，新加坡《联合时报》报道："三井物产在新加坡公司的前石油交易员山崎言志被警方逮捕，他在接受盘问后保释在外。"三井物产向东京证券交易所提呈的文告说，在三井石油（亚洲）2006 年因交易轻石油蒙受 8 100 万美元的亏损后，已决定在 2007 年 3 月底关闭这家新加坡的公司。三井物产急忙关闭其在新加坡的期货交易所，不觉让人感觉诧异。有一点是显而易见的，三井石油（亚洲）过去操作的历史记录再也无从查起了。

中国油荒为哪般

2007 年 3 月 21 日，在由广东油气商会主办的中国石油贸易峰会上，被称为三井物产期货公司首席执行官的江守哲再次表明他近几个月来一直坚持的预测：2007 秋天国际原油期货价格将跌至每桶 38～40 美元。江守哲表示，根据历史模式，油价在峰值后的 60～70 周时达到低谷。对于目前的循环，低谷将出现在 2007 年的 10～11 月，价格在 38～40 美元/桶之间。真不知道，当初中航油的陈久霖是不是也接收过如此看跌的消息。

问题在于，到底有多少天真的中国企业相信了这些外国期货大鳄们在各种公开场合对媒体散布的烟幕弹式的消息。在三井物产的江守哲3月21日发表“看跌市场”的观点同时，广东油气商会所谓的资深分析师张连碧对《第一财经日报》记者表示，原油价格在2007年11月份跌破40美元/桶符合业界预期。然而，众所周知的事实是，2007年下半年石油价格一路飙升，11月中旬的油市局面更加壮阔，大幅攀高至98美元上方，创造了历史新高。

油价暴涨对日本的石油资源开发和石油关联企业反而是利好消息，刺激了这些企业增加产能投资，销售石油产品的企业则从涨价中渔利。在石油涨价中，对石油依赖度大的企业，可以更多获利。像三井物产、三菱商事这样的大商社，都从事石油类产品交易，其对石油类产品经营的依赖度分别是24%和25%。据推算，石油平均价格每涨1美元，三井物产、三菱商事的盈利就能净增10亿日元，只要油价上涨不引起景气衰退，这些商社就可以大赚其钱。

由于中国企业对于国际油品市场价格的错误判断，造成库存水平普遍都非常低，致使2007年10月开始在全国范围内出现了大规模的油荒，广东地区尤为严重。2007年11月22日，“金羊网—新快报”刊出了标题为《两大油企紧急进口成品油“解渴”广东》的文章表示，中国石油天然气公司通过采取增加成品油进口量等有效措施，努力增加资源供应量。与此同时，中国石油化工公司11月份继续亏本进口成品油27.7万吨，以投放广东市场。

此时，一家国内期货经纪公司的燃料油市场周报(2007年10月20—25日)显示，不断高涨的国际油价使得广东黄埔进口油成本已近5 000元/吨。中国的进口商们就是因为前期国际油价过高而终止进货，使得黄埔市场进口油库存不断萎缩，仅有15%左右的库存量，新加坡进口混调油已基本绝迹。另外，从这份报告中可以看到，未来的1个月内有大量的日本燃料油将陆续到达广东的深圳和黄埔港。其中，11月7日，“太平洋里奥”号载6万吨日本燃料油抵达黄埔，中石油旗下的中国联合石油有限责任公司(简称“中联油”)接货。

正当中国两大石油公司为燃料油紧缺而奔忙之际，三井物产却在广东为过剩的燃料油存货寻找高价的买主。2007年10月25日，三井物产以“苏菲尔”号将3.2万吨的日本燃料油运到广东黄埔市场，其中近1万吨交付给佛山华横石油化工有限公司，剩余的船货对国内买家来说价格高昂，则被暂时放置在英国石油公司(BP)南沙保税库中。此后，三井物产又在新加坡找到了高价买主，于11月16日将这2.1万吨存货以“海洋胜利”号装载运离黄埔港。

中石化从2007年9月至11月底以来已经累计进口成品油38.8万吨，其中汽油9万吨，柴油29.8万吨，12月份安排进口柴油42.3万吨。到2007年11月底，中石油已进口成品油41万吨，12月陆续有11艘油轮装载40多万吨进口柴油抵达国内。为此，中国油企不得不承担每吨数百元的亏损。前两年，中石化共向政府申请到150亿的贴补，2007年又再次提交申请，中国政府可能又成为最后买单者。

第四节 扼守咽喉，卡住物流

商船三井的恢恢天网

新加坡地处太平洋与印度洋的要冲，控制着欧亚非海上交往的咽喉通道，具有重要的战略地位已发展成为东南亚地区重要的金融中心、运输中心和国际贸易中转站、世界第三大炼油中心。三井物产目前已经取得了东南亚部分地区、中东和澳大利亚的石油开采权，在泰国、阿曼和印度尼西亚生产原油及其他石油产品。对于新加坡这个世界性的战略性据点，三井财团是不可能轻易放弃而让其他势力介入的。

2003 年 1 月，三井财团内另一重要企业商船三井株式会社与其长期合作伙伴新加坡航运公司同意对双方合资公司进行股权调整，从 50% 对 50% 的合资公司调整成为商船三井的独资公司。另外，商船三井同时还收购了新加坡航运公司在一家新加坡物流公司中 49% 的股份，由此成为商船三井的全资子公司，将其命名为商船三井物流（新加坡）公司，而新加坡航运公司则增大在另外一家物流公司的持股，从原来的 50% 扩大到 65%，另外 35% 由商船三井所有。

商船三井在全球拥有 73 条不同航线组成的船队，为客户提供一体化的物流及多元化的海上运输服务，业务遍及全球。商船三井现在拥有超过 600 艘船舶（负重达到4 000万吨以上），如集装箱船、散干货轮、油轮、液化天然气运输轮、汽车专用船以及豪华游轮，年总收入达到 100 亿美元，在全球拥有约 8300 名员工。作为商船三井全球运营网的组成部分，商船三井（中国）有限公司成立于 1995 年，总部设于上海，为商船三井的全资附属子公司。

商船三井（中国）公司有 27 个分公司/代表处，及约有 400 名员工，并分布在中国沿海各重要口岸及城市。商船三井在中国的运输服务包括了多种航线的定期班轮业务、散干货运输业务、汽车装送业务、油轮业务以及非海上的全方位物流服务，遍布于青岛、大连、天津、上海、宁波、武汉、深圳、厦门、广州等港口。与此同时，商船三井专业从事物流业务的子公司商船三井物流株式会社将中国视为最重要的战略地域之一，以上海为龙头在中国国内设立了 13 处物流网点，积极开展物流服务。

商船三井物流（中国）积极地开拓中国市场，截至2007年2月，在中国有14个基地

商船三井物流的原型成立于 1960 年日本东京，1998 年正式更名，同年在上海开设办事处。随后，1999 年 5 月商船三井物流同香港唯美空运合资成立

上海华加国际货运代理有限公司(简称“上海华加”),进入中国市场。商船三井物流持有上海华加25.5%股权。同年,商船三井物流(中国)有限公司成立,目前已在中国获得了长足的发展,这使它能够在中国与全球主要贸易航线的整体对外贸易中获得适当的而且不断增长的市场份额。

2003年10月24日,商船三井物流宣布持有在中国的合资企业上海华加国际货运代理公司一半股权以上,正式成为该公司的大股东。上海华加主要从事海、空货代业务和第三方物流业务,公司总部设于上海,并拥有六个分区办事处,分别位于北京、深圳、天津、青岛、苏州和杭州,截至2003年8月公司共聘有员工107人。

目前,商船三井物流公司在日本国内及海外共有1100名员工,授权资本金18亿日元,其股东全部是三井—住友财团的成员,包括:商船三井、三井物产、住友商事、三井不动、三井住友银行、中央三井信托银行、三井造船、东芝、住友仓库等等。很显然,在“中航油事件”爆发的时候,商船三井和其子公司商船三井物流借助他们拥有的巨大网络,有足够能力把握中国石油市场乃至全球石油市场的情报,并与三井财团的成员分享。

回过头来,不妨再仔细审视一下三井物产能源部旗下的三井石油公司股东结构:三井物产占90%,其余10%股权分配于商船三井、三井住友银行、三井化学、中央三井信托银行、三井造船、东丽(东レ,Toray),三井住友海上保险、三井生命保险、三井住友建设、三井不动产。可见,三井财团在石油交易中通过三井物产这个综合商社的平台将众多成员企业通过持股关系和相互交易紧密地联系在了一起,使财团企业间的情报共享和协同作战成为可能。

借中外运之手在中国织网

正当中航油在新加坡石油期货市场上豪赌而最终“翻船”的时候,商船三井开始积极在中国石油运输市场布局。2004年4月,为了应对中国随经济发展而日益上升的石油需要量,商船三井与中国外运集团(简称“中外运”)合资组建了海安油运有限公司(简称“海安油运”)。该合资公司主要从事产油国到中国的海上运输,总部设在香港,资本金200万港元,各持股50%。海安油运早前曾经由商船三井手上购入过一艘载重量26.1万吨的超级油轮,并向商船三井租用了另一艘载重量28.1万吨油轮。

从2004开始,商船三井主要着眼于喷涌而出的中国货物的海运需求,面对在新船和租用船两方面的巨大支出。商船三井计划到2009年的5年中投资108.6亿美元打造243艘新船,其中193艘新船运送诸如铁矿石、石油和液化天然气等原材料。在此项庞大的船队扩展计划下,去除老龄船和回租船,商船三井的船队规模从2003年5月份的547艘将增加到2010年的720艘,发展成为全球最大的海运集团。

2006 年 7 月 5 日,商船三井与中外运合资建造超大型油轮项目签字仪式在北京举行。该艘新造超大型油轮载重吨为 31 万吨,总长 333 米,型宽 60 米,为适合中东至远东航线营运的"马六甲海峡最大型"。船舶由日本三井造船株式会社千叶工厂承造,预计 2008 年 3 月至 5 月交付使用。新船将由中外运与商船三井合资组建的海安油运公司拥有。协议签订后,海安油运有限公司将拥有两艘单壳超级油轮及一艘双壳超级油轮。

通过不断的合作,商船三井进一步巩固以中外运为平台在中国国内油运事业上的发展基础。同时,商船三井亦将在中国的石油运输业务上扮演更重要角色。为此,2006 年 7 月 21 日的《上海证券报》以"中外运抢食原油运输市场"为标题,报道了中外运与商船三井合作与对手中国远洋运输集团、中国海运集团等在原油运输业务上展开竞争。中外运今后的海运业务分为两个方向,一是做强干散货运输,承担运送铁矿石等战略物资的职责;二是开展原油运输,响应"国油国运"的号召。毫无疑问,发展原油海运的战略符合中外运的国企身份。

就在商船三井与中外运确立更加紧密关系的同时,中外运集团旗下的中外运空运发展股份有限公司于 2006 年 8 月 1 日忽然宣布,将以战略投资者的身份认购中国国际航空公司首次公开发行的 A 股,认购股份总额 8 000 万股,锁定期为 18 个月。中外运刚刚与商船三井协议合资建造了一艘 30 万吨级的超级油轮,就入股了国航。看来,三井财团通过商船三井与中外运的合作切入中国航油市场又胜一筹。

2007 年 6 月,商船三井(中国)有限公司与中外运长江公司签订包舱协议,利用后者的支线服务,搭建起专属的长江沿线口岸往返于上海外高桥和洋山港的运输网络。根据协议,首班服务于 6 月 4 日自南京始发,沿途挂靠南通、上海洋山港、外高桥、太仓以及张家港,并以定期周班运营。商船三井表示,此服务的开通,将为该公司在长三角地区的业务拓展提供舱位保障,并将通过规模化经营降低成本。由此,商船三井借助中外运完成了在长江的"织网"工作。

此时,三井—住友财团已经成功地把新加坡这个 682. 7 平方公里的城市岛国变成了他们在东南亚的战略据点。三井物产、商船三井、三井化学、住友化学、三井造船等一系列企业,在新加坡成立了合资或独资公司,形成了既有上游油田和炼油厂,又有下游仓储设施和分销网络等一系列完整供应链的体系。这种稳固的体系在波谲云诡的海外资源市场争夺中,进可攻,退可守,从而长期稳定地保障了日本的海上生命线,同时牢牢地将中国石油企业的活动掌控在手中。

三井化学盘踞新加坡

"中航油事件"爆发在新加坡绝非偶然。

新加坡的石化工业有很强的日资色彩,其石化专业区的构想始于 1971 年底,新加坡政府要求住友财团的住友化学公司协助规划。经过多年的努力,石化专业区内先后成立了新加坡石化有限公司、新加坡菲利普斯石油化学公司、新加坡聚烯烃公司(TPI)和新加坡 denka 公司等,而逐渐形成完整的石化工业体系。由此开始,位于裕廊岛(Jurong Island)上的垂直集成化工综合区也吸引了众多的日本财团企业前来投资。

新加坡石化专业区从 1984 年开始到 2002 年共有 3 期大型建设项目,像新加坡石化有限公司的一系列产品的投产都是由住友化学与三井造船联合承建。新加坡聚烯烃公司的项目也是分别由住友化学和日立制作所参与建设的。由三井—住友财团的公司参与的合资、合作项目在整个新加坡石化工业体系建立过程中有数十个之多,几乎涵盖了所有重大项目。近期,住友化学将在新加坡开设住友化学(亚洲)公司,成为沙特 Rabigh 炼油和石化公司(住友化学持股 37.5%)的亚洲市场营销中心,特别针对中国市场。

新加坡石油化学工业的特征就是有许多衍生物的产出。在化学群的策略下,相关衍生物的石油化学品链广泛地陆续推出,意即在同一生产据点中建构完成由主要原料、上游化学品至下游一路贯穿的"化学品链",可在降低成本的目标下,而实现多种衍生物的效益。因此即有住友化学、东亚合成、三井化学等"化学群"的建立。其中,三井化学在新加坡经营 20 年,投资超过数十亿美元,其业务范围已经覆盖整个石油化工产业链。

三井化学株式会社(简称"三井化学")先后于 1987 年、2001 年分别成立两家全资子公司三井化学(新加坡)有限公司和三井合成橡胶(新加坡)有限公司。此后,三井化学又联合三井物产等财团相关企业合资成立了三井苯酚(新加坡)有限公司和 MTK(新加坡)有限公司。2002 年 11 月,三井化学在新加坡的法人新加坡三井弹性体公司(MELS)竣工,年产 10 万吨 Tafmer 品牌的 α—烯烃共聚树脂,主要原料乙烯、丙烯及丁烯等原料由新加坡修隆岛供应。

中航油事件之后,三井化学在新加坡的活动越发活跃,2006 年宣布在新加坡设立首家石油化工研发中心,通过催化作用等尖端科技以更环保、更有效的方式生产新的石油化学产品,从而降低成本、提高效率并节省能源。一年之后,三井化学表示,公司计划投资约 190 亿日元(1.54 亿美元)在新加坡再新建一套年产 10 万吨的 Tafmer α—烯烃共聚物装置,也将由新加坡三井弹性体公司来运营。据悉,新装置预计在 2009 年 8 月完工。

三井化学公司是三井财团的重要成员企业之一,前身是成立于 1912 年的三井矿山株式会社,经过数十年的演变,1997 年三井东压株式会社与三井石油化学工业株式会社合并成立三井化学株式会社。三井化学按其合并的销售额计算,是日本第二大综合性化工公司,主要从事基本石化原料、合纤原料、基础化学品、合成树脂、化学品、功能性产品、精细化学品、许可证等业务。三井化学在日本国内现有子公司和关联公司162个,海外子公司和关联公司42个。

近年来,三井化学加大了向中国等亚洲新兴市场的开拓。三井化学投资3亿美元在中国张家港建设的年产60万吨PTA装置于2007年建成,计划再投资6亿美元使该装置到2012年扩增至年产180万吨;另外还在张家港建设聚酯装置,初期能力为年产10万吨。三井化学在中国的投资还包括在上海漕泾与中石化组建合资企业,投资3亿美元建设年产12万吨双酚A装置,同时与中石化合资建设年产30万吨苯酚装置也在计划之中。

在2001年,三井化学与住友化学进行了合并的尝试性操作。此后,三井和住友两大财团的主办银行、金融、保险企业于2002年正式合并为三井住友金融集团,该集团包括三井住友银行、三井住友海上火灾保险集团、三井住友租赁、三井住友信用卡公司等一系列金融企业。虽然最终三井化学与住友化学这两大化工业巨头计划在2003年的合并没有能完成,但是他们彼此之间的战略合作伙伴关系在新加坡乃至全球范围内得到了进一步加强。

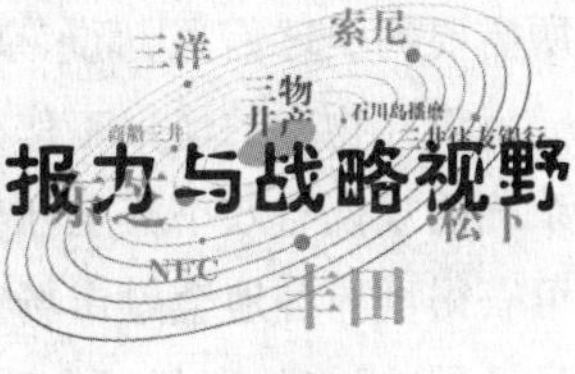

第五节 情报力与战略视野

占有绝对的信息不对称

针对"中航油事件",曾经在三井物产做过资深期货交易员、任新加坡一间中国民营石油公司总经理的庞涛,在2005年6月接受《环球企业家》杂志采访时说过这样的话:"做期权没有靠赌挣大钱的,除非是贿赂、欺诈或者信息不对称。"从这句话中,我们不难体会到,排除商业欺诈的可能性,单从三井—住友财团在全球庞大的产业体系,相对中航油这样孤军奋战的中国企业来看,三井物产为核心的财团企业群在市场博弈中占有绝对的信息不对称优势。

传统的西方经济学的研究基础是完全竞争的市场。这个市场有四大假设:第一,有众多的买主和卖主,没有任何一个市场参与者能单独决定市场的价格和产量;第二,买卖双方自由进出市场;第三,产品是同质的;第四,买卖双方的信息是完全和对称的。然而,2001年10月10日,瑞典皇家科学院宣布把这一年的诺贝尔经济学奖颁给三位美国教授,以表彰他们关于信息不对称的研究,突破了上述第四条假设。在三井物产这样的大商人看来,利用信息不对称获利是几千年前就众所周知的事情,根本就用不着什么高深理论。

日本政府的信息也没有三井物产这家商社的快,哪儿发生了什么事,政府部门都会立刻打电话问商社知道不知道。有资料显示,在1978年伊朗发生石油工人总罢工和霍梅尼上台的事件以前，三井物产就知道伊朗的石油供应可能出现危机。1978 年 12 月，伊朗宣布停止石油出口，引起世界石油市场的恐慌，而日本已经早做了防范，采取措施增加了从其他国家进口石油。1991 年，日本外务省又利用三井物产的网络随时了解苏联发生的试图推翻戈尔巴乔夫的政变的情况。

始建于 1971 年的三井物产全球通讯网，通过其设在东京、纽约、伦敦、悉尼和巴林的 5 个电脑控制中心，由人造卫星连接着驻海外 87 个国家和地区的 149 个办事处，通信线路总长达 44 万公里，可环绕地球 11 圈。从里约热内卢到相距最遥远的约翰内斯堡，一个信息行程 4 万公里只需 5 分钟。三井物产在日本国内 50 个大城市建立了信息网，每天有 6.5 万份情报传送，送给公司最高领导人审阅处理的也达 100 份。

一般人真是无法想象，在没有电脑、网络的时代，三井物产这个综合商社里的电传和专线电话就非常发达。20 世纪 90 年代，三井物产进行了大量投资，建立现代化的通讯网，每年的电报、电传费就高达 6 000 万美元，约占公司总开支的 10%，相当于员工工资总额的 1/3。任何一位员工任何时候都能及时了解其业务范围内所需要的全球信息，而东京总部则能看到全世界所有的最新资讯。

三井物产的情报工作效率相当高，传递情报的速度也十分惊人，其信息情报系统的规模与效率甚至在美国中央情报局之上。在三井物产，大约 5 ~ 60 秒钟即可获得世界各地金融市场行情，1 ~ 3 分钟即可查询日本与世界各地进出口贸易商品品种、规格的资料，3 ~ 5 分钟即可查出国内外一万多个重点公司的各年度生产情况，5 ~ 10 分钟即可查出各国政府的各种法律、法令和国会记录，5 分钟即可利用数量经济模型和计算机模拟画出国内外经济变化带来影响的曲线图。

三井物产的情报信息中心面积达 12.5 万平方米，信息通信系统昼夜 24 小时不停运转，不停地收集经济以及政治、军事、科技、社会等各类信息，进行综合性、战略性的研究。三井物产依靠这个昼夜不停的通信网，注视着世界每一个角落的风云变幻，掌握着世界各地的经济动向和贸易上所需要的任何一个哪怕是极其微小的情报，以提高在世界贸易中的竞争能力，为打入和占领世界市场而进行着不懈的工作。

将情报调研部升格为战略研究所

日本企业家中流行着一句名言："情报就是金钱。"如果说三井财团在外海成立众多子公司和合资公司是在完成战略布局，那么三井物产的情报力量就让一盘棋顿时被激活。强大的情报网络对三井财团的商品交易特别重要，因为即使在很遥远的地方发生的危机都可能对商品价格产生深刻的、直接的影响。信息全球化、情报网络化、决策高度集中、供需快速反馈，这是三井物产这样的综合商社很早就被业界看好的一大服务优势。

可是,在今天国际互联网的时代,综合商社的情报优势还有吗?回答是肯定的,因为信息的背后是人,互联网只能更强化商社的情报功能。三井物产认为:人才是企业的支柱,信息是企业的生命。在搜集情报方面,三井物产不仅有专职的情报人员,而且注重营造一种人人抓信息的氛围,让每个职员都成了企业的信息员。综合商社在全球建立起来的国际化的人脉网络仍然是最有价值的情报平台。

实际上,"情报""信息"这两个概念有着不可分割的内在联系,彼此之间具有明显的边界不确定性,人们在使用这两个概念的时候往往对此也不作明确的区分和界定。在英语中有 intelligence(情报)和 information(信息)这两个词汇,其语义存在交叉性,在使用上有些区别。前者是指为一定目的,具有一定时效并经过隐蔽性传递,涉及一定利害关系的情况报道或资料整理的结果,应该译为"情报";后者是仅指消息传递的意思,译为"信息"比较恰当。

曾任日本贸易振兴会的海外调查部部长的木村说过:"情报工作最重要的是人,是具有分析能力、判断能力、熟悉情报业务并能独立工作的人。"现在信息技术使情报传递和收集的成本大幅下降,但是商业情报体系的建立和情报人员的培养不是一朝一夕就能建立起来的。三井物产始终重视情报人员的培养教育工作,把人才视为决定性因素。这些人都是非常专业的人才,他们懂得在信息的海洋里拣出"真正有价值的信息"。

从 1991 年 10 月开始,三井物产将情报调研部独立,升格为三井物产贸易经济研究所,并进一步完善各种职能。现在,这个研究所已经更名为三井物产战略研究所,是三井物产株式会社的控股独立法人研究单位,主要从事经济方面相关调查研究工作的专业团队。该所下设国际情报部、新事业开发部、业务统括部三大部门,为各委托单位提供经济方面专业调查研究服务,是该领域的权威机构之一。

1997 年,三井物产贸易经济研究所(现三井物产战略研究所)研究员市川周于出版了《战胜中国!》一书,宣称:"日本对中国要有'竞争对手意识',并要求充当'战斗的(东亚)家长'。海洋国家日本要与大陆国家中国对抗。亚洲可分为三个区域,第一个区域是包括韩国和中国台湾在内的东亚海洋国家(地区),第二个区域是中国大陆,第三个区域是南亚、中亚、蒙古等中国周边国家和地区。日本要采取'确保第一区域',影响第三个区域,以包围第二个区域(中国大陆)的战略。"

2003 年 3 月 25 日,三井物产战略研究所中国经济中心在日本《世界周报》刊登的一篇题为《新领导下的中国——对日本的影响与启示》中指出:"现在,大多数日本企业已经认识到中国确实是最为重要的一个市场,但它们却苦于不知如何利用中国市场。"在笔者看来,在进入中国市场时,有必要采取以下四大战略:首先是综合战略;第二个战略是大中国战略;第三是地域战略;最后是产学联合战略。

三井物产战略研究所作为民间研究机构,从研究的深度、广度和企业的接受程度来看,都比政府的研究机构更有效率。特别是宏观经济研究领域,三井物产

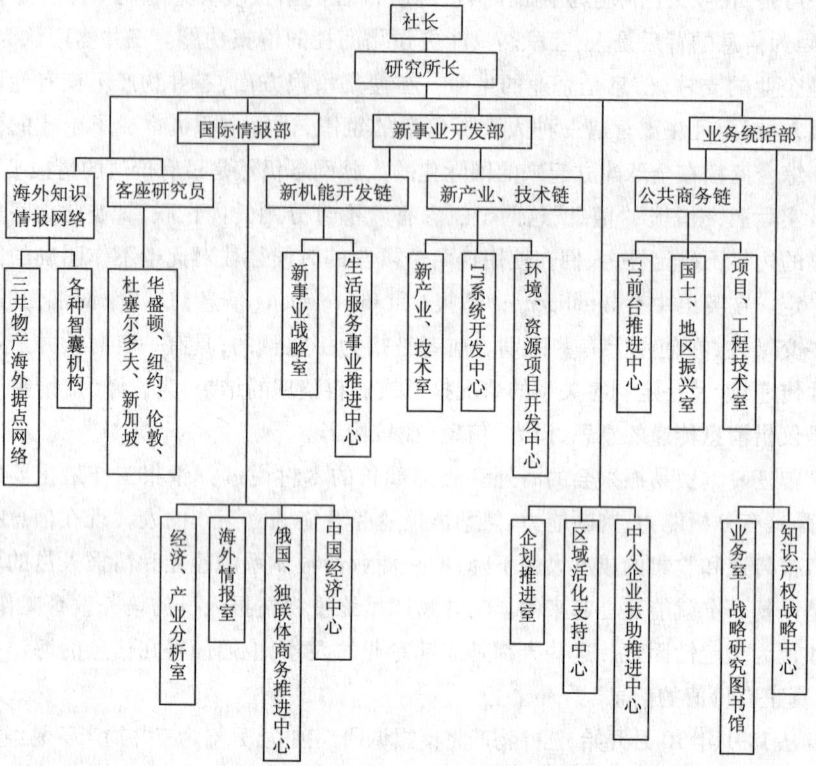

三井物产战略研究所组织结构图

战略研究所的成果更是被日本企业界认为是经济变化的风向标。三井物产战略研究所作为财团的研究机构,2004 年 3 月准确预测中国经济进入新的扩张期,并称中国特需使日本企业普遍增收,钢铁、机械、石化产品、海运等行业受到经济迅速增长的中国旺盛的需求的支撑,呈现出增收增益的状况。

谁在主导能源战略和中日关系

2004 年 12 月,正是中航油宣布燃油期权交易亏损 5.5 亿美元的当月,三井物产战略研究所中国经济研究中心的主任沈才彬在日本《经济学人》周刊上就发表了《油价上涨对中国经济的负面影响》一文,其中谈道:“从长远角度看,特别是为了实现 2020 年国内生产总值翻两番,能否确保稳定的原油供给源被视为确保中国经济安全的最大课题。”此外,文章还透露:“中国正在加紧开发国内新油田,并为分散风险而探索进口渠道的多元化,建设大连、黄岛、镇海、舟山四大石油战略储备基地(2008 年全部建成),构筑节能化的综合石油战略。”

这位沈才彬主任并非一般人,看看他的简历就一目了然了:1944 年,生于中国江苏省海门市;1981 年,中国社会科学院研究生院硕士、讲师;1984 年,东京大学客座研究员、早稻田大学客座研究员；1987年，中国社会科学院研究生院副教授；1993年，三井物产战略研究所主任研究员；2001年至今，三井物产战略研究所中国经济中心主任。沈才彬在日本发表的代表性著作和论文有：《了解今日中国》《中国冲击》《朱镕基的人脉与政脉》《胡锦涛体制及其对日本的影响》等40多篇。有这样一位"中国通"，三井财团征战中国市场可谓如虎添翼。

作为研究中国经济和政治的专家，沈才彬时常被日本政府、财界、大学和媒体邀请去讲演和座谈，共计上百家单位和机构，其中包括：日本内阁府、经济产业省、农林水产省、国土交通省、人事院、财务省等；日本经团联、经济同友会、日本工业俱乐部、社会经济生产性本部、西日本政经恳谈会等；早稻田大学、庆应大学、一桥大学、日本大学、帝京大学等；东芝、松下、富士通、三菱电机、丰田、新日铁、三井不动产、三井住友银行等；共同通信社、时事通信社、化学工业日报社、电气新闻、日本电视台等。

2005年2月27日，三井物产战略研究所所长寺岛实郎在北京大学光华管理学院中国经济与WTO研究所主持的题为"2005年的世界潮流及日本走向何方"讲座中发表演讲。这位寺岛实郎不仅是三井物产战略研究所所长，还是财团法人日本综合研究所理事长和早稻田大学教授，在政府的委员会中担任信息安全委员会、地方分权审议会等8个委员会的委员长或委员，是在产业界、政界和学术界都卓有影响的著名人物。寺岛实郎是日本言论界的重镇，被媒体称为"硬派论坛的旗手"，其声音在日本具有广泛的影响力。

在2006年初东京举行的"日中产学官交流论坛"上，寺岛实郎发表"中国的大城市群与东亚经济圈"讲话时，列举数字说："2004年亚洲占世界GDP的比重是24%，综合许多资料可以预测，到2030年亚洲占世界GDP的比重将超过50%。现在日本企业大多认识到亚洲今天进入的是一个连动发展的局面。"寺岛实郎提出了一个"大中华圈"的概念，其所指包括中国的大陆、台湾、香港和华人人口占78%的新加坡。

三井物产战略研究所所长寺岛实郎认为："日本现在陷入了头脑和身体分离的状态。所谓的身体也就是日本的下部构造已经进入了与亚洲，特别是与大中华圈不可分割的时代。但是脑袋，也就是上部构造的90%以上还是偏重与美国的关系。虽然日美关系很重要，但如何深化与亚洲的有机连动是日本的重要课题。"很显然，以三井为首的日本财团在宏观经济层面早已经意识到加强在大中华圈进行战略部署的重要意义。

2007年4月11日至13日，中国国务院温家宝总理对日本进行了历史性的访问。这是时隔7年中国总理对日本的首次访问，也是中日打破政治僵局之后的"融冰之旅"。4月12日，温家宝同日本首相安倍晋三在东京共同出席中日经济高层战略对话机制启动会议，双方明确表示"推进六个领域"，即节能、环保、金融、能源、信息通信、高新技术合作。紧随其后，4月26日，三井物产战略研究所的沈才彬在中国人民大学“黄达—蒙代尔讲堂”主办了一期题为《中日关系的走向与日本对外投资能源战略》讲座。

第六节 学费不能白交

三井上了很好的一课

当中航油被包括三井住友银行在内的债主们逼得走投无路之时，三井财团却沉浸在丰收的喜悦之中。2006年5月，三井物产中国总代表副岛利宏在中国循环经济发展高层论坛上说道：“2005年，三井物产合并销售额达到1 265亿美元，纯利润17亿美元，总资产730亿美元。”此后，2006年财政年度的报表显示，三井物产的利润达到了30亿美元。2007年最新统计，三井物产的利润超过了40亿美元。

中国企业在走出国门的时候，面对的是崭新的市场环境，好像到处都有施展的机会，好像遍地都是等待捡拾的黄金，但事实却并非如此。中国企业面对的其实是已经被外国资本借全球化之名严密控制的世界市场，也就是说市场已经被瓜分了。在别人的地盘上做生意，如果仅以“巨大的中国市场”为诱饵与国际大鳄们讨价还价，等待中国企业的就只有被愚弄和被伤害，甚至是被摧毁的命运。对于中国企业来说，中航油事件向三井财团交了昂贵学费，也应当有所获得才是。

三井物产前社长上岛重二的一段话应引以为鉴：“三井物产的历史是一个成功的历史，它也是一个失败的历史，这是我们的历程，那么如何能够吸取失败的教训，在公司当中加以活用？我们一直对此加以努力，这也就是所谓的风险管理的重要性所在，正是这样一种观点，公司才得以发展壮大起来。今后的商业比过去风险更大，而且是跨越国界的，因此我认为一个公司在风险管理上有多大能力，这在当今的世界上，是决定该公司优劣成败的关键。”

如果我们把中航油看成一个涉世不深的“赌徒”，三井物产作为三井财团的一员，拥有世界上很多油田的股权，又是燃料油的大卖家，显然是这场赌博的真正庄家“受益者”。这好比四个人在打麻将，三井财团关联企业（三井物产、三井住友银行、高盛）占了三个位子，并扮演着不同角色，而另一个位子留给了中航油。由于三井物产拥有全球的贸易和情报网络，可以将自身的风险进行有效控制，或将风险转嫁他人。

发达的物流网络、强力的金融支持、完整的生产体系是以三井物产为核心的三井财团掌控全球资源和市场的重要基础。从前面提到的商船三井物流公司和三井石油公司的股权结构中不难发现三井财团成员之间存在着密切的交叉持股联系，由此产生了相互情报交换的可能。如果把三井财团看成是三井物产领导下商人的集合体，那么商人具备的控制力在于拥有信息的不对称优势，这种信息的不对称包括数量、质量和速度上的不对称。

三井物产并不是单独的贸易公司，而是"综合商社"，是三井财团最核心的组织。三井物产前任驻中国总代表副岛利宏这样解释说："所谓'综合'主要有两个含义，一是产品范围非常广，无所不及；二是功能、职能也是非常广泛的。综合实力表现在各个方面，比如三井物产的市场营销能力、融资能力、物流能力、风险管理能力，以及和三井物产合作的所有合作方的网络构成的能力，支撑公司贸易经营的财务能力等。"

中国缺失产业主导权

进入2002年后，世界资源商品价格闯过一个又一个高价位。在这次世界商品牛市的开端，中国从国有企业到民营企业都付出了很大的代价。于是，关于"市场定价权""价格话语权"的讨论和报道不绝于耳。定价权之争进入人们的视野始于铁矿石价格谈判、中航油事件、国储铜事件的广泛传播。如果仔细挖掘资料，就不难发现，这三个事件都与三井—住友财团有着扯不清的瓜葛。

中国缺失定价权是一个表面现象，我们应该从产业运行和企业竞争能力上找原因。从宏观上看，国内一些行业存在结构性缺陷，中下游生产能力快速膨胀，造成上游资源商品需求紧张，拉动资源商品的上涨；从微观上看，则与中国企业还没有形成财团体制去参与资源商品全球配置有关。事实上，中国要争取的目标不是定价权，而是获得产业主导权。产业主导权集中体现为对产业发展和运行具有强大的影响力、控制力和应变力。

支配世界资源商品的虚拟经济运行是一个金字塔结构。金字塔结构最顶层，是掌握金融资本、支撑商品交易所的大银行、大财团、大基金，被称为"坐市商"；第二层，是掌握矿产资源生产企业、大贸易商（综合商社）；第三层是中小生产商和贸易商。这个结构实际是按照金融资本控制和运营能力排列的，而在中间第二层的大贸易商的地位相当关键。除日本有综合商社外，其实欧美国家也有很多以金融为后盾的专业商品贸易商。

中国目前所占据的位置在最顶层几乎没有影响力。在世界几大商品交易所，包括伦敦金属交易所、纽约商品交易所、芝加哥商品交易所中，中国尚无大银行、主力投资机构涉足。在第二层，中国已经有少数几家大型国有企业参与，但是影响力有限。中国大部分企业处于第三层。中国企业要掌握产业主导权，需要有更多进入第一层和第二层的企业。最有现实意义的是在第二个层面（大型综合商社）的企业运作模式。

其实,三井物产这样的综合商社表面看是商业企业,实质上是金融企业,因此具备很强的金融功能。这一点,从三井物产的股东结构就可以看出来,其主要股东包括:三井住友银行、中央三井信托银行、三井生命保险、日本生命保险相互会社、日本 Master Trust 信托银行、日本 Trustee Services、大通曼哈顿银行、道富银行和信托公司。因此,综合商社也被称为“第二银行”“影子银行”或“幕后银行”。

日本一直是依赖资源进口发展制造业的国家,多年来日本如何从容应对价格上涨和波动呢?日本的经验告诉我们,掌握产业主导权比争取定价权更为重要,没有产业主导权根本谈不上定价权。日本正是以综合商社为核心形成财团体制,将产业、商业和金融有机结合在一起。就中国而言,掌握全球市场主导权关键是提高产业的业态,进行高端要素的经营。中国需要自己的综合商社和财团体制的出现,在国际舞台上发挥更大的影响力和控制力。

中化公司的前车之鉴

中国中化集团公司(简称“中化公司”)是中国国有重要骨干企业,在石油、化肥、化工领域实施全球化运作,是中国四大国家石油公司之一。在国家完全垄断进出口权的时期,物资能源类的国企有其特有的生存优势。20 世纪 80 年代中期是中化公司最辉煌的时期之一,当时的进出口额近 200 亿美元,占据了国家进出口贸易总额的四分之一。1987 年底,国务院批准中化公司进行国际化经营试点。

1994 年 12 月 31 日,国务院又正式批准中化公司在全国首家进行综合商社试点,并把中国对外经济贸易信托投资公司划归中化旗下,以加强其金融功能。中化公司试图学习日本的管理模式,模仿三井、三菱这样的大财团,对实业、贸易、研发、海外扩张等多个领域同时开拓、混业经营。之所以选择中化公司进行效法日韩模式的试点,是因为在当时,中化公司已经隐然成为全国贸易行业中的一艘旗舰,仅海外分支机构就已经遍布 20 多个国家和地区。

更重要的是,中化公司当时的业务已经远远超越了单纯的贸易公司的范畴。借助在石油、化工和化肥领域强势的国有进出口贸易垄断特权,在进入 20 世纪 90 年代之后,中化公司加快了多元化投资的步伐。到了 1994 年,除进出口业务之外的其他业务,在中化公司的营业额中所占比重已经达到了 52%。这种趋势,很像从 20 世纪 60—70 年代在日本和韩国崛起的诸如三井、三菱、伊藤忠以及三星、现代、大宇等由政府支持的综合商社。

在 1994 年获得综合商社试点的身份后,中化公司更是在当时担任总裁的郑敦训的率领下,制定了雄心勃勃的 10 年计划。按照这一规划,从 1995 年到 1996 年,公司将争取形成综合商社的基本框架;从 1997 年到 2000 年,初步建成贸易、金融、产业等功能健全的具有国际竞争力的综合商社;最后,从 2001 年到 2005 年,建立以贸易为龙头,贸易、金融、产业紧密结合,具有中国特色的综合商社型跨国公司。

然而，这种改造让中化公司付出了高昂的代价。在多年贸易垄断政策的喂养之下，中化公司的营业收入尽管一直颇高，但内部管理尤其是财务管理较为混乱。改革进行到90年代中期时，集团负债沉重，许多项目管理失控。在当年综合商社的扩张思路下，各路诸侯各自为政，在投资决策和资金管理上拥有超常的独立性，总公司财务和管理几乎处于失控状态。到1997年亚洲爆发金融危机，中化公司改革中所有问题集中显现，整个企业差点濒临崩盘。

1999年初，与中化公司有过接触的麦肯锡公司开始介入，为中化公司设立新的管理流程和业务发展战略。这一颇为西化的变革模式，几乎断送了中化公司原有的人才基础。第一个进行大规模调整的是化肥中心。据称，100多人的团队，最后“基本上都走了”。当时，化肥中心的业务员大多与国外公司交往甚密，而且随着公司推行ERP管理，某些员工也感受到了不适应，加上对中化的前景感到悲观，纷纷选择了“孔雀东南飞”。

号称全球最大的管理咨询公司的麦肯锡，在中国陷入了一场对其诚信和咨询能力质疑的危机中

那个用西方理论改造中化公司的“麦肯锡”号称是全球最大的管理咨询公司，可是在中国市场这家权威的咨询公司却接连上演了一连串令中国“土人”大跌眼镜的尴尬局面，甚至陷入了一场对其诚信和在中国进行企业咨询操作的能力质疑的危机中。《打败“麦肯锡”》的作者王瑶在他的书中这样描述说：“笔者曾经在北大、清华的校园招聘会上，听过那些年轻的麦肯锡员工向自己的校友吹嘘自己是怎么一年做几个咨询，怎么从完全不懂一个领域几个月后却成为该领域的专家，给别人提供咨询的。”

加入WTO后的应对之策

2001年12月11日，中国正式成为世界贸易组织第143个成员，国家放开了外资在流通领域的限制，中国国内企业特别是商贸企业面临前所未有的挑战。失去垄断经营的中化公司无法适应全面开放的市场，更没有足够的政策和金融支持，结果无法将各自为战的中国地方和各部门企业组织起来，也就不再继续实施原有的综合商社构想。其实，综合商社的建立本身不是中化公司这样的企业自身能力所可以达到的，而是中国经济体制的建设问题。

同样针对日本1955年加入关贸总协定的情况，20世纪50年代初，由三井银行发起成立了月曜会，接着以促进三井物产公司的合并为目的而成立了总经理一级的五日会，1960年改名为二木会，逐渐成为三井财团的统筹领导机构。三井财团内各公司就资本和经营而论，是完全独立的，但是通过各种各样的方式保持密切的关系。这些会议广泛研讨有关集团活动的各种同题，包括合资经营、资金融通、社会服务事业等。

三井财团的企业群经营规模庞大,形成以三井物产为龙头的集团化经营。三井物产所提供的附加价值包括:对事业或建设项目的财务运筹、原料或资器材的安排供应、运输流通手段的配合运营以及制品的营销活动。面对经济全球化的今天,三井物产通过联合结算和持股形式,不断扩大和加强与国内外相关企业的合作,扩大交易规模,谋求财团整体利益最大化,产生"创造企业的企业"效应,不断发挥着自己的"综合力量"。

三井物产等综合商社在日本全球资源商品配置中一直处于相当主动的地位。三井物产作为贸易为主业的大型综合商社,已不是一般意义上的商品贸易,而是赋予现代资源商品贸易以融资和投资色彩。三井物产的贸易经营行为可以说无国界、无边界,它不惜付出努力来"帮助"各个国家的众多资源开采型、冶炼型、加工型企业发展,把企业利益分布在产业链不同环节中。无论世界资源商品价格发生怎样的变化,三井物产总是最后的赢家。

中国企业现在面临这样的困境:一方面国有垄断企业占据资源和相应的权力,但却没有足够的经验、人才和管理机制与日本财团、美国金融资本这样的国际大鳄们抗衡;另一方面,久经风浪、具有丰富实战经验和作战能力的民营力量却得不到有效的资源和权力,被迫在经济底层挣扎。这样的局面必须改变,这一点是不容置疑的。如何将民间力量和政府资源有效地结合起来,形成一致对外的统一战线,是摆在面前的紧迫课题。

中国企业必须组织起来,建立自己的以综合商社为核心的产业、商业和金融三位一体的财团机制,尤其是要在全球范围内建设商社的网络体系,培养在商业情报方面的强大能力。与此同时,从日本和韩国财团的几大商社以及欧美大贸易商中引进通晓资源商品贸易的中国籍人才,培养中国自己商社人才的机制也必须建立起来。如何让中国未来的综合商社拥有更多更优秀的忠诚的实战人才,是必须解决的首要问题。

参考文献及来源:

1. 李丹,毕亚军.“走出去”战略棋盘上的过河尖兵[J]. 求是,2003(11).
2.《中航油巨亏》/新浪财经 专题:finance. sina. com. cn/nz/zhyjk/1. shtml/.
3. 牛文文,程苓峰. 谁搞垮了中国航油?[J]. 中国企业家,2005(2).
4. 汪蕊. 中航油提前4年还清陈久霖事件巨债[N]. 东方早报,2008 - 03 - 24.
5. 中国的成长和亚洲格局的巨变[J]. 环球杂志,2006(11).
6. 叶丽雅,曹姝蓉. 高盛巨资入股三井住友银行[N]. 国际金融报,2001 - 01 - 17.
7. 秦利. 中国国际期货联姻三井物产 国际化是大势所趋[N],证券时报,2005 - 11 - 22.
8. 潘清.“中国价格”融入世界资源市场[DB/OL]. 新华网,2004 - 09 - 23.
9. 明年油市:上半年先升后跌[DB/OL]. 金羊网—民营经济报. 2004 - 12 - 16.
10. 首届中国(深圳)国际期货大会 2005 年 12 月 3 - 4 日/新浪财经:finance. sina. com. cn/focus/derivativesforum/index. shtml/.
11. 金士星.“住友事件”主角看不懂天价铜[J/OL]. 每日经济新闻,2005 - 12 - 07.
12. 黎广,余峻才. 两大油企紧急进口成品油“解渴”广东[J/OL]. 金牛网 - 新快报,2007 - 11 - 22.
13. 喻春来. 中外运抢食原油运输市场[N]. 上海证券报,2006 - 07 - 21.
14. 三井化学官方网站(日文):www. mitsui - chem. co. jp/.
15. 三井石油官方网站(日文):www. mogc. co. jp/.
16. 三井物产战略研究所官方网站(日文):mitsui. mgssi. com/.
17. 商船三井官方网站(日文):www. molcn. co. jp.
18. 王以超. 中化自救曲折[J]. 财经,2003(6).
19. [日]井上宗迪,葛东莱. 日本综合商社 情报战略全面[M]. 台湾:卓越文化事业股份有限公司,1986.

第八章

“商人幕府”的真经

日本财团代表的财界势力对整个东亚经济早在10多年前就做好了设想。为此，日本政府1994年出台了《东亚新干线铁路网》的建设计划书：以东京为起点，通过对马海峡的海底隧道连接韩国，然后穿过朝鲜半岛连接中国，从中国大陆一路南下直抵香港。

从1996年开始，三井物产凭借在台湾的事业基础，积极推动台湾高速铁路项目的进程，并在日本成立了“台湾新干线日本企业联合”(TSC)。紧接着，1997年，为争夺京沪高速铁路项目，日方组建了“中国高速铁路日本企业联合”。

与台湾“市场换政治”不同，中国大陆的高速铁路工程的基调是“市场换技术”。近几年，由三菱商事牵头的6家日本财团企业成立了“光基铁道系统公司”，采取与中国南方机车集团联合竞标的方式，成功取得中国铁路提速项目的大批订单。

——作者题注

【阅读提示】

“三井”告诉了我们什么(8)

2004年，国务院会议通过的《中长期铁路网规划》测算，未来15年我国铁路建设的资金总需求为2万亿到2.5万亿元。从2006年到2010年，预计的“十一五”期间的投资规模，就已经达到了12 500亿元人民币，建设17 000公里铁路新线。如此急剧膨胀的投资规模，主要是用于建设包含高速铁路的客运专线和城际轨道交通系统。

目前，对于时速200公里以上的线路尤其是高速铁路，中国企业还没有掌握核心技术，能够承担的是路基、桥梁、钢轨、枕梁、供电架等基础部分的施工和生产。而技术高的核心部分——列车、通讯、信号、供电等系统，需要从国外购买。在大约12 500亿元的总投资中，外国企业至少可以获得约6 000亿元。

世界最先进的高速轮轨技术诞生在德、法、日这3个国家。日本的高速铁路“新干线”诞生于1964年。近40年来，新干线技术不断进步，已经构成了日本国内铁路网的主干部分。日本新干线拥有目前最为成熟的高速铁路商业运行经验。而且新干线修建之后对于日本经济的拉动也是引起世界高速铁路建设狂潮原因之一。

由于国内动车组技术尚处初步研发阶段，铁道部采取了“以市场换技术”的发展思路。从2004年10月开始，南车四方机车、北车长春轨道客车、青岛BSP公司和北车唐山机车车辆厂已经分别与日本川崎重工、法国阿尔斯通、加拿大庞巴迪和德国西门子组成联合体，获得共计总计444亿金额的招标项目。

在日本财团企业参与竞标的“6社联合体”中有3个成员是综合商社，主要执行贸易和公关事务，同时也在对各相关机构进行游说公关活动。综合商社或聘请一些部门领导与职员做咨询师，或将相关课题配以丰厚的课题经费，给予有关部委研究机构与学者等为途径，对中国相关部门决策施加影响。

三井物产作为综合商社的国际公关力量不可低估，它经常游走在三井财团与被投资国各级政府部门之间。一些被投资国的企业为了自身的短期利益，不得不充当三井财团的“铺路石”与“敲门砖”。三井物产甚至有能力游说日本政府与被投资国政府沟通，通过国家领导人访问等促成签署巨额供货协议或交易。

本章导言

日本历史上是武士阶级掌握政权、实行军事封建统治的“幕府政治”。从1193年源赖朝做“征夷大将军”开始，日本就正式进入了武士阶级掌握政权的“幕府政治”时期。在这个时期内，日本国内形成了一种新型的政治局面：以天皇为首的贵族政权的朝廷仍旧在京都存在着，天皇名义上仍旧是国家元首，但并无实权；以将军为首的武士政权——幕府与朝廷同时并存，将军名义上由天皇任命，实际上却是掌握实权的最高统治者。

“幕府”这个名称的由来，是因为过去将军带兵出征时，常以营幕为府署，所以就称将军的府署为幕府。德川家康在17世纪建立了由幕府和藩国共同统治的封建制度，则称“幕藩体制”。如果我们仔细观察当今的日本，就会发现日本商人就是“穿西装的武士”，财团则是“商人幕府”。日本的六大财团可以看成是六个主要的藩，他们合力维系着日本现代社会的“幕藩体制”，影响和主导着政府的意志和行为。

在1864年开始的两次长州藩战争中，大商人三井暗中支持“尊王攘夷”运动中心的长州藩。为驱逐旧幕府势力，三井为首的三都商人向长州藩提供了超过70%的经费。伏见鸟羽之战（1868年），倒幕势力获胜，三井商人旗帜鲜明地支持维新政府，转身成为新政府的特权商人。至此，人们可以看到三井商人进入了国家政权的中心，建立了“商人幕府”，从而成为日本资产阶级革命的真正推动力量，这也是日本现代社会迅速崛起的开始。

在现代日本，财团就是幕后政府（幕府），各种经济政策实际是由财团制定的，政府只是点头而已。也就是说，日本经济政策的制定者和执行者都统一在财团内部，特别是依靠财团的综合商社。例如，三井物产战略研究所所长寺岛实郎兼任财团法人日本综合研究所理事长和早稻田大学教授，同时，还在政府的委员会中担任了信息安全委员会、超级港湾委员会、地方分权审议会等8个委员会的委员长或委员，可以说是一位在产业界、政界和学术界都卓有影响的著名人物。

此外，身为三井财团丰田公司会长又兼任经团联会长（有“财界总理”之称）的奥田硕是日本政府的主要经济顾问之一。2003 年 4 月，日本股市由于受美股和索尼股价下滑的影响猛跌，此时他站出来，高调表示对经济有信心，才令股市免去一劫。小泉纯一郎第一次当选为首相也是因奥田硕的公开支持得以实现的。在日本前首相小渊逝世后，日本自民党因为派别争斗陷入混乱，而奥田硕当时公开支持小泉的做法，帮助这个少数派领袖当选。

在中国，经济政策的声音主要来自大学校园里的经济学教授们，而非来自擅长政治经济学的商人们。因此，日本财团的公关活动主要集中在中国对政府经济主管部门和一些名牌大学。1979 年至今，由三井物产出资每年选派中国商务部及其下属企业工作人员赴美国、日本著名教育机构进行国际贸易课程的短期进修；1990 年起，三井物产出资 100 万美元，在中国对外经济贸易大学开设“三井教授基金”，聘请国外知名教授主持国际经济讲座；三井财团在 1995 年还创立了针对中国 9 所大学本科生的“三井住友银行奖学金”。

为在中国市场大规模扩张做准备，三井财团近些年加大了公关活动。2006 年 3 月，三井物产向厉以宁主持的北京大学国家高新区发展战略研究院提供资金，合作创办了为期 10 年的“北京大学三井创新论坛”，定期邀请政府各产业部门的负责人出席。与此同时，中央三井信托银行资助中国人民大学经济学院开办了“中央三井信托银行经济学讲座”，讲座从 2006 年 2 月开始，持续到 2007 年 1 月。

三井物产、住友商事和丸红商事这些综合商社的驻中国总代表，一直轮流出任中国日本商会的会长，正在加强利用商会进行公关活动。三井物产驻中国总代表副岛利宏接受《中国经营报》记者采访时曾说：“现在大量工作都是政府在做，但政府是做不过来那么多事的，这完全应该让商会来做。”看来，中国政府在很多经济和政治问题上将不得不学会如何面对与日本的“商人幕府”打交道。

日本财团在中国大陆高铁项目的竞争模式跟争夺中国台湾高铁类似。担任台湾高铁的主干事是三井物产，而在中国大陆高速铁路项目的主干事换成了三菱商事。通过中国大陆高速铁路和中国台湾高速铁路这两个项目观察和研究，可以清晰地看到日本综合商社在大型国际合作项目中的功能与作用，为中国企业建立产业联合体，积极参与国际市场竞争带来更多的启示，同时为我国政府和民间产业组织在经济活动中的职能作用提供有益的借鉴。

第一节 政治挂帅显神通

日本与中国台湾的"财团外交"

2007年2月1日,英国《金融时报》以"中国消化日本子弹头列车技术"为题作出报道称:"中国开始采用本地装配的日本'子弹头列车',表明中国已完成外国世界级高速列车技术的转让。根据2004年达成的一项合同,以川崎重工为首的这个日本企业联盟同意向中国合作方——南车四方机车车辆股份有限公司提供E2—1000的制造技术。这个联盟还包括三菱商事、三菱电机、日立公司、伊藤忠商事和丸红。"

在这里,我们忽然发现三菱商事、伊藤忠和丸红这几家日本财团的综合商社的名字。事实上,还有一家规模最大、最著名的日本综合商没有在此露面,它就是三井物产。此时的三井物产正在忙于台湾高速铁路建设的收尾和开通工作。全长约345公里的台湾高铁主要贯通台湾西岸,是台湾第一个,也是全世界最大规模采取BOT模式的公共工程。台湾高速铁路自2007年1月5日通车,进行试营运,2月1日开始正式营运,2007年3月2日全线通车。

在日本新干线500系和700系基础上改装的台湾高铁机车

台湾高速铁路建设开始于1993年7月,官方与民间团体(台湾高速铁路企业联盟)一同携手合作,由民间投资兴建营运的BOT方式建造营运,为台湾西部走廊提升交通发展。台湾高速铁路股份有限公司(简称"台湾高铁"),前身就是台湾高速铁路企业联盟,依据政府的《奖励民间参与交通建设条例》,全力推动民间参与投资兴建公共工程的政策,主要成员包括了五个本土企业:长荣航空公司、大陆工程公司、太平洋电线电缆公司、富邦产物保险公司及东元电机公司。其中,长荣航空公司有着深厚的财团背景,它是台湾长荣财团的成员。

以综合商社为核心的日本财团在中国台湾高速铁路项目中扮演着"幕后政府"的角色,这一点在日本与中国台湾的关系上暴露最为明显。中国台湾与日本没有外交关系,但一直视日本和美国一样重要,是对外关系所仰赖的两大支柱之一。1972年9月中国台湾与日本断交(中日建交),当时为维持双方非政府的实务关系,同年12月,中国台湾成立亚东关系协会,日本则成立财团法人交流协会作为双方交流的窗口。

然而，日本和中国台湾之间的紧密联系并非仅仅通过带有官方色彩的财团法人交流协会来维系，而是通过日本财团与中国台湾财团之间的生意往来和人脉关系巩固的。例如，日本富士财团的丸红商事与北海道拓指银行为首的联贷银行向中国台湾长荣财团提供了大量资金。长荣买船时，均由日本丸红商事介绍，长荣航空公司购飞机，丸红也出马进行联贷，参与的日本银行达百余家，中国台湾一些银行想给长荣提供贷款，根本插不进。

中国台湾长荣财团的创始人张荣发早年为日本船商效力，因而与日本商界的联系较多。1978 年中国台湾交通事务主管部门批准长荣海运公司开拓欧洲航线，其资本额 75% 来自日本丸红公司，有利用日本资金与岛内航商竞争之嫌。长荣海运则一再强调，该公司与丸红之间只是普通客户关系，还煞有介事地在 1980 年正式委托一家英国公共关系公司出面驳斥“不实谣言”。事有凑巧的是，《国际集装箱运输》杂志上刊登后又被注销了的一则广告文章透露美国信孚银行贷款给丸红，然后丸红又转贷给长荣的内幕，台湾岛内舆论为之哗然。

长荣财团以发展海运发家之后，又在 80 年代逐渐扩大经营范围，向航空、旅馆、房地产、钢铁等领域发展。目前，长荣财团已发展成集海运、空运、内陆运输、集装箱、酒店、制造等业务为一体的跨国企业集团。除了主力长荣海运公司外，另有 10 家关联企业，分别是长荣运输、长荣重工、立荣海运、长荣国际、长荣货柜、立荣航空、长荣航空、长鸿营造、荣刚重工、长荣空厨等股份有限公司。显然，中国台湾长荣财团与日本财团的多元化发展模式如出一辙。

20 世纪 80 年代，台湾长荣财团投入 7 000 万台币，成立了一个国家政策研究中心，用高薪将一些专家、教授网罗进这个中心，专门研究“台独”问题。这个中心成立后，所需经费，仍全由长荣集团支付，研究出的“成果”，直接送给李登辉参考。因此，长荣财团的国家政策研究中心，成为李登辉搞“台独”的智囊团。李敖是台湾当代知名作家、评论家和历史学家，他在《财阀伸手捞“国策”，“总统”幕后搞“台独”》一文中，将张荣发与李登辉相互勾结，从事“台独”活动的内幕彻底拆穿。

三井物产充当总协调人

日本财团是两岸通吃，哪里有钱赚就去哪里。不难推知，1997 年为“中国特需”组建的中国高速铁路日本企业联合就算不是台湾新干线日本企业联合（简称“TSC”）的原班人马，但绝大多数都是“老面孔”。如果要梳理日本财团在中国台湾高铁的运作，就必须从所谓的台湾新干线日本企业联合的主干事三井物产说起。三井物产是世界上最大的综合商社，又是综合商社先驱者，有着悠久的历史，至今已延续了百余年。

对于三井物产与台湾的历史渊源，从《三井物产株式会社旧厦修复计划调查研究》一文中，人们可以看到作者杨仁江（台北杨仁江建筑师事务所）有这样的叙述:“三井株式会社为日据时期日本人在台湾的最大财团,并与日本三菱商事及藤山集团三大资本集团在当代鼎足而立,其经济活动与殖民政策密不可分,经济事业范围甚广,除了台北设总部外,台南及高雄亦设支店,经营范围有银行及保险事业,之后涉足樟脑采制、鸦片进口业务。”

经过二战后被解散而又重新恢复的三井物产在台湾的商界和政界也都有很深的基础,但却不为人注意。2006 年 2 月,台湾《理财周刊》对台湾三井物产董事长兼总经理小川隆采访后,发表了一篇题为《大陆风险高,还是台湾好》的文章,开头这样写道:“深耕台湾超过半个世纪的台湾三井物产公司,经营事业从民生必需品的食材、衣料,到高铁等重大建设。与商界关系密切的台湾三井,虽不常见于媒体,但却是影响台湾经济的狠角色。”

事实上,从 1996 年开始,在小川隆接任台湾三井物产董事长之前,前两任董事长,就已经参与开发台湾高铁的计划,从一开始的策划、宣传,到在日本成立财团企业的联合体,即台湾新干线日本企业联合。后来,该联合体参与高铁的投标,虽然起初输给了欧洲的公司,但是后来在三井物产不断努力争取之下,高铁公司终于决定将车厢、设备的采购交给 TSC 来做。

台湾新干线日本企业联合是由日本重量级企业,包括三井财团的东芝、富士财团的川崎重工、三菱财团的三菱重工等制造商以及三井财团的三井物产、富士财团的丸红商事、住友财团的住友商事、三菱财团的三菱商事等日本四家综合商社一起出资组成;由于三井物产在台湾的经验丰富,协调这七家公司的任务,就由三井物产负责,而且三井物产的前任副社长佐藤和夫被任命为 TSC 的董事长。

日本财团企业在中国台湾拓展市场争夺商权的过程中,作为日本最大的综合商社,三井物产一直以来都是充当总协调人的角色。日本商社十分了解在当地办事、揽项目时,人际关系的重要性,所以特别任用一些与政府有密切关系的当地职员,这些人员有“特殊背景”即所谓的纽带关系,往往是政府官员的子女或是亲属。在日本财团企业中的这样一类当地职员,被俗称“敲门砖”。例如,有“台独教母”之称的金美龄曾担任李登辉的国策顾问,她的儿子在三井物产工作。

对于那类充当“敲门砖”的人才,日本企业一般情况下都给高薪并协助他们办理在日本的永住手续。经过几年的培养,等这些人把日本企业当成自己的“终生职业”时,或取得日本永住身份或日本国籍后,就把他们放回原籍所在地担任项目的高级管理人员,让他们利用自己的关系从事公关、拉项目的工作。事实上,三井物产这样的综合商社本身不是制造厂家,所以它最大的财产就是人,不仅有人才,而且有人脉。

以政治博弈收获经济利益

就台湾高速铁路这个项目而言,从 1992 年 6 月核定开始,就夹杂着太多的政治利益和经济利益。1997 年 9 月,欧铁联盟(主要厂商为德国的西门子和法国的阿尔斯通)击败了台湾新干线日本企业联合,取得最优议约资格。然而,与国际认知不同的是,欧铁联盟拿到最优议约资格可不是成交的“保证”。台湾高铁设定核心机电系统的投标截止期限是 1999 年 6 月,审查了日本企业联合和欧铁联盟的投标计划书,都不符台湾高铁的企划。

在真正实际作业开端的核心机电系统上,一方面,台湾高铁因欧铁联盟未降价,对是否投资高铁也犹豫感到不快;另一方面,“政府高层”私下多次表示,应该“试试看”日本系统是否可用。于是台湾高铁仍暗地继续与日方“沟通”、磋商,给了日本企业反败为胜的机会,使之与欧铁联盟处在竞争的局面。1999 年 12 月 28 日早上,台湾高铁召开临时董事会,即甩开欧铁联盟,正式宣布选择台湾新干线日本企业联合为优先议约对象。

从这里不难得知,这根本不是价格、技术的专业判断,“政治考虑”才是最重要的因素。而且,做国际招标也是台、日官民应付外界的幌子。在李登辉的心里,早就“钦定”了日商,只是在等待日本财团给个具体的提案、日本政府释出优惠(表示台日间有“政府关系”)乃至给予他个人的政治利益(卸任后去日本等)。

1999 年 6 月,李登辉所著的《台湾的主张》就有很耐人寻味的叙述:“目前台湾正进行好几项重大的国家工程建设,相当于新干线的‘高速铁路’即其中之一。关于高速铁路的投资,很遗憾的是,德国甚至是交通部长、经济部长层级都参与运作了,可是跟日本的谈判竟还停留在基本事项上。我们所揭示的基本事项是,第一,价格问题;第二,安全性;第三,政治考虑。这第三所谓的政治考虑是指,虽然此计划案的的确确是民间投资,但也希望日本政府能有明确支持的态度。”

通过政治博弈获得经济利益是日本财团惯用的手法。在李登辉的支持下,台湾新干线日本企业联合最终赢得台北、高雄间总长 345 公里的高速铁路项目。这个由三井物产、三菱商事、丸红、住友商事四家大商社和三菱重工、川崎重工、东芝等三十多家日本重点企业组成的联合体,再与 JR 东海及 JR 西日本两家新干线公司技术合作,其中的主要角色当然还是三井物产,它作为联合体的干事负责推动和组织整个事业。

痛失近千亿元商机的欧铁联盟于 2001 年初向新加坡法庭提请国际商务仲裁,历经 3 年缠讼,2004 年 3 月中旬,国际商会(ICC)做成仲裁判断,裁定台湾高铁应补偿欧铁联盟 7 304 万余美元,加上利息,约合台币 28 亿多元。最终台湾高铁同意将赔偿欧洲高铁联盟新台币 21 亿元和解。同时,为了避免过分得罪欧洲方面,台湾高铁将日本新干线系统与欧洲高铁系统混用使用,这就造成了后来技术上不兼容的隐患。

推行新干线系统的日本公司中标后,三井物产、东芝、川崎重工等 7 家日本联合企业在 1999 年底收到台湾方面生产铁道运行有关的列车车厢、电气、信号灯等核心系统的订单。然而，以欧洲铁道系统为前提制定的欧洲标准的工序说明书在日本中标之后并未得到修改。中国台湾采用的是1997年订制的德国机车与法国2层客车的联合系统，但是中国台湾和日本都是多地震、台风的地区，隧道、桥梁也多，欧洲高铁却没这些经验。

事实上，欧洲和日本高铁系统的混用，在中国大陆高铁建设中也基本上确定了。对此，美国《商业周刊》在一则报道中这样写道："加拿大的航空航天和运输巨头庞巴迪公司、日本的川崎重工业公司以及包括德国西门子和法国的阿尔斯通在内的一些欧洲公司，都争先恐后地要赶上中国这列赚大钱的'快车'。目前，德国西门子、法国阿尔斯通、加拿大庞巴迪、日本川崎重工四家公司都与国内企业建立了合资厂。"

第二节 "三位一体"的攻势

"京沪高铁"牵动日本政界要员

国家大型采购案作"政治运用"是世界各国普遍采用的，只是程度不同的差异，中国和日本也不例外。针对中国大陆的高铁项目，日本采用"三位一体"的营销策略，即综合商社为核心的相关财团企业与日本政界、日本经团联为首的产业组织机构互相配合的全方位营销。相对于政府和经团联为了争取中国高铁建设的努力而言，日本财团企业的准备和努力则更为实际。

拟建中的"京沪高铁"全长1 300公里，被作为北京2008年奥运的重点项目。从公布立项开始，就成为日、法、德这三个国家的争夺目标，三方两派的争斗一直没有停歇过。拿到这个项目，将会给承建方带来100亿美元的市场效益。日本和法国以轮轨见长，而德国则是磁悬浮的代表。为了向中国推销日本新干线技术，日本政府和民间在1995年成立了北京—上海高速铁路计划合作推进委员会。

成为日、法、德三国争夺目标的"京沪高速铁路"项目全长1318公里

日本产业界为了拿下中国大陆的京沪高速铁路的生意，1997年即由三菱商事、川崎重工、日立制作所、东日本旅客铁道（简称"JR东日本"）等14个企业团体发起日中铁道友好推进协议会，聘请前首相竹下登（已故）担任会长，总共有70家厂商会员，其中的44家企业组成中国高速铁路日本企业联合。该会虽然仅有5名职员，但每

年预算竟达3亿日元，这在日本极为罕见。

中国领导人每次访日，双方必定谈到新干线，日方必定安排乘坐和参观新干线。1978年邓小平访日时乘坐了新干线，之后的中国领导人江泽民、李鹏、朱镕基等访问日本时都乘坐了新干线。新干线固然是日本国内安全便捷的交通工具，但日方如此安排也有展示新干线的先进技术以向中国推销的意图。1998年11月，访日的江泽民主席乘坐新干线时，小渊惠三首相（已故）对江泽民说："对中国的高速铁路项目，日本将官民并举，倾力协作。"

此后，日本通过各种场合一再表示希望参与中国的高速铁路建设项目。1999年7月，日本首相小渊惠三赴大陆访问，向中方递交了一份"日本援建中国高速铁路意见书"，明确表示日本愿意提供最先进的新干线技术和建设资金。2000年4月，日本运输省官员曾表示，中国建设北京—上海高速铁路项目时，日本不仅可以向中国出口车辆，而且要向中国转移新干线系统的最新技术。

和日本政界要员一样，以日本经团联为首的日本产业组织对争取中国高铁订单也不遗余力。2000年10月14日，朱镕基总理访日，当时的日本经团联会长今井敬在欢迎宴会上郑重地表示"日本没有美国的波音客机，也没有法国的空中客车，只有一条新干线，希望中国能够在建设北京至上海的高速铁路问题上，认真考虑采用日本技术"。但中方并未因此随之起舞，日本的几番努力，朱镕基总理回答的总是一句外交辞令"欢迎投标参与国际竞争"。

经团联会长披挂上阵

中国有一段时间较热衷采用磁悬浮技术，日方一度沉寂下来。为了争取中国内地第一条高铁的生意，法国和德国的政治领袖们开始频繁活动。2002年底德国总理施罗德去上海，与中国领导人共乘磁浮列车，然后续访北京，表示德国政府愿给予全面的支持。法国也积极表示愿提供资金援助和技术支持。然而，"中国工作"着力最深、动作最频繁还是非日本莫属。

2002年8月13日，日本《每日新闻》报道：作为中日友好协会会长的宋健表示与日方商讨有关新干线合资事宜。2002年9月，宋健访问日本期间，日本许多媒体纷纷报道说："中国政府在京沪线1 300公里的计划中对日本型新干线重新表示兴趣。"随宋健到日本访问的，还有铁道部高速铁路办公室副主任华德洪。日本媒体报道说："华德洪谈到京沪高速铁路，并说新干线是最好的模式。"由此，日本各界又掀起一波出口新干线的热情。

作为一个坚定的新干线支持者，经团联新会长奥田硕在2002年多次表示，无论从地理环境还是从技术造价上，新干线技术是最有竞争力的。他建议，成立一个日中高速铁路联合委员会，用来推动进程，甚至说"只要建立了这个委员会就表明日本已经获取了京沪高速铁路的建设权"。在日本经团联的建议下，日本甚至把承建京沪高铁提高到两国友好的高度。

奥田硕既作为有"财界总理"之称的经团联会长,自身又是三井财团丰田公司的会长。当时,丰田公司的市值已经超过了美国汽车业界三巨头(通用、福特和戴姆勒·克莱斯勒)的总和。奥田硕担任会长的日本经济团体联合会(新经团联),前身是经济团体联合会(原经团联)和日本经营者团体联盟(日经联)。这两个团体在二战后50多年来一直被称为"财界大本营"和"财界劳务部",2002年5月28日宣布合并,统称"经团联"。

原经团联成立于战后初期的1946年8月,主要由日本制造、贸易、流通、金融等行业团体和主要大企业组成,会员总数达1207家,是这些大企业的利益代表。它在宏观经济政策、税制等国家重要经济问题上向国会、政府、政党提供重要的政策建议,具有政府经济智囊库功能。经团联的会长又被称为"财界总理"。特别是1994年之前,经团联一直负责协调各企业向政党提供的政治资金规模,对政党支持影响力巨大。

2003年5月,奥田硕曾计划率领经团联访华,主要推销新干线技术,但"非典"扰乱了行程。3个月后,《中日友好条约》缔结25周年,奥田硕重燃访华念头,当然还是为了兜售日本新干线。但恰好此时"齐齐哈尔毒气泄漏事件"发生,中国对日敌对情绪高涨,中国方面难以安排高层晤见,行程再次推延。此时,奥田硕告诫日本人,京沪高铁建设权的竞争是长期的,并且希望日本厂商从现在就开始着手进行投标的准备工作。

发动另一波推销攻势

2003年7月1日,许多国内媒体都报道了秦沈铁路客运专线开通运营的消息,引起了各方重视。这是因为秦沈铁路客运专线是当时中国速度最高的铁路,它设计时速200公里,并预留了今后升级为时速250公里的条件。中国自主研发的"中华之星"列车在这里曾创造了时速321公里的试验记录。虽然秦沈铁路客运专线还不是高速铁路,但是一旦中国铁路熟练地掌握了时速200公里的技术,势必将缩小今后引进的范围。

随后,日本从2003年夏天起发动另一波推销攻势。2003年8月3~6日国土交通大臣扇千景带着大礼——低利日元借款(即ODA,日本政府经济援助)到北京拜见国家领导和铁道部负责人。原本从2001年起,日本对中国援助已逐年锐减,而如果中国肯采用新干线,日方愿意再提供巨额资金援助。然而,中国政府方面一贯明确表示"采用哪种技术,正由中国专家做论证",无论日方如何"利诱",中方都没松口偏向日本。

在日本国土交通相扇千景2003年8月的努力失败后,针对中国当时强烈的反日情绪,经团联会长奥田硕甚至向外界保证,即便获得了建设权,拥有"日本军方背景”的三菱重工,将不会参加京沪高速铁路的建设。奥田硕显然认为,自己同中国的良好关系将有助于为日本拉到选票。2001 年中日贸易摩擦时,奥田硕也是日本企业界中第一个站出来指责日本政府的人士。2002 年胡锦涛当选中国共产党总书记时,他就特地发来贺电。

从 2003 年 11 月 23 日开始,以奥田硕为首的代表团开始了中国之行。这被日本看作是对华民间经济外交的“处女行”而被寄予厚望。这也是中国新一届政府上任以来,首次面晤日本经济界领导人。出发前,奥田硕曾反驳日本国内不赞成新干线出口给中国的人士说,这是一个绝对应该争取的事业,“中国的高速铁路计划不单是京沪之间,是涉及将来中国全国多条建设路线的计划,况且日本透过展示先进技术,可促进企业向中国出口”。

2003 年 11 月 24 日,温家宝总理会见了奥田硕。会谈中,中方一直回避新干线这个话题。于是,在会谈即将结束的时候,出现了这样一幕:一向颇有绅士风度的奥田硕,被迫向温家宝总理直截了当地提出:“关于新干线的事情,是有进展还是为时过早,我们希望能从温总理这里得到信息。”温家宝总理的回应是:“我们有必要听取广泛的意见”,以此希望日方能够理解这件事情需要时间。这使得日本方面依然无法摸清中国方面的态度。

三菱商事担任主干事

日本综合商社拥有强大的资源调动能力、产业组织能力和复杂的关系网,在当地的商权争夺战中拥有巨大的优势。在综合商社的组织下,日本财团企业的综合实力要明显强于德国和法国公司。2003 年 11 月 9 日,《21 世纪经济报道》的一篇题为《冀望京沪高速铁路:三菱商事全面合作联想》的报道说:“三月份(2003 年 3 月),三菱商事赢得了中国方面 6 亿美元的燃气轮机的投标。对京沪高速项目,三菱商事非常积极。”

在谈到“决定京沪高速最后谁胜出的因素有哪些?”时,三菱商事常务执行董事、中国总代表武田胜年说:“在中国方面,有三层结构。第一层,是做最实务性工作的铁道部或者是铁路经营公司,他们更多地考虑例如价格、技术、软件硬件、交货及时等方面的问题;第二方面是政府,以发改委为主的国产化问题,即技术引进问题;第三方面,可能就是外交或者是政治方面的问题。”武田胜年很有信心地表示,上述的第一方面可以解决。

三菱商事作为高速铁路日本联合会的主干事,一直扮演着产业组织者的作用。武田胜年认为:“在未来几年的中国铁路建设中,日本企业有很大优势。在产业合作方面,日本铁路建设和欧洲不大一样。欧洲的铁路技术,掌握在西门子等公司手里,而日本的基本技术掌握在日本铁路公司。根据日本铁路公司的要求,厂商进行生产。因此在日本铁路公司的支持下,中国企业可以按设计要求进行生产，有利于铁路设施和设备的国产化，以及技术转移。”

当然，三菱商事中国总代表的话仅仅是日方推销中用的技巧，这场关系到以后中国铁路建设发展的方向和上千亿巨额订单的巨大博弈中，无论是中方还是外方都不得不站在企业和国家的最高利益上考虑，日本的无所不用其极也无可厚非，因为巨额订单不仅直接可以给日本铁路公司带来盈利，也可以拉动日本相关制造业的全面发展，甚至可以通过中国高铁项目实现技术上的创新和突破。

京沪高速铁路项目和台湾高铁跌宕起伏的争夺战似乎有类似的地方。同样是日、法、德为首的三国争夺，在竞争的初期日本企业也并不占上风，但是随着日本“三位一体”的营销策略展开和推进，优势逐渐被日本企业掌握。中国大陆要比中国台湾在主动权上要好一些。比较不同的是，大陆采取的策略是“市场换技术”，而台湾选择的是“市场换政治”。

第三节　进军中国“大提速”

以另一种方式进入中国

2007 年 4 月 13 日，人民网消息：行驶在上海南站至杭州之间的动车组列车喷上了“和谐号”名称，这也是中国铁路第六次全面大提速的标志。“和谐号”CRH 动车组成为了我国既有线时速 200 公里及以上旅客运输的主力车型。“和谐号”CRH 动车组主要产自南方机车车辆工业集团的青岛四方客车股份公司（简称“南车四方机车公司”）和中国北方机车车辆工业集团的长春轨道客车股份公司，其中上海铁路局的车辆采购自南车四方机车公司。

早在 2004 年 5 月 18 日，《日本经济新闻》刊出一条消息：日本川崎重工、三菱商事、日立制作所、东日本旅客铁路等 6 家公司将参与中国现有铁路提速项目的招标，近期已联合成立光基铁道系统公司，该公司将通过川崎重工向中国出口相关技术，中国的“南车四方”将成为本次招标的窗口，如果日本企业竞标成功，将成为日本高速铁路技术向中国转让的首例，并成为日本企业介入中国新干线铁路市场的突破口。

为实现计划于 2005 年启动的中国国内现有铁路提速项目，铁道部于 2004 年 7 月 28 日就京沈、济青等 5 条铁路欲引进的新型列车实行招标。作为中国第 6 次铁路大提速，此次高速化的路线有北京至沈阳、济南至青岛等 5 条现有线路，总长约 2 000 公里。日本财团企业决定改良日本东日本旅客铁路（新干线的运营公司之一）的东北新干线“疾风号”车型（即新干线“隼”型的派生型）参加此次竞标。

至今,很多人仍对2004年7月28日那场“时速200公里铁路动车组项目”招标记忆深刻,因为这场招标会曾一度由于日本方面的参与竞标而引起网民的强烈反对。在日本前首相小泉纯一郎参拜靖国神社后,引进日本新干线高速铁路技术对中国而言成了政治问题。许多中国人通过网上签名等活动反对引进日本新干线。正在着力推进铁路高速化的中国政府部门也不得不对引进新干线采取谨慎态度。

对与日本川崎重工的合作,南车四方机车公司董事长江靖曾作过解释:一是川崎重工的机车车辆制造技术处于世界先进水平;二是南车四方与日本川崎重工有近20年的合作历史,既接受过川崎的宽轨转向架技术转让、不锈钢车体设计和生产的技术转让,也与川崎合作生产过向日本JR东日本公司出口的转向架。随后,日方向中国提供JR东日本生产的最新“疾风”型新干线车辆在中国组装,机车生产则由川崎重工来做。

包括川崎重工在内的6家日本公司联合体的新闻发言人是三菱商事的神原先生。但是,当《瞭望东方周刊》记者电话采访他时,神原先生却回避谈论这个话题。最终事实证明,6家日本公司成立的光基铁道系统公司与南车四方机车公司联合中标了铁道部60列时速200公里铁路动车组订单。日中联合体这次中标成功,对中国政府就长达1 300公里的京沪高速铁路选用日本新干线技术产生了非常大的正面影响,发出了日资将以另一种方式进入中国铁路建设的信号。

秘而不宣的第二次招标

铁道部第一次招标的“时速200公里铁路动车组项目”签字仪式是在2004年10月20日下午举行的,地点是北京中国通用技术大厦。当天气氛相当热烈,参加签字仪式的有铁道部运输局以及发展计划司的官员、中国南车集团和中技国际招标公司高层以及川崎重工株式会社社长,日本联合招标体的其他公司也都到场。当天签署了《时速200公里铁路动车组项目技术转让协议》和《时速200公里铁路动车组项目国内制造合同》等重要文件。

按照技术转让协议,作为技术转让方的川崎重工应负责对南车四方机车公司包括设计、工艺、生产、管理等岗位的300人左右进行培训。2005年,南车四方机车公司的一个培训团队在公司技术中心副主任许韵武带领下到日本川崎车辆厂接受培训,学习和消化日方的管理经验和制造技术。回国后,他们承担了对其他技术人员的培训。2005年8月17—19日,南车四方机车公司举办了首期专题培训班。到2005年8月,公司已经派出采购、设计等4个团组出国接受培训。

铁道部2004年的这次“时速200公里高速列车的招标”是第一次,被外界还是多少捕捉到一些信息。但第二次招标则是完全封锁了,事后《商务周刊》记者从有关渠道了解到,第二次招标从2005年初开始组织筹备,6月份开始招标,9月份基本结束,目的是采购运营速度为300公里/小时的新型列车。这次招标是在2004年140列时速200公里铁路动车组项目技术引进和招标采购的基础上进行的,继续采用"以市场换技术"的方式。

第二次"时速200公里铁路动车组项目"招标未公开发公告,采用了小范围内展开报价和谈判的"竞争性谈判"方式。2005年11月22日,日本几大主流报纸《朝日新闻》《读卖新闻》《日经新闻》均在靠前版面以头条方式报道了这一消息,新加坡中文媒体《联合早报》也对此事进行了初步报道。2006年初,铁道部运输局有关官员透露,动车组第二次招标采购已经取得成功。在此次招标中,中技国际招标公司仍然作为铁道部的代理方。

2006年1月23日,一则消息引起了业内的关注。当天,南车四方机车公司的母公司中国南车集团公司与国家开发银行联合在北京钓鱼台国宾馆举行开发性金融合作协议签字仪式。国家开发银行在今后的三年时间里,将为中国南车集团公司时速200—300公里高速列车研制等国家重点项目提供开发性金融贷款150亿元人民币。此时,南车集团已经获得了铁道部60列时速300公里高速列车的订单,并已开始组织生产。

至今,南车集团对第二次招标仍讳莫如深,因为南车集团的高层承担了很大压力。由于历史原因,中日关系的任何风吹草动,都会触动那条敏感神经。事实上,第二次竞标中,川崎重工仍然是与三菱商事、日立制作所、三菱电机、丸红商事、伊藤忠商事等5家大企业出资,通过共同成立的光基铁路公司来竞标。作为6家日本公司联合体统一的新闻发言人,三菱商事始终没有向外界透露任何消息。

在这个"6家日本公司联合体"中有3个成员是综合商社:三菱商事、丸红商事、伊藤忠商事。有内部人士透露,实际上这6个公司仅是主要参与者,还有其他的日本综合商社(是三井物产、住友商事的可能性很大)也参与了高速铁路竞标项目。综合商社在联合体中主要执行贸易和公关事务。这些综合商社公关能力非常强大,正是这些综合商社在操作竞标的主要工作。同时,他们也在对各相关机构进行游说公关活动。

其实,一直在中国大陆高铁项目中没有公开露面的三井物产与南车集团的关系也非同一般。在巴西淡水河谷(CVRD)扩大巴西国内铁路网的过程中,三井物产动员了交通项目第一部、第二部、物流推进部、北京办事处、巴西和美国分公司的人员和物力,促成南车集团所属的株洲车辆厂、中国铁路物资总公司与巴西淡水河谷于2003年7月达成了提供900辆铁矿石铁路货车的协议,合同金额达3 600万美元。据巴西当地媒体报道,三井物产还准备与南车集团在巴西共同建造货车生产工厂。

"和谐号",异乡的新干线?

在国务院2006年2月批准的京沪高铁立项方案中,正式确定采用轮轨技术。

这意味着曾争论了将近10年、一度呼声甚高的磁悬浮技术最终出局。来自国家发展和改革委员会交通运输司也证实,京沪高速铁路采用高速轮轨技术建设,这在某种意义上确认了采用日本新干线技术的可能性。京沪高铁项目全线按最高时速350公里、运行时速300公里设计,一次建成高速铁路线路1 320公里,预计总投资将达1 300亿元左右。

2006年3月8日,中国订购的日本新干线列车运抵青岛码头,这是日本川崎重工抢夺中国高铁投资盛宴努力的一部分。同一天,《经济观察报》刊出报道:铁道部部长表示,投资超过1 000亿人民币的京沪高铁正式批准立项,力争年内开工,并且有意强调其修建技术将完全依靠自主研发。至此,在经过16年之久的论证之后,以中国最大的两个城市——北京和上海为起点和终点的京沪高速铁路终于获准正式立项。

2006年12月2日—3日,日本国土交通大臣冬柴铁三访问了中国,其间除拜会国务委员唐家璇之外,还与铁道部部长进行了会谈。在3日下午,冬柴铁三访华的媒体吹风会上,一位日本NHK记者抛出的问题,引起了在座记者的关注:"和中国铁道部部长见面时,是否谈到了日本新干线与中国未来高速铁路的合作问题?"冬柴铁三回答:"中国铁道部部长对日本新干线技术给予了高度评价,希望与日方展开合作,但我们没有就此进行实质性的探讨。"

而在日本,每一次日本外交官员抑或民间组织就此事访问中国,主流媒体都会及时爆料个中进展。2007年1月28日,中国第一列子弹头高速列车正式投入商业运行,从杭州开往上海。日本媒体甚至将这趟从上海到杭州的标有"CRH"(和谐号)的动车组称为"异乡的新干线",或"日本新干线中国版"。日本记者随车进行采访,日本国家电视台NHK在当天傍晚以《中国新干线》为题播出了这一专题节目。

在这个节目中,特别播放了记者采访一位中国乘客的镜头,那位乘客对这辆国产品牌列车赞叹不已,骄傲的神情溢于言表:"中国能够生产这么好的列车,说明中国的国际竞争力非常强。"然而,随着日本媒体一波又一波的宣传攻势,CRH遭遇到中国的民族情绪,甚至于被网民译成"耻辱号"。此时,随着在日本"疾风"E2—1000新干线车型基础上加以改进的中国品牌("CRH2型")列车投入运营,日本企业迎来了新的曙光。

任何一个国家的铁路系统在对外合作中都会慎之又慎,具体到京沪高速铁路项目,除了价格因素之外,起决定作用的因素还包括:是否有技术转让、转让的百分比、所使用车辆等设备是否部分在中国生产,以及国与国政治和外交关系的好坏等等。日本国土交通大臣冬柴铁三访华期间,一位日本驻京记者对《世界新闻报》记者说:"如果明年能够实现温家宝总理或胡锦涛主席访日,我相信对中日在铁路领域的合作会起到非常积极的作用。"

2007年4月4日,在对日本进行正式访问前夕,中国国务院总理温家宝在中南海紫光阁接受了日本经济新闻、朝日新闻、读卖新闻、共同社、日本广播协会等16家日本新闻媒体驻京记者的联合采访,并称这次访问是“融冰之旅”。引人瞩目的是,温家宝总理此次访日过程中从东京前往京都时,没有循例乘坐新干线,而是选择了乘飞机。日本媒体猜测认为,温家宝总理刻意避开了乘坐新干线,表明不把 引进新干线技术作为政治交换。

时至2007年12月22日,南车四方机车公司董事长江靖宣布:中国首列国产化时速300公里的“和谐号”动车组列车“CRH2—300”竣工下线。当天,中央电视台报道了这一消息,并且强调:时速300公里“和谐号”动车组是由中国自主研发制造的,是中国铁路全面实施自主创新战略取得的重大成果,标志着中国铁路客运装备的技术达到了世界先进水平,中国也由此成为世界上少数几个能自主研制时速300公里动车组的国家。

躲在喧哗背后的三井财团

正当中国人为国产“和谐号”高速列车而无比自豪的时候,一直在中国台湾高速铁路项目上奔忙,而未曾在中国大陆高速铁路争夺战上公开露面的三井财团,其实并没有闲着。早在2003年8月18日,三井物产通信交通部本部部长长尾寿彦率东急车辆株式会社访问了北车集团的长春轨道客车股份有限公司。随后,三井物产中国总代表副岛利宏在2006年的“中国循环经济发展高层论坛”上提到“三井物产和日本另一家公司和长春客车厂三家公司合作正在重庆建单轨项目”。

此时,作为三井财团的产业组织者,三井物产在中国城市轨道交通领域开始发力。重庆市轻轨二号线是由三井物产控股的朝阳贸易株式会社通过长春客车厂引进日立公司的跨座式单轨交通系统,于2005年6月18日正式开通。随后,三井物产、朝阳贸易、日立与重庆轨道交通总公司、中铁十一局集团等中国企业共同以股东和发起人身份于2007年9月组建了“重庆单轨交通工程有限责任公司”,希望推动跨座式单轨交通系统在中国的进一步发展。

在日本,三井物产、三井物产交通系统、东芝、东急车辆制造、日本电设工业、大铁工业于2001年从法国Rollindustry公司引进技术,开始积极联合开发“橡胶轮胎式单轨双向导向的轻轨交通系统”,并租用新日铁的部分用地,建设了总长度400米的试验线路,使用3节车编组的列车从2005年5月开始至2008年进行约3年的实车试验。这个交通系统已经被中国天津泰达经济技术开发区引进,在2007年正式运营。

借助北车集团的长春轨道客车公司这个平台,三井物产的关联企业还顺利介入到了北京的地铁建设之中。北京地铁五号线工程电动客车招标项目、十号线工程电动客车招标项目的中标人是长春轨道客车股份有限公司,而北京地铁五号线工程电动客车电气牵引系统、空气制动系统及空调系统招标项目的中标人是住友商事、日立和永济电机厂的联合体，北京地铁十号线工程电动客车电气牵引系统及空气制动系统招标项目的中标人是三井物产、东洋电机和湘潭电机的联合体。

与此同时，三井物产又从南车集团的南车四方机车公司成功切入北京地铁项目中。2006 年 5 月 25 日，北京地铁车辆更新项目——北京地铁一号线消隐工程电动客车及牵引制动系统采购合同，在京隆重举行签字仪式。在欢快的乐曲和热烈的掌声中，南车集团董事长江靖分别与北京地铁运营公司董事长王德兴和北京国际贸易公司、湘电股份、东洋电机、湘电东洋、三井物产代表在电动客车整车采购合同和牵引制动系统采购合同上签了字。

事隔一年之后，2007 年 10 月 12 日，成都地铁 1 号线 17 列 102 辆地铁车辆及牵引制动系统采购合同签字仪式在蓉城隆重举行，南车四方机车公司为整车的制造集成商，由三井物产、三井物产成套设备系统、东洋电机、湖南湘电东洋电气、湘潭电机组成的联合体作为车辆电气牵引系统和空气制动系统（列车的“中枢系统”）的供货商。此时，三井物产还在组织财团的关联厂商积极参与天津地铁的投标工作，不断将触角延伸到更多中国城市中。

2007年10月12日，成都地铁1号线17列102辆地铁车辆及牵引制动系统采购合同签字仪式在蓉城举行，三井物产参与其中

在中国大陆，东芝公司实际上部分替代了三井物产的综合商社角色，发挥着三井财团在电气制造领域的产业组织者作用，早已吞下了中国铁路电气装备这样一块现成的肥肉。2002 年 8 月 28 日，东芝与中国大连机车车辆共同出资在大连保税区成立了大连东芝机车电气设备有限公司，以生产、销售和维修保养铁路机车（电力机车和内燃机车）及城市、城际交通车辆用电气产品为主。该合资公司成为东芝公司在海外成立的第一个铁道车辆电气产品制造基地。

大连机车车辆厂是中国著名的大型国有内燃及电力机车生产企业，是中国最大的铁路机车厂家，而 大连东芝机车电气设备有限公司的产品包括：铁路机车、城市及城际轨道交通车辆牵引用主变流器、辅助电源装置、监控系统、车辆信息系统及其相关设备。可见，三井财团的东芝公司通过在大连的这家合资企业可以非常便利地介入到中国铁路大提速、京沪高速铁路、城市轨道交通等所有重大铁路电气化项目中。事实上，东芝已为中国的铁路和大连、北京、天津等大中城市的城市交通提供了许多电气产品，占有相当的市场份额。

《环球人物》杂志记者曾经在 2007 年 6 月 12 日采访了东芝公司总裁西田厚聪，然后这样写道：“一点都不奇怪，因为这个‘巨贾大亨’（指西田厚聪），竟是学政治出身的——早年他在大名鼎鼎的东京大学攻读政治学硕士学位。喜欢德国政治哲学的西田厚聪，经常爱说这样的话：经济学关心人与物，政治学却告诉你人和人怎么打交道，所以政治和经济，都是关心人的利益。”这篇采访文章中还特别提到“在交通领域特别是最近的第六次铁路大提速中，东芝已确定了180台的铁路机车订单目标”。

第四节 陨落的“中华之星”

中国高速铁路的民族梦想

如果中国自己企业的竞争力没有随着中国经济的增长和经济规模的扩大而持续提高，而只是单纯地依靠比较成本优势，甚至只是向跨国公司提供我们的比较优势资源，那么，即使中国的制造业规模有很大的扩张，也将在更大程度上只是“世界工场”，而不是真正的“世界工厂”。在中国铁路设备技术竞争中，外资顽强地驻留着自己的身影，各国在中国高铁建设中的博弈仍然存在，各种技术的竞争也变得更加有目的性，谁是最后的赢家，是中国、日本、德国还是法国?

由于京沪高铁项目投资巨大，技术难度高，并且与中国未来铁路的整体发展息息相关，从提出建设到2006年3月的正式立项，经过了16年的研究论证，几乎耗费整整一代人的心血，也浓缩了中国铁路迈向高速时代的民族梦想。如何实现技术引进与国产化的最佳结合，是中国高铁建设无法回避的问题。同时，也关系到在这一高新技术产业领域如何用事业凝聚人才、造就人才，尤其是以中青年为主体的创新型领军人才。

上届铁道部曾对研制高速列车和机车有明确的战略战术和步骤，1993年就开始了基础研究，后来租赁一列欧洲X2000高速列车在广深线示范运行，使中国国内对高速列车有了一致的认识。对中国来说，不仅要最大限度地消化国外技术和避免不同技术之间的不兼容，也需要注意外国企业在中国的长远布局损害了国家的最高利益，更重要的是努力培养和发展自主技术，让“经济爱国主义”不是一句空谈。

从1999年与国外合作研制“蓝箭”高速列车开始，“自主+合作”的研制模式步入了快速发展的轨道。1999至2003年，中国企业先后成功研制出“蓝箭”“先锋”“中华之星”“长白山”等型号的高速列车，“奥星”“天梭”等高速电力机车，“西部之光”“DF8CJ”等内燃机车。但是，这些机车都在国内市场化过程中受阻，基本全军覆灭。“中华之星”高速列车项目最为惋惜，该项目是由国家计委安排的重点产业化项目。

"中华之星"的前身是现在广深线运行的"蓝箭"号,都是以欧洲高速铁路技术模式为基础,属于动力集中型动车组。2000年,中国通过技贸结合和国际合作,引进国外核心技术部件——牵引变流器,完成了200公里/小时速度级的"蓝箭"电动车组,并在随后的正线试验中达到了236公里的时速,于2001年完成了8列动车组的生产,并正式投入广深线商业运营。这说明中国已掌握和具备了200公里/小时级电动车组产业化的能力和条件。

2001年,凝聚着中国高速铁路民族梦想的"中华之星"拉开了自主研发的序幕

2000年初,经过专家的多次论证,铁道部拿出270公里/小时高速列车产业化项目报告,并提交原国家计划委员会,当年下半年,国家计委以2458号文件正式批准立项,同时列入国家高新技术产业化发展计划项目。该文件明确这是中国具有完全自主知识产权的高速列车,并命名为"中华之星"。2001年4月,铁道部下达"270公里/小时高速列车设计任务书",确定了列车的总参数,由此拉开了"中华之星"自主研发的序幕。

此时,"中华之星"面临着巨大的商机。2003年初,铁道部部长宣布,"十一五"期间,中国将投资12 500亿元人民币,建设17 000公里铁路新线,其中客运专线7 000公里,这些线路的列车时速都要达到200~300公里。根据中国《中长期铁路网规划》,到2020年,全国铁路营业里程将达10万公里,主要繁忙干线均实现客货分线,复线率和电气化率均达到50%,客运专线达到1.2万公里以上,估计铁路建设的资金为2万亿~2.5万亿元。

"中华之星"与"日本之星"的不同命运

在铁道部下达的设计任务书中,对"中华之星"的用途有很明确的说明:京沈快速客运通道主型列车,未来高速铁路的中短途高速列车和跨线快速列车。"中华之星"的立项明确是以"产业化"为目标,预计用两年左右时间,达到年生产15列"中华之星"的能力。"中华之星"项目集中了当时国内铁路机车车辆制造和研发的最核心力量进行联合攻关,集合了南、北车集团旗下的四大铁路机车车辆企业、四大科研院所和两个高等院校。

从2003年1月起,"中华之星"开始在秦沈客运专线上进行线路运行考核。截止到2004年12月,"中华之星"在秦沈客运专线累计运行53.6万公里,创造了目前中国铁路新型机车车辆试验运行考核里程最长、运行考核速度最高的纪录。然而,在2004年铁道部200公里/小时动车组项目采购招标中,对象仅仅限于4家外国财团。由于实验中的故障记录,且缺少成熟的商业运作模式,"中华之星"高速车组的国内制造企业被这次招标拒之门外。

2005年初,"中华之星"在经历了秦沈客运专线上53.6万公里的线路运行考核,两节动力车和9节拖车分别返回四大主机厂进行解体拆检,拆检后没有发现任何重大问题,可以确认整车和零部件状态良好。然而,"中华之星"在通过了全面型式试验和50多万公里的运行考核后,只是因为一次实验中的技术故障而被迫叫停。之后,52名中科院院士联名向党中央、国务院上书力推"中华之星",2005年8月又投入试运营。

对比日本新干线("日本之星")的发展历程,尽管有媒体报道说日本新干线40年无事故,其实并不然。日本新干线一位抢修队队长在他的《新干线的安全神话是这样创造的》一书中回忆:新干线开通不久,多次出现半路抛锚,列车在半路断电,没有照明没有暖气,乘客在寒风中忍耐,几小时后他们才抵达现场。还有脱轨事故、车轴断裂、车厢漏水、厕所和车门被吹飞,等等。此外,新干线还有线路方面的故障,铁路不均匀沉降,信号系统故障。

但是,日本没有像中国对待"中华之星"一样对待最初老"掉链子"的新干线。在初期,日本把新干线的持续性研制甚至上升至法律层面,任何有决策权力的人都不得中断。事实上,学习外国技术不在于将中国高速铁路机车(CRH)的轮子制造得有多圆,不在于外形多流线,而在于控制系统,尤其是其中一些"软"内容,包含设计思想的关键技术,外方教不教先不说,中方能不能学会就更难。

由于主导"中华之星"项目的都是技术出身的专家学者,没有像日本综合商社那样在资金运作、产业协调和政府公关方面的经验和能力,难以产生真正的商业竞争力。虽然"中华之星"投资1.3亿,由12个企业、科研院所和大学共同完成,掌握了全部核心技术,拥有完全自主知识产权,其动力集中技术在相当一段时期内也很适合我国国情。但是,2006年8月,"中华之星"在完成了29万多公里载客考核后,最终还是被取消运营资格。

耐人寻味的是,"中华之星"动力车的前身,即同样为200公里/小时的电力机车"奥星"号,2004年出口到哈萨克斯坦,至今已经运行了100多万公里,经历了零下50℃严寒考验,虽然也暴露出一些技术问题,但都很快得到解决。2006年,中方又新获得两台订单(连前共买五台),定于2007年1月交付哈萨克斯坦方面。而且,中国这种高速机车成为哈方国家铁路百年纪念邮票的形象代表。最令人遗憾的是"中华之星"部分机车科技人才,看到在国内事业无望,纷纷跳槽到外企或干脆移民国外。

"外国芯"使国家战略安全存在隐患

"中华之星"的退出,意味着为包括日本财团在内的外国企业让出了巨大的市场。目前为止,中国共购买了日本、法国、德国的高速列车一共280列(其中160列为200公里/小时,120列为300公里/小时),每列8辆,定员只有600多人,共计人民币553亿。加上购买1 098台机车(电力机车420台和内燃机车678台)的人民币305亿和技术转让费5亿美元,这几次引进共花了人民币900亿(折合110亿美元)。

这样高的代价,买来的是近60%为200公里/小时的列车和以组装为主的制造技术。而所谓的"技术转让",只不过是外方将其部分技术转移到其控制下的合资企业,中方人员并不掌握核心的程序和电路。在中国向日本订购的60辆列车中,3列在日本完成,并完整交付予中国;另有6组以散件形式付运,由中方负责组装;最后提供中国国内制造剩余的51列列车所需要的设备等知识产权,但是一些高技术部件仍然会采用从日本进口的产品。

英国《金融时报》曾指出,中国CRH2型"子弹头列车"只是在日本E2—1000新干线车型基础上略加改进,并且,中国南车集团对该技术使用权仅限于当前这个合同。相关资料显示,供中国使用的CRH2与日本E2—1000使用相同的电动机,但其编组方式与日本不同,动力较小,因此在营运速度上低于日本本土的E2,最高时速为200公里。

中国从日本、法国、德国这三个国家买回的列车,其技术、规格不相同,难以通用,在以后的维修和运用方面将给我国带来巨大的困难。而且,购买外国车也没有与我国自主开发的高速列车的工作相结合。2007年4月21日,《新京报》报道高速列车D12次列车连续三次晚点,工作人员称制动不灵,但却修理不好,原因是法国阿尔斯通公司掌握着核心技术,只他们才知道设计背景和故障原因。

虽然考虑到中国目前并没有成熟的高铁技术,引进外国技术在所难免。但是,铁路是国家交通运输的大动脉,高速列车和机车既是国家的重要产业,也事关国家安全的大局。此次引进高速列车的牵引、网络控制、制动、辅助系统和ATP/ATO/ATC的关键技术,无线网络接入和GPS等远程控制和监测等手段,都由国外企业掌控,使技术供应商具有主导优势。高速铁路这种关系到国家利益的项目,"外国芯"使国家战略安全存在隐患。

日本财团等外国企业早已在中国悄悄地布局他们的合资或独资企业,迎合中国国产化政策的需要,实现"made-in-China,but made by Japan"(在中国组装,由日企制造)的战略步骤。"Made-in-China"决定的是中国国内生产总值(GDP),而"Made-by-Japan"决定日本的国民生产总值(GNP)。也就是说,日本财团投资在中国的产出计入了中国的GDP,却不是中国的GNP,而是日本的GNP。因此,日本财团进入中国,得到了更大的市场占有率和更多的利润,增强了日本企业的全球竞争力。

无论怎样,面对中国铁路跨越式发展的需求与中国铁路技术与国外依然存在一定差距的现实状况,为节省时间和资金,利用国产化替代自主化也是无可厚非的选择。台湾高铁撇开政治利益不谈,它最大的问题在于日本技术和欧洲技术无法兼容,造成了极大的安全隐患,制约了新技术的运用和发展。而韩国人对自主技术的执着,在短期内造成了对法国技术的“水土不服”,但这种牺牲眼前利益,争取长远利益的策略,也可能是最高明的策略。

第五节　韩国为什么能

日本垂涎韩国高铁项目

日本财团对亚洲高速铁路的布局中,台湾高铁和京沪高铁项目只是其中一部分,在这之前日本已经参与了韩国高铁项目的竞争。韩国作为一个后发国家,能在短短30年崛起,在贸易、制造业、IT产业等诸多领域对日本和美国构成巨大的压力,都源于对自主技术和自主经济体系的不懈追求。对于高速铁路这种国家级建设项目,韩国也毫无例外地最大限度支持自主技术使用和提升。

1970年,韩国邀请了法国国家铁路公司(SNCF)和日本国家铁路公司(JNR)的工程勘查团队,研究在汉城(现名:首尔)—宝山走廊地区建造一个增强型的铁路系统。1973年,按照世界银行关于国际铁路基金的要求,在汉城—釜山走廊的韩国发电厂开始了铁道科研。1984年,韩国政府自己对汉城—釜山走廊的长期运输投资需求进行了评估,并对建造一条高速铁路线的经济贡献作了可行性研究。

1989年5月,政府从政策上决定修建汉城—釜山铁路线。当年10月,在汉城召开一场高速铁路讨论会,这标志着该计划的公开启动。从1989年10月到1991年8月,是韩国高铁的积极准备期。从1990年6月开始,韩国政府正式宣布高铁工程启动。1991年8月到1993年8月的两年时间,是韩国高铁的选型战役期。随后,韩国高铁进入初次投标、客户初审、预先谈判、开价和设备选型环节。

韩国高铁也是通过国际招标建成的浩大工程。1992年招标时,有日本三菱重工、德国西门子、法国阿尔斯通公司竞标。由于绝大多数韩国民众对日本无好感,强烈反对使用新干线,当局考虑到民族感情,也就早早地淘汰了日本的新干线。经过激烈的竞争,1994年韩国终于宣布由法国阿尔斯通公司中标,淘汰了德国西门子公司。在韩国高铁建设的10年间,近千名韩国铁路工程技术人员到法国受训,400多名法国人在韩国工作。

然而,时至今日,在韩国国内外一直都有对招标时过早淘汰日本新干线的遗憾。韩国《东亚日报》比较了1965年开通的新干线(东京—大阪,552公里)与韩国高铁(汉城—釜山,420公里),运行时间前者还比后者少两分钟,质量更是新干线稳定、安全。日本业界也惋惜地说:"仅从地形特点上看,韩国也非常适合于上新干线,但由于历史问题,我们失去了发挥实力的机会。"

日本其实并不甘心在韩国高铁上的失利。在1994年,日本政府主导出台了一份题为《东亚新干线铁路网》的建设计划书:以东京为起点,然后在对马海峡建一个海底隧道,连接韩国,并通过朝鲜半岛再连接中国,然后从中国大陆一路南下,直抵香港。1994年10月20日,日本前首相森喜朗在汉城出席亚欧首脑会议时,向韩国前总统金大中提出了共建日韩海底铁路隧道的计划,但是韩方反应非常冷淡。

韩国全面消化吸收法国技术

法国阿尔斯通中标后,与韩国政府签署了研发"子弹头列车"的合作协议,法国负责提供设备及维修、铁路营运协助等服务。在第一批投入运营的子弹头型列车中,法国阿尔斯通公司制造了12辆,余下的34辆由韩国现代汽车(集团)公司旗下的Rotem公司基于阿尔斯通转让的技术,并逐步提高配件的国产化比重而制造,据说列车的国产化程度达到了92%。这一代列车是韩国高铁第一期工程运行的列车,时速达到300公里。

韩国铁路的成功也是企业的成功,列车组的背后有一个显赫的名字——Rotem,最初缩写为KOROS,1999年金融危机之后由大宇重工、现代精工、韩进重工等三家公司的铁路部门联合组成的KOROS公司(Korea Rolling Stock Company),是韩国机车制造的垄断企业。由于具备了良好的技术水平,韩国人也开始出口,在中国台湾前几年非常有名的"台铁捷运案"中,可以看到现代精工、大宇以及之后的Rotem都参与了机车部分的制造。

韩国在引进技术之始就提出一条明确的政策,即技术只能引进一次,同时他们把科技经费进行调整,引进和消化、吸收的费用比例是1∶5,也就是说韩国花1元钱引进的技术要用5元钱进行研究和开发。韩国只买300公里/小时的列车,不买200公里/小时的列车,因为他们认为掌握了前者,要制造后者就很容易了。韩国以较低的价格购买了法国的300公里/小时高速列车,每列20辆,定员935人,46列只花了21亿美元。

在引进前,韩国就制定了从引进设备和技术,消化吸收到自主创新的一揽子计划,不但得到了包括核心技术在内的全部技术,而且直接参与法国下一代高速列车的开发项目,并取得出口高速列车的权利。韩国的机车和高速铁路设备不仅在制造工艺等方面超过了法国,价格也低于法国。至此,韩国成功实现了合同商定的"包括动力机车在内主要设备以上国产化"的目标,研制成功拥有完全自主知识产权的大容量诱导电动机等。

2004 年 4 月 1 日,韩国高速铁路(汉城—釜山的京釜线;汉城—木浦的湖南线)开通,并宣称其列车主要是自己的技术,只有核心零件由法国阿尔斯通公司跟韩国现代财团的现代重工业公司联合制造,自制率达 92%;韩国铁道技术研究院正加紧开发和完善韩国型高速铁路,他们自认为到 2007 年将可不依赖外国,以纯粹的韩国技术制造整个列车系统,他们下一个重大的目标就是,步日、法、德的后尘,出口这一高新技术。

在韩国高速铁路建设中,韩国成功使法国高速列车系统供应商阿尔斯通公司,除了供应硬件,还转让全部技术,帮助当地的制造商,提供培训计划、维修保养手册以及整个核心系统的维修保养服务。韩国高速列车工程标志着世界上最大的列车制造技术的转让,几乎 100% 的技术转让和 100% 的本地制造。刚开始,韩国工业的技术水平在全球范围内是处于中等水平,韩国高速列车的运行成功提高了整个韩国铁路产业的技术水平。

"现代财团"成为中坚力量

2004 年 12 月,韩国宣布该国自行研制的"子弹头列车"(下一代韩国型高速电铁"GT 高速铁"列车)已经试验成功,在试验中首次突破时速 350 公里大关,已跻身拥有高速列车技术的世界先进国家行列。韩国经济界称之为"铁轨上的飞机",准备在韩国高铁第二期工程竣工时投入使用。韩国建设交通部称,这列源自法国技术的新式火车由韩国现代财团的 Rotem 公司和现代重工业公司联合研制,其时速达到了 352.4 公里。

Rotem 公司是一家出产铁路车辆、军事及厂房产品的公司,为韩国现代财团的现代汽车(集团)公司的一员。在军工方面,Rotem 公司与韩国国防科学研究所以及其他国防工业公司合作研制"黑豹"主战坦克。韩国现代汽车是由韩国最大的财团之一——现代财团于 1967 年 12 月 29 日成立的。目前,现代汽车公司与起亚汽车公司、现代 MOBIS、现代 HISCO、现代 CAPITAL、现代制铁、Rotem 等 21 个公司组成了现代汽车集团,以生产及销售汽车为主。

作为 Rotem 公司母公司的韩国现代汽车公司,与日本三菱有着千丝万缕的暧昧关系,因为它的技术很多都是来源于三菱汽车。1967 年,韩国现代财团就开始与三菱财团的汽车部门签订技术合作,并在 1983 年至 2003 年存在合资关系。以最能体现技术含量和整体工业能力的自动变速箱来说(它的研发比发动机更难),早期都是三菱汽车提供的。自 2002 年至 2007 年,三菱商事还积极协助韩国现代汽车公司的乘用汽车在俄罗斯市场的销售。值得一提的是,三菱汽车的后台老板是三菱财团的三菱重工、三菱商事、三菱东京银行这三家公司。

在消化吸收法国阿尔斯通高速铁路技术上，现代重工业公司与 Rotem 公司一起发挥了协同作用。现代重工业公司是韩国现代财团的主要公司，是一个世界级的综合型重工业公司，是韩国重工业的摇篮，有 8 个事业部，其中造船事业部与发动机事业部具有世界最大的生产规模。现代重工拥有造船、工程机械、机床、电气设备等产业。作为韩国造船业的领头羊——现代重工集团是全球最大的造船公司，它在韩国海军舰艇的设计和建造中扮演了关键角色。

与现代重工业公司同为现代财团的核心成员企业的，是一家名为现代综合商事株式会社（简称“现代商事”）的综合商社。现代商事是韩国具有主导地位的综合贸易公司之一，具有世界性贸易网络机构，年营业额高达 350 亿美元，经营门类包括：机械、电子、钢铁及金属制品、石油化工产品、建筑材料、纺织产品等。现代商事这家综合商社正是通过综合性的国际贸易活动，将财团各企业的经营活动有机地联系起来。

韩国现代财团成立于 1946 年，以“投资今天，收获未来”为经营理念，演义出一部韩国企业的发展史。财团的创始人郑周永 1946 年至 1951 年期间先后建立现代汽车、现代建设等公司，70 年代又建立了现代重工业公司，并大胆投资于电子产业，从而使现代财团成为以建筑、造船、汽车行业为主，兼营钢铁、机械、贸易、运输、水泥生产、冶金、金融、电子工业等几十个行业的综合性企业集团。2004 年，现代财团的营业额已经达到 800 多亿美元，成为韩国五大财团之一。

韩国现代财团的发展历程和产业结构与日本三菱财团极其相似，从一开始就进入了建设、化工等重工领域，这和三星财团以轻纺工业起家完全不一样。例如，1962 年，韩国政府将国企仁川炼钢出售给私人经营，后来被现代财团收购。以此为基础，现代财团的仁川制钢株式会社于 1964 年 9 月 1 日成立，先后更名为 INI 制铁和目前的现代制铁。1975 年以后，韩国开始学习日本，成立了综合商社，这成为三星、现代、LG、大宇、SK 等大企业集团以日本三井、三菱为榜样在世界各地扩张的开端。

20 世纪末的整整 10 年中，现代财团一直雄踞韩国大企业集团排行榜榜首，鼎盛时期拥有 80 多个子公司、18 万名员工，业务横跨汽车、造船、铁路机车制造、建筑等数十个行业，总资产高达 97 万亿韩元（约 970 亿美元），年销售额相当于韩国政府全年的预算。现代财团在 2000 年因为家族斗争出现所属企业的分立，但始终维系着产业分工与协作关系。正是有这样一个具备综合性产业组织结构的财团存在，才使韩国得以系统地消化引进的高铁技术。

第六节 呼唤"中国产业军团"

仅以市场就能换来技术吗

中国将步入"高铁时代"。到2007年,160列时速200公里铁路动车组交付使用;2008年,时速300公里铁路动车组;2009年,时速350公里动车组……然而,在中国生产的这些高速列车,能否实现几代人的自主创新梦想?更多专业人士担心未来高速铁路会出现今天汽车业的局面。在"以市场换技术"20年之后,中国依然没有诞生一个世界级的汽车巨头。高速铁路的发展能否从汽车业的过往发展中吸取教训?

有关人士对高铁技术装备"完全自主品牌"存有异议,尤其认为控制技术难以把握。"完全自主品牌""自主知识产权"这些近来被大肆滥用的词汇并不能表示中国具备自主研发能力、拥有自己的人才队伍。如果只是花巨资将进口的零部件组装起来,甚至在引进的全套装备上打上 Made-In-China 的标签,再注册个中国商标,也可以称之为"中国品牌"的产品了?

新华社刊发消息:"和谐号"是我国自主研发的动车组,标志着我国铁路装备技术达到世界先进水平

媒体经常引用这样一句话:"CRH(中国高铁的简称)标志着中国铁路已经掌握了时速200公里及以上动车组核心技术,表明时速200公里及以上动车组具有中国铁路的自主知识产权。"事实上,2005年11月,铁道部主导的高速铁路的招标分阶段结束时,将从不同国家企业引进的技术用"中国高速铁路"分别命名为CRH1、2、3、5(据说因为忌讳"4",所以没有CRH4)。

CRH1的生产方是加拿大庞巴迪公司与中国南方铁路机车车辆集团所属的青岛四方机车车辆有限责任公司的合资企业青岛四方—庞巴迪—鲍尔铁路运输设备有限公司(简称:BSP);CRH2属于南车集团的四方机车车辆股份有限公司(川崎重工等组成的日本财团提供技术);CRH3的生产者为中国北方铁路机车车辆集团所属的唐山机车车辆厂(与德国西门子合作);CRH5由北车集团所属的长春轨道客车股份有限公司(与法国阿尔斯通公司合作)制造。

从目前的趋势来看,中国的巨大市场正在成为跨国公司而非本国企业提升技术力量的温床。2007年2月21日,《华尔街日报》报道:"中国铁路大升级给外企带来巨大商机,中国已经成为世界上仅次于美国的第二大货运列车相关设备市场,而且中国的客货列车市场都正处于高速发展之中。最近刚与中国铁道部签署了7亿多美元机车及信号系统供货协议的通用电气公司预测,20年之内中国将成为铁路行业的全球最大市场。”

事实上,完全自主品牌、自主知识产权的精髓并非体现在产品本身,而是反映在其身后的产业组织模式上。参与中国台湾和大陆两地高铁项目的日本企业联合体中的川崎重工、三菱重工、东芝、三菱电机、日立这几家制造企业无一不是典型的军工巨头,真正具备技术积累和研发的攻坚能力。再看日本企业联合体中的三井物产、三菱商事、丸红、伊藤忠这几家综合商社,具有广泛的商业网络和公关能力,同时其身后股东都是银行、保险、信托等日本各大金融机构。

防止西方列强的殖民化

在中国的高铁项目争夺中,为什么国产技术纷纷落马?为什么日本财团能在与欧洲企业的角力中拔得头筹?原因可能很多,日本新干线先进的技术、出色的业绩和安全性等在跨国巨头之间博弈中并非决定性因素,而真正决定胜负的是日本有一个以综合商社为核心的财团体制。日本财团通过与政治和经济界的整体配合,在全球范围内赢得市场,从而为财团企业的技术投入带来巨大收益,并推动日本装备制造业的不断升级。

改革开放以来,中国缺乏日本和韩国在赶超时期那样对财团体制的重视。对于一个企业,组织体制落后就要被淘汰。而对于整个国家,经济体制的混乱将直接影响到国力。从某种意义上来说,只有寻找到一个可以消化和积累技术的制度体系,中国在全球化分工中才不会失去说不的资格。如果我们在引进模仿的同时,摸索创新的主动性,充分利用后发优势,拥有一个比日韩的今天更辉煌的中国明天就不会只停滞在我们的展望中。

在亚洲,日本财团企业牢牢地控制着被称作“母体”工业的装备制造业,这是日本产业竞争力的本质所在。成就日本超一流的“母体”工业最关键的因素不是人们常常说的政府产业政策、科研投入、官产学协作等,而是被称为“产业组织者”的综合商社,它是让国家产业政策从理想变为现实的最强有力的执行力量。综合商社扮演着中间人和牵线人的角色,活跃在大规模装备引进的舞台上。

凡是属于装备制造有关的引进,综合商社基本上都介入了。诸如对方提出苛刻的技术转让条件时的谈判,签订技术引进合同,进口先进的机械设备,直到机械设备的安装调试,综合商社作为日本财团的后勤和服务单位发挥了巨大作用。同时,综合商社还致力于加强财团企业之间的联合和兼并,防止过度竞争,通过扩大企业的规模经济效益,增强了日本企业的国际竞争力。

反观日本20世纪60—70年代发展之路,政府采取对经济的干预措施,扮演的是一种"任务导向型的动员和发展机构",其主要功能是"产业导向"与"防止西方列强对日本的殖民化"。这样,日本政府在政策制订和执行上就具有强烈的新重商主义色彩。日本在后发效益基础上,以首先实现重化工业化为目标,以引进技术和金融统制为主要手段,以出口为导向,实现经济增长,从而成为"追赶型现代化"的极其成功的经济模式。

日本通商产业省(相当于中国商务部和各产业部的统合机构)担负起了引导日本迅速发展起来的重任,通过制订与实施新兴产业发展战略,培育和发展外部导向型部门,使其不断地提高技术水平和生产率,增强其产品在国际市场上的竞争力。大藏省、建设省、厚生省等政府机构则通过各种措施(包括关税和非关税的措施),将内部依赖型部门的国外竞争者拒之于国门之外,使该部门免于遭受国外同行业的竞争压力,也就是所谓的"防止西方列强对日本的殖民化"。

"财团体制"和"官产协调"筑就产业竞争力

中国一直没有停止技术引进的工作,在很长的一段时间内,政府一直是引进的主管。作为非市场主体的政府来管理产业发展,造成引进技术过程中技术与市场互动的缺欠。而日本和韩国却恰恰是将以用户需求为主导的市场机制放在首位,有的放矢地进行引进。虽然有政府干预,但引进主体是大财团企业而非政府。政府的规划往往与企业发展的实际脱节,甚至造成技术"引进一代,落后一代,再去引进"的怪圈。

中国的经济活动中始终缺少一个民间产业联合体,也没有集金融、商业和产业于一身的财团组织。这样,我国政府的铁道部就不得不自己始终站在高铁项目战斗的最前线。由于高速铁路建设并非只是机车制造这一个环节,它包括铁道整个系统的改造,涉及很多产业和行业。仅仅靠一个政府部门来协调和推荐是力不从心的,也很难依靠力量分散和管理松散的民族制造企业来完成这样的工程,这就为那些有整体运作能力的外国财团和跨国公司提供了商机。

铁道部曾于2007年3月表示,京沪高铁建设资金采取市场化融资方式,吸纳民间资本、法人资本及国外投资,构建多元投资主体,拓展多种投资渠道。随后,面对京沪高速铁路项目可观回报的诱惑,数家银行和保险公司毫不犹豫地举起了百亿元人民币的投资标牌。2007年10月29日,《21世纪经济报道》透露,中国银行董事会已经开会讨论100亿元投资京沪高速铁路项目,但该项目究竟是以贷款还是股权投资的方式参与该项目还没有最后敲定。

中国现行的经济模式完全参照美国制度而设计的,不允许金融企业持股商业和制造企业。如果商业银行以股权投资形式参与组建京沪高速铁路公司,则超出了其法定的经营范围,需要董事会通过之后再报国务院批准;如果以贷款形式参与该项目,则只需要董事会批准即可。无论审批程序多么繁复,京沪高速铁路项目还是引起了多家金融机构的强烈兴趣。中国银行、工商银行、建设银行及中国人寿、中国平安、中国人保正在积极争取参与,其中三家银行的意向投资额度均为100亿人民币。

而日本的经济模式与美国完全不同,金融机构与商业和产业通过"财团体制"而紧密联系在了一起。以企业系列和大企业集团(财团)为代表的日本式产业组织,因其具有的对内竞争,对外封闭的典型特征,一度被奉为是日本产业竞争力的主要来源。从日本政府和产业间关系的角度来看,日本独特的发展指向型体制及由此形成的"官产协调"方式,也是日本产业获取竞争力的源泉。无论是日本的"财团体制"还是"官产协调"方式的确立都发生在20世纪60年代,正是日本举办奥运会和经济快速增长的时期,和今天的中国有着较为相似的内部环境。

"财团体制"和"官产协调"让日本产业的竞争力迅速提升,这种竞争力除了体现在价格上,更多的是体现在技术和工艺上。像日本的半导体产业就是这样发展壮大的,到了20世纪80年代末、90年代初日本曾占有世界半导体市场的56%,曾逼迫英特尔放弃存储器这个多年以来的主营业务。此时,美国在日本强大的攻势下不得不与日本制定《半导体市场协定》,来保护美国的半导体产业。

就日本和韩国的经验来看,我国政府应该就高速铁路、大飞机、3G、核电等大型项目以及纳米技术(NT)、信息技术(IT)和生物技术(BT)等技术革命为契机,培育出中国自己的财团组织和产业联合体,让民间力量投入到与外国军团战斗的最前线,让他们在锻炼中成长和壮大。政府可以从中脱身,集中精力放在产业政策和产业战略上来。这里提到的民间产业组织,并非指的是民营企业,它实际包括(除外国独资或控股企业以外)各种所有制形式的企业。

参考文献及来源:

1. 钟庆. 刷盘子还是读书[M]. 北京:当代中国出版社,2005.
2. [日]寺岛实郎. 呼吸历史——对亚太区域的人文思考[M]. 上海:复旦大学出版社,2004.
3. 于青. 访日本经团联会长奥田硕:继续支持振兴东北[N]. 人民日报,2004-09-15.
4. 滕晓萌. 专访中国日本商会会长 日本对华投资将有新热浪[N]. 21世纪经济报道,2007-03-27.
5. 王明. 中国消化日本子弹头列车技术[N]. 金融时报,2007-02-01.
6. 于希同. 日本武大郎专门玩台湾夜猫子[J/OL]. 人民网日本版,2001-07-07.
7. 汪幸福. 世人敬重的独行大侠:李敖大传[M]. 北京:华文出版社,2008.
8. 李中邦. 日本对台湾高铁与京沪高铁的运作——从两岸的主体性、吸收技术评论.
9. 朱立人. 专访日本商社 台湾三井物产董事长[J/OL]. 新浪理财周刊,286.
10. 中国大力兴建铁路网 德日法加巨头争赶“快车”. 新华网,2007-03-23.
11. 温家宝不乘新干线 引发猜测[N]. 大公报,2007-04-14.
12. 贾葭,赵谦. 日本加速进军中国铁路建设一千亿日元参与竞标[J]. 瞭望东方周刊,2004(8).
13. 黎萌. 日本高官紧盯京沪高铁项目 希望能采用日本技术[N]. 世界新闻报,2006-12-15.
14. 王强. 高速列车再步“失败模式”后尘?[J]. 商务周刊,2006(4).
15. 中华之星缘何成流星 高铁技术关键时刻掉链子[J]. 商务周刊,2006(3).
16. 高速铁路“自主创新”背后的迷雾[J]. 中国财富杂志,2007(7).
17. 韩国高铁技术转让模式[J]. 21世纪经济报道,2006(10).
18. 解力夫,安然. 财界总统:郑周永 投资理财全书[M]. 北京:光明日报出版社,2002.
19. 吴宏元,郑晓齐. 日本产学合作中的“协调者”制度及其启示[J]. 高等工程教育研究,2006(3).
20. [日]商社机能研究会. 新综合商社论[M]. 北京:中国经济出版社,1987.

第九章

谁在觊觎“核按钮”

根植中国电力市场多年后，嗅觉灵敏的三井财团近年来开始在核电设备制造和核燃料领域积聚力量。2006 年，中国春节刚过，三井财团的东芝公司瞄准了中国市场，以令人目眩的数十亿美元高价收购了有“核电鼻祖”之称的美国西屋电气公司。

作为三井财团的重要成员，石川岛播磨重工在核电领域积极配合财团的整体战略，通过与中科院建立联合研发中心，切入中国重大装备制造和工程建设领域。三井财团旗下的三井造船还将部分核电资产出售给韩国斗山重工，曲线进入中国核电设备市场。

在中亚地区，三井物产、丸红、伊藤忠和住友商事等综合商社奋力争夺铀矿资源。而东芝将自己持有的西屋电气 10% 的股份转让给哈萨克斯坦国家原子能工业公司，将其纳入“三井共同体”。三井物产发言人说：“我们必须在中国竞争到来之前，确保铀的份额。”

——作者题注

【阅读提示】

“三井”告诉了我们什么(9)

根据《核电发展专题规划(2005—2020年)》规划,在15年中,我国将新增投产2300万千瓦核电站,核电项目建设资金需求总量约为4500亿人民币。此外,还将有1800万千瓦在建项目结转到2020年以后续建。按照平均国产化率60%估算,国外核电企业将能从核电设备技术提供中分得1800亿元人民左右的建设资金。

中国核工业集团公司和广东核电集团2004年底就4座新的核能发电机组项目进行招标时,法国、美国以及俄罗斯、日本、德国等国家的6大核电设备供应商云集北京。这样的热闹场面,在全球核电停滞20多年的背景下颇为罕见。此时,日本财团早已针对中国核电产业这块大蛋糕展开布局。

日本这个唯一遭受过核武器打击的国家,虽然到现在为止都宣称不曾拥有过核武器,但是它拥有的核技术和核资源储备却是很多拥有核武器国家也难望其项背的。1970年,日本建成了第一批3台沸水堆和压水堆核电机组并投入商业化运行。目前,日本总发电量中有30%来自核能,核电装机容量为4750万千瓦。诸如三井财团的东芝、三菱财团的三菱重工、富士财团的日立等企业,都具备了自己设计和建造轻水反应堆的能力。

伴随着经济的急速成长,中国对电力有爆炸式的需求,并认为今后将会大量扩建核电站,日本各财团以向合办方的中国企业转移技术为诱饵,强烈表达了对中国市场的欲望。

东芝竞标西屋电气和三井物产收购铀矿,在很多人看来是两家公司互不相关的行为,然而一旦知晓东芝与三井财团密不可分的背景之后,人们就很容易推测出“竞标”和“收购”背后的关联:三井大规模收购铀矿资源是为东芝的核电事业提供充足的“弹药”,三井通过对上游资源的控制,确保了东芝在核能领域更深层次的竞争力。

日本主力制造业企业和综合商社联合行动控制资源和市场的做法,在全球微观经济领域已经屡见不鲜。三井财团的策略,就是如影子般站在企业背后,利用自己雄厚的资本、发达的贸易体系以及占有的丰富资源,在推动企业的发展同时,也向着世界微观经济的每一个角落渗透。

本章导言

感觉2007年北京的夏天格外的闷热,坐在家中写文章时总是汗流浃背。可能是整天开着电脑的缘故,电表似乎走得很快,动不动就显示红字了,所以即使天气热也不敢开着空调。自2005年10月从三井物产辞职后,近两年来一直闭门忙于潜心研究日本财团,没有去外面工作,也就失去了经济来源,不得不收紧家中的日常开支。此时,才真正意识到那些下岗职工生活的艰辛。

2007年7月24日,中国的五大发电集团(大唐、华能、华电、中电投、国电)集体上书国家发展和改革委员会,第3次申请要求启动煤电联动,从而上调电价,这让我的神经紧绷起来。也正是7月24日同一天,中核集团等4家国企共同出资组建的国家核电技术有限公司与美国西屋电气和绍尔工程公司(Shaw)联合体在北京人民大会堂签署了价值80亿美元的第三代核电技术转让及核岛设备采购。

然而,三井财团的东芝公司此前不久刚刚花了41.58亿美元收购西屋电气77%的股份,成为西屋电气的大老板,紧接着就获得了中国的80亿美元的订单。显然,核电设备的真正卖家是日本的东芝公司。难道中国的五大发电集团是为了花费巨额资金购买日本东芝的核电设备才提高电价的?我这个没有经济收入的人也要不得不接受电价上涨,而为东芝的核电设备买单吗?在我的视野中,似乎中国的用电问题要由日本的东芝公司来解决了。

我在《三井帝国启示录》书中介绍过"东芝、通用电气与三井之间有着特殊的历史渊源"。日本"明治维新"以后的1875年,日本芝浦地区成立了一家个人企业——田中制造所,东芝企业发轫于它。田中制作所曾于1893年的经济危机导致经营发生困难,而被当时的三井财阀收买,改称"芝浦制作所"。1904年,三井改组这家以生产电器设备为主的制作所,并促使他和美国通用电气公司合作。

从人们非常熟悉的日本最大媒体机构NHK创立之初,我们可以看到芝浦制作所与三井物产之间的联系。1926年8月6日,社团法人日本放送协会(Nippon Hoso Kyokai,简称"NHK")成立,第一代会长是身为三井物产常务董事和芝浦制作所社长的岩原谦三。1939年,三井财团将旗下的芝浦制作所与东京电气公司合并成为东京芝浦电气公司后，成为当时日本的唯一综合性的电机厂商。

二战以后，日本财阀被美国占领当局解散，东芝也随之脱离三井财团独立发展，但是举步维艰。20世纪50、60年代，面对加入关贸总协定后的外来竞争，日本财团重新联合，东芝加入了三井财团的总经理会二木会。至此，东芝又回到三井财团体系。2005年爱知世博会期间，东芝和三井物产联合参展推出了独具特色的三井·东芝馆，是唯一由两家企业联合参展的企业馆，由此可见东芝与三井物产关系的密切程度。

企业管理需要有宽阔的视野，像东芝这样的大型的综合性企业更需要经营者有广博的知识、迅速的信息处理能力、对社会动向的敏锐认识，而商人就具备这样的素质。东芝公司里有几位副总裁，每个副总裁负责一个领域的工作，有相当大的决定权。他们像商人一样的行为方式，总在外面跑，与一线负责人、工人直接交流，对自己负责的工厂、企业非常了解。东芝公司的向心力很大一部分是靠这些职业经理人提高起来的，前东芝公司社长土光敏夫就是代表性人物。

早在1953年，东芝公司成立东芝商事公司，实际上是一个专业型综合商社。东芝商事引入物流管理模式，负责东芝的物流业务。1968年，东芝公司集团内部又成立了运输合理化推进部，这就是东芝物流的前身。1974年，东芝公司100%出资建立了东芝物流的独立物流子公司，主要管理东芝集团的家电产品和信息机器产品，同时承揽外部业务，目前基本以集团内部物流业务为主（约70%），外部物流业务为辅（约30%）。作为传统物流的代表，东芝物流曾被日本乃至全世界誉为物流配送方面的“专家”。

东芝进入国际市场的道路遵循着“商社带进来，修行靠自己”这条日本财团企业惯用路线。在中日邦交正常化后，三井物产等综合商社把东芝生产的成套设备引进中国，在三井物产的牵线搭桥下东芝参与建设了中国最大火电站项目和中国落差最大的水电站项目。此后，三井物产作为财团的综合商社在东芝的经营活动出现的频率逐渐减少，这种现象并不意味着东芝的“去综合商社化”。事实上，综合商社的精神早已融入这个制造业企业。

第一节 悄然的渗透

"三井物产"是"东芝"的引路人

日本20世纪60年代经济起飞后，三井财团的制造厂商如东芝等企业，开始渐渐把工厂建到海外。随着日本这些制造厂家走出国门，他们对于走出去的套路——当地的法律、人脉、政府关系、当地的合作伙伴等，都不了解，不清楚，懂得这些套路的人才又极其缺乏。而三井物产这样的综合商社在国外早已建立了自己的分公司、事务所、代表处，已经在世界各地建成了国际商业网络。所以当东芝需要到国外做事情时，三井物产就成了引路人。

三井财团进入海外遵循一条规律，综合商社作为产业组织者始终是开路先锋。从全球产业的角度来看，特别是在中国新兴产业和新兴市场上，三井物产发挥着重要作用，不断地开拓新贸易机会、创建新产业。三井物产对中国投资有近200家三资企业，包括有：东芝大连、北京四通松下电工、上海森茂、大九国际物流等企业。三井物产通过政府公关、资金支持、市场活动、商情交流、资源开发，为东芝等财团成员企业提供强有力的服务和支持。

自1979年起至今，由三井物产出资每年选派中国商务部及其下属企业工作人员赴日本、美国著名学府进行国际贸易课程的短期进修，目前已达100多人，从而与中国政府主管经贸的负责人建立起密切联系。1990年以来，三井物产出资100万美元，在中国对外经济贸易大学设立"三井教授基金"，聘请国外知名教授主持国际经济讲座，名义上为培养中国未来的经贸人才做贡献，实质上是通过高校平台建立与政府的人脉联系。

在三井物产的引导下，1991年9月25日，由三井物产、东芝、昭和电线共同出资成立了东芝大连有限公司，这是东芝集团在中国投资的第一家公司，绝大部分生产线都是从日本直接进口的，大连只是被作为一个劳动密集型的生产基地。东芝大连有限公司横跨电子、机械和医疗器械三个行业。机械行业的主要产品有：工业用的中小型电机（是为风力水力机器、工作机器、搬运机器等提供动力的工业用马达）。

1995年，东芝（中国）有限公司成立，此举强化了东芝对在华企业的综合管理职能和战略制定职能，由此东芝在一些专业领域代替了三井物产作为财团的产业组织者角色。迄今为止，东芝在中国设立合资、独资公司达65家，投资总额逾80亿人民币，员工总数约23 000人，2006年事业规模（在华销售额＋对华出口额）约

664 亿人民币。如今,东芝公司在中国市场已经建立起自己的庞大体系,以“综合商社式的组织形态”演义出制造业的辉煌。

三井财团的东芝公司进入中国这 36 年的发展有两大特点:一是,东芝多年来一直努力提供最新的商品,引导中国高端消费者的需求。比如 20 世纪 80 年代的彩电、冰箱,90 年代的笔记本电脑、背投电视、最近的复印机、液晶电视等。二是,在社会基础设施方面,以电力方面为中心,东芝高效、先进的技术占据着中国的基础设施建设的制高点。2006 年,东芝成功收购美国西屋电气这家核电公司,瞄准中国巨大的核电市场。

现在的东芝已经成为一个名副其实的制造业的综合商社,经营方式从传统的生产产品转变成为“编组产业链”。就能源项目而言,东芝不仅仅做核电,而且火力和水力发电、输变电、配电等方面无所不包。在中国,东芝在能源产业的经营规模远远胜过人们所熟知的电子信息产业。东芝(中国)公司在电力设备、发电站方面与中国各级政府已经有很多合作,并期望在相关技术的转让、发电站设备的选用、合作设计等各个方面在中国市场取得更大进展。

被“涉嫌贿赂”的阴影所笼罩

人脉关系分布在综合商社所有的关联交易中,但是人脉如果超越了准则,不遵守法律、社会责任,就会伤害公司形象,对企业发展最终是不利的。北京《法制日报》所属的《法制与新闻》月刊 2001 年 12 月号披露,美籍华人方复明、日本人永濑国男在东芝公司参与的浙江北仑港发电厂、嘉兴火电站等重大国际招标项目中,涉嫌替丸红、三井物产等日本商社贿赂国家电力高层官员。此后两年,日本企业在电力项目招标中都无法摆脱这一阴影。

在 1985 年参与北仑港项目竞标时,丸红商事(三和财团的综合商社)投标图纸上的某些数据并不符合招标书的要求。项目中的几个关键人物都被收买后,丸红公司的竞标一路绿灯。最终,丸红公司成功取得了北仑港项目的承揽权,引进了东芝公司的成套设备。北仑港发电厂总装机容量达 300 万千瓦,是全国最大的火力发电厂,2002 年被中国电力行业主管部门授予国际一流发电企业称号,是全国仅有的两家获这一称号的企业之一。

1998 年 8 月,我国开始运作嘉兴火电站项目的融资事项。当时,与三井物产一同竞标的还有英国、法国的公司等,中方是浙江省电力公司。三井物产通过中间人永濑国男、方复明等人“接触”国家电力公司的多名领导,最终得以中标。2000 年,国家安全部门将此案侦破,一批受贿官员被逮捕。据北京市检察院的侦查员介绍,在这起案件中,他们还发现了一些受贿的官员,但却因苦无证据而无法定罪,有的甚至连某些单位的司机也被牵扯其中。

不仅如此,三井物产在俄罗斯的项目也惹了麻烦。2002 年 9 月 4 日,三井物产宣布,由于在一项政府资助的发电厂建造计划中涉嫌贿赂,总裁清水慎次郎及会长上岛重二辞职。清水慎次郎及上岛重二的请辞,源于一个月前三井物产两名雇员干预俄占南千岛群岛之一的国后岛一项有政府支持的发电厂工程的投标过程而被拘控。有媒体报道,东京地方检察厅调查了这宗贿赂案,准备控告三井物产违反禁止贿赂外国政府官员的法例。

如今,三井财团的东芝公司在中国某地建厂,采用了自己的方式与当地政府打交道。一个小故事可以说明东芝在提升社会影响力时对细节的把握,东芝(中国)总裁平田信正参谈道:"我们在江苏常州有一个变压器工厂。每年我们都会向常州的中小学开放工厂,让学生们来看生产制造过程。学生们看到巨大的变压器在工厂里组装时,会有一种感动,而我们看到学生们能在这里对东芝、对社会有所了解时,也油然的产生出一种感动来。"

积极备战能源领域,特别关注核电

2004 年 6 月 30 日,国务院通过的《能源中长期发展规划纲要(2004—2020 年)》(草案),确定了我国新时期的能源战略。为落实《节能中长期专项规划》,实现规划目标,2005 年 6 月,国家发改委启动规划提出的十大重点节能工程,并对实施工作进行具体部署。2006 年 1 月 1 日,《可再生能源法》正式生效,中国争取可再生能源发电量的比例提高 10%。国内外有关企业可从中获得 1 000 多亿元的商机。

在国际商业竞争中,做一个"保守"的企业无异于自杀,而进行诸如能源建设等无法直接与最终客户接触的项目,广告失去了意义。三井财团的企业各显神通,凭借其强大的综合运营业务网络,随时洞悉中国各地的情况,擅长从人脉入手,打通各级关系,争取项目,在这一关键点上的把握显示出了相当深的功力。政府、高校和研究院的公关就显得格外重要,政府代表管理和决策的权威,高校和研究院代表了专业和技术的权威。

早在 2001 年 12 月,石川岛播磨重工业公司作为三井财团的重要一员,与中国科学院在东京签署了"关于开展技术交流与项目合作的协议"。根据这项协议,在今后 5 年内,双方将就能源和环保领域的高技术研究与开发进行技术交流与合作。事实上,石川岛播磨与中国科学院从 1998 年就已经在利用城市垃圾制造肥料和垃圾衍生燃料,以及利用城市垃圾、垃圾衍生燃料和低质煤炭制造混合燃料发电等方面开始进行交流活动。

三井财团的东芝公司分别在 2001 年、2004 年起,开始在清华大学和浙江大学内设立了东芝专项奖学金。东芝和清华大学的关系更为密切,除了"清华东芝奖学金",从 2001 到 2005 年的 5 年间,东芝公司共向清华大学捐款超过 130 万元。清华大学在能源领域特别是核能领域有着很强的优势。2004 年 3 月,中国华能集团、中国核工业建设集团、清华大学达成合作意向,共同推进高温气冷堆的产业化工作,并力争在2010年建成一座HTR—PM示范电站。

2004年8月,《经济》杂志刊登了《东芝的中国核电计划》一文,其中提道:“美国正在向中国推销他们的核电技术,美国虽然有反应堆的设计能力,但装备制造是由日本东芝这样的厂家进行的。”2005年12月6日,东芝新任社长西田厚聪在上任伊始就访问了清华大学;12月13日,东芝公司首席技术官东实先生受聘清华大学顾问教授。此时,东芝(中国)有限公司核能部部长金子到手上有大量的翻译成中文的介绍资料,抓紧机会向中国推荐他们的核能技术。

看重大学对政府政策的影响力

20世纪90年代,三井财团不仅把中国当成一个生产基地,更真正地把中国当作了一个消费市场。进入到21世纪后,三井财团开始把中国的科研力量也纳入自己的全球战略中。日本大使馆经济部一秘千叶明这样说过:“日资企业对珠江三角洲、长江三角洲的投资加大以后,新的趋势是日资企业开始重视北京地区的科技力量,开始把研发机构、研发企业设在了这里。日资企业开始增加了与北京地区的大学、科研机构的交流。”其实,三井财团更加看重的是中国大学、科研机构对政府产业政策的影响力。

为了加速进军中国市场,2006年3月,三井物产与北京大学合作创办了“北京大学三井创新论坛”,迄今已成功举办了七届讲座。该论坛的召开得到国家发改委、科技部、商务部、北京市政府有关领导及各界人士的大力支持和推动。北大光华管理学院名誉院长厉以宁教授出任北大三井论坛理事长,同时他还在2004年促成了由北大光华管理学院与财团法人日本国际金融信息中心共同主办的“中日高级经济论坛”。

由三井物产资助、北大光华管理学院名誉院长厉以宁教授牵头成立的“北大三井创新论坛”定期举办讲座

第一届北大三井论坛上,三井物产社长枪田松莹发表了主题为“资源、能源、环境领域中三井物产的创新战略”的演讲,确定了北大三井论坛关注中国能源领域的基调。北大三井论坛自2006年以来的七次讲座的主讲人依次为:三井物产社长枪田松莹、国家发改委副主任张晓强、国家科技部副部长马颂德、三井住友保险会长井口武雄、北京市副市长陆昊、北京大学光华管理学院名誉院长厉以宁、国家科学技术部副部长曹健林。

面对中国政府和社会对节能和环保的热切关注,包括东芝在内的三井财团企业群利用自身在节能环保领域的技术和市场优势,全面塑造具有社会责任感的国际化大企业形象,增加社会认同感,最终赢得了中国市场。为了加强在这一领域的声音，三井物产驻中国总代表副岛利宏，在2006年5月26日召开的第九届北京科博会“中国循环经济发展高层论坛”发表了题为“循环经济中三井物产的探索与创新”的讲话，这一举动非常耐人寻味。

紧接着，2006年9月2日，三井物产、松下电工与清华大学的关联企业泰豪科技一起合作，针对办公楼节点、节能方面的管理，成立北京清华泰豪智能科技有限公司。在签约仪式上出席的政府领导有信息产业部电子信息产品管理司丁文武副司长、北京发改委节能中心主任陈怀伟、北京经济技术开发区张伯旭主任等。陈怀伟主任在签约仪式上还介绍了我国政府就有关节能的十大重点项目，发布了照明、空调等方面的楼宇节能方针。

第二节　从三峡到2008奥运会

大型能源项目均有“综合商社”的身影

面对中国市场的广阔前景，作为三井财团的主力企业，东芝公司凭借10多年在华投资的坚实基础，正全面抢占着电力行业的制高点。东芝在发电机的生产方面积累了几十年的经验，取得了全球众多发电厂家的信任。此时，东芝正把眼光放在中国的能源装备市场，争取在发电业务上实现快速增长。与此同时，在东芝的行动与布局中，时常可以看到三井物产等综合商社伴随其左右。

早在1988年1月5日，浙江北仑港发电厂一期工程正式开工，有好几位中央和地方领导参加了开工典礼，而三井物产、丸红这两家商社曾在该项目招标过程中发挥了重要作用。北仑港发电厂是我国最大的火力发电厂，共有5台600MW汽轮发电机组。该项目分两期建设，一期工程总投资约为20亿美元，工程包括两台单机容量为60万千瓦的燃煤火力发电机组。其中，一期的二号机为法国ALSTHOM生产，其余均为引进东芝的成套设备和技术，电厂总装机容量为240万千瓦。

1995年8月1日，由三井物产、东芝、江苏省常州变压器厂共同出资成立了专门生产超高压大容量的变压器的专业工厂——江苏常州东芝变压器有限公司（简称“常州东芝”），总投资额为2 999万美元，东芝占56%的股份，常州变压器厂占39%的股份，三井物产占5%的股份。这是我国第一家开发生产500KV电压等级电力变压器的外商投资企业，也是东芝公司最大的海外变压器生产基地，为三峡输变电工程提供变压设备。

1996年6月，举世瞩目的三峡工程开始设备采购的招投标。东芝、三井物产联合伊藤忠商事、三菱商事、日立、三菱重工组成三峡"日本水轮机联合体"的庞大团队参与水轮机项目的投标。其后东芝、三井物产、日立、三菱电气、伊藤忠、三菱商事、住友商事又组成"三峡日本发电机联合体"参与发电机组的投标。由于当时的国际政治局势等原因,日本财团的超级"国家队"并没有如愿以偿获得大量订单,东芝只获得了变压器方面的订单。

虽然三井财团在三峡工程中没有获得理想中的大规模订单,但是一些重要的零部件和关键材料订单还时有所获。例如,三峡工程的水轮发电机组引水钢管设计上要求是永久性使用不修复,所以对钢板的质量要求也相当高。为此,三峡工程施工方在2000年初运用国际招标方式,通过三井物产作为贸易代理,优中选优地选定了住友金属工业株式会社生产的低合金碳素结构钢板,总合同量达4 000吨,价值170多万美元。

日本政府每年对世界上很多国家提供大量的经济援助,目的在于为日本装备制造业获得海外市场,但只是提供预算、拨钱。政府拿出来钱后,就让诸如三井物产、三菱商事、丸红这样的综合商社去做事。还有像日元贷款等等,具体执行都是综合商社,政府绝对不参与具体过程。像东芝公司在中国的陕西省韩城第二发电厂、山西省西龙池抽水发电站等就是这类项目。这也可以理解为什么大型能源项目均有综合商社的身影。

东芝在陕西省的韩城火电站项目,是在三井物产牵线搭桥下做成的。2001年6月19日,韩城第二发电厂机组(2×60万千瓦)的合同在北京签字。三井物产、东芝及哈尔滨电站工程有限责任公司为韩城火电站项目中"汽机岛"(汽轮机和发电机)合同的卖方,总金额142亿日元(约10.7亿元人民币)。韩城第二发电厂一期工程动态投资近76亿元人民币,其中利用日本国际协力银行贷款约580亿日元(约43.5亿元人民币)。该电厂在西北地区创单机容量、利用外资金额、烟气脱硫容量三项第一。

山西省西龙池抽水发电站作为日本国际协力银行的日元贷款工程,目的是为稳定包括北京在内的华北地区的电力供应,特别是1号机的完工以2008年北京奥运会为目标。在三菱商事(三菱财团的综合商社)的安排和参与下,三菱电机、东芝和日立制作所4家日本财团企业于2004年9月2日,与中国山西省西龙池抽水蓄能电站签约,接受中方抽水发电厂项目的订货。山西省西龙池抽水项目是世界排名第二的高落差水力发电厂,最大扬程703米。

东芝布局中国配电设备产业

上海宝钢一、二期工程真空开关柜配套项目是由东芝公司完成的。此后,国家为节约外汇,三期工程真空开关配套项目决定交由国内企业生产。宁波华通电器集团股份有限公司(简称:"宁波华通")利用东芝技术,经过60余个日夜的艰苦努力工作,研发 Vu—10 双层真空开关柜。1994 年底,这种开关柜终于以其过硬的品质,通过了国家级新产品型式试验,如期为上海宝钢第三期工程配套,经多年连续运行,安全可靠。由此,宁波华通被宝钢三期工程指挥部评定为"宝钢三期工程设备制造质量优胜单位"。

从 1994 年起,宁波华通便与东芝开始了一系列的合作,与东芝签订了技术转让协议和"TOSHIBA"(东芝)商标使用协议。宁波华通先后取得上海、四川等地及中国石化集团公司的电器产品入网许可证,被国家经贸委确定为"第一批全国城乡电网建设与改造所需主要设备产品生产企业"。2000 年 5 月,东芝、东芝(中国)有限公司、宁波华通合资成立了宁波东芝华通开关设备有限公司。近 10 年来,宁波华通之所以能够实现跨越式发展,与东芝公司有着不解之缘。

1995 年 8 月,由东芝、三井物产、江苏省常州变压器厂合资成立了江苏常州东芝变压器有限公司(简称"常州东芝"),全套引进了东芝的技术和管理体系,利用东芝的技术进行设计、制造、销售大容量大型变压器。自 1997 年开业以来,常州东芝每年发展增速不低于 20%,至 2006 年底,已经实现年产超大型电力变压器近 120 台,年销售收入 14 亿元人民币。2000 年和 2001 年,常州东芝先后 3 次向澳大利亚出口大型电力变压器,开启了中国向发达国家出口大型变压器的先河。

2008年6月6日,在常州东芝成立的11周年之际,常州市领导王伟成等到场祝贺"其产销已达当初目标的5倍"

常州东芝于 2001 年 9 月向三峡输变电工程提供了中国国内招标采购的同类型最大规模变压器——1000MVA/500KV 主变压器。2003 年 5 月,常州东芝又生产了 370 吨的特大型变压器,是当时为止中国变压器制造业开发生产成功的最高电压等级、最大容量的电力变压器。2004 年,由常州东芝承接、常州变压器厂参与制造的 7 台 110KV 电压等级的气体变压器成为北京启动的第一批奥运会电力项目之一。

2000 年 9 月,东芝公司与河南平高电气股份有限公司各出资 625 万美元作为注册资本,共同组建了中国国内高压开关行业规模最大的合资生产经营企业平高东芝高压开关有限公司(简称"平高东芝")。2005 年下半年,北京奥运会需要扩建体育场馆及相关设施,用电负荷急剧增加,需建设几座大型变电站。北京奥组委及国家电网公司决定面向全国招标,平高东芝一举中标,拿下了城北变电站复合电器的大订单,合同额为 1 亿多元。

平高东芝全面采用东芝的技术和管理,专业生产变电站高压开关设备,所生产的复合式电器,占地面积只相当于传统电器的 1/4,而且产品性能稳定,因此相当抢手。平高东芝的产值连年大幅度攀升,从 2000 年的 4 000 多万元增加到 2007 年底的 15 亿元,已累计销售产品 1200 余台,产品遍布国内 20 个省 38 个市 150 多个变电站。2007年11月2日,平高东芝第二期扩产工程建设完毕,有望成为亚洲最大的高压、超高压封闭组合电器制造基地。

2002年4月,东芝公司与中国电力科学研究院各投资50%,在河北省廊坊市投资建立了廊坊电科院东芝避雷器有限公司,总投资额为590万美元,具备年产15万相避雷器的能力,关键的生产和试验设备均从日本进口。该合资公司的金属氧化物电阻片制造、瓷套型及GIS型避雷器的组装技术是引进东芝公司的成熟技术。其中,组装避雷器所用的金属氧化物电阻片采用东芝公司提供的世界上最先进的技术。

我国目前的骨干电网电压等级为500kV,因此,500kV避雷器是应用最为广泛的高电压等级避雷器,也是最能反映制造厂家技术实力和制造水平的产品之一。在国家电网公司2005年度集中规模采购招标工作中,廊坊电科院东芝避雷器有限公司共中得500kV避雷器200多台及若干其他电压等级的避雷器,总合同额1 000多万元。2007年,该公司又取得了国家电网公司特高压示范工程避雷器的订单。

以整合的实力经营中国电力市场

大多数普通消费者对东芝的电器产品比较熟悉,如东芝电视等。但是,如果仔细阅读东芝公司的经营资料后,就会发现与东芝有关的关键词中,在电器产品之上,应该再加一个"能源"才更恰当。东芝(中国)有限公司的总裁平田信正来中国以前多年做的就是能源方面的工作。不仅平田信正是这样,东芝公司的董事长、总经理中,出身于能源部门的人不在少数。事实上,东芝的全称是"东京芝蒲电气",更准确地说,东芝是一家能源领域的装备制造企业。

根据《国民经济和社会发展第十一个五年规划纲要》,中国在"十一五"期间预计电网总投资将达到12 000亿元,年均电网投资额将比"十五"期间年均投资额增长90%以上。此外,三峡特大水电站发电、北京为举办奥运会所需的大规模城市电网改造、西气东输、南水北调、电气化铁道改造等重点项目,都有效地启动了配电网建设。特别是近年来,中国核电、火电、水电建设突飞猛进的拉动,使得电能行业整体保持了快速发展的态势。

面对如此巨大的蛋糕,东芝正在以整合的实力经营着中国电力市场。2006年3月,东芝(中国)有限公司的平田信正总裁在接受《经济》杂志记者专访时介绍说:"东芝着重从火力发电、水力发电、核电、输变电和配电五个方面参与中国电力的建设与发展。除了提供相关的成套设备,东芝还建立了多家独资、合资公司,生产工业用各种大型变压器、空气隔离开关、数字式继电保护器、避雷器、开关柜、UPS等,向不断扩大的中国市场提供高质量的产品。"

在中国"十一五"前一年,即2005年1月,东芝与中国水利水电建设集团公司投资成立了东芝水电设备(杭州)有限公司(简称"东芝水电"),注册资本金2 500

万美元。其中,东芝出资 80%,中国水利水电建设集团公司出资 20%。结合工程项目的联合设计,目前东芝水电与东芝公司设计、制造技术实现了一体化,先后引进大型数控立车、重型数控卧车、数控铣镗床、数控包带机、VPR 真空液压机等先进设备,成为中国国内屈指可数的现代化电气产品制造工厂。

可以说,2007 年是东芝水电开拓中国市场硕果累累的一年,中标了四川大渡河深溪沟电站、四川溪古电站、青海黄丰电站、四川江边电站和湖北江坪河电站项目。2008 年 3 月底,东芝水电与云南华能澜沧江有限公司,正式签订云南澜沧江功果桥电站 4 台 225 兆瓦混流式水轮发电机组以及附属设备合同。至此,在近一年时间内,三井财团的东芝公司以东芝水电为平台,借助中方合作伙伴的力量,已在中国市场获得价值近 20 亿元的订单。

除了项目合作外,东芝公司通过技术转让的方式进入中国市场。2005 年 11 月,东芝向哈尔滨电站设备集团公司(简称:"哈电集团")下的哈尔滨电机厂有限责任公司转让了 1 000 万千瓦超临界汽轮发电机技术。在不到两年的时间里,通过对设计、工艺进行全面的消化吸收,哈电集团迅速掌握了 100 万千瓦超临界汽轮发电机的制造技术,并最终制造成功目前国内最大的百万等级的汽轮发电机组。

东芝公司近几年一直与哈电集团密切接触,就核电站的常规岛设备技术转让展开谈判。哈电集团已参与了浙江三门、广东阳江两个核电站的常规岛招标,东芝承诺提供相应的设备技术转让,为其与哈电集团的合作铺平了道路。此前,虽然东芝一直没有参与过中国核电站的核岛技术投标,也没有获得过常规岛项目,但东芝渴望染指中国常规岛项目。核电站技术分为核岛技术(包括压水堆、重水堆、沸水堆等)和常规岛技术(根据核岛技术进行配套设计)。

第三节 抢占中国核电市场

借"哈电集团"发力中国核电产业

2004 年 9 月,中国将浙江三门、广东阳江共计四台百万千瓦的核电机组面向国际招标。尽管竞标结果一再推迟公布,但美国西屋电气公司(WH)获得其中部分项目的可能性甚高。与此同时,与东芝关系密切的哈尔滨电站设备集团公司(简称"哈电集团")和韩国斗山重工联手,准备投标秦山二期扩建项目蒸发器。另外,哈电集团还与美国西屋电气、日本三菱重工、意大利安莎多等公司深入接触交流,为投标做好了充分准备。

2004 年月 11 日—12 日,20 位中国著名核电专家于聚首哈电集团,商讨中国核电发展，表明了中国把核电发展作为今后20年重点开发领域，从而坚定了东芝进军中国核电的信心和决心。11月30日，在岭澳二期扩建项目核电常规岛投标中，就岭澳二期汽轮机、发电机、冷凝器、低压加热器、汽水分离再热器等，东芝和三菱重工分别与哈电集团作了投标方案，将标书交给中广核工程有限公司，表明东芝的“中国核电战略”正在有条不紊地向前推进。

2005年7月，英国核燃料公司（BNFL）决定将旗下的美国西屋电气公司出售，开价18亿美元。出售消息一出，15个买家蜂拥而至。除了东芝，还包括法国的阿海珐集团（Areva）、美国通用电气（GE）与日本日立（Hitachi）的收购联盟、三菱重工（Mitsubishi）和美国华盛顿集团（Washington）等。其间，美国总统和商务部长甚至通过外交渠道，为本国竞标公司向英国政府游说。但是，东芝连续抛出高价甩开了对手。至2006年1月，东芝以高出对手10%的价格获得独家谈判权。

美国西屋电气公司被称为“核电鼻祖”，曾经是全球最大的核电设备制造企业，20世纪80年代以前，西方国家所使用的民用核能技术，几乎都来自这家公司。1999年，英国政府控制的英国核燃料公司（BNFL）以11亿美元收购了当时美国CBS公司控股的西屋电气的核电业务；次年，又以4.85亿美元收购了ABB公司的核电业务。两者整合后，成为今日的西屋电气。

西屋电气如此抢手，一个重要原因是其已参与中国第三代核电站依托项目的核岛技术招标，即广东阳江、浙江三门4台百万千瓦级的核电站建设。目前，日本所采用的大量核电技术都是沸水堆技术（BWR），而我国大型核电项目无一使用沸水堆。因此，东芝、三菱重工、日立、东电等日本核电巨头，一直未能成为我国核岛技术的主流供应商。之前，西屋电气的常规岛部门已被法国阿尔斯通收购，所以当前的西屋电气的核心竞争力就在核岛技术上。

在阳江、三门两大核电站的竞标中，西屋电气的技术为AP1000压水堆技术，而法国阿海珐集团旗下的法玛通（Framatome）则为EPR压水堆技术。除参与中国的核电项目竞标之外，西屋电气并没有参与其他国家的核电站项目竞标。不过在与中国谈判时，西屋电气曾承诺，到中国第四个反应堆建成时，中国国产化设备与西屋设备的比例将达1∶1。对尚未实现商用的AP1000压水堆技术而言，西屋电气的中标将是其推广的极佳机会。这也正是东芝看中西屋电气的重要原因。

2006年2月6日，三井财团的东芝公司的手中宣布从英国核燃料公司（BNFL)收购美国西屋电气公司

2006年2月6日，中国春节假期刚过，三井财团的东芝公司瞄准全球核电业兵家必争之地——中国市场，宣布以令人炫目的54亿美元高价收购英国核燃料公司（BNFL）所拥有的核电设备企业美国西屋电气公司。东芝拟出资51%，其余部分由三

井物产、丸红等日本综合商社,以及美国的大型工程公司等联合分担。与东芝同属三井财团且有机器订货关系的石川岛播磨重工公司(IHI)等也可能应邀加入,形成新的核电技术集团。

在西屋电气被东芝收购之前,中国已投产及在建的核电机组中,几乎看不到日本公司的身影。秦山核电站一期及二期均采用了国产堆型,只是1984年5月三菱重工承制了秦山核电站的反应堆压力容器,这是日本首次出口核能设备;秦山核电站三期则采用了加拿大原子能公司的重水堆型;大亚湾、岭澳核电站采用的是法国阿海珐集团的法马通公司的堆型;正在建设的江苏田湾核电站一期工程,采用的则是俄罗斯原子能出口公司的堆型。

费尽周折,完成收购西屋电气

2006年6月7日,东芝公司社长兼CEO西田厚聪在北京对《财经》杂志表示,经过90天的工作,东芝收购西屋一案,已顺利通过美国外国投资委员会(CFIUS)的审查。CFIUS对此笔交易审查的主要内容,是看其是否影响到美国的国家安全。据美国媒体报道,东芝公司最终决定组建由若干家日本公司和美国公司参与的收购联盟,来完成此项收购,因而打消了美国监管机构的疑虑。

2006年6月19日,欧盟委员会发布公告,有条件地批准日本东芝公司收购西屋电气公司及英国核燃料美国公司。西屋电气和英国核燃料美国公司同属英国核燃料公司,均在全球范围内经营核电业务。欧盟委员会称,只要东芝如约修改与全球核燃料公司(GNF)合作伙伴的合同,该项收购将不会妨碍欧盟市场竞争。全球核燃料公司(GNF)是由通用电气在2000年成立的,除通用电气控股51%外,GNF的剩余股份分别由东芝和日立把持,这两家日本公司是通用电气在沸水堆(BWR)业务上的长期合作伙伴。

2006年10月4日,东芝宣布,石川岛播磨重工业公司和美国绍尔集团公司(Shaw Group)决定参与对美国核能巨头西屋公司的收购行动。此前曾按照约20%的出资比例参与谈判的丸红已经放弃出资。由于要承担丸红的出资部分,因此东芝的出资比例由此前预计的51%左右增加到77%。虽然面临增加资金的压力,但东芝公司认为原计划用17年的时间回收出资资金,由于目前核能发电的需求越来越大,回收资金的时间有可能缩短至15年。

2006年,东京时间10月17日凌晨1点,东芝在美国出资41.58亿美元(相当于4 900亿日元),完成对西屋电气的收购,并成为拥有美国核电厂商西屋电气77%股份的出资者,西屋电气正式成为东芝集团中的一员。17日下午4点,东芝在总公司召开新闻发布会,东芝社长西田厚聪正式宣布完成对西屋的收购。收购西屋电气使东芝在全球核电站建造市场的份额提高到28%,并使东芝成为第一个拥有两种主流核电技术(BWR和PWR)的公司。

在收购西屋电气的联合体中，其中三井财团的东芝公司出资41.58亿美元，拥有西屋电气77%的股份，美国绍尔集团投资10.8亿美元获得西屋电气20%股权，而三井财团的另一企业石川岛播磨重工业公司则以1.62亿美元获得了3%的股权。与此同时，东芝表示尽早和与西屋电气有长期友好合作关系的另一日本大核电厂商三菱重工展开谈判，继续与其保持良好的合作关系。

西屋电气公司与其远东最大的分包商日本三菱重工本身就有密切的业务合作关系，而东芝收购西屋电气后，为日本财团获得这次关系中国能源战略的浙江三门、广东阳江核电机组面向国际招标起到了决定性作用。事实上，中国已成为东芝乃至整个三井财团不可放弃的市场。在核电建设方面，东芝计划结合西屋电气尚未商用的AP—1000反应堆，以及东芝已有建设业绩的第二代沸水堆技术，以美国和中国为中心，在亚洲扩大销售规模。

日本财团大有垄断核电市场之势

东芝最终成功完成收购西屋电气的行动引起了连锁反应。仅一天之隔，2006年10月19日，三菱财团的三菱重工宣布与世界最大核反应堆制造商法国阿海珐集团在日本东京签署了一项谅解备忘录协议，组建战略合作关系，合作开发功率为100万千瓦的中型核反应堆。紧接着，富士财团的日立公司13日发表声明说，日立公司与美国通用电气公司将在核能商业领域开展全球范围的联盟合作，以强化双方在核能利用市场上的地位。

在中国核电市场也非常活跃的三菱重工曾抱怨称："中国的杀价要求十分苛刻，有时甚至逼得我们亏本投标。"三菱综合研究所首席研究员龙本庆一郎指出，"日本的核电制造商在日本一直以来从电力公司得到高于全球普遍市价的利润。这样的高成本体制在海外市场缺乏竞争力"。在安全方面增加支出，另一方面又要为在价格战中胜出而被迫降低成本。为使海外事业走上正轨，克服这两个看似矛盾的棘手问题，日本各核电制造商联合形成全球垄断成为必然之势。

随着日系企业纷纷出击寻找合作伙伴，原本核电技术比较成熟、竞争力相对较强的美、法、日三国的均势被打破。日本无疑在世界核电市场拥有了举足轻重的地位，国际核电企业以日系为中心，正在逐步形成三足鼎立局面：日本三井财团的东芝—美国西屋、日本三菱财团的三菱重工—法国阿海珐、日本富士财团的日立—美国通用。日本在核电技术和市场的垄断的雏形已经形成，中国加快发展核能应用的能源战略调整必然受制于日本。

来自欧盟委员会的一则消息不能不引起注意。2007年1月，欧盟以参与多家跨国公司的联合操纵电厂使用的真空开关设备价格为由，对日立处以7 100万美元的罚款。此外，欧盟对东芝和三菱电机分别罚款9 090万美元和1.62亿美元。欧盟委员会认为，从1988至2004年间东芝、日立、三菱及其他数家公司，联合操纵了电力工厂供应合同的招标、垄断价格、自行分配项目和划分市场，同时还相互交换重要的商业机密。那么，日本企业在核电市场的行为谁来监督呢？

就在东芝公司真正完成收购西屋电气仅仅 2 个月后，中美两国于 2006 年 12 月 16 日在北京签署先进压水堆核电技术转让谅解备忘录，中国引进西屋公司 AP1000 技术，在广东的阳江、三门核电站建设 4 台百万千瓦极的核电机组。为保证技术引进和核电站的建设顺利执行，国家发改委主任马凯和美国能源部长博德曼 16 日代表中美两国政府签署了《中华人民共和国和美利坚合众国政府关于在中国合作建设先进压水堆核电项目及相关技术转让的谅解备忘录》。

显然，如果西屋电气能最终赢得广东的阳江、三门核电站大单，东芝与中国企业的合作自然水到渠成。在东芝的远景规划里，中国并非唯一的"猎物"；在亚洲地区，日本、韩国以及印度亦是核电高速增长的国家。在西屋电气的老家美国，东芝也有很大的胃口。此时，东芝已经成为全球范围内首屈一指的核电集团，不仅持有了西屋电气目前掌握的先进的第三代、第四代核技术，亦将成为民用核能技术的发源地。

第四节 "一鱼多吃"的手法

来自三井财团的整体支持

在收购西屋电气的同时，三井财团的东芝公司又在半导体领域扩张投资近 20 亿美元。一个公司在短时间内连出巨资，搞战略性扩张，显然其行为已触动了企业大忌，东芝的大手笔确实令人生疑。从日本国内需求看，其核电设施要到 2030 年才需要更新设备。东芝公司不惜血本收购西屋电气，难免令人产生其背后有政府支持和财团意志的疑问，不能不让人联想到日本财团企业"核战略"的一致性，有针对性地目标急剧扩大的中国市场。

对于收购西屋电气 41.58 亿美元的出资资金，东芝公司社长西田厚聪表示，"将不以发行新股作为筹资方式，从目前的现金流来看，年内将把短期贷款转为长期贷款"。西田厚聪同时表示，东芝斥资收购西屋电气并不对其他部门带来任何影响，今后对于半导体和电子设备与部件等具有增长潜力的部门还要进行积极的投资。事实上，如此巨大的长期投资，东芝的背后有着三井财团的强力支持和战略部署。

在以东芝为首的收购西屋电气的联合体中，石川岛播磨重工业公司虽然仅出资 3%，但是在未来的核电设施建设中占有重要位置。石川岛播磨的能源事业本部中设有原子能事业部，主要任务之一就是核容器研究开发、设计制作、现场建造、运行及维修，至今已生产沸水型轻水炉（BWR）反应压力容器20台、19座反应堆安全壳及25个核电装置的系统配置，其生产能力和规模都是世界一流的。

石川岛播磨属于三井财团，是二木会成员，与东芝关系紧密。土光敏夫（原经团联会长）曾担任过石川岛播磨的社长，于1965年在三井财团的安排下担任了东芝公司社长。当时，东芝是日本最著名的机电企业之一，它的资本额与员工人数大约都是石川岛播磨的3倍，但由于组织庞大、层次过多、管理不善，导致生产效率低下、经营状况不佳。土光敏夫将东芝死气沉沉的垂死的内部组织改造成具有柔韧结构的生命机体，从而使东芝得到了复兴。

石川岛播磨主要生产领域有能源设备（火电、水电、核电等设备）、船舶和海洋开发设备、液化气储存设备、石油化工装置、产业机械、桥梁、钢结构、土木建筑机械、装卸运输机械、环保设备和通用机械等，是日本举足轻重的装备制造业企业，也是与三菱重工同样地位的日本军工企业。例如，2007年8月23日，被外界称为"直升机航母"的日本海上自卫队最大型护卫舰"日向"号就是在横滨市石川岛播磨的船舶工厂举行的下水典礼。

石川岛播磨的军工背景决定了它具备很高的消化吸收国外引进技术的能力，这实质上也是它参与收购西屋电气的重要原因。石川岛播磨分析认为，如果能够为西屋电气的新一代原子炉AP1000生产主要设备，预计现在的约400亿日元规模的原子能发电业务10年后会提高到2倍以上，因而决定对其投资。2006年夏天，石川岛播磨已向美国西屋电气的开发据点派遣了技术人员。

面向被东芝收归旗下的美国西屋电气，石川岛播磨力争2011年开始量产原子能发电主要设备——加压水型轻水炉（PWR），将为其提供相当于2个原子能发站需求量的2座压力容器和4座蒸气发生器。石川岛播磨计划在横滨工厂（横滨市）生产压力容器和蒸气发生器。PWR核心设备——蒸气发生器需要生产数千根细管，为此石川岛播磨需要投资50亿日元购进新的加工设备。

石川岛播磨与东芝会师在上海电气

在中国，石川岛播磨借助中国科学院的力量，以中国政府振兴东北老工业基地为契机，早已做好准备。中科院沈阳自动化所是中国科学院知识创新工程建设先进制造基地和辽宁现代装备制造基地。2005年2月24日，石川岛播磨与沈阳自动化所合作成立了中国科学院沈阳自动化研究所与日本石川岛播磨重工联合研究与发展中心（简称"SIA—IHI联合研究中心"），成为提高其参与中国大型或重型现代装备制造及工程建设的重要战略步骤。

实际上，早在2000年4月，石川岛播磨就已经与中国装备制造产业的核心企业建立了密切的合作关系，它与上海电气集团、上海国际株式会社共同投资成立了上海电气石川岛电站环保工程有限公司。2005年,宝钢电厂2号机组委托上海电气石川岛公司进行脱硫工程改造。此后,该公司为外高桥电厂、吴泾电厂、石洞口电厂、宝钢电厂、金山石化电厂等大型火电机组上马脱硫工程。到目前为止,上海约有1 300万千瓦火电机组实施了脱硫工程,其中60%左右的脱硫工程是由上海电气石川岛公司承建。

上海宝钢电厂2号机组脱硫装置是上海第一个烟气脱硫项目,由三井财团的石川岛播磨和其与上海电气的合资公司承建

石川岛播磨选择上海电气为合作对象并非仅为上海环保项目而来,而是有着更重要的战略目的。通过与上海电气的合作,作为三井财团的重要一员,石川岛播磨得以近距离掌握西屋电气在中国核电项目中的进展情况,从而为同是三井财团的东芝果断收购西屋电气提供准确的情报。在上海电气与外资的合作名单中看不到三井财团东芝公司的名字,但是上海电气在核电领域的一举一动都在三井财团石川岛播磨公司的掌握之中。

20世纪80年代,上海电气就已经为中国第一座核电站——秦山核电站提供了1套国产300兆瓦核电机组,在核电领域拥有了自主知识产权,并奠定了国内领先的基础。近三十年的核电发展使上海电气形成了从核岛的压力容器、蒸汽发生器、稳压器、堆内构件、控制棒驱动机构、装卸料机、环吊、核级热交换器和核二、三级容器等设备到常规岛的汽轮机、发电机和主要辅机,以及大型锻件和仪控仪表等核电设备的配套供应链。

2005年9月,美国西屋电气在被东芝收购之前,刚刚与上海电气集团有限公司签署核电战略合作协议。合作的近期目标是争取秦山、岭澳100万千瓦核电项目;中长期目标是瞄准新一代核电AP1000技术,以整个核岛系统作为基础,通过技术合作和技术转让,使上海电气成为具备新一代核电设计、研发、制造集团。当月,秦山核电站二期扩建工程主设备供货合同在上海签订,上海电气夺得包括常规岛的发电机、核岛的蒸汽发生器、反应堆堆内构件、控制棒驱动机构等在内的供货合同,涉及金额近9亿元,成为秦山核电站最大的设备供应商。

在东芝2006年10月完成收购西屋电气之后,三井财团的东芝与石川岛播磨这两家公司实现了在上海电气的会师。2007年3月,上海电气宣布,投入60亿元建设上海电气核电制造基地,使之成为国内核电基地中投入最多、设施最集中、专业化能力最强的核电制造基地。2007年8月4日,上海电气董事长徐建国在"第二届江西财经论坛"上表示,2007年底到2008年,上海电气的核电设备订单有望从目前的40亿元增加到100亿元。

关系暧昧的三井造船与斗山重工

正当三井财团的东芝和石川岛播磨在中国核电市场大展宏图之时,另一家三井财团的企业三井造船采用被韩国斗山重工业集团(简称“斗山重工”)收购的策略借道进入中国核电领域。2006年11月6日,就在东芝完成收购西屋电气的一个月之后,三井造船株式会社(简称“三井造船”)宣布把旗下的英国锅炉全资子公司——三井巴布科克能源公司(MBE)出售给韩国著名发电设备厂商斗山重工,以200亿日元(1.7亿美元)转让MBE持有的所有股份。

三井造船1995年收购了英国巴布科克能源公司,后更名为三井巴布科克能源公司,到2000年实现全资出资之前,投入的资金总额为178亿日元。三井造船收购英国巴布科克的目的是实现船舶以外的业务多元化,拓展在不断建设发电站的亚洲的业务。自从1991年起,三井巴布科克(和前身英国巴布科克)已经在中国从事商业活动20多年,先后为湖南岳阳电厂、山东菏泽电厂二期、聊城电厂提供多台W型火焰锅炉。

1999年9月,英国洁净煤技术代表团访华期间,三井巴布科克与中国国家电力公司热工研究院探讨了合作项目,并最终达成了协议。该项目被包括在中英两国谅解备忘录中,得到英国贸工部以及中国政府的资金支持,其目的是调查中国引进先进发电技术的情况。三井巴布科克开发的技术包括:低NOX燃烧器、研磨机、自然循环燃烧锅炉、先进超临界 蒸汽设备、流化床燃烧(FBC)、气化及其相关配套技术。

在中国的合作伙伴中,三井巴布科克与中国三大核电装备企业之一的哈电集团旗下的哈尔滨锅炉厂有限责任公司合作非常密切,向其提供了60万千瓦超临界W火焰无烟煤锅炉技术。三井巴布科克与哈尔滨锅炉厂在十几个项目的联合投标中进行了多年的成功合作,项目总金额达35亿元人民币。例如,由日本输出银行贷款国际招标的山西王曲电站项目投标中,三井巴布科克将项目的共两台60万千瓦超临界锅炉部分分包给了哈尔滨锅炉厂。

2005年8月29日,韩国斗山重工进军中国核电市场的步伐迈出了坚实的一步,斗山重工和哈电集团正式签署了合作开发中国新型电力市场的协议,主要内容是关于核电设备制造方面的投资合作。此前不久,斗山重工与哈电集团在秦山核电站二期扩建项目上联手竞标取得成功,并且已经成功拿到了压力容器项目。斗山重工占据了韩国近九成的核能工厂设备市场,而韩国的核电占其全部发电量的40%。

半年之后,2006年3月,韩国斗山重工、中国电力投资集团公司(简称“中电投”)和哈电集团的哈尔滨动力设备股份有限公司(简称“哈动力”)签署了新核电项目合作谅解备忘录,在今后5年内,3家公司在核电站技术、器材制作等核电站建设项目上进行全面合作。中电投在此次合作中扮演的是核电站投资方角色,而哈动力与斗山重工将在核岛项目上合作,并为中电投资的多个核电站供应设备。

2006年12月19日,隶属韩国斗山重工集团的斗山重工(英国)有限公司正式完成了从三井造船手中收购三井巴布科克的工作。随后,三井巴布科克能源有限公司更名为斗山巴布科克能源有限公司,工作重点集中在电力领域,仍把总部设在英国,而重心转移到中国、欧洲以及美国的核电市场。此前,三井巴布科克原有收入中的20%来自核能业务,其中包括项目建设和维修服务两方面的收入。

韩国斗山重工收购三井巴布科克公司后,反而使得三井财团有机会从这家世界上最大的可提供工程设计、设备采购以及工程建设服务的能源工程公司(合同商)中受益。2007 年 4 月 24 日,韩国斗山重工就出口两座核反应堆和四座蒸汽生成器项目与中国国家核电技术公司签署价值高达 3.5 亿美元合同。此前,斗山重工已与三井财团东芝公司控股的西屋电气签署了向山东海阳和浙江三门地区的两座核反应堆提供部件的初步协议。

至此,可以清楚地看到,三井财团除了以东芝公司为主力,通过收购西屋电气直接进入中国核电市场之外,还从石川岛播磨和斗山重工手中获得中国核电项目的更多利益。作为三井财团,多方位进入中国核电市场是其"一鱼多吃"经营理念的生动体现。显然,三井财团对于同一条鱼有多种吃法,使同一种资源发挥出尽可能高的效率与价值,不但要实现企业利益最大化,更要实现财团利益最大化。

第五节　资源争夺引发"核大战"

三井物产拉开铀矿争夺战的序幕

当中国成为煤炭、钢铁、铜等世界第一消费大国,继美国之后的世界第二石油和电力消费大国后,随着经济快速发展,中国主要能源和初级产品的供求格局发生了较大变化,资源对经济发展的制约作用开始显现,且差距呈越来越大之势。从长三角的"电荒"到涉及东北、华东、华南、西南等地区的"煤荒"与"缺油",能源危机已经是中国经济发展不得不面对的巨大挑战。

前两年,中国和日本在三井物产和三菱商事这两家综合商社参与投资的俄罗斯萨哈林油气资源上争夺异常激烈。此外,中国和日本还在几家日本综合商社参与投资的印度尼西亚东固天然气项目和靠近钓鱼岛的东海油气田开发上发生强烈碰撞。在铀矿资源上,日本也不例外,从 2005 年 9 月中国核能发展计划公布以后,日本财团就加快了他们的战略部署。日本在中国的背后展开了一场事先部署好了的"核子战",先下手为强,抢先同中国争夺铀矿资源。

日本综合商社的频繁行动引起国际市场的关注,国际铀价应声而起。2003 年的价格为每磅 7 美元,2004 年为 20 美元,但是 2005 年价格飙升到了 30 美元。

2006年初，铀价每磅价格达到了35美元。据英国《每日电讯报》2006年5月19日报道："世界各国近年来大力进行核能开发与建设，而国际市场铀价也已经从2001年初时最低每磅6.7美元的价格飙升至昨天（5月18日）的每磅41.5美元。"到2006年8月时，铀价达到了每磅47.50美元。

在日本，以三井物产为代表的综合商社被认为是"产业组织者"，并且是日本"资源战略的优秀执行者"，为日本的产业结构转换和资源保障作出了巨大贡献。三井物产的基本定位是提供交易服务即做中介人，为出口商开发海外市场，为进口商寻找所需的原材料或产品。为了实施这些交易，三井物产为客户提供最有效的商业动态，市场行情等信息，把触角尽可能地伸向全球经济生活中人们想得到甚至想不到的角落。

以三井物产为代表的日本综合商社近年来调整了能源战略，扩张石油和替代能源自主开采权、积极主张地区能源合作主导权。日本政府经济产业省鼓励日本石油企业参与东海油气开采，增设重质油精炼设备等迹象看，对于收购西屋电气如此重头项目，日本政府和财团也没有等闲视之。至少从长期可能产生的效果看，三井财团东芝公司对西屋电气的并购将为日本扮演世界核电技术主导者奠定必要基础，进而为日本主导东亚地区能源合作提供不可多得的条件。

原本在2006年2月，东芝宣布54亿美元收购西屋电气之时，三井物产、丸红这两家综合商社也在投资方的名单中，但在10月完成收购时，却没有他们的踪影了。事实上，此时的三井物产已经开始为大肆收购核电厂需要的铀矿资源而繁忙起来。

2006年2月14日，在东芝宣布收购西屋电气的一周之后，《人民日报》驻哈萨克斯坦记者发出报道："哈萨克斯坦国家原子能公司（Kazatomprom）总裁扎吉舍夫宣布，已同三井物产和关西电力公司签订合同，建立合资公司阿巴克，双方将共同开采哈萨克斯的梅古杜克（Mynkuduk）铀矿，两家日本公司各占公司35%的股份。该项目一期投资预计1亿美元。在2010年之前，阿巴克的铀开采量可达到每年1 000吨，原料将主要销往日本。"至此，日本与中国争夺中亚铀矿资源的决战拉开序幕。

日本商社齐上阵，旨在击败中国

对于铀资源储量第一的澳大利亚和第三的加拿大，虽然日本财团企业都是他们的大客户，但是没有像其他资源一样拥有控制权。控制这些铀矿资源的除了本国政府和企业外，主要是美国、英国和法国的公司。这三个国家都是世界承认的拥有核武器的国家，并且都是联合国安理会常任理事国。在铀矿资源的争夺上，中国和日本在时间上是处在同一起跑线上的，而且都把目光锁定在铀矿资源储量丰富的中亚国家（哈萨克斯坦等）及俄罗斯上。

哈萨克斯坦的铀储量约占世界总储量的25%，在世界上位居第二。早在2005

年11月，三井物产、三菱商事、住友商事、伊腾忠商事、双日株式会社这5家综合商社访问了哈萨克斯坦，此外还有关西电力和日本国际合作银行。日本能源行业的一名官员表示，为了获得哈萨克斯坦的铀，中国和韩国正在展开激烈竞争，这对日本来说是一场艰难的竞争，因为哈萨克斯坦并没有清楚表明其铀矿将会向外国公司开放多少。

2006年 8月28日，到访的日本首相小泉纯一郎和哈萨克斯坦总统纳扎尔巴耶夫

2006年8月28日，即将卸任的日本首相小泉纯一郎展开其首次中亚之行。包括三井物产和丸红在内的几家日本综合商社敦促小泉利用此次访问锁定日本对哈萨克斯坦铀矿的开采权，旨在这场争夺中亚核燃料的竞争中击败中国。日本共同社报道说，小泉曾亲自指示日本政府内阁成员重点访问尚未踏足的国家，作为这种"战略性外交"的一环，小泉此次选择了铀、石油、天然气等天然资源丰富的中亚地区。

2006年10月5日，在东芝正式完成收购西屋电气的前夕，三井物产与俄罗斯技术供应出口公司签署协议，开始实施开采雅库特"南方"铀矿区的合资项目。三井物产因此成为俄国开放核能战略领域后第一家进入其铀矿市场的外国公司，也是首家直接参与俄境内铀原料开采项目准备工作的外国公司。雅库特的埃利孔斯克矿区被认为是俄境内已探明的最丰富的铀矿区，蕴藏着俄罗斯一半以上的探明铀矿储备，将近34.4万吨；而"南方"矿区又是埃利孔斯克矿区中之一，已探明的铀矿储量达25万吨，被认为是世界最大的铀矿之一。

俄日联合开采铀矿资源的项目总投资额为2.45亿美元，而在该项目实施合理性得到确认之后，三井物产将获得这一联合项目25%的股份。三井物产发言人说，日本之所以大规模在全球收购铀资产，是为了抵消未来铀价格的上升。但是，三井物产也不经意地透露，日本的目标其实还是中国。路透社援引这名三井发言人说："我们必须在中国竞争到来之前，确保铀的份额。"

在海外能源开发方面，三井物产和三菱商事这两家综合商社总是一对形影不离的战友。2006年10月，三菱财团的三菱商事与俄罗斯技术供应出口公司正在进行一项铀矿开采可行性研究活动，该铀矿位于俄罗斯东部，开采的铀矿将提供给日本。其中，位于Sakha的Yuzhnaya矿将于2009年开始投产，其建设需要花费2.45亿美元，2015年年产量将达到1 000吨。此外，另一处的Elkon铀矿的储量据估计将达到25 000吨，三菱商事社希望拥有25%的股份，并将为可行性研究投入600万美元。

不仅三井物产和三菱商事开始在铀矿资源上发力，日本其他综合商社也不甘落后。据路透社报道，日本第一劝银财团的伊藤忠商事透露，该公司要把现有的每年

4 000吨的铀交易量，在五年内扩大到7 000 吨到8 000 吨。这个数字已经超过了中国15 年后最高的需求量。2005 年 10 月，也是中国发布核能使用规划不久，伊藤忠商社同哈萨克斯坦国家铀矿公司签订了 10 年的购买合同，这些铀用以转口美国以及日本国内需求。

2007 年 4 月，以富士财团的丸红（综合商社）为首的日本企业联盟购买了哈萨克斯坦南部 Harasan 矿区 40% 的股权，丸红、东京电力、中部电力、东北电力这 4 家企业分别按照 55%、30%、10%、5% 的比例分配股权。该矿山由哈萨克斯坦国家原子能公司和日本企业联盟共同开发。2007 年 8 月，东芝与丸红达成协议，接受丸红转让的 22.5% 比例的股份，从而获得该矿山的开采权。自 2014 年开始的 40 年时间里，日本企业联盟可以获得份额为 2 000 吨/年铀精矿。其中，东芝每年可获 450 吨铀精矿，预计可满足 2 ~ 3 座核电站的需求。

铀矿换股权，形成利益共同体

2007 年 4 月，日本经济产业相（部长）甘利明和东芝公司社长西田厚聪等人一同访问了哈萨克斯坦，并与哈方就扩大铀燃料的进口及加强核电站技术的合作等问题达成了共识。同年 7 月，东芝公司透露出，计划将旗下的西屋电气公司 10% 左右的股份转让给哈萨克斯坦国家原子能公司。显然，面对世界范围内资源争夺战越演越烈，铀燃料价格直线飙升的情况，东芝希望通过和哈萨克斯坦形成利益共同体，来强化三井财团对核电业务的统合。

此后不久，东芝公司将所持西屋电气公司 10% 的股份以 5.4 亿美元的价格，出售给了哈萨克斯坦国家原子能公司，将拥有西屋电气的股份从 77% 减少到 67%。三井财团的东芝公司通过这项交易旨在强化与全球第二大铀储备国哈萨克斯坦的关系，建立起从铀燃料到核电设备制造的一条龙全球核能业务体制，使其在全球越来越多的核电谈判中占据优势地位。

也许是受到东芝的启示，中国很快与哈萨克斯坦达成以铀矿换股权合作协议。2007 年 11 月 19 日，英国《金融时报》发出消息称，中国核工业集团和中国广东核电集团将共同持有哈萨克斯坦境内一家铀矿公司（Zhalpak 项目）49% 的股权，哈萨克斯坦国家原子能公司保留另外 51% 的股权。作为交换，哈萨克斯坦国家原子能公司将获得中国核燃料加工或发电厂的股权。该报评论说：“对于行动隐秘的中国核工业而言，该交易是个突破，突显出中国在中亚积极获取能源资源的攻势。”

遗憾的是，中国与哈萨克斯坦达成这个“实质性的核能合作协议”可谓有些姗姗来迟，而且是小巫见大巫了。Zhalpak 项目是一个铀矿总储量仅 15 000 吨，年产量1 000吨，2012 年投产的一个小项目，中国每年获得不过 500 吨铀精矿。相比之下，日本仅在 2007 年 5 月就同哈萨克斯坦有关方面签署了 25 项关于能源合作的协定和备忘录。其中,最引人注目的当属日本每年从哈萨克斯坦进口铀的长期协议以及哈铀矿开采权的备忘录。与此同时,日本有关方面还同乌兹别克斯坦政府就共同开发铀矿达成了一致。

其实,中国商务部网站早在2004年11月15日就公布了消息说:"中国核工业集团公司与哈萨克斯坦原子工业公司上周在北京草签了'长期战略伙伴关系协议',并签订了到2020年原子能工业领域合作工作纲要。正式协议将在2005年两国首脑会晤期间签署。"也许正是捕获到这个消息后,日本综合商社抢先于中国政府与哈萨克斯坦尽快达成了更多实质性协议。与日本财团快速实现布局相比,中国方面则更多的是"雷声大、雨点小"。

2007年12月26日,住友商事、关西电力、日本原子燃料工业及哈萨克斯坦国家原子能公司签订了合作文件。日本公司将从2010年起利用哈萨克斯坦国有企业拥有的工厂,将矿山开采出的铀加工成核电燃料,这样可自己完成以往依赖于欧美的"再转换"等高难工序,稳定核电燃料的来源。由此,三井－住友财团与哈萨克斯坦之间的合作从铀矿勘探,迈向了包括燃料加工等下游领域在内的更为紧密的合作阶段。

要建核电厂,就必须要有足够的铀矿资源。中国自己国内探明的铀矿大约有7万吨。但是,中国现在核电厂每年需要的铀为1 500吨,当40座核电站建成后,每年需要的铀将达到7 500吨。这样一来,中国现有的铀矿不到10年就耗尽了。理所当然,中国只有把目光放在海外,寄希望海外原料供应地能供应中国核电站所需要的燃料。试想,如果铀矿都掌握在外国财团的手中,那些中国人花巨资建好的核电站不就成了外国资本的提款机了吗?

第六节　日本是怎么赢的

东芝又一次走到了时代的前列

中国核电起步于20世纪80年代,经过二十多年的发展,已经建成和在建核电机组共19台,总装机容量约1 600万千瓦。但是,核电在中国整个发电装机容量当中的比重,现在还很小,还不到2%。从全球来看,核电在整个发电装机容量中平均的比例是17%,而有些国家,像法国,达到70%多。2005年9月,中国公布了未来15年的核能使用规划,到2020年中国将会把核电在发电中的比例提升到4%以上,这就意味着在2020年前,中国需要建造40座左右核电站。

按照既定的"市场换技术"发展思路,2007年7月24日,中国国家核电技术有限公司与东芝公司率领的西屋电气联合体在北京人民大会堂签署了第三代核电自主化依托项目合同。合同的签订标志着“中国第三代核电自主化依托项目”从商务谈判阶段转到项目建设和技术转让实施阶段。中国国务院副总理、国家核电自主化领导小组组长曾培炎出席签字仪式，并会见了东芝公司副社长兼西屋公司股东董事会董事长庭野征夫、西屋电气公司总裁兼首席执行官史睿智。

中国国家核电技术招标机构最终选择了东芝控股的西屋电气作为优先中标方，为此中国出资80亿美元引进西屋电气AP1000技术建设浙江三门、山东海阳共计四台百万千瓦级核电机组。西屋电气为开发AP1000技术花费5亿美元和15年时间，而中国所购西屋相关技术产品的80亿美元订单几乎2倍于东芝控股西屋电气的41.58亿并购出价。东芝买了一个完整的公司，中国却只买了几项产品和技术。三井财团东芝公司的“深谋远虑”跃然纸上。

东芝本身是大型发电机、重型变压器生产厂家，现在又在核电项目上进一步开疆拓土，从而使自己拥有的生产能力随产业链的延伸而充分发挥，俨然成了“电站装备制造业的综合商社”。如今，在减少二氧化碳排放量成为世界各国的一大目标时，东芝迅速打出了以核电减排的方针，又是先人一步。如果发100万度的电，核电的二氧化碳排放量只有20万吨，而煤炭是670万吨、天然气为410万吨，核电站在减排上的优点不容忽视。

能源电力等社会基础设施业务如同东芝的一个业务稳定器，2005财年销售额为18 823亿日元(1 403亿人民币)，约占东芝销售总额的29%。随着环境保护与经济发展的关系越来越密切，环保产业也正在成为继信息产业之后的第二大产业。21世纪企业的核心竞争力，肯定会是在生产中依托节能环保的技术应用，这才是世界新经济的杠杆和支点。环保的核心内容是改善环境和节约能源。很显然，在核电领域的领先地位让三井财团的东芝又一次走到了时代的前列。

大型的电机、能源项目与消费者直接见面的机会不是很多，因此人们常把东芝看成是像索尼一样的电子企业，这种认识很肤浅。东芝有一个口号叫“E & E”(电子与能源)，是说“最大”项目指的是做能源，“最小”项目是做电子。东芝公司总裁西田厚聪将之称为“进攻型经营”，即要么能做得最大，要么能做得最小最精，而避免在竞争对手云集的不大不小的中间地带与其他企业竞争，这与三井物产这家综合商社采用控制两端业务的经营哲学如出一辙。

2005年爱知世博会期间，东芝与三井物产推出了独具特色的三井东芝馆，可见双方关系的密切程度

随着全球性能源紧张的加剧，各个能源消耗大国都把加大核电发展列为缓和能源危机的必要手段。日本政府一直把核电放在国家战略高度考虑，并且建立了一套庞大的机构来保证核电事业能整合国家所

有资源顺利发展。为此,日本财团利用整合的优势加紧控制世界核电市场、核原料和核技术。三井财团的主力制造业企业(东芝)和综合商社(三井物产)联合行动控制市场和资源的做法,在全球微观经济领域已经屡见不鲜。

实力雄厚的日本核工业基础

日本这个唯一遭受过核武器打击的国家,虽然到现在为止都宣称不曾拥有过核武器,但是他拥有的核技术和核资源储备却是很多拥有核武器国家难以望其项背的。由于资源和能源匮乏,日本政府和财团企业很重视核能的发展,大力开展尖端核技术研究,拥有完整的核燃料循环体系,并掌握生产钚及浓缩铀技术,还积累了大量的动力钚和一定数量的高浓铀。日本核工业自1959年建立第一座核电站以来,至今已有近50年的历史了。

1955年10月,由三菱财团21家公司组成了三菱原子能动力委员会;1956年4月,住友财团16家公司组成了住友原子能委员会;同年6月,三井财团34家公司组成了日本原子能事业会。同时,金融系列财团也开始整合原子能产业。1956年3月,富士银行、三和银行系(富士财团)16家公司组成了东京原子能恳谈会,同年8月第一劝银财团15家公司组成了第一原子能集团。

如果说财团企业是前线部队,那么国内的核研究机构和政府的相关职能部门则是强大的后勤保障。日本核研究机构主要分为三类:a. 国家企业和大学的研究机构;b. 日本原子力研究所动燃开发事业团;c. 放射医学综合研究所。1956年1月1日,日本原子能基本法开始实施,行政机构包括:原子能委员会、原子能安全委员会、放射线审议会、科学技术厅、通商产业省、运输省,具体办事机构设在科学技术厅原子能局。

日本的核发电技术主要有两种: 一个是BWR(沸腾水型反应堆),再一个是PWR(压力型反应堆)。日本电力公司中,原子能发电、东北电力、东京电力、北陆电力、中部电力、中国电力这六家电力公司使用的是BWR,北海道电力、关西电力、四国电力、九州岛电力这四家电力公司使用的是PWR。从反应堆的数量上看,BWR与PWR在日本平分秋色。日本国家政策决定使用两种核发电技术,以保证核能的安全使用。

BWR技术最早出自美国通用电气公司,现在设计和制造技术都已由日本企业加以改良和发展,主要有两家: 一个是东芝,再一个是日立。东芝自1950年代就开始对BWR技术进行各种改良,现在已经是完全成熟的一种技术了。20世纪50年代主要在配管方面做了大量改良,到70年代已经很少能看到复杂的配管了,进入90年代以后,他们继续把技术向安全、简便方面做了改进。

作为三井财团企业联合体的代表,东芝从1978年开始着手研发改进型BWR,1985年研发工作完成,1996年改进型BWR成套设备的首号机组在日本海一侧的柏崎核电站竣工。改进型的BWR又称ABWR。在日本海沿岸的柏崎市，东芝用BWR技术建了5座110万千瓦核电站，以后又在1996、1997两年让ABWR核电站正式运行。这里面包括基础施工、反应堆压力容器的安装、燃料装填、起动试验到商业运行的整个过程。

以往东芝公司主要通过与美国通用电气合作，获取沸水型轻水炉（BWR）技术和订单。如今，东芝通过成功收购西屋电气，成为通用电气在核电事业上的竞争对手。此次，东芝对西屋电气的收购显然带有构建日本独立的加压水型原子炉（PWR）核电设计、开发、制造一极地位的意图。从其业绩看，以前东芝公司仅与日立公司联合向东京电力提供过BWR核电设备，并没有生产制造PWR的技术，此次收购西屋电气属于挑战不熟悉技术领域型收购。

"单兵突进"难敌"集团军作战"

从基础制造业到高科技产业，从能源到矿产，日本财团精妙的布局让人震惊。电能生产是国民经济的基础，经济发展离不开电力供应，东芝在这个事业上的作为，不亚于电器产品和数码产品，甚至更胜一筹。东芝仅仅是一个日本财团企业，他在中国电力市场特别是核电市场的影响力已经不容小觑了。如果站在全球高度，审视日本财团在核电市场的布局，就会得出一个结论，虽然日本不曾拥有过核武器但是却掌握着巨大的核力量。

日本各大财团在原子能产业领域共同投资也上升到战略领域，成为日本核工业发展的基本力量。为了最大限度地整合资源，在政府推动下，各财团企业纷纷组成各自核能产业集团。核能产业集体的核心是干事企业和综合商社，三井财团是东芝和三井物产；三菱财团是三菱重工和三菱商事；富士财团是日立和丸红商事。这三大核能产业集团现在又与西屋电气、阿海珐、通用电气等世界核电巨头联姻，最终形成以日系为中心的世界核能产业体系。

相比之下，尽管核电站的建设起步晚，但中国对核电技术的掌握却相当早。核潜艇的核反应堆与核电站反应堆堆芯技术基本相同，如同大卡车和小汽车的关系。但是一个令人难堪的事实是，法国核潜艇1970年下水之后，便开始将此技术转为民用核电站，目前法国核发电占总发电能力的78%。中国的核潜艇下水仅比法国晚了一年，但第一个核电机组1985年才开始建设，而且并未采用自己的技术。

由于中国长期以来忽略了军用核技术在民用领域的应用，所以在民用核电站技术领域，中国和美国、日本、欧洲存在很大的差距。曾经成功研发中国第一艘核潜艇的中国核动力研究院，直至1987年10月秦山核电站二期建设项目批准，才被允许参与核电技术的投标。仔细观察，东芝、石川岛播磨、三菱重工、日立、通用电气等核电装备制造的世界巨头无一不是有着深厚的军工企业背景。如何理顺中国重型民用装备制造业与军工业的组织体制问题，日本的经验给了我们更多的启示。

中国目前核发电能力只占总发电能力的2%，与国际上的平均水平16%相比差距非常大。中国核电集团总经理康日新认为，中国核电站总发电量如此之低的原因，一方面在于起步比较晚，第二是建设过程当中没有发展规划，就是打打停停，建完一个以后再来讨论下一个，或者在下一个在建的过程当中再往下讨论。实际上，中国缺少的是一个顺畅、稳定而且高效的、如同日本和韩国财团那样的产业组织体系。

自从中国经济体制实行改革开放之后，原有的"一个国家就是一个财团"的计划经济体制被全面瓦解，某种意义上带来了经济上的竞争活力，促进了轻工产品与消费品的发展。但是，另一方面，资金密集和技术密集的重化工业和装备制造业由于国家整体经济体制的涣散，缺少坚固而长效的"财团体制"保护，缺少国家统一的战略指导，缺少商业和金融企业的服务，无法形成技术积累和人才积累，不得不依靠走"引进－再引进"的路子。

所谓的"财团体制"可简单分成三部分：综合商社对贸易、物流、信息和人才等拥有综合协调能力，就像军队的"参谋部"和"后勤部"；而银行及保险公司构建了金融体系，就是军队的"弹药库"和"给养库"；众多的大型制造业企业如同各兵种的"野战军"和"特种兵"。由综合商社做调研、规划、人员组织和信息反馈等复杂而琐碎的工作，制定出总体"战略部署"，银行体系提供强大"弹药补给"，一线的制造业企业才能在随后的"战争"中勇往直前，所向无敌。

要解决中国核能利用面临的技术和资源两大难题，必须要面对日本财团的巨大挑战，无论是核技术领域还是铀矿资源，日本财团企业都拥有控制力上的巨大优势。与日本大财团的综合商社这个中央指挥部相比，那些一线企业不过是一支支战斗小分队，他们的得失胜负只在局部，关键还要看全局。其实，在跨国公司横行的全球化时代，现代企业竞争的含义早已不是"单兵突进""一对一比拼"了，而是"大规模集团军的立体作战"。

参考文献及来源：

1. 电企呼吁启动第三次煤电联动应对高涨煤价[N]. 南方都市报,2008－04－04.
2. 何德功,李国荣,刘军. 爱知世博会的上海启示:用睿智手段展现自己[J]. 瞭望东方周刊,2005－06－24.
3. 龙湖. 创新东芝　演绎梦想　东芝综合展示会开幕[J/OL]. 新浪科技,2006－07－23.
4. 3·13 重案组揭开惊天腐败黑幕[J/OL]. 法制与新闻网,2002－08－16.
5. 田虹,吕有晨. 日本企业社会责任研究[J]. 现代日本经济,2006(1).
6. 陈言. 东芝中国董事长平田信正:眼光落在50年后的中国[J]. 经济,2006(3).
7. 东芝(中国)有限公司官方网站(中文):www. toshiba. com. cn/.
8. 常州东芝变压器有限公司官方网站(中文):www. cz－toshiba. com/.
9.《东芝不惜血本并购西屋 图谋世界核电版图》/搜狐企业调查:business. sohu. com/s2006/toshibabg/.
10. 日本已经拥有6艘准航母级大型水面舰艇[J/OL],国际在线,2007－08－29.
11. 中日经济关系光辉的未来. 日本驻华使馆经济部参赞千叶明, 2004 年 7 月.
12. 副岛利宏:循环经济中三井物产的探索与创新. 新华网 2006－05－26.
13. 杨力. 日本的核电[J]. 核电站,2002(1).
14. 陈言. 日企通吃全球核电"盛宴"[N]. 南方周末,2006－12－22.
15. 韩国斗山重工全面挺进中国核电市场[N]. 第一财经日报,2006－03－10.
16. 安明静. 中国核电的"空心化"之忧[N]. 国际金融报,2006－03－31.
17. 范斯佳. 再造中核集团[J]. 国企,2006(11).
18. 刘增洁. 2006 年世界铀资源、生产及供需现状[DB/OL]. 资源网,2007－12－13.
19. 刘军韬. 哈萨克斯坦铀资源与核工业简介[DB/OL]. 澳大利亚铀信息中心,2007－11.
20. 王佑. 哈萨克斯坦欲以铀资源换中国核电公司股权[N]. 第一财经日报,2007－11－20.
21. 刘群锋. 日本的金属矿产资源战略[N]. 学习日报,2007－01－31.

第十章 财团就是力量

从明治维新至今，以三井为代表的日本财团，在面对帝国主义列强统治的世界中，一方面团结日本全民的力量，另一方面整合世界各国的资源，在全球范围内争夺原料、技术和市场。这是日本企业的国际化之路，也就是日本国家的生存之道。

尽管彼此不存在从属关系，但主办银行、综合商社、制造企业还是构成了日本财团三位一体的紧密结构。财团成员通过交叉持股、互派经理、共同投资、交换情报等方式建立横向联系。从本质上讲，财团体制与家族文化和商帮文化密不可分。

日本的财团体制围绕“全套完整产业链”而构造，使整个产业协调统一发展，不是某个行业超常发展，也不让另一些行业掉队。这种经济体制被形容为“会社主义”，意思是说日本整体就是一个企业，而日本大学经济专业的参考书则直接称之为“日本型社会主义”。

——作者题注

【阅读提示】

“三井”告诉了我们什么(10)

2004 年 5 月 19 日,两家以财团冠名的企业——中瑞财团控股公司和中驰财团投资有限公司同时在温州拿到了营业执照,前者由 9 家企业发起,后者由 7 家企业发起,二者均为无地域限制的公司,在本地工商局注册之前,都经过国家工商总局的批准。至此,温州人在中国首创了财团这个概念,引起了业内和媒体的高度关注。

面对这一新鲜事物,疑虑者有之,警告者有之,鼓励者亦有之。但在中瑞、中驰看来,财团是一种募集民间资本的方式,而就资本运作而言,阵容强大的财团可以突破单个企业资本薄弱的局限,有助于温州民营经济进入一些资本密集型行业,做大做强,并参与和支持国家的重点建设,大力参与企业改组中的并购与转轨改制。

回过头来看一下日本的三井财团,他在历史文化上与温州有着不可分割的悠久渊源。三井财团的家族起源于平安时代(中国的唐宋时期),定居于近江国(今滋贺县)“三井寺”地区,开始以“三井”为姓。而“三井寺”得名于中国浙江天台山(位于温州、台州和宁波地区)的“三井潭”。

日本的江户时代早期(中国的明末清初),三井家族的三井高利在京都、江户(东京)、大阪、长崎等地开设名为“两替屋”的钱庄,从事兑换、放款等金融业务,即为现在三井住友银行的起源。此后,三井高平继承家业后,开始与外国交易,此为三井物产(综合商社)的远祖。由此,三井财团的雏形逐渐清晰起来。

明治维新初期,相当数量国有企业由于资金短缺和经营管理不善,连年亏损,给政府财政背上沉重的包袱。明治政府随即将一批国有企业以非常低的价格指定转让给那些资金充足、熟悉经营和有能力办好企业的“大政商”(如:三井、三菱等),甚至采用期限 55 年的长期分期支付办法,这实际上等于拱手相送。

如今,包括三井在内的日本六大财团并非垂直控股的组织结构,而是通过成员企业间的相互持股共同投资等手段形成命运共同体和利益共同体。这些财团的成员企业是日本国民经济支柱性的巨大企业,又都是法人持股和公众持股的上市公司,早已不是当初的私人家族企业,而成为“民有国营”的社会企业(或称国民企业)。

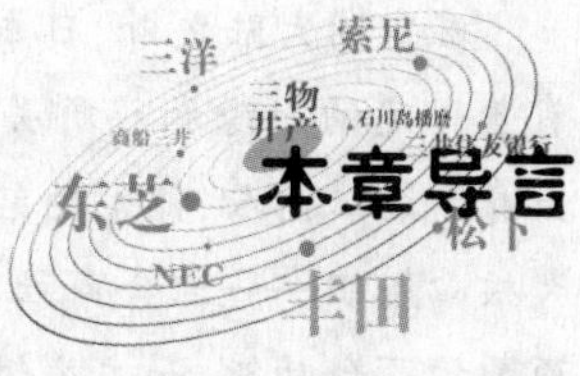

由于最近一段时间长期伏案写文章，肩肘和颈椎疼痛难忍，不得不每天走出家门去附近的公园，加入那些离退休老人们的晨练队伍中去。时常看到老人们聚集在一起合唱以前的革命歌曲，回味那段激动人心的年代。“团结就是力量，团结就是力量。这力量是铁，这力量是钢。比铁还硬，比钢还强，向着法西斯蒂开火，让一切不民主的制度死亡，向着太阳，向着自由，向着新中国，发出万丈光芒……”这段歌曲最能调动起人们的情绪。

1943 年 6 月，敌后抗日根据地晋察冀边区平山县黄泥区正处于战斗最紧张、最残酷，生活最艰苦的、最困难的“黎明前的黑暗”时期。出于对当时的阶级斗争与民族战争的需要，必须团结一切可以团结的抗日力量，才能取得抗战的胜利，作者牧虹和卢肃一起突击创作了小型歌剧《团结就是力量》。这个小歌剧演出后影响很大，主题歌《团结就是力量》立即在全边区广泛流传，成为团结中华民族抗击日本侵略的号角和心声。

然而，在当代的中国年轻人充满对个性化、自由化与全球化的狂热追求之时，日本的财团企业却在高唱着“团结就是力量”进入了中国市场。在经济领域，日本财团实际上就是穿着西装的军团，而且是一个可以进行陆、海、空三位一体协同作战的现代化军团。事实上，日本财团中的制造企业、综合商社、金融机构分别扮演着陆、海、空各兵种的角色，这与中国经济体制中的产业、商业、金融各自为战形成鲜明对比。

当中国企业界一谈起多元化时，总是从某一个制造企业单独的个体角度去考虑问题。试想在市场空间有限的前提下，如果每一个企业都向多元化发展而又相互竞争，结果必然都会成为多元化发展的牺牲品。在日本财团看来，多元化并非独立企业的使命，而是整个财团分工与协作的结果。而在我看来，“财团”实际上是由综合商社、主办银行为代表的金融企业，以及众多不同领域分工的制造业企业聚拢而形成的“商帮”。

“商帮”是中国传统经济模式所固有的组织形态，其中“商会”和“钱庄”在商帮中占有重要位置,发挥着核心作用。在《三井帝国启示录》一书中,笔者考察了三井财团的渊源,发现他与中国浙江地区唐宋时期的商业文化一脉相承。宋代浙江沿海地区发达的商业文明演绎出的商帮文化,延续到明清时期,在中国内陆发展出“徽商”“晋商”这样的典型代表。在现代,“浙商”的崛起无非是中国商帮文化再次复活的必然结果。

在中国大陆之外,日本的近江商人在唐宋时期就与浙江商人如同一家,甚至有着一定的血缘和族群关系。三井物产、伊藤忠、丸红这几家财团的综合商社就出身于近江商人,他们的经营理念与浙江商人极其相似。仔细观察日本财团的两大核心组织——综合商社、主办银行,我们就会发现综合商社实际上就是在发挥商帮的商会功能,而主办银行就相当于商帮的钱庄。

与三井财团有300多年的悠久历史不同,日本的三菱财团属于近代发展起来的企业集团,但是依然是以商会这种传统组织起家的。1866年,藩营(即政府经营)商馆开成馆开业,在日本长崎开设分馆,三菱财团创始人岩崎弥太郎(1834—1885年)成为负责人。1869年10月,岩崎弥太郎以“九十九商会”命名的商号开张,主营航运业。1871年7月,明治政府将“九十九商会”转为岩崎弥太郎私营,1873年3月更名为“三菱商会”。

由于现代经济制度中,资本似乎发挥了更加重要的作用。如果将商帮中的“商”改为“财”,而将“帮”替换为“团”,就会容易理解日本财团与中国传统商帮如出一辙。不同的地方在于,日本财团是现代企业制度,是金融化和股份化的产物,已经完成由家族企业向社会企业的变革。但是,无论是“财团”还是“商帮”,其中的“团”和“帮”都表示的是一种集合体,都在说明“团结就是力量”这个道理。

三井财团创始人三井高利(1622—1694年)制定的“三井家训”至今依然闪烁着光芒,其中这样写道:“一根树枝易折,许多树枝捆在一处则难断,汝等必须和睦相处,巩固家运;各公司营业所得的总收入,必须扣减一定金额的公积金以后,才能分配给各公司;由各公司推选一位年长老人,成为大家的首领,各司的负责人都必须服从他的指挥;同族绝不可互相斗争……”这些话中无不体现着三井财团在经营活动中强调团结的重要性。

第一节　对抗列强的坚定意志

美国操纵经济命脉，降日本为殖民地

二战以后，美国对日本采取了军事和经济上的全面占领。美国通过国家资本和民间资本从产业、商业、交通运输、银行等几乎各个经济领域对日本实施经济占领。美国占领当局的《禁止垄断法》公布以后，把旧有财阀的领导机构投资会社（控股公司）及财阀同族所持有的股份资产一律移交新设的投资监理委员会，并由该委员会从事清理。而美国就从中操纵了投资监理委员会，控制了全部日本大企业的股权。

美国五星上将麦克阿瑟主持日本投降签字仪式，标志着美国对日本在军事和经济的全面占领

1949年设立了“美援基金”。美国对日本的“援助物资”运到日本后即折成现款，转入日本特别会计预算的收入部分，称为“美援基金”，完全归麦克阿瑟总部支配，投入日本的国有企业的铁路、电信和私营企业的电力、海运、煤炭、钢铁、化学肥料、化学药品及中小企业各部门中。这样美国通过了美援对等资金，达到美国国家资本对日投资的目的。在通过国家资本投资之外，美国垄断资本家还以私人投资的方式侵入日本经济。

到了1950年，美国垄断资本已经侵入了日本经济的各个领域，包括电力、石油、机器制造业、化学工业、铁与非铁金属的生产、精确的机器和仪器的制造以及铁路运输业等。在这种情况下，日本在经济上几乎完全沦为了“美国的殖民地”。在美国占领当局主导下的“改革”让日本经济每况愈下，而且人民的生活状况持续下降，1950年共有1 300万人处于失业状态，同时工人和职员的工资却在不断地下降。

1951年2月20日，《人民日报》刊登了一篇标题为“美国正把日本变为它的殖民地”的文章，其中这样写道：“美国独占资本家陆续派遣了底特律银行家道奇、狄隆·里德公司副经理德莱伯及华尔街御用学者哥伦比亚大学教授萧普等人赴日研究日本经济情况，积极活动对日投资事宜。日本的反动卖国政府也正极尽谄媚地以种种办法‘吸收美资’。就是这样，美国独占资本深深地侵入了日本的大小企业，控制了日本独占资本，并通过这操纵了日本的经济命脉。”

该文章还进一步揭露，美国梅隆财团的西屋电气握有三菱电机的巨额股票，

美国泰埃特华脱公司握有三菱石油的巨额股票,美孚石油公司握有日本战时各石油公司共同投资设立的东亚燃料公司的51%股票。美国摩根财团的通用电气公司握有东京芝浦电气(东芝)的巨额股票,国际标准电气公司握有住友电气工业及日本电气(NEC)的巨额股票。麦克阿瑟是美国通用电气公司最大的股东之一,他在日本收买了与通用电气有密切关系的住友公司的一大部分的股票。

不仅在产业方面,美国独占资本对日本的商业、海运、银行等方面也都取得了控制权。在日本的美国贸易公司共有40家,它们几乎完全独占了日本的对外贸易,日本本身的贸易公司则只靠收入一定的佣金,成为外国公司输出商品的经纪人。海运也几乎完全由外国轮船公司所独占,美国在日本有轮船公司12家。以美国的花旗银行、大通银行为首的外国银行在日本建立了分行,控制着对外汇兑等业务。《人民日报》评论说:"这一美国资本输出到日本,并掌握了日本财阀,操纵日本经济命脉的过程,显然就是降日本为美国殖民地的过程。"

然而,1950—1953年的朝鲜战争成为日本摆脱美国控制,重新走上经济独立的良机。当美国1950年6月介入朝鲜战争时,日本成为军需资材和劳务供应基地,本国企业获得巨大利益和发展契机,同时劳资关系也开始缓和。为寻求经济上的独立,日本各界寻求团结的呼声越来越高,重新组建财团成为各个企业共同努力的目标。由于解散财阀时未触动财阀的银行,从50年代初期起,以旧财阀银行为中心联合原系统各大企业的经理陆续组成经理会,逐步形成新财团体制。

"稳定股东工作",重新形成财团

从战后初期到20世纪50年代中期,日本企业的竞争力远远比不上美国和欧洲的企业。例如,在50年代中期,不包括美国企业在内的世界100家大企业中,日本只有4~5家;在包括美国企业的世界100家大企业中,日本还榜上无名。为了提高企业在国际市场的竞争力,50年代,大企业之间合并、协作以及产业再组织论成了当时日本政策思想的主流。日本政府认为,小企业体制是本国企业国际竞争力差的一个重要的原因。

迅速改变这种现状,扩大企业规模,扶植主导产业,就成了日本政府经济政策的一项重要内容。为了培育独立自主的经济体系,日本政府和经济团体联合会做了大量的工作。1953年,日本政府修改了《禁止垄断法》,放宽了持有竞争关系的公司的股份及兼职的限制,三井、三菱和住友三大旧财阀在美军占领时期被分割出去的企业又重聚起来了。同时,战后的一些新财阀也相互结合,形成富士(芙蓉)、三和及第一劝银三大新型财团。

日本财团的重新形成有一个特别重要的意义,这就是它培养和壮大了众多世界级的制造企业。日本人曾说过一句悲壮的话:"制造业沉没,日本即沉没"。对这个资源贫乏的岛国,出口和扩大海外贸易只是手段,这些手段的基础在于制造出世界一流的工业产品。商人盈利固然可以“空手套白狼”,但是对国家来说没有自己的一流的工业产品和强大并且完整的工业体系,是不可能成为世界性经济大国的。

日本以财团机制进行国家经济管理是历史(战时)、地理(资源)、文化(儒学)和战略(反殖民)等各种综合因素的产物。其目标只有一个,就是在面对帝国主义列强统治的世界中,团结全民的力量,迅速获得有效的竞争优势,在全球范围内争夺原料、技术和市场。日本1955年加入关贸总协定前后采取了一系列产业和金融政策,清晰地表明了日本对抗外国列强的经济统治的坚定意志和巧妙手段。

由于美国的敦促,日本在1960年通过了“贸易、汇兑自由化计划”,对外开放贸易和汇兑。1964年,日本加入国际货币基金组织(IMF)和经济合作与发展组织(OECD),这些组织都要求日本实行资本自由化。日本政府和企业表面上承诺资本自由化,但实际上却加快实施阻碍资本自由化对策的“稳定股东”工作,即由集团内部或有关系的银行和企业相互持股,形成长期稳定的股东。

正是这一时间开始,日本采取“稳定股东”的措施,重新组建主办银行和综合商社为核心的、聚集大型企业形成的以相互持股和外部董事为特征的财团体系。与此同时,国家经济命脉真正掌握在这些财团企业内部培养起来的、高度忠诚的、具有责任感的、实践型的职业经理人(穿西装的军队)。这种由财团机制建立起的日本模式,或由此形成的东亚模式成为发展中国家在短期内迅速跻身于经济强国,并形成持续发展能力的成功典范。

中国的现状有很多方面类似于20世纪50—60年代日本经济高速发展的时期。1955年日本加入关贸总协定,1964年举办奥运会,整个50—60年代的日本经济平均增长率高于10%。当时的日本制造业属于产业链的低端,经济的快速发展得益于低廉的人力成本和成功的对外贸易。日本企业以组建财团的方式抓住机遇,完成了资本和技术的快速积累,其“贸易立国”政策带有很强的重商主义色彩,使日本在短短20年内就完成了追赶老牌西方资本主义国家的任务。

“多兵种协同作战”的集团军

由于美国人的基本价值观是个人主义,美国企业也是个人主义的企业。日本和韩国的基本价值观是集体主义(共同体主义),因此也常常以财团的方式来办企业。在中国翻译出版的美国经济学教科书,连提都不提有关财团的问题,更没有介绍只在日本和韩国存在的被称为综合商社的企业组织。在波谲云诡的国际竞争中,中国稚嫩的企业能否担当得起复兴中华民族的重任。我们学习的目标和防范的对象难道只有美国金融业和所谓战无不胜的“对冲基金” 吗?

日本现代企业制度来源于二战时期的战时统制经济政策,保留了非常突出的军事体制和计划经济的痕迹,成为日本战后迅速崛起的重要法宝。研究日本经济管理千万不要只看到其著名制造业的企业管理模式，应该更多地同时关注日本财团内部的三股力量：综合商社、主办银行、大型制造企业，它们之间是一个有机联系和相互作用的整体。其中，综合商社这种独特的经济组织在日本社会中扮演者极其重要的角色。

前侵华日军关东军大本营参谋、战后伊藤忠商事（第一劝银财团的综合商社）的社长濑岛龙三曾经说过："日本没有资源，必须要靠出口才能发展经济，如果从出口的角度出发，经济发展的途径就在于建立和扶持综合商社"。1973 年，韩国政府邀请濑岛龙三为韩国经济发展献策，随后指定三星集团的三星物产为"综合贸易商社 1 号"，使其成为韩国综合商社的先驱和样板。从此，韩国发展起了三星、现代、大宇、喜乐金星（LG）、鲜京（SK）这五大财团，形成独立自主的完整产业和经济体系。

综合商社是日本经济的总参谋部，是日本国家经济战略的制定者，同时也对日本政治、外交和军事等方面具有很强的政策影响力。日本政府对世界经济事务的认识和研究几乎完全依赖于财团的研究机构。例如：三井财团的三井物产战略研究所和三菱财团的三菱综合研究所。实际上，各国政府的经济政策研究和制定都是来自该国的跨国公司在世界范围内收集的各种情报分析和研究。日本综合商社在经济情报方面有着无与伦比的巨大资源，这也决定了它在国家经济决策中的重要地位。

日本经济"失去的十年"（1993—2002）和期间的亚洲金融危机，人们普遍认为是日本经济体制的问题，实际上是美国打击日本经济扩张的结果，而日本财团却以此为契机完成了战略调整和应对新经济的转型。拉美国家经济和东南亚国家经济之所以受到跨国公司的操纵，最终引起大规模的金融危机，政府不得不听命于外国势力的安排，关键在于其国家和政府为赢得一时的经济增长而放弃了国家经济主权，没有在经济高速发展阶段建立起自主的财团体系。

所谓财团体系，实际上就是将现代战争中以集团军组织结构为基础的"多兵种协同作战体系"引入到了经济活动中。一般人都感觉"战略"这个词通常是军事领袖使用的术语。但是，在日本综合商社的工作过程中，每当遇到投资项目时，频繁使用的单词不是"利润"，而是"战略"，还有一个通常使用的单词就是"统合"。另外，我们通常所说的"项目"这个词也几乎都被日本人说成是"事业"。

毫无疑问，日本在二战后的发展并非一帆风顺，而是走过了"无艰不商"的心路历程。经历了泡沫危机破灭和 1997 年金融危机后，日本意识到美国第七舰队还在"保卫"日本安全的情况下对抗美国只能自取灭亡，美国同样也意识到在日本财团坚固的体制下彻底搞垮日本经济几乎不可能，日美同盟瓜分世界，便在这种经济博弈中悄然形成。而中国又在这个博弈中扮演什么角色呢？

第二节 合纵连横，网状生存

财团是“横向集团企业群”

从20世纪50年代初期起，以日本旧财阀银行为中心联合原系统各大企业的经理陆续组成经理会。此时，日本政府通过放宽对企业的限制，鼓励大垄断企业相互之间通过相互持股、系列贷款、人事互派等纽带结成企业集团，以增强团体对外竞争能力，直接促进了日本企业集团的形成和发展，出现了三井、三菱、住友、富士、三和、第一劝银这六大财团，以及丰田、东芝、新日铁、日立等若干大财团体系中的“独立系企业集团”（大型综合制造企业）。

日本六大财团，前三者是直接继承二战前财阀谱系的集团，大约在20世纪50年代前后形成，不但金融体系健全，而且更有发达的综合商社；后三者是在战后日本经济发展过程中，以主办银行为中心于60—70年代形成，综合商社的功能相对较弱。这些大财团横跨各产业，构成日本经济的基础，掌握着国家的经济命脉，并对国民经济有着重要影响。至70年代初，被解散的日本财阀系统的企业逐步完成垄断资本集团的聚合，其共同特点是：

（1）企业集团成员之间相互持股，其相互关系呈环状；

（2）由集团成员经理组成经理会，起大股东会作用；

（3）根据经理的决定，由集团成员出资，设立联合投资公司；

（4）以大城市银行为中心，银行会同本系统金融机构（信托银行、保险公司等）对集团成员企业进行系列贷款；

（5）综合商社作集团内交易媒介，它既担任企业集团成员的购销，开展集团内交易，又具有开展新事业的组织机能；

（6）组成配套行业，以重工业、化学工业领域为中心，成员企业分布于各产业领域。

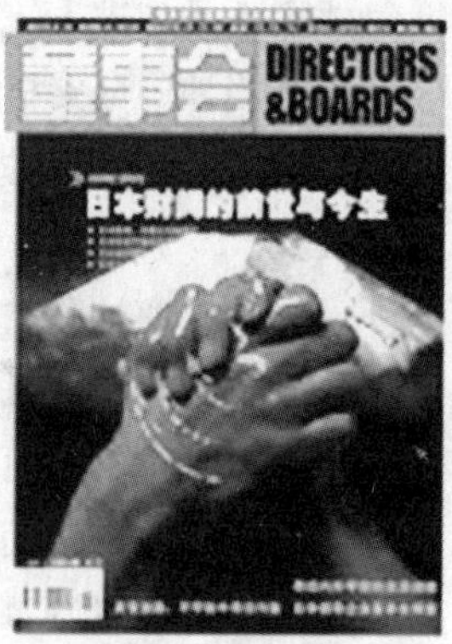

无论过去与未来，日本财团企业的分分合合及其治理思路的转变，都改变不了它们在日本经济中的地位

战后日本六大财团和战前金字塔型的财阀在组织结构上迥然不同，财团内各个成员企业，在经营决策方面保持着各自的独立性。然而，通过经理会、交叉持股、综合商社、主办银行、经团联、共同投资、人事互派、情报交换……，日本财团依然保持强有力的整体性，以其特有的生存方式和手段展现了强大的综合作战实力。这些财团最显著的特点便是以金融机构和综合商社为中心，财团内各企业环

形持股，即银行与企业、企业与企业之间交叉持股。

日本六大财团中的主办银行是借款企业的主要资金供给者，是企业结算的中心银行，通常也是企业的主要股东，向企业派遣重要职务的人员。银行帮助企业稳固其经营权，在企业经营业绩恶化时，企业将经营权移交给银行，由主办银行负责进行救助。日本财团的成员企业之间实行圆环形相互持股，这种持股关系使财团各成员企业之间的资本联系得到空前加强，是财团赖以存在的重要基础和最强有力的结合手段。

此外，日本财团还存在系列融资和人事派遣等特征，以加强企业之间的人事结合。一般主要是由主办银行、综合商社向各大企业派遣高级职员，如银行向其融资数额和持股份额高的企业派遣职员担任企业的重要职务，以保障银行的债权和对该企业的经营决策权。企业为加强同银行的密切联系、保证其资金来源的稳定和贷款，也愿意接受银行所派人员，并委以重任。同时，由于工业企业有时也是银行的股东，工商企业也向银行派遣人事，对银行施加影响和控制。

日本财团中的最核心、也是最独特的部分就是综合商社，综合商社是财团的情报机构，同时又是拓展海外市场的先锋，它在财团内部有巨大的协调能力。日本企业最初进入一个地区和国家的时候，他们一定会第一时间找到本财团综合商社在当地的分支机构，寻求他们的协助。各财团为了发展和壮大自己的综合商社，都不遗余力地提供各种支持。1994 年，世界 500 强的前 4 名都是日本综合商社，前 10 名中有 6 家是日本综合商社。

综合商社和主办银行在财团内进行资金融通及集团内交易，同时也组织成员企业参与巨型项目、共同投资和拓展海外市场等，这些集团进攻的案例在中国市场也屡见不鲜。但是，现在的日本财团不存在上下支配关系，它们包括主办银行、综合商社、众多大型制造企业的三位一体的组织结构，因此我们把这样的"横向集团企业群"称为"财团"，而不是过去的"财阀"了。成员企业间互相持股、共同投资、谋求股东的长期稳定，是财团的一个重要特征。

经理会成为"作战联席会议"

在六大日本财团中，都有一个总经理会议（简称"经理会"）作为连接各个成员企业的直接纽带。这个名为经理会的机构是财团中各个成员企业总经理定期聚会交换信息（情报）和交谊的场所，同时经理会也是各公司领导统一决策和协调财团战略发展的"作战联席会议"。日本财团正是以经理会和互相持股为基础建立起了企业间的横向联合体，财团的向心力也随着成员企业间合作和资源整合而得到不断加强。

以三井财团为例，20 世纪 50 年代初，由三井银行发起成立了月曜会（经理会），接着以促进三井物产公司的合并为目的而成立了总经理一级的五日会，1960

年改名为二木会,逐渐成为三井财团的统筹领导机构。1955 年,三井系统各公司共同设立三井石油化学工业公司,1956 年又设立日本原子能事业会,三井财团遂告形成。50 年代末,原三井财阀直系、旁系公司最终以企业集团的新形式集结而恢复成为大财团。

三井财团的核心企业是三井物产、三井银行和三井不动产。到 1978 年时,三井的月曜会和二木会这两个组织所属的企业已达 52 家,其中二木会的主要企业除上述的 3 家核心企业外,还有:三井信托银行、三井生命保险、三井海上火灾保险、三井建设、大阪商船、三井船舶、三井化学、三井金属、三井矿山、丰田汽车、东芝、王子制纸、东丽(Toray)、石川岛播磨重工业、小野田水泥、三机工业电气、日本制钢所、北海道炭矿汽船、三井石油化学工业、三井仓库、三井造船、三井东压化学、日本制粉、三越百货。

日本经济实力最咄咄逼人的 20 世纪 80 年代初,日本六大财团总资产的合计额相当于日本所有企业总资产合计额的四分之一。因此六大财团的经理会,其意义变得更加重大。每个财团的经理会一般在固定时间举行全体性集会,有的经理会一周举行一次,有的两周举行一次,有的一个月举行一次。经理会的存在,使财团的内部保持了协调与团结,同时使财团对外关系上,能采取合乎整体利益的一致步调。

日本六大财团的经济会

财团	三井	三菱	住友	富士	三和	第一劝银
经理会	二木会	金曜会	白水会	芙蓉会	三水会	三金会
成立时间	1961 年	1954 年	1951 年	1966 年	1967 年	1978 年
企业数量	26	29	20	29	44	48

注:随着企业合并重组或新加入,数量有变化

经理会有三项重要意义:

1. 对财团内的企业作适当的调整。一个财团内的成员企业,经常有合并、改组、利益分配等重要问题。每一次重要问题的发生,都牵扯到许多家企业。如果处理不当,除了会对当时企业造成伤害外,对其他的成员企业,也会产生严重的影响。一般情况下,财团内的成员企业所共同投资的事业,多半是在经理会中达成协议的。

2. 由经理会出面对外进行国际性交涉。日本的贸易规模非常庞大,有许多资源的取得以及商品的输出,都已经不再是单纯的贸易问题,而是一种政治问题,这种趋势尤以在 1990 年前对社会主义国家的贸易最为重要。因此,遇到与政治相关的贸易问题,都是由经理会甚至是经团联出面,派遣使节团前往交涉。

3. 由财团决定首脑人事调动。由于财团企业之间互相持股,因此,各成员企业的首脑人事,在派任或指定上,必须通过经理会来做适当的协调。首脑人事的

任派和指定,除了考虑各企业所拥有的股份比例外,最重要的是考虑被派任者的资历与能力。

以经理会为纽带的战后日本财团,表面看起来松散,而实际上联系非常紧密。在最高领导人的任用上就可见一斑,被称为东芝“重建之王”的前任社长土光敏夫曾经是三井财团另一企业石川岛播磨重工的社长。在东芝经营出现极大问题的时候,时任东芝董事长石板泰三(后出任日本经团联主席)直接任命土光敏夫为东芝社长。这种高级经理人在财团内部流动,在当时和现在都是十分普遍的。

纵横交错的关联企业网

区别于财团的横向组织结构,“纵向集团企业”也是日本大型企业所必备的一个特征,这类集团企业是一个在母公司一元化、垂直领导下活动的有机的事业集合体,这些公司主要就是财团中的成员企业。应该强调的是,“横向”与“纵向”这两种集团模式并非各自完全不相容的两种形式。例如,三井物产是三井财团这个“横向集团企业群”的重要成员企业,但同时又形成在其系统中的三井物产集团。事实上,日本企业的集团是由这两个层次的重叠构成的。

作为三井财团内部的纵向组织,三井物产集团拥有上千家关联公司,年销营业额超过3 000亿美元,而丰田汽车集团拥有175个初级供应厂商和4 000多个二级供应厂商。同时,日本集团企业的经营活动范围并不仅限于集团内部,许多大型企业将集团外部的中小企业群作为长期、经常性交易的对象,即“外包公司”,从而将它们纳入自己业务经营的内部范围。“外包公司”有的朝着水平方向延伸,又形成了横向联系。

日本的几乎所有大型企业都作为母公司在其系统中拥有大量的关系公司。关系公司的数量按集团不同有所区别,通常在100~200家左右,当然也存在像东芝、丰田等那样拥有200家以上关系公司的集团企业。所谓关系公司是指包括母公司持股超过50%的子公司和持股超过20%以上的相关公司,在中国市场上就有大量这种日本企业的关系公司。母公司不仅对关系公司投资,而且还向其派遣高级管理人员,直接参与经营。

这些关系公司在母公司业务多元化发展和垂直性整合的过程中逐渐形成和发展。在这一过程中,既有通过资本参与,将现存的交易对象作为关系公司纳入集团旗下的,也有将母公司内部组织(部门)作为独立公司分离出去的情况。与此同时,日本的集团企业,通过母公司持股、派遣高层管理干部等手段开展经营活动。另外,随着日本经济国际化而出现大量海外子公司,已经占据了关系公司的相当部分。

同一个日本财团的关系公司之间,能够进行较为紧密的合作,各个公司在自己分工负责的领域内,可以为其他兄弟公司提供好的产品或较低的价格。例如,从三菱财团的三菱重工这个企业来看，日本邮船就是三菱重工船舶部门的订货大户，三菱电机则为三菱重工提供机电产品，三菱制钢、三菱伸铜、三菱铝业和三菱材料等公司，则可为三菱重工的船舶和航空航天部门提供可靠的原材料。三菱银行和东京海上等公司可以提供贷款和特殊保险服务（如航天发射保险）。

三菱系列公司均为三菱财团的“金曜会”成员，它们包括：三菱商事、东京三菱银行、三菱重工、三菱信托银行、旭硝子、麒麟啤酒、新日本石油、东京海上火灾保险、尼康相机、日本邮船、P. S 三菱、三菱铝业、三菱化学、三菱化工机、三菱气体化工、三菱地所、三菱自动车、三菱树脂、三菱伸铜、三菱制钢、三菱制纸、三菱仓库、三菱综合研究所、三菱电机、三菱电线工业、三菱扶桑卡客车、三菱材料、三菱人造纤维、明治安田生命保险。

三菱财团也有一些关联公司和社会团体作为外围，包括：IP Talk 集团、热海阳和洞、MT 保险服务有限公司、关东阁、小岩井农牧、湘南郊区俱乐部、静嘉堂文库美术馆、综通集团、大日本涂料（立邦漆）、Dia 高龄社会研究财团、钻石家庭俱乐部、千岁兴产、东洋文库、丸之内 Yorozu、三菱金曜会、三菱俱乐部、三菱经济研究所、三菱广报委员会、三菱财团、三菱 CC 研究会、三菱社名商标委员会、三菱市场研究会、三菱养和会、LEOC 日本。

通过协作和分工，日本财团的制造业能够从兄弟企业和团体，获得资金、技术、原材料、上游产品、金融服务、销售等多种支持，这对于企业的发展是非常有利的。同时，财团内主要的制造商和全国几千个零售商之间还存在着销售联盟，局外人要想打入系列内部，真是比登天还难。由此，中小企业也被纳入大企业的生产经营轨道，在互补、互利的基础上，增强抵御外国资本和产品的能力。这与富有日本特色的法人交叉持股体制一起，形成保护国内产业和市场的复杂自我保护网。

第三节　忠诚的经理人队伍

绩效主义，还是以人为本？

日本的经理人团队被称作“穿西装的军队”，其职业化程度非常高，敬业精神也是令全世界叹服的。然而，日本不像美国拥有众多的世界性富豪，它的基尼系数（衡量贫富差距的指数）在全世界来看也是很低的。在 20 世纪日本经济飞速发展的时候，日本企业的高级管理人员并没有享受期权等高收入待遇，并且和普通员工的收入差距不算太大。现在虽然部分日本企业引入期权，但是日本公司的大部分高管的收入都比同等级别的美国企业的高管低得多。

到底是什么原因造成了日本拥有如此多专业化、忠诚、具有奉献精神的职业经理人？忠诚的经理人队伍的基础是日本人的集团归属感，这种归属感尤其表现在企业组织中。从历史上看，企业集团主义与明治中后期出现的“经营家族主义”有关。任何一个组织，都会在其成员间产生自发的归属意识和荣誉感，企业本身的成功也可以为员工的未来提供保证。日本人所理解的企业福利主义（公司为员工提供成长发展的平台）就是企业归属感的根源。

正当美国许多的管理顾问公司向中国企业倾力推销绩效管理模式，当许多企业正把绩效管理当作提高企业效率的灵丹妙药的时候，当许多的企业通过绩效管理把每一个员工塑造成工作流程中的工具或机器的时候，几乎没有人认为这样的美国式管理从此泯灭了人性，从此与以人为本的基本原则背道而驰。近年来，索尼公司受到美国个人主义价值观为基础的绩效管理影响，所获得的惨痛教训与切身经验给了很多企业当头一棒。

索尼公司的前董事撰文讲，索尼公司所推行的绩效主义，是导致公司“挑战精神”和“团队精神”消失的根源

三井财团的索尼公司前任常务董事天外伺郎先生在他的《绩效主义毁了索尼》一文中写道：绩效主义就是“业务成果和金钱报酬直接挂钩，职工是为了拿到更多报酬而努力工作”。如果总是说“你努力干我就给你加工资”，那么以工作为乐趣这种内在的意识就会受到抑制。从1995年左右开始，索尼公司逐渐实行绩效主义，成立了专门机构，制定非常详细的评价标准，并根据对每个人的评价确定报酬。但是，因实行绩效主义，职工逐渐失去工作热情。

事实上，因为要考核业绩，几乎所有人都提出容易实现的低目标，索尼精神的核心即“挑战精神”消失了。因实行绩效主义，索尼公司内追求眼前利益的风气蔓延。这样一来，短期内难见效益的工作无人问津。索尼公司不仅对每个人进行考核，还对每个业务部门进行经济考核，由此决定整个业务部门的报酬。最后导致的结果是，业务部门相互拆台，都想方设法从公司的整体利益中为本部门多捞取好处。

在长期形成的所谓企业社会中，日本员工的主体意识次于集体意识，伦理秩序被看得尤为重要。调动员工干劲的原动力一方面是各项制度使然，另一方面却是来自他人的无意识监督，这可说是日本独有的。企业内的地位也不是按个人的职务来决定，而是由部门全体人员分别承担某项工作的不同方面以完成整个工作。财团企业里每个人的作用就与他的年龄、经验或者职务相关，每个人对此都心知肚明，都尽力履行与自己所处状况相一致的责任。

终身雇用制连同年终序列工资制和企业工会制这“三大法宝”，是日本财团大企业的雇用惯例，中小企业和个体经营业与此无缘。终身雇用制度指的是员工一旦进入企业，一直工作到退休。企业的人力资源管理围绕人伦关系组合，要求员工间团结友爱，互相合作，发扬和谐精神。终身雇用制度在日本行得通，并显示出巨大的生命力，与日本人信仰的儒家伦理道德相一致。

坚定地保持终身雇佣制

在日本，通常被看作重要的和基本的人类情感的血缘关系，似乎已被工作集团里的人伦关系所取代。日本工运评论家森田实曾形象地说："企业主好比父亲，工会好比母亲，中层干部好比小舅子，职工则似能挣钱的儿子。"由于日本企业组织的这种家族主义特点，就发展出诸如终身雇佣制、年终序列工资制、企业内工会乃至集体决策，这些制度被称为日本经济管理的支柱。

财团大企业因为实行终身雇用制，可以放心大胆地培养员工，不必顾虑员工接受培训后、成才后跳槽等恼人事发生。通过不断的轮岗培训，员工就能大量地学习到公司大部分岗位的操作技能和管理知识，提高工作效率，提高产品质量，增长经济效益。在世界大多数工业国，企业为员工频繁跳槽带走商业秘密参与不正当竞争，感到缺少有效方法阻止时，日本企业一般不用担心付出高昂代价所取得的研究与开发成果会经由员工泄露给竞争对手。

日本企业实行的终身雇用制度最为深远的意义有助于经济不景气时保持社会稳定，当出现经济发展趋于低潮时，企业就尽量在内部进行人员调整，而不轻易解雇员工，把员工推向社会来克服困难。当经济发展复苏时，由于保存了人才实力，聚集了员工的感恩力，企业必然恢复较快，竞争力也必然更强。日本的终身雇用制度是一种与西方长期以来推崇的制度完全不同的、具有高度组织性和颇具自我维系能力的用工制度。

终身雇佣制是日本传统的雇佣形态，在现代日本社会里依然能够发挥很好的作用。2006 年 5 月 24 日，御手洗富士夫，佳能公司董事会主席兼首席执行官，正式出任由日本最大的约 1 500 家企业组成的经济团体联合会会长，成为名副其实的日本"财界总理"。御手洗富士夫，这位曾长期在美国工作的企业家，在回到日本后，没有生搬硬套美国经验，坚定地保持了终身雇佣制，让佳能公司在业绩上取得了成功。

御手洗富士夫在 2006 年 5 月 26 日接受《环球时报》记者采访时表示：一个制造企业，它需要不断地开发新产品，而一种技术的培育，一个新产品的开发，总要花上十年八年时间，回收生产销售成本也要用几年，这个链条很长很长，不用终身雇佣制的话，工程师的工作、生活将很不稳定，他没法把精力全部投入到研究开发中去。终身雇佣制的最大好处就是能把教育成果积累下来。日本企业不能像美国企业那样靠不断地变换员工来强化组织，而只有通过对员工的彻底教育来强化组织。

与终身雇佣制相配合，日本财团大企业还实施年终序列工资制，就是随着年龄、工龄的增长而增加工资的制度。一般来说,工龄长短与职工的技术、技能、经验及对企业的贡献成正比。年资工资实际上是一种家庭工资,具有明显的生活保障性质。这种工资制度保障了大企业职工依靠男子单独收入即可使家庭过上小康生活。妻子可作为专业主妇在家抚育子女、操持家务,不必因经济原因去劳动市场奔波,自然成为非劳动力人口。

此外,职工持股与日本独特的工会制度也是为财团大企业服务的。在日本,工会并不单方面地强调自身的权益,而是努力赢得工人、雇主双方的共同利益,实现二者的合作。企业内工会使劳资关系发生了变化,工会干部和经营者之间没有明确的界限。事实上,在日本企业,董事以上的干部中,工会出身的约占15%。很多大企业的董事长、总经理都是从技术人员中选拔的,他们只是较高水平的薪职人员。

从“士兵”成长为“将军”

日本和美国的经理人学习管理技巧的方法传统上存在很大的不同。即便是在丰田汽车这样全球知名的企业,也很少有经理人受过正式培训。相反,日本企业通常愿意从内部提拔管理人士,相比刚毕业的商学院精英,它们更看重员工在企业的资历。日本很可能永远也不会像美国那样钟情于 MBA,而到最后传统的方式很可能要助益良多。丰田汽车的管理团队就代表了这种典型的日本式方法。

尽管已经成为无数商学院的案例研究对象,但丰田汽车的 26 名最高管理人士中只有三位是 MBA 出身。丰田汽车很少聘用外部人士担当日本的管理职位。每一年,丰田汽车都会在 65 000 名日本员工中挑选 5 人,派往国外攻读 MBA,其余员工就只能接受公司内部培训体系的教育了。员工在第一次被提升到管理职位后,都必须参加一次为期两三天的学习,随后是非强制性的研讨会,涉及如何阅读财务报表等内容。

日本的企业家(职业经理人)的成长大都经历了“从士兵到将军”的过程,很多优秀的企业家不仅担任本公司的职务,也进入财团的核心机构经理会或是担任其他财团企业的外部董事,他们中一些人甚至进入经团联担任会长或副会长,决定着国家经济发展的方向。日本人把他们的国家戏称为“日本株式会社”,这也形象地描述了日本社会是一个“企业共同体”。

“企业共同体”是支撑日常运转的“软件”(如人际交流、人员互动和情感交往等),本是不定型的精神形态,但往往通过它的核心人物来体现。因此,个人和企业共同体的关系就成为他与该企业核心权威人物之间的关系。个人对企业共同体的遵从就往往表现为对本企业最高经营者的敬仰,因为在他身上凝聚了该企业的目标、使命,成为该企业的一员,如松下幸之助、土光敏夫、盛田昭夫等,有了这样的“伟大人物”,企业共同体的凝聚力和向心力就更加牢固、强大。

在集体主义企业文化建立的同时,日本大企业中相关的不成文的制度也慢慢形成。如同新兵入伍一样,每年日本的大财团企业都会吸收一定数量的大学毕业生进入公司各部门。前辈们就像老兵带新兵一样,给予新来的大学毕业生们日常的业务指导。日本财团企业总体的人文环境一方面是上下级关系,另一方面更是师徒关系。在日常工作中,这种关系既表现为下级对上级的服从,又包含着徒弟对师父的尊重。

值得一提的是,日本综合商社本部的年轻职员的成长受到公司的特别关注。如同大学内的学习与考试一样,他们必须通过公司要求的各种课程考评后,才能获得海外出差和工作,以及今后升职的机会。三井物产等财团的综合商社专门为年轻职员提供集体宿舍,有利于师兄弟间和跨部门职员之间在工作之余进行更多交流,建立更好的事业协作关系。此外,商社在海外业务的不断拓展,年轻职员进行海外研修和工作的机会越来越多。

年轻职员在参与世界各地经济活动中,不断培养起对公司与社会的责任感和使命感,从而加强了作为商社人的自豪感,最终落实为对企业的忠诚。部分职员不断在本商社内赢得更高职位外,更多职员在步入中年后,走向了商社投资的关联企业的领导岗位。此外,综合商社总部或在海外公司的日本职员之间,严格的上下级制度如同军队体制一样。这种体制保证了公司意志的统一,有利于公司推进整体市场战略,并且易于吸纳市场环境急速变化带来的风险和冲击。

第四节 争夺全球"商权"

通过控制"商权",驾驭世界经济

美国的经济模式和以日本为代表的东亚模式有着很大的差异。美国是一个金融资本垄断的资本主义国家,在生产和消费的所有经济层面,垄断型金融资本有着相当大的影响力,而商业资本则被排斥。同时,美国金融资本以控制世界资源为目的,以宏观手段行使管理国家经济和世界事务的职能。在日本模式中,生产资料和消费资料部门采用不同于美国的体系,以综合商社为中心实施对国家经济的微观管理,以贸易和制造业立国。

日本综合商社在"商权"争夺战中扮演着最重要的角色。综合商社在贸易、投资、金融、人才、情报和物流等方面发挥着综合机能的特殊作用,实质上成为财团内部乃至日本社会实质上的经济总参谋部和大本营。在日本企业进行海外扩展的过程中,综合商社一定是最先进入某一市场的,它的一个最重要的职能就在于打开当地的"商路",进而控制"商权",为制造业企业的进入开路。

综合商社的最大特征在于适应环境的变化,产生新的机能和开发新的领域,用于面对现实并取得成功。新产业的开发、新事业的推进,理所当然地使各企业增强了对综合商社的组织能力、资本力量、风险承担能力的期待。在很多情况下,综合商社都和财团主办银行一起对企业集团的联合、新公司的设立等,发挥着核心作用。例如,三井物产这样的综合商社重视的是与企业建立商业伙伴关系,投资往往是长久的,是战略性投资。

日本排名前9位的商社在1979年时的营业额为61.7万亿日元(相当于日本国民生产总值的27%),其中出口总额为11.8万亿日元(相当于日本报关出口的48%),进口总额为15.1万亿日元(相当于日本报关进口的55%)。另外,九大商社的进出口和转手贸易相加的总额为33.5万亿日元,占世界贸易总额的9%左右。到1990年时,九大综合商社的营业额达到126.6万亿日元,相当于日本国民生产总值的29.5%,约占日本贸易总额的一半以上。

强大的商业是推动日本强大制造业发展的基础,同时强大的商业也是联系制造业和金融业的纽带。对三井物产这样的综合商社来说,投资收益是第二位的,建立长期合作伙伴关系才是最重要的,因为他们的投资回报也是长期的,也可能是间接的。因此,控制"商权"是日本财团采用微观经济管理手段驾驭世界经济的重要方式。控制"商权"的具体体现就是不放过从上流的资源到下流的市场整个产业链中的每一个环节。

由于商业资本成功地衔接了金融资本和产业资本,日本财团对控制"商权"非常重视,实践出形式多样的企业组织模式。所谓"商权",日本人对它有独特的理解,其中长期稳定的合作关系是商权最为核心的内容,包括长期的市场渠道、长期的供应链、长期的融资渠道等等。在这种商业氛围中,市场占有率是第一位,利润是第二位,因为只有较高的市场占有率才能稳定整个体系,做到共同发展。

"综合商社"介入装备制造的引进与出口

装备制造业是为国民经济各部门提供技术装备的基础性、战略性产业,集中体现了国家的综合竞争力和工业发展的技术水平。从20世纪50年代中期到60年代,日本引进的大量国外技术都集中于重化学工业部门,如钢铁制造设备、大型发电设备、煤矿采掘设备、石油精炼与乙烯等化工生产设备等。综合商社扮演着中间人和牵线人的角色,活跃在大规模装备引进的舞台上。可以说,在当时凡属与装备制造有关的引进,综合商社基本上都介入了。

在大型建设项目上,由于周期长和资金大而产生的风险由整个财团共同承担,综合商社则扮演着协调人的角色,同时也避免重复引进。装备制造需要巨大的资金、设备、土地和人力的投入,产业周期也很长,企业一般不可能单独完成,所以更需要综合商社发挥产业组织者的功能。诸如对方提出苛刻的技术转让条件时的谈判，签订技术引进合同，进口先进的机械设备，直到机械设备的安装调试，综合商社发挥了巨大作用。

与此同时，综合商社还致力于加强财团企业之间的联合和兼并，防止过度竞争，通过扩大企业的规模经济效益，增强了企业的国际竞争力。20世纪60—70年代，在规模经济效益显著的装备制造业领域，日本财团企业出现了大规模的横向合并。例如1964年，三菱日本重工业、新三菱重工业、三菱造船合并成现在的三菱重工业株式会社。在这次合并中，三菱商事（三菱财团的综合商社）社长荘清彦和三菱银行董事长宇佐美洵（后来任日银总裁）对合并的实现起了决定性作用。

在经济高速增长时期，日本常常为国际收支的恶化而苦恼。因此，振兴工业品出口，特别是大型设备的出口成了当时综合商社的战略重点。1959年，日本政府制定了《促进成套设备出口临时措施法》。各大综合商社都投入了相当大的力量，组建专门的设备出口部门。到70年代末，日本机械产品的总出口额中，六大综合商社的出口额约占30%，在出口交易中日本企业对综合商社的依存度很大。这是因为，各个厂家在开拓海外市场建立销售网、收集有关物流、市场需求的信息等方面，都要借助于综合商社。

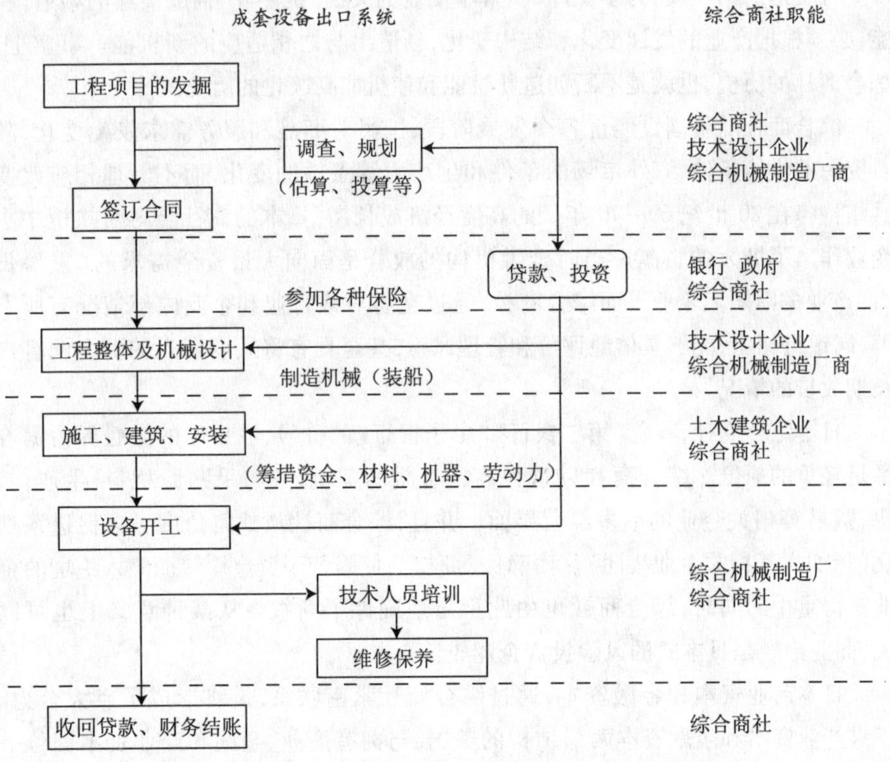

成套设备出口（工程项目总承包）系统与综合商社职能对照图

综合商社向财团制造业企业提供准确、周密的海外信息和市场情报,为成套设备的出口赢得先机。综合商社通过分析对象国的经济形势,尽早察觉可能的风险并促使各参与企业采取相应的对策,并且在项目执行过程中提供直接金融支持或成为金融机构与制造业企业之间的纽带。1979年,日本成套设备出口的成交额为118亿美元,首次突破百亿美元大关,成为仅次于钢铁和汽车的主要出口产品。

参加成套设备出口的实际上是由很多财团企业组成的企业群,其中包括:进行调查、规划、设计的工程技术企业;制造机械的厂家;负责土木工程和建筑物的建筑公司等。综合商社作为规划及协调人在计划进行的各个阶段发挥作用。它不单单起汇总协调作用,而是作为一个产业组织者居于领导地位。例如,综合商社率领的"日本国家队",早在70年代就进入了中国,其中三井物产在背后主导了多项重大成套设备出口项目。

"商社金融"强化产业竞争力

综合商社的机能经常是变幻不定的,这是因为产业是活生生的,具有生命力的。财团法人日本贸易会会长水上达三说:"综合商社始终站在日本产业与外国产业打交道的第一线,为了发挥其'日本产业的天线'机能和'商品流通的频道'机能,必须根据产业的发展变化和结构变化,创造出与之相适应的新机能。事实上,综合商社的历史,也就是不断创造新机能和使机能高级化的历史。"

综合商社随着国民经济各个发展阶段,国民对商品和服务需求发生变化,随着资源的供给条件、海外市场的条件和生产力等条件的变化,而不断地相应改变其结构。在20世纪60—70年代的高度经济成长期,日本的商社金融对扶植中小企业作出了极大的贡献。当时金融机构的放贷是面向大量资金需求的"重厚长大"产业的财团大企业。而综合商社,通过交易对该行业和企业内部情况有所了解,同银行相比,能够具体地评价和管理风险,甚至具有将短期借入的资金向客户长期放贷的情况。

日本综合商社,有着"第二银行""影子银行"的称号,在日本的金融界占据着举足轻重的地位。综合商社以这种商社金融为契机,参与采购原材料、生产、销售、贸易等相关企业的诸多经营层面。并且,综合商社从战略角度考虑促进系列化(指加入其相关企业集团)从而确保"商权",使因苦于资金周转而陷入绝境的企业获得重生的同时,综合商社也由此稳定地确保了商权。从某种意义上也可以说,商业金融是日本式的风险投资企业成长的先驱。

日本产业资本和金融资本,通过综合商社紧密联系,最终形成了巨大合力。仅靠产业资本和金融资本两层结构的美国,与拥有商业、金融和产业资本三位一体的日本竞争中始终处于劣势。作为制造业企业的引路人和产业的组织者,综合商社几乎所有可以想到的生意都会做。"商权"一旦被掌握,财团的相关制造业企业就蜂拥而入，占领市场。日本的汽车、电器、电气、半导体等产品能迅速占领欧美市场就是最好的例子。

1980 年，日本出口到美国的汽车，占当年美国汽车上市的量的 21%，到 1985 年，日本的汽车产量已经高达 1 227 万辆，超过美国的产量，出口达 673 万辆。从 1979 年以来，美国三大汽车巨头耗资了近 100 亿美元巨额设备投资，在高关税的保护和其他限制下，仍未阻止日本汽车对美国市场的大举入侵。一直处于垄断地位并以老师姿态自居的美国汽车业，在日本的进逼下，节节败退，以至于不得不动用反倾销法案等其他手段来进行干预。

作为高技术产业"粮食"的半导体，日本制品在美国市场占有率到 1985 年已经达 14%，日本甚至达到了美国制造的导弹必须使用日本芯片的程度，而一般认为，贸易摩擦发生的危机线是 10%。此外，如计算机、通信机器、民用电子机器等，在美国市场的市场占有率也都超过危机线，并且增长迅速。作为工业基础的钢铁行业，日本在美国市场的占有率早在 1977 年就达到 20%，某些特种钢几乎垄断了供应。

在"商权"的争夺上，美国企业似乎很难与日本和韩国企业竞争，韩国学习日本模式也建立了诸如三星、现代等 5 大财团。在日本企业迅速扩展的 20 世纪 70—80 年代，日本经济在世界舞台上的咄咄逼人引发了西方社会的阵阵恐惧，随着日本对全球商权的掌控，美国一度将日本看成是苏联之后的最大的威胁和敌人。美国甚至相信，东芝、日立收购美国的 IBM 和英特尔只是时间问题，而美国的产业工人则担心日本的机器人会最终抢走自己的饭碗。

第五节　金融战败的教训

日本陷入美国的金融陷阱

日本经济崛起之路并非一帆风顺，而是伴随着与美国激烈地竞争全球经济霸权这一过程。在美日较量中，美国的产业资本完全输给了日本的商业资本，而美国金融资本终于坐不住了，向日本发起了攻势。从最近的两次经济萧条来看，日本所遭遇的挫折更多还是以美国为首的西方阵营为了打击日本而人为制造的"泡沫"，并且选择时机让泡沫破灭，企图最终打击日本经济的根基，动摇以主办银行和综合商社为核心的财团体制。

由于日本产品大规模占领世界市场，导致美国的贸易逆差快速扩大，到 1984 年，美国的经常项目赤字达到创历史纪录的 1 000 亿美元。1985 年 9 月，迫于美国的压力，日本与美国、前联邦德国、法国、英国这几个发达工业国家财政部长及五国中央银行行长在纽约广场饭店(Plaza Hotel)举行会议,达成五国政府联合干预外汇市场,这就是有名的“广场协议”。“广场协议”签订后,各国开始抛售美元,继而形成市场投资者的抛售狂潮,导致美元持续大幅度贬值。

1985年9月,美元兑日元在1美元兑250日元上下波动,协议签订后,在不到3个月的时间里,快速下跌到200日元附近,跌幅20%。在这之后,以美国财政部长贝克为首的美国政府当局和以弗日德·伯格斯藤(Fred Bergsten,当时美国国际经济研究所所长)为代表的专家们不断地对美元进行口头干预。在美国政府强硬态度的暗示下,美元对日元继续大幅度下跌。1987年,最低到达1美元兑120日元,在不到三年的时间里,日元兑美元升值一倍。

与此同时,美国维持着很高的利率,1987年(从9月4日起)美国官定利率为6%。而日本从1986年到1987年连续5次降息,至1987年2月降至2.5%。日本经济发展积累的巨额财富要想找到合适的直接投资场所是很困难的,而购买美国债券的利率较高,又保险,因此日本的资本输出以美国证券投资为主。美国的高利率给日本一种假象,即长期稳定的收益,但是美元贬值却让日本的债券投资损失惨重。

1987年以前,日本的证券投资集中在美国的国债上。因为美国自1983年以来,出现巨额收支赤字和财政赤字,日本对美国国债的购买,恰好填补了美国双重赤字的亏空,1986年债券投资占证券投资的91.1%。日本忠实和积极地支持里根时代的财政赤字和巨额花销的政策,忠诚和慷慨地购买美国国债、房地产和其他资产,最终换来的报偿竟是世界历史上最具破坏性的金融灾难。结果,美国的高利率和美元的贬值让日本陷入金融陷阱中不能自拔。

冒着枪林弹雨挺进东南亚

从1985年到1989年,股票在东京证券交易所上市的日本制造业企业主营业务利润为1.25万亿日元,投资性收益(金融收入)却高达1.91万亿日元。即使像丰田这样有名的财团企业,也出现了正常生产和经营的利润率赶不上金融投机的利润率。与此同时,日本采取的低利率政策,让银行系统出现流动性泛滥,同时在短时间内,日元对美元的大副升值造成了货币兑换发生剧烈变化,将日本的出口生产商打得元气大伤。

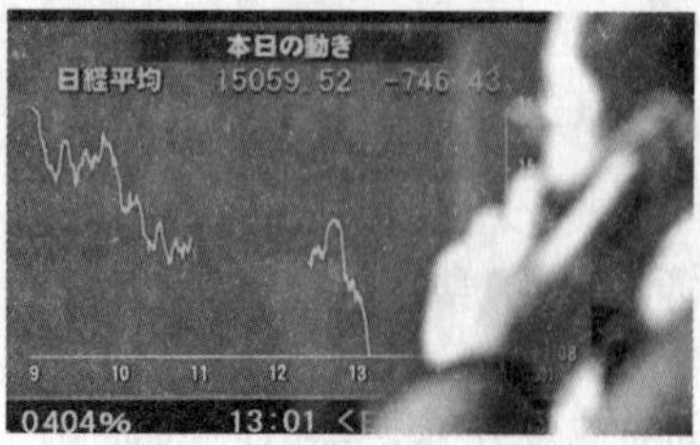

日本股市暴跌,象征着日本泡沫经济的破灭

当一个巨大的金融泡沫被吹起来后,日本面临生产过剩(因为出口下降)和货币过剩的双重纠缠。此时,美国金融资本出手了,通过各种复杂的金融工具全面沽空日本股市,1989年12月29日,日经指数达到38915点的巅峰后,一路狂泻。从1990年算起,日本股市暴跌了70%,房地产连续14年下跌。在《金融战败》一书中,作者吉川元忠认为就财富损失的比例而言，日本1990年金融战败的后果几乎和第二次世界大战中战败的后果相当。

日经指数暴跌，象征着日本泡沫经济破灭，这确实极大地打击了日本经济，却没有使日本经济真正垮掉。日本经济的支柱是六大财团，财团大企业间普遍交叉持股，因此就算股市大跌他们也不会抛售相关企业的股票，优质资产不会被外国资本轻易收购，大企业也不会倒闭，依附于大企业的中小企业所受的影响也不大。而日本民众普遍是“以公司为家”，只要公司没有垮，社会就相对稳定。

在80年代中后期，一方面，随着日本国内泡沫经济滋生和各种成本的提高，规避产业风险变得十分重要；另一方面为了促使产业升级，让技术和知识密集型产业代替传统的劳动密集型产业，统合整个东亚经济资源，实现日本制造业的高端战略。因此，日本财团的“走出去”战略成为趋势，东南亚大规模的投资便在各大财团统筹安排下进行。综合商社在东南亚全面出击，日本的银行开始大幅增加贷款，大量贷款给了日本公司在东亚地区的分支机构。

有“第二银行”之称的综合商社成为日本企业海外扩张的资金放大器。这种“商社金融”并不同于商业银行，因为商社金融的自有资本率很低，它的资金来源并不是直接吸收的存款，而是来自银行和其他金融机构（比如信托投资公司、保险公司）的借款。综合商社能从银行借入巨额的资金，主要是因为商社作为产业组织者非常了解合作企业的经营状况和资产信用度，并且参与业务各个执行环节，可以有效控制经营风险。

进入90年代后，日本金融业遭遇泡沫经济破灭的打击还没有恢复，股票市场价格持续下降之后，一方面不良资产增加，另一方面自有资本比例急剧下降。日本银行面临着巴塞尔协议的压力，如果哪家银行不能按照巴塞尔的要求将资本金充足率提高到8%以上，就不能再涉足利润丰厚的国际市场业务。日本财团对东南亚的巨额投资让金融体系背负了极大的风险，日本的金融业在风险和利润中，陷入进退两难的局面。

遭到美国金融大鳄的伏击

在1997年的东南亚金融危机前，像三井物产这类日本经济的领头羊毫无衰弱的迹象，相反各种大规模的投资正在有条不紊地进行，大型建设项目纷纷上马。1997年的东南亚金融危机时，日本财团金融机构对东亚的直接贷款达到2 750亿美元，占该地区跨国贷款的1/3。日本财团金融提供了泰国海外借款的54%，印度尼西亚海外贷款的39%，马来西亚海外贷款的36%。像泰国当时，外汇储备虽然有380亿美元之多，但外债总额高达1 060亿美元，其中有一半是日本财团金融机构的借款。

在这一时期，日元汇率的大起大落也给日本商业银行的经营带来了影响，当日元升值的时候，日本的商业银行能够从海外贷款中得到意外的利润，但是当日元贬值的时候，它们所从事的套利交易又变得赔本了。日本曾经强大的金融“护卫舰队”全部暴露在西方金融资本的远程精确打击之下。此外，日本在韩国、中国台湾和东南亚的投资虽然使这些地方的经济快速发展，但是也让这些国家的负债大幅上升，这为经济危机埋下了伏笔。

西方金融资本掌握了日本金融业风声鹤唳的心态，选择泰国作为首选的打击目标，最终引发了东南亚金融危机。此后，日本金融机构对综合商社也出现了惜贷，让财团扩张的步伐骤停。综合商社预算被压缩，投资被削减，在建项目被迫终止，员工从1997年到2001年都没有上调过工资。综合商社作为日本经济的风向标，真实地反映了当时日本经济的状况和财团陷入的巨大困境。

东南亚金融危机爆发后，日本财团的主办银行和相关金融机构经营状况恶化，综合商社因此失去了资金支持，日本财团制造企业在海外的扩张面临弹尽粮绝的窘境。东南亚地区不仅是日本最重要的出口商品市场，还是日本最重要的进口商品来源。美国金融资本对这一地区国家的打击削弱了日本在海外的投资，日本财团主办银行和综合商社面临的困境也如釜底抽薪一般，导致日本经济在一段时间内一蹶不振。

在1999年中央电视台和上海电视台联合举办的“财富”对话节目中，时任三井物产社长的上岛重二这样说道：“90年代后半期，可以说是我们一个非常困难的时期。我相信泡沫经济大家也有所耳闻，三井物产也有这种泡沫的包袱，因为我们和亚洲的生意有很多，所以1997年以后受到金融危机的影响，要克服这样的困难，我们付出了很多的努力。日本的银行也非常困难，日本银行在恢复的过程当中，日本国内商业也难以发展，这是事实。”

然而，在接下来的话中，上岛重二又说道：“我也有坚定的决心，不把这种包袱带到21世纪，所以近10年以来，商社每年都在进行重组，以公司的收益来对包袱进行消化。托大家的福，在即将跨入21世纪的时候，作为公司来说，我们已经恢复正常公司的形态，所以今后就是如何持续发展的问题了。今后随着世界的市场越来越统一化，作为三井来说，面对这一趋势也正在考虑，也正在进行实践。”

第六节　新的丰收季节

加速合并或组成联盟，共度危机

当代的日本财团体制形成于战后日本经济复苏时期，之后日本分别经历了4

次经济萧条。它们分别是:1964 年日本举办奥运会后,日本经济从假象的繁荣坠入了急性萧条之中;20 世纪 70 年代的石油危机给日本工业带来了非常大的冲击;1985 年 7 月发生的日元风暴中,日元在广场协定签署后的两周内升值了 100%;1997 年东南亚金融危机波及日本,主办银行作为日本财团的根基受到极大的打击。

东南亚金融危机后,为了重振备受打击的财团金融,日本政府通过《金融再生法案》,由政府注资给银行体系,以提高银行资本充足率,对破产银行实行国有化,同时保护银行储户的利益。另外,日本银行业内加速合并或组成联盟,现在已经形成三井住友金融集团、三菱东京金融集团、瑞惠金融集团。在全球化的浪潮中,六大财团不断寻求进一步的资源整合,日本财团以新的形态出现在世界舞台。

尽管组成联盟并不能减少坏账、提高资本充足率,但却可以通过精简机构、优化人员配置、合并业务、调整经营策略等方法获得成本效益,使银行整体规模加大和承受坏账的能力有所加强。重组后的银行集团加快了从“稳定持股”向流动持股转变,同时也从“保护型”的协调竞争向“开放型”的竞争转变。此后,随着财团内部大型制造业成员营业额和利润的增加,主办银行的贷款和坏账问题也不断得到了解决。

日本六大财团组织形态一览表

	三井住友金融集团(SMFG)		三菱东京金融集团(BOTM)		瑞穗金融集团(MFG)	
	三井财团	住友财团	三菱财团	三和财团	富士财团	第一劝银
经理会	(二木会)	(白水会)	(金曜会)	(三水会)	(芙蓉会)	(三金会)
金融	樱花银行 三井信托 三井生命 三井海上	住友银行 住友信托 住友生命 住友海上	三菱银行 三菱信托 明治生命 东京海上	三和银行 东洋信托 日本生命	富士银行 富士信托 富士生命 安田海上	第一银行 朝日生命 富国生命 日产海上
商社	三井物产	住友商事	三菱商事	日商岩井 日棉	丸红商事	伊藤忠
著名制造业	丰田 东芝 索尼 三井造船 石川岛	NEC 松下 马自达 住友化学 住友金属	三菱重工 三菱汽车 三菱电机 旭硝子 立邦漆	夏普 NTT 京瓷 三得利 神户制钢	日产汽车 佳能 日立 日清 日本油脂	富士通 五十铃 旭化成 川崎重工 古河电气

注:以上金融企业很多已经合并、更名,如:樱花银行与住友银行合并为三井住友银行。

日本在 1997 年金融危机以后,经过加速处理不良债权,加大金融业的改革重组,银行效益有了明显改善。据统计,日本六大金融机构 2005 财年中期的税后纯利估计达到 1.4 万亿日元,创历史同期最高纪录。东京股市日经平均价格指数也在 2006 年 11 月突破 14 000 点重要关口。日本股市到 2007 年 7 月已经突破 17 000

点,2007 年 10 月 11 日日经 225 指数又创新高,全日大涨 281.09 点,涨幅达 1.64%,收报于 17 458.98 点。

日本各财团的大企业抓住过去几年亚洲经济强势增长的契机,在营业销售和利润均实现“大丰收”,财团各主要企业已经连续 6 年保持经常利润增长。汇总日本各大上市企业公布的 2006 年度上半年(4 至 9 月)的财务决算报告显示,制造业平均销售额增长 10.3%,纯利润增长 27.2%,非制造业的平均营业额和纯利也分别增长 10.3% 及 23.2%。其中,丰田汽车、三菱商事和三井物产在利润排行榜位列三甲。需要强调的是,这三家企业都是传统的财团企业,其中两家更是财团的核心综合商社。

作为日本财团核心的综合商社,三菱商事、三井物产、住友商事、伊藤忠商事、丸红在 2005 年度纯利润合计为 9 300 亿日元,较 2004 年度大幅增长 83%,与日本四大钢铁企业的利润总和 9 230 亿日元并驾齐驱。利润大幅上升,一方面是由于世界能源价格上涨,五大商社积极参与海外能源项目获利颇丰,如三菱商事在澳大利亚的煤炭项目获利达 1 000 亿日元,住友商事参与北海油田开发,使其全年利润达到 1 650 亿日元;另一方面,机械设备和不动产在 2005 年度也行情渐好,为这些综合商社带来了可观的生意。

日本再次崛起,得益于综合商社的精心准备

进入 21 世纪,日本经济获得了全面复苏,这得益于综合商社在所谓“失去的十年”中做的精心准备。在财团体制的支撑下,有很多日本大型制造业企业在过去几年日本国内经济低迷阶段(GDP 低),却实现了在全球范围内的大肆扩张(GNP 高)。特别是在 2000 年以后,日本企业逐渐消化了 IT 技术和数字技术,应用于其具备优势的制造业中,为这些企业创造了巨额利润,同时也刺激了日本制造业设备的升级换代,进一步确立了它们在全球的竞争优势。

对于日本这个在二战废墟上重建的国家,既没有资金也没有资源,必须靠出口才能发展经济,制造出的产品必须靠商业才能实现价值和财富的积累,这就是日本巨大综合商社得以建立和不断发展的根本动力。通过不断占领市场,推销商品,财富得以累计,累计的财富再次投入到制造业,推动制造业从低技术到高技术,从粗糙到精密。事实上,日本制造业能够不断持续发展的原因正是归功于以综合商社为核心的财团体制。

日本财团企业通过奋起直追,与美国在信息产业的差距已经被消除,在无线通信领域日本似乎还更胜一筹。纳米技术(NT)、信息技术(IT)和生物技术(BT)成为 21 世纪社会发展的三大支柱。我国科学泰斗钱学森曾预言:纳米技术将是 21 世纪的又一次产业革命。如今在纳米技术产业“产官学”一体的日本,无论是技术创新还是市场化程度都超越了美国和欧盟,而推动纳米产业的发展的核心企业

则是三井物产和三菱商事这两家综合商社。

在深化全球市场的开发方面，日本各大综合商社的战略发展方向是：投资于国内外具有发展潜力的产业、在全球市场收集信息、采购原材料、销售成品、安排物流运输、培养综合型人才、提高经营业绩、强化集团经营。各大商社明显加强开拓新市场、介绍新技术、发掘新客商、开发新商品及其销售渠道的力度，并着手构筑高效物流信息系统，参与仓库、流通中心等物流设施的运营。

随着经济环境的变化，综合商社推出了不同于金融机构的金融服务，如提供垫款授信、债务保证、融资、商品资金、租赁服务等，通过提供风险资金、收购兼并等形式，帮助中小高科技企业发展。鉴于中国等发展中国家经济高速增长，各大商社综合运用信息、外汇、资金、保险等机能，加强与政府、生产企业、科研机构及海外客商的合作，以 BOT(建设 - 经营 - 转让)、BOO(建设 - 拥有 - 经营)等方式在发展中国家建设大型发电厂等项目，带动大型成套设备出口。

作为日本财团的核心组织，日本综合商社近年来顺应全球化发展及日本经济结构改革的需要，重点拓展新商业领域、强化资本运作和经营风险管理，完成了经营战略的又一次转型。综合商社在强化收集及分析世界各国各地区政经信息、产业及企业信息、高科技信息、市场及营销信息、法律及税务信息的基础上，制订科学的经营战略和发展规划，推动商品和服务贸易，提升信息的高附加值化和速度化。

经过 1997 年以后一段时期相对低迷阶段，日本经济于 2003 年显示出了新的活力，崛起的势头不可阻挡。日本改变了过去那种锋芒毕露的竞争态势，正在以一种悄无声息的方式追赶美国的信息技术，并且确立了从“科技立国”向“知识产权立国”的战略转变。同时，日本谨慎而有序地进行着新的经济制度调整，主要表现在各财团主办银行间的合并和综合商社的转型，不断强化对全球资源和物流的控制。

日本要重回“世界第一”

我们今天所知的日本是从二战后的废墟上经过集体意志的努力而获得新生的国家，这种集体主义观念成就了日本独一无二的、以综合商社为核心的财团体制，而财团体制也成了日本贸易和产业立国国策的物质基础。今天一个大国的崛起，首先必须是一个个本土企业的真正崛起，在全球化竞争下的中国企业如何崛起，日本财团战后 60 年的峥嵘岁月，值得每一个成长中的中国企业关注。

纵观美日争霸的实质是后发国家与先进国家的较量，大国崛起也许可以通过和平崛起的方式，但是不通过激烈的竞争，后发国家的崛起是不可能实现的。一个大国的崛起必然伴随着另一个大国的衰落，先进国家不会允许被后发国家超越。从 2003 年开始的 4 年间，日本经济从调整期向上升期转变，截至 2008 年 1

月，日本景气恢复已持续了5年又1个月，是日本历史上最长的景气期。与此同时，以综合商社为核心的日本财团正在加速全球扩张。

日本特有的“儒家资本主义”崇尚创造价值，而非“金融资本主义”掠夺式的赚钱。对一个发展中国家来说，建立强大的制造业无疑是在创造价值，更重要的是强大的制造业是任何国家崛起的根本，无论是美国还是日本，都经历了这个过程。金融工具是无法取代实物商品，金融业的发达与制造业的低迷是不可能长期共存的。如果一个国家偏重于靠金融获取利润而忽视通过制造业创造价值，那么这个国家经济的根基是相当不稳固的。

如今，日本在全球的跨国经营活动重点正在向中国转移，表面看为中国经济注入了新的资本，实际上是加强了对中国经济活动的影响力、渗透力和控制力。借助知识产权的保护，日本制造业通过跨国经营的产业分工，将核心技术牢牢控制在手的同时，利用中国的廉价劳动力和土地优势，将在中国和东亚各国投资建立的合资或独资企业所生产的耐用消费品，已直接出口到欧美各国，进一步巩固了其在全球家电产品领域和汽车产业中的领导地位。

能源危机成了日本在节能和环保方面取得全球领先地位的催化剂，这些领先地位的获得使许多产业受惠，让日本财团赢得了21世纪国际竞争的制高点，日本财团旗下的各大公司对节能环保技术进行了大量的投资并且转向附加值更高的产品的生产。从“京都议定书”到“二氧化碳排放权”贸易，在改变气候上日本财团主动承担领导责任，此举不仅令日本占据道德高地，更有可能对未来全球经济发展设立一种制约，从而有利于日本、欧盟等节能技术先进国家，而不利于中国、美国这种高耗能经济的长远发展。

上世纪80年代，美国学者出版了《日本第一》这样一本研究专著，从一般的美国市民、学者到国会议员、政府官员乃至五角大楼的军人都争相阅读

与此同时，作为财团整体战略的组成部分，综合商社不断涉足高科技研发工作，从源头控制技术贸易商机，树立品牌，推动科研成果和制造技术专业化和商品化。各大综合商社相继在纳米技术、生物技术、新能源、环保、IT领域新技术的研发中进行投资。如三井物产成立了生物研究所、三菱商事开发自有品牌的炭精棒纳米软管、伊藤忠商事与JSAT、NTT数据等公司合作开发勘探矿产资源、农地土壤改良和灾害调查用地球探测卫星等。

来自《日本经济新闻》的最新消息称，日本经济团体联合会会长御手洗富士夫在2008年1月1日发表的新年祝词中表示，希望日本政府加强经济建设，在今后10年内使日本人均国民收入重回世界第一。经团联所称“人均国民收入”，是指包括了日本国内生产总值(GDP)和日本海外所得的国民总收入(GNI)的人均水平。2000 年，日本人均国民收入曾排名世界第一，2005 年以来排在第四。目前，排名前三的分别是美国、荷兰和英国。

第七节 从内看是社会主义

社会主义与资本主义的对立统一

日本即是资本主义又是社会主义，两者又都不像。《日本经济史》(2002 年版)中，日本经济体制被形容为“会社主义”或“企业主义”，意思是说日本整体就是一个会社(企业)，可称为“大日本株式会社”。《日本经济入门》这本书从 1985 年开始，一年一版，是日本大学经济专业的参考书，此书直接称呼“日本型社会主义”。日本不是资本主义吗，怎么又变成社会主义了。其实名字不重要，关键看是如何运作的。

日本的经济和政治体制围绕“全套完整产业链”而构造。金融部门向重点产业低利融资，日本企业自我资本很少，大部是银行的金融资本。如果银行清理呆坏账，追求经济效益，日本立即休克。日本对输出产业奖励，因为日本没有资源，要靠出口换取资源，而对输入则严格限制，强制进口替代，积极导入技术。整个产业采用“护送船团方式”，即协调统一发展，不是某个行业超常发展，也不让另一些行业掉队。

日本的这套体制与苏联有很深的渊源。1939 年，日本在中苏边境与苏联打了一仗，全军覆没，被苏联现代化的装备惊呆了。于是，日本在 1940 年仿照苏联模式，物资调拨向重点产业倾斜，摒弃“利润”，构造了战时计划经济体制。对此，旅日学者钟庆在他的大作《刷盘子还是读书》中有详细的考证和介绍。由日本读卖新闻社 1997 年 2 月出版的《工业化的轨迹——经济大国前史》一书的封面上这么写着：计划与市场纠葛的经济体制在战后的废墟中保存了下来。

二战失败后，财阀解体，农地改革，资本家和地主被清除，企业由从业人员支配，越发像苏联的体制。战后的倾斜生产，则由社会主义和计划主义派经济学家有泽广巳主导，与苏联的做法非常接近。1946 年 12 月 10 日，时任东京大学教授、吉田茂内阁煤炭委员会委员长的有泽广巳发表了《挽救日本经济败局之路》的文章，其中指出：“将一切经济政策集中倾斜与作为基础原料的煤炭生产上。以此为杠杆，即可创造提高生产水平的契机。”

然而，1955 年 11 月，在财界的推动下，形成了自民党与社会党相对立的“1955

年政治体制”。从自民党的建党纲领和社会党的1955年纲领中也可以看出来自意识形态的对立:前者宣称自民党是“议会主义政党”,坚决排除将“土地和生产资料收归国有的社会主义”,实行“自由经济体制”,并“彻底同共产主义势力、社会主义势力进行斗争”;而社会党则声明该党为“阶级性群众政党”,通过议会斗争夺取政权,在日本实行社会主义原则,同时又克服共产主义。

这种“1955年政治体制”的确立,反过来又使日本的经济体制区别于战后苏联的绝对集权体制。我们习惯上笼统地说,英美模式是股权分散而日德模式是股权集中,这是很不准确的。事实上,日本是这个世界上除了美国和英国之外,公司股权分散程度第三高的国家。可以说,交叉持股是战后日本企业在其独特的制度、文化遗产和历史条件约束下所“生成”出来的一种在股权分散条件下,保持企业控制权的做法,是一种既区别于苏联又不同于英美的经济体制。

2002年5月28日,日本商界的两个重要组织经团联和日经联宣布正式合并,推举原日经联会长、三井财团的丰田公司董事长奥田硕就任新的日本经济团体联合会会长。至此,日经联和经团联这两个战后支撑日本经济发展的经济组织实现了形与神的统一,它对日本政治、经济发挥了巨大作用。奥田硕此人注重劳资关系,提出“重视人性的市场主义”理论,反对资本至上主义,被工会组织认为是“最具有现代意识的企业领导人”。奥田硕的经营思想因此受到日本经济界的肯定。

经团联成立于战后初期的1946年8月,是财团大企业的利益代表,在宏观经济政策、税制等国家重要经济问题上向国会、政府、政党提供重要的政策建议,具有政府经济智囊库功能,经团联的会长又被称为“财界总理”。日经联成立于1948年4月,在处理劳资纠纷方面发挥了重要作用,被称为“财界劳务部”,在就业、医疗、退休金发放等社会保障问题上负责与工会组织对话,同时向政府提供政策建议。经团联注重经济界(资本性)利益,日经联则在一定程度上反映了劳工界(社会性)的意愿,两者在奥田硕身上同时体现出来。

交叉持股,构建独立自主的经济体系

日本所有权和经营权分离的方式和美国那种大众持股的所有权和经营权分离的方式不一样。日本公司的持股结构主要是由金融机构、事业法人、个人和外国投资者四类组成。其中一个特点是金融机构、事业法人、个人持股比例较高。例如,1992年,日本全部股票上市公司持股主体的持股比例为:金融机构持股为41.5%,事业法人持股为24.5%,个人持股为23.2%。日本财团企业之间交叉持股最终成就了巨大的关联企业网,从而建立了完整的产业链和独立自主的经济体系。

交叉持股(又称相互持股、环行持股)最早开始于日本的阳和房地产公司事件。1952年该公司被恶意收购,从而引发了三菱财团内部结构调整。1953年,日本《反垄断法》修改后，出于防止被从二级市场收购的需要，三菱财团下属子公司开始交叉持股。从此以后，交叉持股在日本作为一种防止被收购的策略而大行其道。在20世纪50年代，日本企业还把相互持股作为跟银行保持密切关系以获取资本的一种策略。

交叉持股发展的第二次浪潮出现在20世纪60年代后期外国投资自由化阶段，这个阶段美国等老牌资本主义国家大举向日本进行直接投资(FDI)，尤其是闯入了一些日本企业的优势领域，比如汽车行业。三井财团的丰田公司是第一家运用相互持股策略来防止被外国企业恶意收购的公司，之后，日产、五十铃、日野、大发等汽车公司也采取了同样的策略。交叉持股显然达到了防止恶意收购与加强银行与企业之间关系的目标。

日本财团的成员企业之间实行圆环形相互持股，这种持股关系使财团各成员企业之间的资本联系得到空前加强，是财团赖以存在的重要基础和最强有力的结合手段。相互持股比率是衡量财团凝聚力强弱的重要标志，不仅银行、信托、保险等金融机构持有工业企业和商业企业的股票，工业和商业企业也持有银行等金融机构的股票。相互持股比率越高，财团的凝聚力也就越强。

1993年，三井财团的核心企业三井物产的前十名股东为：三井生命保险、樱花银行（现三井住友银行）、三井信托银行、富士银行、东京银行、日本生命保险、三井海上火灾保险、住友信托银行、三菱信托银行、第一生命保险。与此同时，位居三井财团的东芝公司前十名股东是：第一生命保险、樱花银行、日本生命保险、三井生命保险、三井信托银行、住友信托银行、三菱信托银行、日本火灾海上保险、日本长期信用银行、东海银行。

从20世纪80年代后期到90年代中期，交叉持股公司占日本市场市值总额的比率达到18%。由于受到泡沫经济和东南亚金融危机的影响，到2003年末，交叉持股比率曾经一度降至7.4%，而三井物产这样的日本财团企业前10位股东名单中也出现了英美金融企业的身影。然而，交叉持股在日本股市的地位虽然下降了很多，但并没有失去功能，目前仍有接近八成的日本企业以某种方式交叉持股，规模固然下降了很多，但为了企业间长期稳定的业务关系，还保留着核心的部分。

随着资本市场的回暖，日本企业交叉持股的比率有所回升，2006年末达到12%。2007年5月，日本解除了“三角并购”的禁令。所谓“三角并购”，是指某外国企业首先在日本设立一家子公司，然后通过这家子公司，以母公司股票置换的方式，并购日本企业，其特点是子公司用母公司的股票，来换取被并购企业股东的股票，而不必使用现金。这一禁令的解除，令企业交叉持股的现象进一步抬头。由于国外恶意收购的案例增加，部分日本企业认为应该再次强化交叉持股。

“民有国营”的经济制度

在观察日本企业的社会功能时，首先需要探讨一下日本国民对于企业的认识。在普通国民的层次上，日本国民首先是将企业视为自己终生寄托的归属集团。他们认为，自己在归属日本社会之前，首先是归属于一个具体的集团——企业。尤其是在日本大企业中，许多公司职员自称为“三井人”“丰田人”或者“东芝人”，正是这种作为企业一员心态的反映。因此，这些企业的职工首先是将自己视为企业的成员，并且经过企业这一中介与日本国家和政府联系在一起。

法人交叉持股形成了从按所有权支配到不按所有权支配，即经营者支配的结构。法人股东更多情况下与其说是为了“支配”本身，不如说是为了反映企业的关系程度，特别是稳定的交易关系。银行和金融业为财团企业的发展提供充足的资金，商社为财团成员提供资源保障和控制商权。同时，这些法人股东几乎很少干涉持股企业的具体经营活动，甚至不要求过高的分红，这些都为日本的职业经理人提供了充分展示自己能力的舞台。

需要指出的是，公司董事会成员的持股比例非常低，虽然部分日本企业开始引入期权机制，但是大多数传统的日本企业董事会成员的持股依然变化不大。1992 年，三井财团的东芝公司，董事会成员 36 人，持股合计 51 万股，其比例仅仅为 0.016%。当时被认为比例较高的松下电器，董事会成员为 32 人，持股合计 1 790 万股，比例为 0.85%，这可以说是微乎其微。在代表日本的这些巨型企业中，经营者几乎并非具有实际意义的所有者。

在东南亚金融危机以前，日本集团企业的高层管理人员，包括董事长（会长）、总经理（社长）在内的董事会由 40 人左右的董事组成，同时他们又是企业的实际经营者。2000 年以后，日本有些集团企业，如索尼等，都开始改变股权结构引入外部股东，但是根深蒂固的交叉持股和企业间长期积累的关系并没有轻易改变。例如，三井财团和住友财团的金融机构合并成三井住友金融集团后，股东构成没有太大变化。

日本财团内部的相互持股是日本长期以来禁止持股公司存在的一种变通形式，以法人持股代替过去自然人的家族财阀持股。20 世纪 90 年代，日本六大财团的内部平均持股比率为 55% 左右。日本把这些本国的巨型财团企业称为“社会型企业”“国民企业”，这些企业虽然有特定的股东，但是普遍的观念是这些象征国家的企业是全体国民所有的，并非个人财产。这些企业的兴衰存亡直接影响到“国运”，从而形成“民有国营”的经济制度。

东京大学教授佐藤康邦用“从外面看是资本主义，从里面看是社会主义”来形容日本社会的特性。其实，他想说明的是日本的经济资源具有极强的统合性，这种统合性兼备了灵活性与战略性，日本的精英对他们建立起了既有社会主义的国家干预和民众福利特征，同时又比正统的社会主义国家更灵活的制度很自豪。三井财团的索尼公司前总裁盛田昭夫就持有上述同样的观点。以财团机制为主体形成的日本经济制度也被某些西方经济学者称为“公社制资本主义”。

2007年12月28日，日本首相福田康夫在北京大学发表演讲时说，日本被称为比社会主义还社会安定主义的国家....

2007 年 12 月 28 日下午，正在北京进行正式访问的日本首相福田康夫在北京大学发表演讲。在讲演中，福田康夫的一段话不能不引起关注，他说：“我国被称为比社会主义还要社会主义的平等社会，但是随着全球化的进展，最近收入差距的问题也变得逐渐严重，今天温家宝总理告诉我，为了应对这些问题，中国目前在贯彻科学发展观，在这个过程当中，对实现和谐社会的目标抱有坚定的信心。”很明显，福田康夫的话有意无意中将“日本型社会主义”与“中国构建和谐社会”联系了起来。

参考文献及来源：

1. 夏日昌，张其华．美国正把日本变为它的殖民地[N]．人民日报，1951－02－20.
2. 冯尔康．南开大学历史系成立75周年纪念文集[M]．天津：南开大学出版社，1998.
3. 郑励志．日本最大企业100家[M]．上海：复旦大学出版社，1994.
4. [日]井上宗迪，葛东莱．日本综合商社　情报战略全面[M]．台湾：卓越文化事业股份有限公司，1986.
5. 赵旭梅，夏占友．日本企业集团的金融制度[M]．北京：对外经济贸易大学出版社，2006.
6. 郭永庆．日本企业环状持股的利弊探析与借鉴[J]．工业企业管理，2001(5).
7. 王东．美国日本企业的历史比较制度分析[J]．经济评论，2002(2).
8. 刘宗贤．儒学与东亚模式：以东西文化为视角[N]．中国社会科学院院报，2004－12－10.
9. 李卓．近代日本企业家族主义经营的原型：德川时代的商家经营[J]．现代日本经济，1995(4).
10. 李玉新．70年代后日本综合商社“商社金融”的新变化[J]．现代日本经济，1998(6).
11. 陈言．专访日本财界“总理”：终身雇佣符合日本国情[N]．环球时报，2006－05－28.
12. 张伯玉．国内外学术界关于日本55年体制的研究[J]．日本学论坛，2003(2).
13. [韩]洪夏祥．三星总裁李健熙[M]．北京：华夏出版社，2004.
14. 傅春寰．日本综合商社[M]．天津：天津大学出版社，1996.
15. [日]松本厚治，程玲珠，王新政．企业主义[M]．北京：企业管理出版社，1997.
16. [日]天外伺郎．绩效主义毁了索尼[J]．中国企业家，2007(2).
17. 董普．重工之王——三菱[M]．甘肃：兰州大学出版社，1997.
18. [日]商社机能研究会，戴有振，等．新综合商社论[M]，北京：中国经济出版社，1987.
19. [日]吉川元忠，孙晓燕，袁英华．金融战败[M]．北京：中国青年出版社，2000.
20. 孙执中．荣衰论：战后日本经济史(1945—2004)[M]．北京：人民出版社，2006.
21. 王屏．重新认识东亚精神[N]环球时报，2004－06－18.
22. 李培林．重新崛起的日本[M]．北京：中信出版社，2005.
23. 日本首相福田康夫在北大演讲稿，2007－12－28.

日本，这个蕞尔岛国，忽然从默默无闻的历史舞台幕后，在19世纪的下半叶，窜上了台面，并且成为亚洲唯一的世界性强国。更在20世纪70年代，迅速从战败国的灰烬中，重建、复原、振兴、一跃为经济强权，成为世界舞台的主角之一。日本，这头曾经的军事巨兽，令它的邻国惨遭蹂躏；也让横行百余年的西方各国吃尽苦头。美国占领军尚未撤出，胜利的狂欢情绪尚未消失，日本俨然已经变为一头经济巨兽。

1980年7月，美国NBC电视台在黄金时间播出了一个名为“日本能，我们为什么不能?”的电视专题片。画面镜头显示：日本的汽车工厂日夜加班，到处是一片繁忙景象，而美国汽车城底特律，停工的车间处处可见，街头到处是失业的工人，一片萧条景象。NBC电视台主持人说：“什么是殖民地？殖民地的定义是输出原料，输入工业成品。”在这个定义下，美国似乎已经成为日本的殖民地了。这是危言耸听吗？

随后，美国学者沃格尔(Ezra F. Vogel)出版了《日本第一》这样一本研究专著，从一般的美国市民、学者到国会议员、政府官员乃至五角大楼的军人都争相阅读。美国社会上下形成了危机感，而美国企业界也认真研究和借鉴了日本经营管理中的有益元素，不断增加与日本企业竞争对抗的能力。如今，美国借助金融实力控制着宏观经济领域，日本则一改当年锋芒毕露的气势，扮成一个“失去10年”的虚弱巨人，暗中把持着微观经济的命脉。

日本“装穷”为哪般

新现实主义国际关系理论告诉人们，太强和太弱一样，都会是不安全的。太强了，就会造成其他国家的不安全感，成为其他国家的敌人。而太弱当然也是不行的，容易被其他国家欺负，失去安全。强大要有一个度，这个度把握不好，就会失去安全。上世纪80年代，雄起于世界的日本经济十分张扬显赫，四处扩张，日本威胁论甚嚣尘上,结果是四面楚歌,招徕了一片喊打声。

1989 年,在美国国会传阅着一份《日本对美国经济侵略》的文件,言词激烈地指出:"美国正面临着两种世界战争,即与苏联的军事斗争和与日本的经济、技术斗争。"该文件还认为,美国拥有核武器,有足够的能力阻止苏联的进攻,但却没有相当于核武器的经济手段足以阻止日本的经济、技术侵略。如果让日本乘胜前进,而美国又逐渐丧失与苏联抗争的能力,那么最后美国将全面沦为日本的经济殖民地。

与此相呼应,美国新闻出版界发起了"鞭打日本"的攻势。美国著名罪案小说家迈克尔·克赖顿在新著通俗小说《日升》里,直言不讳地把美国的许多经济问题都归咎于日本财团的阴谋。在《影响力的代理》(1990 年)一书中,作者帕林·乔特认为,东京付钱买通了有影响的美国人,试图在政治上有效地支配美国。在《即将与日本发生战争》(1991 年)一书中,作者一针见血地指出,冷战后美国的头号敌人就是日本。

西方一些战略家开始预言,第三次世界大战不是像一次、二次世界大战那样,在陆上、海上进行血与火的拼杀,军事实力的强盛在作战中起决定作用,未来的战争,是信息战、科技战、教育战、经济战,是整个国家力量的整体较量。美国的杰克·安德森和戴尔·尼阿塔在《华盛顿邮报》刊文鲜明指出:"第三次世界大战可能是一场经济战。"而在这场表面稳定而内在剧烈的持久的经济战中,美国正走向失败,其主要对手是日本。

为此,美国政府从国家利益的战略高度重新调整了对日政策。1989 年,美国以不公正贸易为由正式向日本提出了"超级 301 条款",对日进行制裁。同时,美国认为,它的商品不能打入日本市场还与日本的经济结构(指财团体制)有关。1989 年 5 月,布什总统指示与日本交涉有关经济结构问题。1989 年 9 月,日美结构协议谈判开始举行。美国提出了 200 项以上的改善结构障碍的条款,从对日本贸易政策的批评开始,涉及日本的经济政策、企业行为、商业习惯,甚至于日本的产业文化,最后归结到打击和"改造日本"的目的。

1990 年 10 月,在美国罗切斯特工科大学(RIT)举行了击溃日本经济的研讨会。此后,克林顿总统于 1993 年 1 月上任后不久就设置了国家经济会议(NEC),接着又设立了国家情报会议(NIC)。国家情报会议既是白宫的机构,也是中情局的下属机构。接着,克林顿总统对国家情报会议的负责人约瑟夫·奈说,要将中情局的活动目标从对付俄罗斯转向日本的财界和政界,还要求《日本第一》的作者沃格尔与约瑟夫·奈一起工作。

经过一番被美国打击的痛苦体验后,日本一改其咄咄逼人的强大气势,借泡沫经济破裂后的短暂颓势,将自己打扮成了一个始终无法从颓势中走出、失去了10 年美好光阴的虚弱巨人。世人面对这一光景,无不为日本的夕阳西沉而感慨万分。整个世界一改过去对日本戒备和警惕的心态,转而用同情或嘲笑的目光关注和打量起这个昔日不可一世的经济巨人了。日本以牺牲今天为代价,赢得了明天发展的空间。

微观经济的王者

中国古代思想家老子的《道德经》第二十八章开篇的第一句话就是:“知其雄,守其雌,为天下溪。”老子用辩证的观点论述了深知刚强,却安守柔弱,知雄而不争雄,守雌而为繁延,甘作天下的溪流。日本遵循着这一古老东方的辩证思想,以其嬗变的手法和“知强守弱”的生存技巧赢得了“安全”,也营造了这一“无威胁的国际生存环境”,开始以另一种方式来建立自己的世界性的生存体系,继续着其支配世界经济的“王道”。

显然,潜藏在暗处,并从“细节”上来控制世界,是日本最好的战略选择。日本通过采取向国外大量转移产业的方式来淡化产品的国籍,以借船出海的方式避免引起他国的注意。日本财团的制造企业纷纷通过在欧洲和美国建厂来摆脱限制,也使日本海外财富迅速膨胀。到2002年末,日本的海外纯资产约合16 277亿美元,相当于法国、德国、意大利对外纯债权总额的6倍,与1991年的3 831亿美元相比,11年间增长了3.25倍。

日本还采取了化整为零的手法,从整体战略(产品)转向了局部战略(零配件)。在成品领域,日本竭力以低调和不事张扬的面貌出现,并主动放弃了许多世界第一的称号(无论是在制造业、商业还是金融业)。2007年7月23日出版的《财富》杂志公布了2007年全球500强的名单,日本企业的排名出现大幅下降,只有丰田汽车公司跻身前十名。此次入选500强的日本企业有67家,大大少于1995年入选的147家、2000年入选的100家和2005年入选的80家。值得思考的是,日本企业2002年后效益大幅提升,为什么排名却迅速下降?

日本虽然放弃了表面的张扬,但在暗中却一点也没有停止扩张,而是不断地完善着自己的零配件生产、加工与供应体系,将优势集中到零配件这一不易为人所觉察的领域,通过向各国的民族品牌提供精美而高质量的零配件来反客为主地占领各国的市场。在暗中,日本通过获取大量的发明与技术专利,在悄然无声攫取和瓜分世界的财富。2002年美国发明专利最多的10家大公司中,佳能、NEC、日立、松下、索尼和三菱等6家登上该排行榜。

日本千叶商科大学校长加藤宽露骨地说:“美国移动电话配件九成是日本造。换句话说,美国也被日本控制着。应像犹太人那样进入对方国家,支配那个国家的经济。这就是小泉首相的意图。所谓‘没有禁区的结构改革’,说的就是这个意思。”在移动电话、数码相机、摄像机、DVD等领域,日本企业的创新和变革始终都在延续,所有这些创新所需的关键部件均来自日本。日本企业在这些创新方面甚至占据了70%~90%的市场份额。

事实上,日本于2002年在国家战略的高度上全面启动了“知识产权战略”,其最直接的目的就是进一步加大对世界经济的盘剥与渗透,全面封杀和堵截高新技术向其他国家企业转移的各种路径,来确保日本在高附加价值领域,甚至在基础的生产制造技术领域对美欧的竞争优势。在对外投资方面,全面加强包括生产制造技术在内的知识产权保护,已经成为日本财团企业对外投资战略的一个重要特征。

截至2007年4月5日,在中国境内申请的发明专利中,专利申请地址来自日本的有183 196条。国家知识产权局负责人证实说,“中国境内的发明专利申请,日本公司超过了所有国家,排在第一位。”具体到企业,中国大多数知名企业发明专利申请数不及日本1家大公司的零头。松下1家公司在中国申请的发明专利数就达到了16 825条,索尼为9 817条,日立为8 402条。靠专利吃饭的美国高通公司,其在中国发明专利申请量才不过1 539条。

民族品牌的背后

当世界各国人民在全力地打造自己的民族品牌时,日本人却用世界各国的民族品牌来包装日本的零配件。这样,便出现了一幅让人们十分震惊的图画:虽然从外表上看都是本国民族品牌,但如果从内里看则不难发现大多是日本的零配件。世界各国的工业产品越畅销,越火红,对日本零配件的需求与依赖也就越大,日本的厂商就越得益,日本的利润也就越丰厚。品牌满足了世界各国的自豪感,而利润却让日本商人暗中狂喜。

日本在确立了自己对世界各国民族品牌的零配件供应体制的优势后,开始以保护知识产权的名义加强对世界各国各种产品使用日本专利收取高额费用,以此来加强对世界各国市场的渗透与控制。日本积极抢夺专利,以知识产权为武器进行“经济入侵”。日本政府专门成立了由首相亲自率领的知识产权部,松下、索尼等很多大财团的企业都已加入其中,以达到争夺世界市场的最终目的。

美国对日本企业的技术依赖十分巨大。例如,英特尔公司的闪速内存是委托夏普等日本企业生产的;摩托罗拉的高性能动态内存条通过其与东芝的大型合作项目的工厂生产;惠普的RIS芯片中很多是由和日立的合作项目生产的;IBM自己生产的最先进打印机的引擎部分多是依赖日立供应。又如,隐形轰炸机机体的防雷达的特殊涂料,就是日本研制的;从战斗机到军舰,美国尖端武器电子装置中所使用的陶瓷部件,95%是日本制造的。

如果只是简单地用国内生产总值(GDP)指标从宏观经济领域考察日本经济,就会有很大的片面性。日本经济模式真正的优势和特点在微观经济领域,要用国民生产总值(GNP)指标来评价。GNP等于GDP加上本国投在国外的资本和劳务的收入再减去外国投在本国的资本和劳务的收入。对于发达国家而言,一般表现为 GNP 大于 GDP;而对于发展中国家而言,则一般表现为 GDP 大于 GNP。两者的差异,最终表现为国与国之间生产要素不均衡下的财富转移。

"日本第一"并非言过其实。在日本 GDP 低迷的 2000 年,日本人均国民收入却排名世界第一。人均国民收入是指包括了国内生产总值(GDP)和日本海外所得的国民总收入(GNI)的人均水平,相当于人均 GNP。此时,日本财团在全球的跨国经营活动重点正在向中国转移,表面看为中国经济注入了新的资本,实际上是加强了对中国经济活动的影响力、渗透力和控制力。日本谨慎而有序地进行着新的经济制度调整,其实质是不断强化对全球微观经济的控制。

日本国际经济学家长谷川庆太郎,在日本《呼声》月刊(2004 年 5 月号)上发表题为《中国的未来取决于日本》的文章说,"只要仔细分析中国的实态,我还是认为,中国的未来掌握在日本和美国手中"。文章写道,中国经济发展受制于日本,主要因为两点:一是日本企业能向中国提供中国产业不可缺少的高质量的产品;二是日本拥有优秀的技术实力和为确保技术优势而对研究开发的巨大投资。

其实早在东南亚经济危机之后,日本经济界(主要指财团)就提出了"中国大活用""超制造业""国际垂直分业体制"等构想。"中国大活用"是指实现中日两国关系产业互补。"超制造业"是指日本脱离制造工业,从事研发和部件制造,组装在中国进行。"国际垂直分业体制"则是生产一个产品需要很多的工序,把这些工序垂直地安排到全球产业链上。如今,以三井物产等综合商社为首的日本财团正在将这些构想变为现实。

岂止金融有风险

日本财团的新经济战略在执行过程中始终体现在"商权"的争夺上,综合商社在其中扮演着最重要的角色。综合商社在贸易、投资、金融、人才、情报和物流发挥着综合机能的特殊作用,实质上成为财团内部乃至日本社会的经济总参谋部。在日本企业进行海外扩展的过程中,综合商社一定是最先进入某一市场的,它的一个最重要的职能就在于打开当地的"商路",进而控制"商权",为制造业企业的进入开路。

受到产业国际再造或网际网络普及的影响,综合商社除积极推动事业合作与整合之外,正在加强投资参加便利商店、超市等物流领域,大大地改变整个物流业界的布局。综合商社因应企业的物流逐渐导入供应链管理(SCM),提出一套有效的物流管理系统,于是第三方物流业务(Three Party Logistics)应运而生。综合商社为中国、菲律宾、印尼、东欧等物流网络发展落后的国家或地区,建立起一套物流服务体制,从而增加日本的货物物流进出口机会,也能完整架构出 SCM 的需求与效率。

日本的便利店行业以三井物产—7－11（Seven Eleven）、三菱商事—罗森（Lawson）、伊藤忠商事—全家（Family Mart）三大阵营在日本互相竞争，而且以同样的组合进入中国市场。三井物产不仅斥资力助7－11便利店集团布局北京，还积极为其出谋划策。这些大型商社介入便利店的意图是寻找中国本土的合作伙伴，在中国开设相当数量的食品工厂，建立起庞大的物流网，以满足日益增长的日式便利店网的需求。

与此同时，三井物产与中国邮政物流有限责任公司正式开展全面合作，面对中国国内公司进行小件货物配送服务，将主要以在中国的日本公司等为客户。伊藤忠商事与北京的中铁现代物流科技公司合资在武汉设立物流企业，主要经营内容为从事汽车和零部件的铁路和卡车运输。住友商事和上海亚东国际货运共同出资成立国际货运代理公司，在北京、上海以商业货物等专递为主，逐步扩大到其他城市。

东方集团董事局主席张宏伟早在2002年7月威海举办的“中国流通业如何面对入世”论坛上，作了题为“谁来主导中国经济命脉，谁来保卫中国经济安全”的长篇报告。他警告说：“在今后两三年，跨国公司对中国经济冲击的重点不在制造领域以及高垄断、高壁垒行业，首当其冲的是流通领域，他们的战略重点是零售终端。对于大型跨国流通企业来说，只要控制了流通领域，就等于建立了输入他们自己的产品的通道。”

当中国学者们还停留在研究10年前东南亚金融危机的教训，而不忘防范金融风险之时，却很少有人关注中国存在的商业风险和产业风险。其实，日本综合商社是一类结合商业和产业的金融组织。此时，以三井物产为代表的日本综合商社暗地里掀起了一场对中国流通业的“卡位运动”。由于存在商业资本反向控制产业资本的隐忧，就算“中国制造”战胜“日本制造”，这场“卡位运动”会导致中国产品的流通命脉被日本商社把持吗？

中国的经济学家和企业领袖们是否注意到，隐藏在背后的以综合商社为主导的日本财团以准军事化的行为方式部署它们的中国战略，并在全球扮演着微观经济管理角色。现在，当我们在正面战场（宏观经济）上防御美国的金融资本（对冲基金）时，却忽略了日本的商业军团（综合商社）正在悄悄地潜入我们的后方基地（微观经济）。那么，谁是中国微观经济管理的主体呢？要把它交给日本的综合商社吗？中国人自己的综合商社在哪里？

有计划的市场经济

近十年的中国市场化进程主要参照美国的市场经济模式，用新自由主义的经济理论来构建中国的改革路径，这一选择让中国的经济总量跃居世界前列。但同时，也带来一系列发展问题，如经济结构不合理、社会贫富分化、资源消耗严重、环境不断恶化，使得可持续发展存在严重隐患。回顾过去，对比中外，我们有许多东西要反省和调整。蓦然回首，一衣带水的日本，或许对中国实施的“有计划的市场经济”的宏伟蓝图更具有参考价值。

美国经济模式通过新自由主义经济学教科书而广泛传播，不仅渗透到全世界的院校，而且渗透到全世界制定政策者的思维之中，使个人自由主义、金融化、证券化成为一种近乎世界性的思潮。急于改变自己落后经济状况的中国，受到这一思潮的影响也颇为深入。但是，在经过近 30 年改革开放的实践之后，我们却突然发现，对后发国家而言，更需要学习和借鉴日本的经济模式。

总体上看，与美国模式正相反，日本经济模式是非金融化、非证券化的典范。日本儒家文化中的一个重要遗产是生产至上，即“造物文化”远远优越于“挣钱文化”；生产比挣钱更具有价值。再加上岛国贫乏的自然资源，“生产至上”的价值观体现在日本微观经济各个层面。从 13 亿人口这个角度来看，中国也并非一个资源丰富的国家，又是一个后进追赶先进的国家，需要根据自己的国情选择发展道路。

日本经济的计划性并非来自政府的强力干预，而是产生于企业间的协调。1946 年 8 月，经济界成立了经济团体联合会，它是战前的日本经济联盟会及战中的重要产业协议会的延续，这个团体包括了所有的大型工业企业、金融企业和高技术工业。1948 年 2 月，在已经存在的行业协会、地区企业协会基础上，进一步成立了日本经营者团体联盟（日经联），绝大多数的中小企业也被联合。

2002 年 5 月，大企业团体经团联与中小企业团体日经联合并，组建了新的经团联，会员总数 1 623 个公司、团体。其中，日本的主要企业 1 306 个、行业协会（如日本钢铁联盟、日本自动车会等）性质的全国团体 129 个，地方性质的经济团体 47 个。时任会长乃三井财团丰田公司的前总裁奥田硕，副会长则是东芝、索尼、新日铁、住友商事、三菱重工等日本财团大企业的总裁，现任会长为富士财团佳能公司的前总裁御手洗富士夫。

经团联是全国性质经济协调机构，而真正的经济实体还是各式各样的集团，这些集团划分为横向企业集团和纵向集团企业两种。横向企业集团是主要的集团企业为加强彼此的相互关系所组成的大型企业集团群，就是所谓的财团，即三井、三菱、住友、富士、三和、第一劝银这六大财团。纵向集团企业是一个在母公司一元化、垂直领导下活动的有机的事业集合体，如丰田、东芝这样的大型制造企业集团。

为什么日本在战后采用现在认为僵化的计划经济体制而没有造成效率和效益的低下呢？事实上，日本在经济上面临全球竞争，采用综合商社为核心的财团体制来增强竞争力，某种程度上和中国采用社会主义的计划经济，构建自主工业体系的方式有异曲同工之处。区别在于，中国曾经整个国家就是一个“大财团”，绝对集权，导致僵化。而日本有六大财团，通过市场作用，既有竞争又有合作，形成“幕藩体制”,达到集权与分权的对立统一。

日本有计划的市场经济模式的突出特征就是,以综合商社为核心对国民经济进行细致的微观经济管理,而非像美国那样依靠基金实施粗放型的宏观经济管理。总结一下就是:综合商社是商贸公司,第二银行,准军事体,次级政府,幕后外交,战略智囊,情报中心,风险堤坝,投资媒介,经贸大学等。总之,综合商社不仅是产业资本、商业资本和金融资本的纽带,而且是日本寓军于民体制的核心,是民间与政府对接的桥梁。

作　者

(声明:本书稿写作过程中,为更加形象地再现一些客观事实,笔者参考使用了一些图片。限于客观条件,笔者无法与图片作者取得联系,未能及时支付报酬,在此深表歉意,并请相关图片作者与本人联系。)